中央调剂金的
效果评估与制度优化研究

范维强　著

中国金融出版社

责任编辑：曹亚豪
责任校对：刘　明
责任印制：丁准宾

图书在版编目（CIP）数据

中央调剂金的效果评估与制度优化研究／范维强著．—北京：中国金融出版社，2024.7

ISBN 978-7-5220-2388-5

Ⅰ.①中…　Ⅱ.①范…　Ⅲ.①基本养老保险基金—研究—中国
Ⅳ.①F842.612

中国国家版本馆 CIP 数据核字（2024）第 072146 号

中央调剂金的效果评估与制度优化研究
ZHONGYANG TIAOJIJIN DE XIAOGUO PINGGU YU ZHIDU YOUHUA YANJIU

出版发行　中国金融出版社
社址　北京市丰台区益泽路 2 号
市场开发部　（010）66024766，63805472，63439533（传真）
网 上 书 店　www.cfph.cn
　　　　　　（010）66024766，63372837（传真）
读者服务部　（010）66070833，62568380
邮编　100071
经销　新华书店
印刷　北京九州迅驰传媒文化有限公司
尺寸　169 毫米×239 毫米
印张　16
字数　271 千
版次　2024 年 7 月第 1 版
印次　2024 年 7 月第 1 次印刷
定价　68.00 元
ISBN 978-7-5220-2388-5

前言 | Preface

近年来，我国人口出生率屡创新低，与此同时，人口老龄化的速度却不断加快。“少子化”与“老龄化”并存的严峻趋势，似乎将中国推向了人口结构变动的十字路口，老龄化程度的不断加深使得老年人的养老待遇成为持续增长的刚性需求，而少子化却让养老保险基金未来的收支平衡雪上加霜。为了保障老年人口的刚性生活需求，扩大养老保险制度的覆盖范围，提高统筹层次成为国家与各界人士的共同目标。鉴于实现一步到位的养老金全国统筹存在难度，国务院于2018年印发了《关于建立企业职工基本养老保险基金中央调剂制度的通知》，中央调剂制度的建立成为基础养老金由省级统筹迈向全国统筹的过渡性措施。2019年国务院办公厅印发《降低社会保险费率综合方案》，中央调剂金的调剂比例由3%提高至3.5%。中央调剂制度的实质是基于不同区域间的基础养老金发展差异，通过建立中央调剂金从而改善各省基础养老金收支状况的制度。那么，中央调剂制度正式实施以来，其调剂效果如何？是否会改善当前以及未来各省基础养老金的收支状况？如果答案是否定的，又该从哪些方面对其进行优化呢？中央调剂制度作为养老保险制度迈向全国统筹的第一步，其顺利实施的重要性不言而喻，因此，有必要明确上述问题的答案。

首先，从理论上看，中央调剂金在增强一部分省份基础养老金可持续性的同时，也加重了另一部分省份养老保险制度的负担。本书以世代交叠模型和基金收支平衡理论为理论基础，探究了中央调剂金如何影响各省基础养老金收支平衡的科学问题。在实施中央调剂制度的情形下，从基础养老金筹资模式的数理模型中可以看出，各省基础养老金的收支平衡不仅受到人口年龄结构变化和在岗职工平均工资的影响，还受到中央调剂金上解额度与拨付额度差值的影响。根据中央调剂金的运行机制可知，上解额度与拨付额度的差值主要取决于该省制度抚养比与全国制度抚养比的比值以及该省职工平均工资与全国职工平均工资的比值两个因素。中央调剂金流入地一般为制度抚养比高、工资水平低的省份，而流出地一般为制度抚养比低、工资水平高的省份。实施中央调剂金有利于增强制度抚养比高、工资水平低省份的基础养老金可持续性，但是会加重制度抚养比低、工资水平高省份的基础养老金负担，以此起到均衡各省基础养老金结余分布的作用。

其次，从中央调剂金对基础养老金收支平衡影响的现状分析来看，当前城镇企业职工基础养老金在各省之间呈现出两极分化的趋势，中央调剂制度的实施有效均衡了各省基础养老金的累计结余分布。本书从中央调剂制度的政策目标出发，基于中央调剂金调剂公式和国家统计局公布的分地区、分年度统计数据，构建了单个省份调剂指标和全国调剂指标等评估指标，对中央调剂制度的现期效果以及各省基础养老金收支状况的现状进行了分析。当前养老保险基金的当期结余与累计结余高度集中于云南、上海、贵州、山东、江苏、浙江、福建、广东、北京、西藏10个省市，且呈现出愈演愈烈的趋势，中央调剂制度的实施有效均衡了各省基础养老金的结余分布。单个省份调剂指标的构建用该省获得的拨付金额和上解调剂金金额之比表示，从单个省份调剂指标来看，中央调剂金净流入省份大多属于制度抚养比指标值较高、平均工资指标值较低的地区，而中央调剂金净流出省份大多属于制度抚养比指标值较低、平均工资指标值较高的地区。此外，本书还发现造成各省之间基础养老金结余分布两极分化的因素主要是制度抚养比指标值的变化。全国调剂指标的构建用中央调剂制度“受益省”的中央调剂金净流入总和与全国的中央调剂金上解额之比表示，从全国调剂指标来看，中央调剂金总额总体上呈现出上升的趋势，而且实行中央调剂制度之后，有22%的中央调剂金起到了调剂的作用。

再次，从中央调剂金对基础养老金收支平衡影响的预测分析来看，在中国实现“两个一百年”奋斗目标的关键期，中央调剂金在发挥积极作用的同时，也恶化了上海、江苏、福建等省份的基础养老金收支状况，同时还出现了西藏、贵州等西部欠发达省份救济其余省份的局面。为了进一步明确中央调剂制度实施后未来各省基础养老金首次出现当期赤字年份、累计赤字年份以及当期赤字规模、累计赤字规模等收支状况的关键指标，本书通过建立人口预测模型和基础养老金收支模型，以城镇企业职工基础养老金为研究对象，依据现实可行参数，对不实施和实施中央调剂制度的各省基础养老金收支状况进行了预测。模拟发现，中央调剂制度实施后，北京、福建、西藏、贵州、上海、江苏、山东和广东 8 个省市首次产生累计赤字的年份提前，河北、安徽、江西、河南、湖南、广西、海南、重庆、宁夏、新疆和山西 11 个省份首次产生累计赤字的年份延迟，在其余首次产生养老金累计赤字年份不变的 12 个省份中，天津、内蒙古、辽宁、吉林、浙江、湖北、四川、云南、甘肃、青海 10 个省市首次产生养老金累计赤字的规模减少。此外，中央调剂制度的实施减少了青海、宁夏、海南、天津、河北、上海、四川、广西、湖南、甘肃、新疆、山西、湖北、内蒙古、浙江、吉林、黑龙江、辽宁 18 个省市 2050 年的养老金累计赤字规模，同时也增加了广东、北京、贵州、山东、福建、河南、云南、江苏、陕西、西藏、安徽、江西、重庆 13 个省市 2050 年的养老金累计赤字规模。

最后，从中央调剂金的优化来看，在中国实现“两个一百年”奋斗目标的关键期，优化上解方案和拨付方案、提高统筹层次到全国层面并不是解决基础养老金长期赤字缺口的根本方法，而生育政策的调整和延迟退休的实施既可以增强中央调剂金的调剂效果，又可以保证城镇企业职工养老保险制度的可持续性。为了进一步完善中央调剂制度，本书基于制度本身和配套性政策两个方面对中央调剂制度进行了优化。从中央调剂制度自身优化来看，随着上解方案的调整，广东、福建、北京、西藏、山东、陕西、贵州 7 个省市首次出现累计赤字的年份提前，山西、河北、甘肃 3 个省份首次出现累计赤字的年份延迟；随着拨付方案的调整，无论未来平均上解比例达到多少，2050 年前获得的中央调剂金都不能完全覆盖预测期内产生的养老金赤字总缺口；基础养老金的全国统筹也只能缓解部分省份的养老金支付危机，而不会影响全国基础养老金的可持续性。从中央调剂制度的配套性政策来看，调整生育政策和实施延迟退休均可以增强中央调剂制度的调剂效果，但是相比于生育政策，延迟退休的配套甚至能从根本上改变部分省市2050年产生养老金累计赤字的趋势。

本书的创新有以下三点：一是基于世代交叠模型和基金收支平衡理论分析了实施中央调剂制度情形下基础养老金筹资模式的平衡条件，丰富了中央调剂金对基础养老金收支平衡影响的理论分析。世代交叠模型为基础养老金实行现收现付制的财务运行模式提供了基本的分析模型，在此理论基础上，本书进一步建立了基础养老金的收支平衡测算模型，进而探究了中央调剂金对各省基础养老金收支平衡的影响情况。二是通过细分考虑各省基础养老金的差异，明确了实施中央调剂制度后未来各省基础养老金出现赤字的年份及规模，为完善中央调剂政策提供参考。结合各省经济水平、人口规模等因素的差异，通过建立各省人口预测模型和基础养老金收支测算模型，进一步明确了不实施中央调剂制度和实施中央调剂制度两种情形下未来各省基础养老金收支失衡出现的时点以及规模，为下一步政策的制定及完善提供参考。三是在测算中考虑了最新降费政策并在不同情景下设定差异化值，更符合现实情况，提高了测算的准确度。在各省养老金收入支出测算模型的建立过程中，将最新降费政策考虑在内，同时考虑生育和老龄化本身对参数（养老金支出和养老金收入核算中的参数）的影响，相比于前人的测算模型，不同政策调整下不再采用相同的缴费基数和养老金增长率等，而是根据情景的不同，设定了差异化的值。

目 录 | Contents

图目录

表目录

导　论

一、选题背景与研究意义

（一）选题背景

对于任何国家而言，养老保险作为社会保障体系的一部分，在人们的生活中占据着重要的地位。养老保险是国家依法强制筹集资金，对劳动者在达到法定退休年龄而退出劳动领域后的基本生活给予保障的一种社会保险制度。完善的养老保险，不仅可以保障退休人员的基本生活，有利于劳动力市场的正常代际更替，还有利于促进社会的安全稳定和经济的快速发展。1978 年以前，我国实行与计划经济体制相配套的养老保险制度，城镇职工的养老由所在单位负责提供保障。伴随着经济体制的改革，传统养老保险制度的问题逐渐显露出来。为了减轻企业负担，让企业轻装上阵参与市场竞争，1991 年 6 月，国务院颁布《关于企业职工养老保险制度改革的决定》，第一次明确提出基本养老保险费由国家、企业、个人三方共担。1995 年 3 月，国务院下发《关于深化企业职工养老保险制度改革的通知》，确立了我国养老保险采用社会统筹与个人账户相结合的制度模式。1997 年 7 月，国务院出台《关于建立统一的企业职工基本养老保险制度的决定》，细致划分了城镇参保职工人群，并规定了各类参保人群的缴费比例和计发比例，其标志着企业职工基本养老保险制度的正式建立。2005 年 12 月，为了解决计发办法不尽合理的问题，国务院颁布了《关于完善企业职工基本养老保险制度的决定》，对《关于建立统一的企业职工基本养老保险制度的决定》中养老保险费的缴费比例和计发比例进行了修正，它的出台标志着企业职工基本养老保险制度得到了进一步完善。每一次养老保险制度文件的出台，都准确把握了我国养老保险面临的人口老龄化、就业方式多样化及城市化的新形势，对于我国社会保障制度的完善有着重要的意义。

伴随着我国经济社会发展的阶段性变化，人口年龄结构老化几乎已经成为不可扭转的趋势，再加上新中国成立以来最大的一次婴儿潮“60后”逐渐退出劳动力市场，劳动力供给开始进入短缺阶段，退休人员将会越来越多。劳动人口的不断减少与退休人员的不断增加给养老保险基金的支付造成了很大的压力，中国社会科学院发布的《中国养老金精算报告2019—2050》（以下简称报告）指出，城镇职工养老保险基金的累计结余将在2035年完全耗尽①，这也意味着，2035年以后退休城镇职工将无养老金可领。同时我国各省份间养老保险基金发展不均衡的问题日趋严重，最新的统计年鉴数据显示，2019年广东省城镇职工养老金当期结余达到1831.70亿元②，超过了2019年全国养老金当期结余的37%，与之相反的是，东三省的养老金收不抵支，出现了当期赤字，地区间的养老保险基金发展出现了两极分化的局面。同时报告中的数据也显示，2019年出现养老金当期赤字的省份高达16个，而广东省在2019年产生的养老金当期结余几乎是北京、湖南、四川、福建、云南、贵州、新疆、安徽和天津9个省份养老金当期结余的总和。由此产生了养老保险基金配置效率低下的问题：一方面，发达省份的养老保险基金无法被地方政府转借挪用，处于闲置状态；另一方面，收不抵支的省份要依赖中央和地方的财政补贴才能足额支付退休人员的养老金，这就造成了资源的浪费。为了提高各省份间养老保险基金的配置效率，2018年国务院下发了《关于建立企业职工基本养老保险基金中央调剂制度的通知》，要求各省份上解一定比例的养老保险基金，以供中央统一调剂使用。此文件的发布，标志着中央调剂制度的正式建立，也意味着养老保险基金实行全国统筹迈出了第一步。2019年国务院办公厅印发《降低社会保险费率综合方案》，基金中央调剂比例由3%提高至3.5%。那么，中央调剂制度正式实施以来，其调剂效果如何？是否会改善各省养老金出现赤字的年份、规模？进一步提高统筹层次和力度，未来全国层面的养老金收支状况会因为中央调剂而改善吗？深入探讨上述问题对于完善社会保障体系具有重要的理论意义与现实意义。

（二）研究意义

从理论上看，中央调剂制度被定位为渐进式全国统筹途径，在中央调剂金制度的间接作用下，各地方政府的养老负担也会随之变化，城镇职工

① 资料来源于《中国养老金精算报告2019—2050》，https://www.sohu.com/a/308193682_120056655。

② 资料来源于《2020年中国统计年鉴》，http://www.stats.gov.cn/tjsj/ndsj/。

基础养老金的可持续性也需要重新评估。本书系统梳理了人口结构变化对养老金收支平衡的冲击、改善养老金收支状况的措施以及中央调剂制度对养老保险基金的影响三个方面的文献，并且基于世代交叠模型和基金收支平衡理论对不实施和实施中央调剂制度两种情形下基础养老金筹资模式的数理模型及其收支平衡条件进行了分析，构建了评估当前中央调剂制度效果的评估指标。与此同时，本书在考虑生育和老龄化本身对参数（养老金支出和养老金收入核算中的参数）影响的基础上，建立了各省人口预测模型和基础养老金收入支出模型，研究成果进一步丰富了我国相关研究的内容。

从现实来看，基础养老金全国统筹是我国养老保险制度发展的最终目标，也是经济社会发展到成熟阶段的重要标志。自 1987 年我国政府提出实现养老保险省级统筹的目标，至今已有 30 多年的时间，但目前大多数省份的养老保险制度仍处于省级统筹向全国统筹迈进的阶段，地区之间养老保险制度运行现状与各种发展指标等方面存在很大的差异，这些都会给基础养老金全国统筹的实现带来阻力。本书以人口老龄化为背景，结合最新的人口结构变化和降低缴费率政策，预测分析了中央调剂制度实施下的城镇职工基础养老金收支状况，并结合实际情况，提出了相应的优化方案，这对于制订下一步的改革方案，完善中央调剂制度以及构建未来的基础养老金全国统筹模式有着很重要的现实意义。

二、文献综述

由于中央调剂制度实施时间较短，关于中央调剂制度对养老金收支平衡影响的学术研究较少，且主要集中在制度改革、调剂效果和调剂比例三个方面。但是，国内外学者就养老金财务收支的影响及可持续性进行了大量研究。本书从人口结构变化对养老金收支平衡的冲击、改善养老金收支状况的措施以及中央调剂制度对养老保险基金的影响三个方面对现有文献进行综述。

（一）人口结构变化对养老金收支平衡的冲击

环境的改善、技术的发展以及生活水平的提高，使得死亡率大大下降，人均寿命普遍延长（Leviatan 和 Cohen，1985；Anderson 和 Hussey，2000；Perenboom 等，2005；Meara 等，2008；刘欣英，2019；符宁等，2020）。按照世界卫生组织公布的 2019 年各国（地区）人均平均寿命排名来看，全球排名前三的分别是日本、瑞士、新加坡，分别达到 83.7 岁、83.4 岁和 83.1 岁[①]。就中国而言，新中国刚成立时人均寿命不足 40 岁，而根据《2019 年我国卫生健康事业发展统计公报》，在 2019 年中国居民人均预期寿命已经达到 77.3 岁[②]。在人均寿命延长、人口年龄结构老化的同时，经济和社会的各方面也受到了人口年龄结构变化所带来的严重挑战。从宏观经济增长来看，彭秀健（2006）通过建立中国可计算一般均衡模型（PRCGEM），在量化分析人口年龄结构对宏观经济的影响时发现，人口年龄结构老化会通过劳动力的低增长和物质资本的低增长而减慢中国宏观经济增长的速度。从劳动力市场参与率来看，周祝平和刘海斌（2016）运用国内面板模型和国际面板模型实证分析后发现，人口年龄结构老化对劳动力市场的推出效应和挤出效应要超过长寿效应，并且人均收入水平与劳动参与率之间呈现倒 U 形关系。从国民储蓄率来看，汪伟和艾春荣（2015）通过构建三期世代交叠模型，最终研究发现在人口年龄结构老化与储蓄率的动态演化中，平均寿命延长导致的“未雨绸缪”储蓄动机可以解释现阶段中国储蓄率在时间上的上升趋势和区域间梯度差异。在公共政策视角下，彭希哲和胡湛（2011）更是指出，人口年龄结构老化是经济社会发展的必然趋势，也是未来社会发展的必然结果，不管人们是否愿意面对人口年龄结构老化的问题，它已经成为一种社会常态。人口年龄结构老化所导致的各种问题，其根源不在于人口老龄化本身，更多的是老年人口增多与社会架构不协调所产生的矛盾，现有的社会制度和政策已经无法满足人口年龄结构老化所产生的更多需求，应该谋求改变和发展。

相比于人口年龄结构老化对经济领域和其他领域的冲击，其对养老金体系所产生的负面影响更为深远（Bongaarts，2004；Horioka 等，2007；Jimeno 等，2008；Serrano 等，2011；Militaru，2012；Croitoru 等，2014）。Zaidi（2012）从跨国视角出发，在研究欧洲人口年龄结构老化对养老金制度的挑战时发现，人口年龄结构老化所带来的主要是政府各种支出的增加，尤其是养老金方面的支出，老年人口的不断增加使得现行的养老金支出变得不可持续。Blake 和 Mayhew（2006）以英国为研究对象，发现随着人口年龄结构老化和生育率的下降，如果国家不提高领取养老金的年龄和国外年轻

① 资料来源于世界卫生组织《2019 年世界各国人均寿命排名》，https：//www.sohu.com/a/366845655_120137882？_trans_=010001_grzy。

② 资料来源于《2019 年我国卫生健康事业发展统计公报》，http：//www.nhc.gov.cn/guihua-xxs/s10748/202006/ebfe31f24cc145b198dd730603ec4442.shtml。

移民工人的稳定流入，英国国家养老金体系将不可能继续维持当前的养老金水平。Oksanen（2001）的研究也表明，在福利国家，低生育率和预期寿命延长所带来的人口结构变化是影响养老金制度最重要的因素，其影响程度远远超过其他任何的经济因素和社会因素。Cossette 等（2007）通过建立泊松对数双线性预测模型，研究发现 20 世纪死亡率的下降改善了人们的预期寿命，同时也影响了公共养老金的支付能力，提高了未来公共养老金破产的概率。林熙和林义（2013）以亚洲、拉美、非洲等地区的新兴经济体为例，研究认为面对人口年龄结构老化，这些新兴经济体不可避免地面临着如何确保养老保障制度长期持续的难题。

对于人口结构变化对中国养老金体系所产生的影响，国内外学者也进行了很多考察。从人口结构变化的原因来看，Herd 等（2010）在其研究中指出，低生育率和不断延长的预期寿命是中国人口年龄结构老化速度不断加快的主要原因。同时随着农村年轻人口向城市的不断迁移，农村居民比城市居民更需要社会养老保险，但无论是城市还是农村，其养老金水平都呈现下降趋势并可能难以维持生活。从人口结构变化对中国养老金体系造成的后果来看，殷俊和黄蓉（2012）以及骆正清等（2010）通过建立人口预测模型和基金收支模型，最终发现人口年龄结构的老化会引起老年人口抚养比、劳动人口年龄结构以及社会平均工资等方面的变化，其中，老年人口抚养比的不断上升会造成基础养老金收不抵支，最终出现支付缺口的局面。在社会养老保险基金的地区差异上，王晓军和赵彤（2006）运用精算模型对比分析了我国 31 个省市养老保险基金的偿付能力，其指出地区间养老金支付能力的差异是人口经济水平、制度覆盖面、待遇水平以及制度人口结构四种因素共同作用的结果，并且制度抚养比越高、人口年龄结构老化程度越高的地区，其养老金支付负担越重，反之则越轻，郑秉文和孙永勇（2012）的研究进一步佐证了上述观点。

（二）改善养老金收支状况的措施

1. 人口变量调整

为提升养老金收支状况的可持续性，维持养老保险体系的正常运转，许多学者重点从调整生育政策、延迟退休年龄两个调整人口变量的方面提出了改革措施。

首先，调整生育政策是否真的会改善养老金收支状况？国外学者 Chesnais（1996）指出，在发达的工业社会中，一直保持低生育率无法保障合理的人口结构，所以应该鼓励生育，使生育率恢复至替代水平；Conder等（2001）通过建立内生生育率模型，得出了提高总和生育率可以减轻养老保险财政支付压力的结论；Zeng（2007）通过建立人口模型，最终发现中国在减少养老金缺口方面，两孩政策比一胎政策更有效；在英国，政府也旨在通过提高生育率来解决养老保险基金的支付危机（Blake和Mayhew，2006）；Gahvari（2009）运用OLG模型分析了生育水平与养老金的关系，发现孩子数量越多，养老金就会越充分，生育率的提高会降低养老保险基金的赔付能力；Zeng等（2017）研究发现，政府可以通过提高生育意愿来解决养老保险基金的支付危机。自21世纪初中国迈入老龄化社会以来，众多学者也开始纷纷以中国为例，研究生育政策的调整对养老金财务运行状况的影响。2038年以前，生育政策的调整对基本养老金的缺口没有显著影响，而2039年以后，不同的生育政策对基本养老金的缺口影响日趋显著（孙博等，2011），高生育率情况下养老保险基金的缺口小于低生育率情况下养老保险基金的缺口；在一胎政策下，城镇职工基本养老保险基金在2063年会出现累计赤字，但是单独两孩政策有利于保持养老保险的可持续性（曾益等，2015）；同时大多数学者认为，全面两孩政策的实施有利于缓解人口老龄化的进程（石人炳和陈宁，2017），会在一定程度上缓解中国养老金的缺口问题（袁磊等，2016；曾益等，2016；姚海祥等，2020），但是人均寿命的延长进一步扩大了养老金缺口（岁磊，2017）；当然也有学者指出，全面两孩政策虽然有利于保持城镇职工基本养老保险基金收支平衡，但是在养老金缺口扩大的趋势面前无能为力（刘学良，2014；唐运舒和吴爽爽，2016；李晓芬和罗守贵，2018；韦樟清和王晓翎，2019；范维强等，2020）。

其次，延迟退休年龄是否也能作为提升养老金可持续性的重要手段？袁磊（2014）、于洪和曾益（2015）、金刚等（2016）以及姚海祥等（2018）相继采用养老保险资金缺口测算模型以及系统精算模型对统筹账户养老金财务状况进行模拟分析，发现延迟退休年龄能够降低社会养老金资金的缺口规模，提升社会养老金系统的可持续性。国外学者Lacomba和Lagos（2010）运用两阶段模型分析发现，改善养老金支付能力的手段中，延迟退休年龄是最重要的方法；Cremer和Pestieau（2003）、Karlstrom等（2004）、Galasso（2008）以及Cristian（2012）同样基于国外样本得出了类似的结论，而Breyer和Hupfeld（2010）认为，提高退休年龄是解决公共养老金亏损问题的关键，等等。但是也有部分学者持相反观点，如张熠

（2011）构建连续时间养老金收支模型后发现，延迟退休年龄对于养老金收支的影响，是缴费年限效应、领取年限效应、替代率效应和差异效应综合作用的结果，传统意义上延迟退休年龄减轻养老金负担的观点并不可靠；阳义南和才国伟（2013）通过分析广东省 21 个地市在岗职工的问卷调查数据，发现在当前的基本养老保险制度下，延迟退休年龄不一定会增强养老金的支付能力；熊婧和粟芳（2017）基于养老保险的相关政策，构建了社会统筹部分的收支模型，发现实施延迟退休政策在短期内可以有效减小养老金缺口，但长期来看，养老金压力会再次出现；等等。

2. 缴费、计发方式调整

除了调整生育政策、延迟退休年龄等人口变量调整方面的应对措施，还有学者从缴费、计发方式调整的角度对养老金收支状况的改善进行了探索。

在缴费方式的调整上，国内外学者大多从改变养老保险制度入手，降低基础养老金的缴费率，提高个人账户养老金占比从而达到改善养老金收支状况的目的。一部分学者（Okumura 和 Usui，2014；Williamson 等，2012）基于财政风险视角率先开展了研究，Coman（2011）和 Égert（2013）以欧洲各国为例，研究发现在人口年龄结构老化加剧的背景下，传统的现收现付养老金制度面临着严峻的现实考验，财政的可持续性也面临着前所未有的压力，严重的时候可能会导致财政危机。对此，Cristian（2012）和 Baruch 等（2014）等提出重新评估现行的养老金制度，将现收现付制改革为多支柱的养老金制度来加以应对。还有一些学者（孙祁祥，2001；赵耀辉和徐建国，2001；梅琼和迟文铁，2010）基于其他多种视角对此进行了研究，Cao（2012）从基本养老保险基金支出的角度出发，认为在养老保险基金的支付能力上，个人账户养老金起到了关键作用，因此个人账户的积累对于养老保险的可持续性起着决定性作用；杨再贵（2008）构建了一般均衡世代交叠模型，模拟结果显示，在平均寿命延长且人口增长率下降的情况下，降低社会基础养老金替代率利大于弊；黄少滨等（2013）利用核密度估计的方法，发现基础养老金的收入主要由缴费基数和缴费率决定；马骏（2012）对中国未来人口和城镇职工养老金财务状况进行预测后，认为养老金统筹账户已经出现缺口并会持续扩大，现收现付制的养老金制度向部分积累制转轨可有效应对此压力。

在计发方式的调整上，很多学者从调整养老金待遇的角度提出了自己的见解。Cristian（2012）在研究中指出，当面对养老金不可持续以及巨大的财政负担时，欧洲大部分国家会采取下调养老金待遇的手段来应对；社会保障课题组（2008）通过建立人口预测模型和基本养老保险收支模型，提出适当降低退休金水平的措施以保证养老金的可持续发展；何文炯等（2012）以可持续的视角评估养老保险待遇调整对养老金收支平衡的影响，最终经过与其他方案的对比，发现现行的养老金待遇调整人为因素干预过多，且增长过快，长此以往会导致养老金出现巨大的支付缺口；张晓娣和石磊（2014）在OLG框架下对中国养老保险和公共债务的可持续性进行了研究，研究结论显示，养老金给付水平越高，养老金出现支付缺口的时间越早，累计赤字的数额也越大。关于养老金待遇调整标准，所有人都认为养老金应该保障退休人员的基本生活水平，但是这个待遇水平具体为多少，在不同地区或者人群中待遇水平是否应该有差异，到目前为止还没有一个统一的结论。王晓军（2000）运用保险精算的方法，对养老金替代率进行了测算，其建议对高中低不同收入的人群采取不同的替代率以确定他们的养老金待遇及调整机制。邱玉慧等（2014）对X省14个统筹地域239万人的待遇信息进行审计评价后发现，收入越低的群体，养老金上调水平越低，其建议根据低收入群体支出构成、物价上涨幅度、当地工资标准以及生活保障线来确定养老金上调上限，从而保证低收入群体的生活水平。

除了上述调整措施，还有少数学者提出发展经济以改善养老金收支状况。Ono（2010）通过构建OLG模型，发现改善经济环境、提升经济增长率有利于养老保险制度的可持续发展；袁志刚（2005）模拟了不同经济增长率下养老金的支付情况，结果表明，经济增长越快，养老金的支付能力越强；刘儒婷（2012）的研究表明，经济发展水平和养老保险基金积累是相互促进的。还有经济学家指出，国民经济的产出与增长才是解决养老金支付能力问题的关键，只有在产出不断增长时，才有能力更好地保障老年人福利。

（三）中央调剂制度对养老保险基金的影响

关于中央调剂制度对养老保险基金影响的研究文献主要集中在制度改革、调剂效果和调剂比例三个方面。从制度改革的理论分析来看，郑功成（2015）指出基本养老保险制度的根本问题在于地区分割统筹，而解决这一问题的关键在于实行全国统筹。郑秉文和孙永勇（2012）、何文炯和杨一心（2015）的研究也认为实行全国统筹可以优化当前的养老保险制度结构。邓大松和薛惠元（2018）指出，由于各省养老金收支运行状况不一，实行全国统筹之前可以先采用中央调剂制度均衡各省养老金分布。白彦峰和王秀园（2018）运用委托—代理模型分析了中央调剂制度下中央与地方博弈的内在机理，提出中央给予地方政府一定的激励可以减少中央调剂制度实施下中央与地方博弈所带来的效率损失。而杨燕绥和黄成凤（2018）认为，中央调剂制度作为全国统筹的第一步，有可能会违反激励相容原则，产生北方欠发达省份滥发养老金和南方发达省份懒收养老金的道德风险。从调剂效果来看，大多数学者都认为中央调剂制度的实施对于提升养老保险基金的可持续性有着积极意义。石晨曦和曾益（2019）通过建立精算模型分析了中央调剂制度的调剂效果，结果显示，实施中央调剂制度可以减少全国大部分省份的累计赤字规模，尤其是有利于提升西部地区和市场化程度较低地区的养老保险基金可持续性。张勇（2019）则利用抚养比指数与工资指数之比构建了衡量中央调剂制度效果的指标调剂指数，研究发现，省份的抚养比越高、工资水平越低，获得的中央调剂金额越多。肖严华（2019）基于养老保险中央调剂金模型对中央调剂制度的政策效果进行了分析，得出中央调剂制度可以均衡各省养老金结余分布的结论。还有一些学者发现了中央调剂制度实施后的消极影响，如陈昱阳（2017）认为，中央调剂制度的实施会加剧各省份之间的博弈，结余亏空的省份更依赖中央调剂金的拨付。房连泉和魏茂淼（2019）测算了未来十年中央调剂制度对各省份养老保险基金结余的影响，结果显示，中央调剂制度虽然可以缓解部分养老保险基金赤字大省的支付压力，但是面对各省份养老保险基金两极分化的局面无能为力。郭秀云和邵明波（2019）依据2012—2016年的相关数据，最终发现中央调剂制度在减少各省份养老金贫富差距的同时，还存在着欠发达省份补贴发达省份的逆向调节效应，毛婷（2020）的研究也验证了这一结论。从调剂比例来看，薛惠元和张寅凯（2018）基于收支平衡的原理对中央调剂金比例进行了测算，其认为调剂比例应采用“低起点、小统筹、渐进式”的调剂方案。彭浩然和王琳琳（2019）计算了“当前基金亏空省份总缺口数额最小”和“当前人均养老金结余方差最小”两种政策目标下的中央调剂金最优比例，最终得出调剂比例应设定在5%左右的结论。薛惠元和储怡安（2020）基于二次调剂算法得出养老保险基金缺口补平的最优调剂比例为1.98%，而各省份养老保险基金均衡时的最优调剂比例为7.11%。同时魏升民等（2018）、金刚和张秋秋（2019）的研究认为，中央调剂的效果直接取决于调剂比例，随着中央调剂制度的不断改革，应该逐步提高调剂比例，以增强中央调剂制度的改革效应。

（四）对现有文献的评述

综上所述，国内外学者就人口结构变化对养老金收支平衡的冲击、改善养老金收支状况的措施以及中央调剂制度对养老保险基金的影响三个方面的研究已经取得了丰硕的成果，但是在以下三个方面还存在值得探讨的地方。

其一，现有研究在理论层面分析中央调剂金对基本养老保险基金可持续运行的影响时，大多基于经典博弈论分析了中央和地方政府之间的委托代理关系，鲜有文献基于世代交叠模型和基金收支平衡理论，分析不实施中央调剂制度以及实施中央调剂制度两种情形下基础养老金筹资模式的数理模型及其平衡条件，进而探究中央调剂金如何影响各省基础养老金的收支平衡。

其二，在关于中央调剂制度对养老保险基金的影响的现有研究中，大多是基于历史数据对中央调剂制度政策效应进行实证分析，无从得知中央调剂制度实施后未来各省养老保险基金出现当期赤字与累计赤字的年份，也无从得知中央调剂制度实施后未来每年各省养老保险基金出现的当期赤字规模与累计赤字规模，进而无法对中央调剂金的现实决策提供参考。

其三，基于精算模型测量中央调剂制度政策效应的研究是在降低社会保险费率的通知出台之前完成的，同时其在精算模型的参数设定中，忽视了老龄化本身对缴费基数、计发基数以及养老金增速等模型重要参数的影响，特别是负面影响，这些都有可能高估各省的养老金收入和财务运行状况。

三、主要内容与研究方法

（一）主要内容

本书以中国实现“两个一百年”奋斗目标的关键时点界定考察期，重点分析中央调剂制度对基础养老金收支平衡的影响机制以及实施效果，明确中央调剂制度实施后各省城镇职工基础养老金出现赤字的年份以及规模，从而寻求进一步优化中央调剂制度的措施。本书主要从以下四个方面进行研究。

1. 中央调剂金对基础养老金收支平衡影响的理论分析

提升养老保险统筹层次、实现全国统筹并非一蹴而就，中央调剂制度作为过渡性措施，迈出了养老保险基金全国统筹的第一步。本部分主要从理论上回答了中央调剂金如何影响各省基础养老金收支平衡的科学问题。城镇职工基础养老金实行的是现收现付制的筹资模式，而世代交叠模型作为深入分析不同代之间收入分配的常用工具，广泛运用于研究社会养老保险问题，尤其是基础养老金这种现收现付制的财务运行模式。世代交叠模型强调在政府的有效干预下，老年人口甚至可以在没有储蓄行为的情形下，通过不同代之间收入转移的方式由年轻人满足老年人的消费需求，以此提高老年人的养老福利，这也成为基础养老金实行现收现付制财务运行模式的理论基础。在此理论基础上，本部分着眼于生命表理论、生存分布函数和会计平衡理论，结合人口结构变化、缴费率、工资增长率等人口因素和经济因素，进一步建立了基础养老金收支平衡测算模型，分析了不实施中央调剂制度以及实施中央调剂制度两种情形下各省基础养老金筹资模式的数理模型及其平衡条件。

2. 中央调剂金对基础养老金收支平衡影响的现状分析

中央调剂制度的目标是均衡各省养老保险基金的分布，在中央对各省基础养老金进行调剂的过程中，先要求各省上解一部分基础养老金，然后采取以收定支的原则，按照退休人员人均拨付额度下拨到每个省份。虽然中央调剂制度实施不久，没有调剂结果的历史数据，但是根据《关于建立企业职工基本养老保险基金中央调剂制度的通知》里面的调剂公式，可以计算各省历年的养老保险基金上解资金和下拨资金。本部分从中央调剂制度的政策目标出发，基于调剂公式和国家统计局公布的分地区、分年度统计数据，通过构建单个省份调剂指标和全国调剂指标等评估指标，评估当前中央调剂制度的实施效果，明确中央调剂金的流出省份是否为制度抚养比低、工资水平高的省份，中央调剂金的流入省份是否为制度抚养比高、工资水平低的省份，分析中央调剂制度对当前各省基础养老金收支平衡的影响。

3. 中央调剂金对基础养老金收支平衡影响的预测分析

上述部分虽然基于历史数据得到了中央调剂制度对各省基础养老金的调剂效果，但是并没有得知中央调剂制度实施后未来各省基础养老金出现当期赤字与累计赤字的年份，也无从得知中央调剂制度实施后未来每年各省基础养老金出现的当期赤字规模与累计赤字规模。本部分基于各省人口预测模型和基础养老金收支测算模型，对中央调剂制度实施前后各省市城镇职工基础养老金收支状况进行测算，进一步明确不实施中央调剂制度以及中央调剂制度实施后各省基础养老金出现当期赤字年份、累计赤字年份以及当期赤字规模、累计赤字规模。

4. 中央调剂制度的优化分析

中央调剂制度作为全国统筹的第一步，是在地方政府承担统筹收支责任的基础上建立的，因此可能会出现各种各样的弊端，比如结余亏空省份依赖中央调剂资金，欠发达省份救济其余省份，经济发展水平较低省份难以承受等新问题。这些问题的出现不利于养老保险制度的长期发展，甚至还有可能加速基础养老金在全国层面的亏损。本部分采用情景设计的方法进一步模拟了在不同的中央调剂制度上解方案、拨付方案以及全国统筹层次下未来各省基础养老金出现赤字的年份、规模，并考察了在生育政策与延迟退休等相关政策变化下中央调剂制度实施后，未来各省基础养老金出现赤字的年份、规模，以期进一步完善中央调剂制度，为早日实现基础养老金全国统筹提供数据支持。

（二）基本思路

本书在人口年龄结构老化和降低缴费率的背景下，基于世代交叠模型和基金收支平衡理论对不实施中央调剂制度和实施中央调剂制度两种情形下基础养老金的收支平衡展开理论分析，从中央调剂制度的政策目标出发，通过构建评估指标，评估当前中央调剂制度的实施效果，并通过建立各省人口预测模型和基础养老金收入支出测算模型，明确中央调剂制度对各省基础养老金赤字年份、规模的影响，并进一步模拟了不同上解方案、拨付方案以及全国统筹等优化方案下中央调剂制度对各省基础养老金赤字年份、规模的影响情况，除此之外，还预测了生育政策、延迟退休相关政策变化下中央调剂制度对基础养老金的影响。基于上述研究思路，本书的技术路线图如图 1 所示。

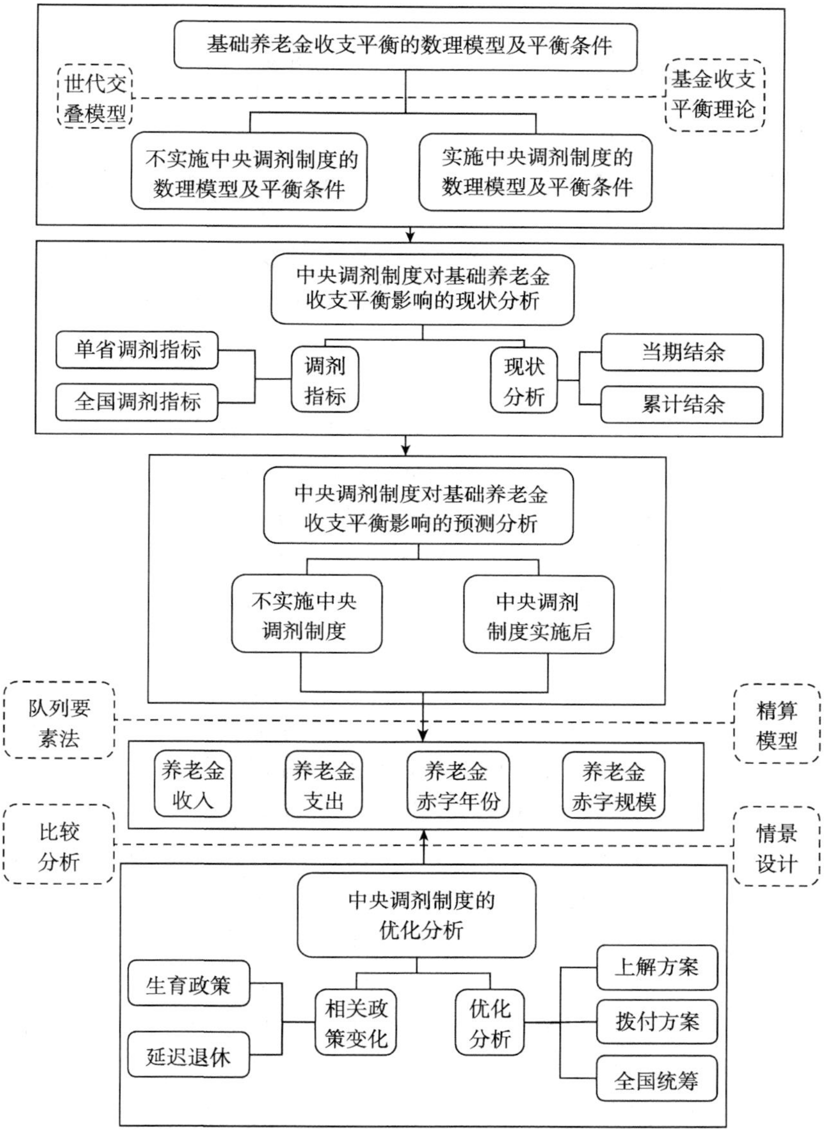

图 1　本书技术路线图

（三）研究方法

通过阅读相关文献及资料，同时基于对数据的分析及整理，本书在进行研究时主要采用了以下几种方法。

1. 队列要素法

队列要素法是根据人口自身变动要素和人口学原理，按年龄划分，通过出生率、死亡率、迁移率三种要素来预测未来分年龄、分性别、分城乡等人口数量变化的方法。该方法最先由坎南（Edwin Cannan）于1895年提出，后被波利（Arthur Bowley）和维普顿（Pascal Whelpton）分别用于英国和美国国家层面的人口预测，是预测人口总量和年龄结构最经典的方法（Seigel和Swanson，2004；路锦非和王桂新，2010）。本书基于队列要素法构建各省市人口预测模型，用于预测全国各省市2050年以前分年龄的城镇在岗职工和退休职工。

2. 精算分析法

本书根据《关于建立统一的企业职工基本养老保险制度的决定》《关于完善企业职工基本养老保险制度的决定》《关于建立企业职工基本养老保险基金中央调剂制度的通知》《降低社会保险费率综合方案》等养老保险制度相关文件，筛选出影响城镇职工养老保险基金收入支出的因素，并采用数学函数表达式表示，从而构建各省市养老金收入支出模型，测算中央调剂制度运行前后养老保险基金运行情况。

3. 比较分析法

首先，基于《中国统计年鉴》、国家历年国民经济和社会发展统计公报、各省市统计年鉴、各省市国民经济和社会发展统计公报、各省市人力资源和社会保障部门网站等相关数据库及网站获取与各省市未来人口预测及城镇职工养老保险基金相关的数据，通过比较分析，对书中涉及的原始数据进行加工处理，在此基础上构建科学合理的各省市人口预测模型和养老金收入支出模型；其次，基于构建的人口预测模型和养老金收入支出模型，比较分析中央调剂制度实施前后以及优化前后各省市的养老保险基金收入支出情况，分析中央调剂制度实施后所产生的影响，从而保证中央调剂制度的顺利实施。除此之外，还比较了中央调剂制度优化后不同政策因素调整下各省市养老保险基金的财务运行情况，并提出了中央调剂制度的优化方向以及增强中央调剂制度效果的配套性政策。

四、创新与不足

基于上述文献述评中值得探讨的地方，本书在以下三个方面进行了改进：（1）基于世代交叠模型和基金收支平衡理论，分析了实施中央调剂制度情形下基础养老金筹资模式的数理模型及其平衡条件，丰富了中央调剂金对基础养老金收支平衡影响的理论分析。世代交叠模型深刻分析了养老保险制度的内在逻辑，为基础养老金实行现收现付制的财务运行模式提供了基本的分析模型，在此理论基础上，本书进一步建立了基础养老金的收支平衡测算模型，进而探究了中央调剂金对各省基础养老金收支平衡的影响情况。（2）通过细分考虑各省基础养老金的差异，明确了实施中央调剂制度后未来各省基础养老金出现赤字的年份及规模，为完善中央调剂政策提供参考。结合各省经济水平、人口规模等因素的差异，通过建立各省人口预测模型和基础养老金收支测算模型，进一步明确了不实施中央调剂制度和实施中央调剂制度两种情形下未来各省基础养老金收支失衡出现的时点以及规模，为下一步政策的制定及完善提供参考。（3）测算中考虑了最新降费政策并在不同情景下设定差异化值，更符合现实情况，提高了测算的准确度。在各省养老金收入支出测算模型的建立过程中，将最新降费政策考虑在内，同时考虑生育和老龄化本身对参数（养老金支出和养老金收入核算中的参数）的影响，相比于前人的测算模型，不同政策调整下不再采用相同的缴费基数和养老金增长率等，而是根据情景的不同，参照陆旸和蔡昉（2016）的做法，设定差异化的值。

当然，本书还存在一些不足，在针对中央调剂制度的优化分析中，只考虑了当前比较热点的两大政策，即生育政策和延迟退休政策的配套。而在现实中，影响基础养老金收支平衡的配套性政策还有很多，如经济发展水平、城镇化等政策的配套，在未来中央调剂制度的优化中，这些政策的配套还有待进一步研究。

第一章　核心概念与基础理论

核心概念界定是研究的基石，基础理论是研究的指路明灯。在开启中央调剂金对基础养老金收支平衡影响的研究之前，要先对城镇企业职工基本养老保险制度、城镇企业职工养老金、统筹层次以及中央调剂制度等核心概念有一个清晰的界定，然后探索中央调剂金对基础养老金收支平衡影响的理论基础，并进行理论分析。

第一节　核心概念

一、城镇企业职工基本养老保险制度

城镇企业职工基本养老保险制度是指国家和社会基于相关法律法规，强制征收社会保险费（税）并形成养老保险基金，当劳动者达到国家规定的劳动年限或因丧失劳动能力而退出劳动力市场后，保障其基本生活而建立的一种社会保障制度。城镇企业职工基本养老保险制度是中国社会保障体系的重要组成部分，不断统一和调整城镇企业职工基本养老保险制度是完善社会保障体系的必然需求，也是建立社会主义市场经济体制的必然结果。中国城镇企业职工基本养老保险制度于 1951 年正式建立，从刚开始的初步探索到现在步入比较完善统一的阶段，城镇企业职工基本养老保险制度经历了多次调整。

首先是城镇企业职工基本养老保险制度的初步探索阶段。1951 年 2 月 26 日中央人民政府政务院颁布的《中华人民共和国劳动保险条例》（以下简称《劳动保险条例》），初步解决了城镇企业职工的养老、医疗等困难，其标志着中国城镇企业职工基本养老保险制度的初步建立。由于其适用范围有限，1978 年国务院颁布了《关于安置老弱病残干部的暂行办法》和《关于工人退休、退职的暂行办法》（以下简称老弱病残干部和工人退休暂行办法），相比于《劳动保险条例》，这两份文件进一步扩大了养老保险制

度的覆盖范围、放宽了退休条件，并进一步明确了退休待遇的给付办法，老弱病残干部和工人退休暂行办法的发布对于恢复“文化大革命”以后的城镇企业职工基本养老保险制度起到了重要作用。

其次是城镇企业职工基本养老保险制度的完善统一阶段。由于暂行办法统筹层次低、给付标准单一，1991 年 6 月 26 日国务院颁布了《关于企业职工养老保险制度改革的决定》，标志着为了适应经济体制改革的需要，城镇企业职工基本养老保险制度进入全面改革的阶段。相比于老弱病残干部和工人退休暂行办法，《关于企业职工养老保险制度改革的决定》规定养老保险的统筹层次要由县市级向省级过渡，养老保险的缴费由原来的国家、企业两方共担转变为国家、企业、个人三方共担，此文件的颁布为国家实行部分积累制的养老金筹资模式提供了基础。随着城镇企业职工基本养老保险制度的不断改革试点，管理制度不健全、养老保险制度地区化差异等问题开始凸显，为了促进经济社会的良性发展，建立统一的城镇企业职工基本养老保险制度已经刻不容缓，因此国务院于 1997 年 7 月 16 日发布了《关于建立统一的企业职工基本养老保险制度的决定》，标志着城镇企业职工基本养老保险制度从地区分散化走向了统一化。随着统一化的城镇企业职工基本养老保险制度的不断运行，个人账户空账运行、计发办法不合理、覆盖面不够广泛等问题也开始显现。在调查研究和总结东三省等完善城镇社会保障体系试点的基础上，2005 年 12 月 3 日国务院发布了《关于完善企业职工基本养老保险制度的决定》，进一步扩大了养老保险覆盖范围，逐步推进个人账户做实进程，并改革了养老金的缴费、计发方式。此次虽然针对城镇企业职工基本养老保险制度的完善和改革卓有成效，但是现行养老保险制度依旧存在地区养老金结余两极分化、企业负担重等问题。为了解决地区养老金结余两极分化的问题，2018 年 6 月 13 日国务院发布了《关于建立企业职工基本养老保险基金中央调剂制度的通知》，此文件的发布旨在建立中央调剂制度，均衡地区间企业职工养老保险负担，实现城镇企业职工基本养老保险制度的可持续发展。同时为了解决企业养老保险负担重的问题，国务院办公厅于 2019 年 4 月 4 日发布了《关于印发降低社会保险费率综合方案的通知》，将养老保险企业单位的缴费比例从 20% 降低到了 16%，降低社会保险费率是减轻企业养老保险负担、完善养老保险制度的重要举措。自此，城镇企业职工基本养老保险制度形成了比较完善统一的保障体系。

二、城镇企业职工基础养老金

养老金属于社会保险中养老保险的范畴，也被称为退休金或退休费，是当前社会保险中覆盖范围最广的一种社会养老保险待遇。根据国家相关文件规定，养老金是指劳动者达到法定退休年龄退出劳动力市场或丧失劳动能力后，根据他们享受的养老保险资格或退休条件，按月或一次性以货币形式获得的养老保险待遇，其目的是保障退休人员或丧失劳动能力人员的基本生活需要，属于个人纵向的一种收入分配方式。根据《关于建立统一的企业职工基本养老保险制度的决定》，中国城镇企业职工基本养老保险制度实行的是社会统筹与个人账户相结合的养老保险制度。其中，统筹账户与个人账户的养老金共同构成了城镇企业职工基本养老金，基本养老金具体包括养老金的筹集、给付以及管理三个方面。基本养老金的筹集来源主要是企业缴费、个人缴费、财政补贴以及投资收益四个方面；基本养老金的给付主要根据个人累计缴费年限、缴费工资、当地职工平均工资、个人账户金额、城镇人口平均预期寿命等因素确定；基本养老金管理的主要目的是增强基本养老金的支付能力，实现基本养老金的长期收支平衡，以维持中国城镇企业职工基本养老保险制度的可持续运行。

城镇企业职工基础养老金指的是纳入统筹账户的养老金，在中国城镇企业职工基本养老保险制度下，城镇企业职工基础养老金因具有公共性质，又被称为社会性养老金，其通过养老保险制度不同成员群体间纵向和横向的收入再分配方式，实现了养老金的互助共济。个人账户的养老金不发生成员群体间的互助共济，属于个人储蓄，因此本书针对中央调剂制度的研究对象主要是中国城镇企业职工统筹账户的养老金，也即城镇企业职工基础养老金。城镇企业职工基础养老金的收入主要受到缴费职工人数、在岗职工平均工资以及缴费率三个方面的影响，主要来源于统筹账户的养老金，即城镇企业职工养老保险中企业缴纳的部分。城镇企业职工基础养老金的支出主要受到当地经济水平、个人工资水平以及缴费年限的影响，具体包括给付对象的资格认定和给付标准两个方面，在给付对象的资格认定上，必须是参加城镇企业职工基本养老保险制度，且已经达到退休年龄退出劳动力市场，并累计缴费年限满 15 年的劳动者才有资格领取城镇企业职工基础养老金；在给付标准上，不同的给付对象领取标准不一样，根据《关于完善企业职工基本养老保险制度的决定》的规定，基础养老金的给付以当地上年度在岗职工月平均工资和本人指数化月平均缴费工资的平均值为基数，缴费每满 1 年发给 1%；针对《关于建立统一的企业职工基本养老保险制度的决定》实施前参加工作，《关于完善企业职工基本养老保险制度的决定》实施后退休且累计缴费年限满 15 年的人员，还需发放过渡性养老金。城镇企业职工基础养老金充分体现了城镇企业职工基本养老保险制度的互助共济功能，然而基础养老金能在多大程度上减少成员群体间的贫富差距主要取决于养老金的统筹层次和调剂的规模范围，理论上讲，基础养老金的统筹层次越高，调剂的规模范围越大，其风险共担能力就越强，养老保险制度的保障力度也越大①（郭秀云和于丽平，2020）。20 世纪 80 年代，国家提出养老保险社会统筹的主张，并从基层的县市级开始；20 世纪 90 年代，全国各地区已经基本实现养老保险县市级统筹，并开启省级统筹的步伐；2010 年通过的《中华人民共和国社会保险法》明确提出，养老保险基金在省级统筹的基础上，要逐步实行全国统筹；2018 年国务院正式发布了《关于建立企业职工基本养老保险基金中央调剂制度的通知》，明确将建立养老保险中央调剂制度，作为实现养老保险全国统筹的第一步。随着养老保险统筹层次的不断提高，城镇企业职工基础养老金可以在更高层次和更大范围内进行统筹和调剂，基础养老金的支付能力进一步增强。

三、统筹层次

在中文中，“统筹”有两个不同的定义，一是对整个事情进行综合性协调，并进行整体筹划的意思，最早出自中国近代史资料丛刊《太平天国·史致谔档案》；二是对所拥有的资金进行归集和调度的意思，养老保险领域中经常使用的“统筹”便是如此②。城镇企业职工基本养老保险的统筹层次属于社会保障中养老保险制度的一个重要内容，是指城镇企业职工的养老保险基金在多大范围内能由社会保险管理机构依照相关法律，进行统一筹集、统一管理并在属地范围内进行统一调剂使用，具体表现为在属地范围内有着统一的宏观规划、制度设计、缴费方式、计发方式、给付标准等规章制度（穆怀中，2013；薛惠元，2018）。简单来说，就是养老保险基金实现了在哪一级管理，即为实现了养老保险哪一级的统筹，在我国，以行政管理层级为参照，从高到低的统筹层次分为全国统筹、省级统筹、市级统

---

① 郭秀云，于丽平．从中央调剂到全国统筹的实现路径研究——来自养老金省级统筹的启示[J]．兰州学刊，2020（5）：175-186.

② 胡晓义．关于逐步提高养老保险统筹层次——十六届三中全会《决定》学习札记之二[J]．中国社会保障，2004（1）：18-21.

筹及县级统筹四个层次。在基本养老保险各统筹层次下，城镇企业职工养老保险基金的收支平衡由中央政府及相应层级的地方政府进行承担，如果养老保险基金产生结余，基本上也由相应层级的政府在属地范围内进行统一调剂使用；如果养老保险基金产生赤字，一般也由相应层级的政府进行财政补贴。

在城镇企业职工基本养老保险统筹层次的研究中，省级统筹和全国统筹是两个重要的统筹层次，也是两个经常被提及的概念。省级统筹属于城镇企业职工养老保险基金的一种筹资形式，是指在省、自治区及直辖市范围内对城镇企业职工基本养老保险的缴费比例、计发方式、给付标准、投资运营等内容进行统一管理，较高层次的一种方式①，是养老保险制度深化的必然结果。根据 2007 年 1 月 18 日劳动和社会保障部下发的《关于推进企业职工基本养老保险省级统筹有关问题的通知》，城镇企业职工基本养老保险省级统筹标准有以下六条：一是基本养老保险制度，即城镇企业职工基本养老保险的制度与政策要在全省范围内统一；二是基本养老保险缴费，即企业与职工基本养老保险的缴费比例及缴费基数要在全省范围内统一，个体工商户和灵活就业人员的基本养老保险缴费比例及缴费基数也要在全省范围内统一；三是基本养老保险待遇，即城镇企业职工的养老金计发办法要在全省范围内统一；四是基本养老保险基金的使用，即养老保险基金要由省级单位在区域范围内进行统一调剂使用；五是养老保险省级基金预算，即养老保险省级基金预算的实施和规划要在全省范围内统一；六是基本养老保险业务规程，即基本养老保险的管理制度及流程办理要在全省范围内统一②。养老保险省级统筹的实施是以县市级统筹为基础的，20 世纪 90 年代，全国各地区已经基本实现养老保险县市级统筹，并开启了省级统筹的步伐，根据《国务院办公厅关于印发降低社会保险费率综合方案的通知》，中国要在 2020 年底以前实现城镇企业职工基本养老保险基金在省级层面上的统收统支，为下一步实现全国统筹铺好道路。全国统筹属于基本养老保险制度最高层次的统筹规划，其核心在于城镇企业职工养老保险基金实现在全国层面上的统收统支，具体内容包括基本养老保险制度、基本养老保险缴费、基本养老保险待遇、基本养老保险基金使用、基本养老保

① 陈元刚，李雪，李万斌．基本养老保险实现全国统筹的理论支撑与实践操作［J］．重庆社会科学，2012（7）：19-25.

② 资料来源：《关于推进企业职工基本养老保险省级统筹有关问题的通知》，http：//www.hrbaodian.com/falv/436220.html。

险基金预算、基本养老保险业务规程要在全国范围内进行统一。理论上讲，如果城镇企业职工基本养老保险实现全国统筹，那么便可以在全国层面上解决劳动关系转移、养老保险基金调剂使用等问题，而且可以避免因各省之间经济发展水平不同、养老抚养比不同而造成的各地区养老金缴费与给付的差距，可以最大限度地彰显养老保险制度的公平性及互助共济性等特征。但从实践来看，省级统筹是全国统筹的基础，而城镇企业职工基本养老保险尚未完成在省级层面上的统筹，因此实现企业职工基本养老保险在全国层面上的统收统支还有很长的一段路要走。

四、中央调剂制度

当前城镇企业职工养老保险制度实行的是社会统筹与个人账户相结合的筹资模式，此筹资模式是在中国基本国情的前提下，借鉴其他国家养老保险发展的经验教训，综合社会统筹的优势和个人账户的长处创造出来的一种具有中国特色的养老保险制度，其主要目的是维持养老保险基金的可持续性。个人账户的养老金不具有互助共济性，统筹账户的养老金虽然具有互助共济性，但是由于各省份间经济发展不平衡、制度文化不同，各区域间的城镇企业职工养老保险基金开始出现两极分化的局面，市场化程度高的地区养老保险基金当期结余和累计结余多，市场化程度低的地区养老保险基金当期结余和累计结余少，甚至产生了养老金赤字，严重影响养老保险制度的可持续发展。基于目前城镇企业职工养老保险基金发展不平衡的局面，2017 年 3 月 5 日在财政部提请全国人大审查的《关于 2016 年中央和地方预算执行情况与 2017 年中央和地方预算草案的报告》中首次提出在推进社会保障制度改革相关工作的基础上，研究制定基本养老保险基金中央调剂制度方案。2018 年 6 月 13 日，国务院出台《关于建立企业职工基本养老保险基金中央调剂制度的通知》，正式明确了养老保险基金的中央调剂方案，中央调剂制度的出台开启了基本养老保险全国统筹的第一步。

中央调剂制度是指在当前城镇企业职工养老保险制度省级统筹的基础上，各地区按照一定的上解比例上解一部分养老保险基金，共同组成中央调剂基金，对全国各省份的养老保险基金进行调剂，以确保各省份养老金按时足额发放的一种制度。从中央调剂金的筹集来看，其主要来自各省份上解中央的养老保险基金，各省份上解中央的养老保险基金等于各省份职工平均工资的90%、各省份在职应参保人数与上解比例的乘积①。其中，各省份的职工平均工资为所在省份城镇私营单位和非私营单位就业人员的加权平均工资，各省份的在职应参保人数为在职参保人数和国家统计局公布的企业就业人数的平均数，上解比例从3%开始，逐步提高，根据2019年国务院办公厅发布的《关于印发降低社会保险费率综合方案的通知》，2019年中央调剂金的上解比例提高至3.5%。从中央调剂金的拨付来看，其实行的是以收定支模式，即当年筹集到的中央调剂金全额拨付各省份，各省份获得的调剂金拨付额为各省份的离退休人数与全国人均调剂金拨付额的乘积。其中，全国人均调剂金拨付额等于当年筹集到的中央调剂金总额除以全国的离退休总人数。中央调剂制度是基本养老保险制度的重要组成部分，中央调剂金在社会保障基金中属于财政专户，只能用于调剂各省份的养老保险基金负担，不能用于平衡政府的财政预算。

作为中央层面的调剂制度，其区别于省级统筹，也区别于全国统筹，属于省级统筹向全国统筹迈进的一种过渡性方案。中央调剂制度从严格意义上说属于一种风险调剂制度，不同于省级统筹的是，中央调剂制度覆盖了全国31个省市，由于是中央政府统一建立实施，其调剂范围不再局限于一省区域，而是拓展到全国，在一定程度上分散了各省份基本养老保险制度不可持续的风险，尤其是一些市场化程度比较低、退职比比较高的省份可通过中央调剂制度转嫁一部分风险，实现养老保险基金的可持续。中央调剂制度虽然在一定程度上扩大了养老保险的互助共济性，但是与全国统筹相比，还是有不小的差距，全国统筹实现的是全国层面上企业职工养老保险基金的统收统支，而中央调剂制度作为过渡性方案，只属于基础养老金实现全国统筹的一小步。

第二节 理论基础

一、世代交叠模型

世代交叠模型又称为OLG模型，是指最初由著名经济学家萨缪尔森在

① 资料来源：《国务院关于建立企业职工基本养老保险基金中央调剂制度的通知》，http://www.gov.cn/zhengce/content/2018-06/13/content_5298277.htm。

微观基础上分析货币在经济中的作用时所创立的理论模型①，之后戴蒙德在1965年对此理论模型进行了扩展，构建了具有生产部门的OLG模型②，并用来分析国债在经济中的作用。世代交叠模型将人生分为儿童期、青年期和老年期三个阶段，一个人只有在青年期的时候通过工作获得收入，其获得的全部收入用于当前消费、退休消费以及抚养子女，在三种用途上如何分配取决于此人的消费偏好，而对于有着不同消费偏好的个人或群体，政府会通过强制性储蓄的方式为其将来养老积累资金③。世代交叠模型衡量的是收入在不同时期、不同代之间的一种分配关系，其根本的出发点是，在任何一个时期，都生活着不同代的人，任何一代人在其人生的不同阶段都可以与其他代的人进行交易④。

从萨缪尔森构建的纯储蓄型两期世代交叠模型来看，模型假设包括以下几个方面：其一，任何一个时期的人口都处于不断更替的状态，即每一个时期都有新生婴儿出生，也有老年人口去世；其二，每一个个体都只存在工作和退休两个时期，即个体在 t 期工作获取收入，在 $t+1$ 期处于退休状态；其三，不存在技术进步，人口增长率⑤为 n ，假设 t 期有 L_t 人口出生，$t+1$ 期有 L_{t+1} 人口出生，n 满足 $L_{t+1}=nL_t$ ；其四，所有生产出来的产品无法进行积累，只能在当期全部消费掉。在上述假设条件下，个体在退休之后无法以储蓄的方式进行退休期间的消费，于是政府通过向工作期的群体征收养老保险费用从而维持退休期群体的养老消费，以这种代际转移的收入分配方式取代个体在工作期的养老储蓄，此后便通过这种不同代之间收入转移的传导机制，维持着每一代人在退休期的养老消费，这种条件下养老保险的报酬率与人口增长率相等⑥。如果存在技术进步，劳动生产率以 γ 的速率增长，那么个人或群体在工作期间的工资增长率也为 γ ，此时养老金的增长率便由人口增长率和工资增长率两方面决定，养老保险的报酬率等于

---

① Samuelson P A. An Exact Consumption-Loan Model of Interest with or without the Social Contrivance of Money [J]. *Journal of Political Economy*, 1958, 66 (6): 467-482.

② Diamond P A. National Debt in a Neoclassical Growth Model [J]. *The American Economic Review*, 1965, 55 (5): 1126-1150.

③ 蔡向东. 统账结合的中国城镇职工基本养老保险制度可持续性研究 [D]. 长春：吉林大学，2009.

④ 李珍. 社会保障理论 [M]. 北京：中国劳动社会保障出版社，2001：63.

⑤ 在两期世代交叠模型中，劳动力增长率等于人口增长率。

⑥ 胡秋明. 可持续养老金制度改革的理论与政策研究 [D]. 成都：西南财经大学，2009.

人口增长率和工资增长率之和①。除此之外，如果还考虑资本积累和个人储蓄，萨缪尔森构建的两期世代交叠模型依然有效，由此萨缪尔森证明了现收现付制的筹资模式下基础养老金的运行机制。而戴蒙德在其构建的世代交叠模型中进一步指出，如果考虑资本积累和个人储蓄，由于资本产生的过度积累必然导致养老保险的报酬率小于人口增长率和工资增长率之和，这种养老保险制度下的代际转移支付形式无异有利于经济的增长（胡秋明，2008；蔡向东，2011）。

世代交叠模型作为深入分析不同代之间收入分配的常用工具，广泛运用于研究社会养老保险问题（李时宇，2010；李时宇和冯俊新，2014；康传坤和楚天舒，2014；宋琪和马树才，2018；靳文惠，2018），尤其是基础养老金这种现收现付制的财务运行模式。世代交叠模型的目的是分析工作群体所获取的收入应该转移多大规模给退休群体才是最优的，而基础养老金现收现付制的财务运行模式正是将在岗职工的当期收入转移一部分用于支付当期退休职工的养老金②，以保障老年人的基本生活，当期在岗职工退休之后，再由下一期在岗职工缴费以保障他们的基本生活，如此一代一代的收入转移下去③。世代交叠模型强调在政府的有效干预下，老年人口甚至可以在没有储蓄行为的情形下，通过不同代之间收入转移的方式由年轻人满足老年人的消费需求，以此提高老年人的养老福利，这也成为基础养老金实行现收现付制财务运行模式的理论基础。总之，世代交叠模型深刻分析了养老保险制度的内在逻辑（宁磊和郑春荣，2016；曹阳等，2019），为基础养老金实行现收现付制的财务运行模式提供了基本的分析模型（陈凯和段誉，2014；樊长科和林国彬，2015；穆怀中和杜芳雨，2019），在此理论基础上，本书进一步建立了基础养老金收支测算模型。

① Aaron, H. The Social Insurance Paradox [J]. *Canadian Journal of Economics and Political Science*, 1966, 32 (3): 371-374.

② 陈工，赖伟文．我国社会养老保险融资问题研究［M］．北京：中国财政经济出版社，2010：14.

③ 穆怀中．养老金调整指数研究［M］．北京：中国劳动社会保障出版社，2008：4-5.

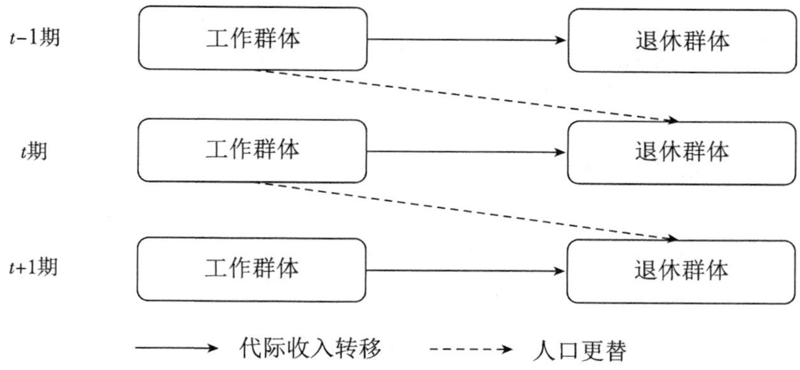

图 1-1 世代交叠模型人口更替

二、基金收支平衡理论

养老保险基金的收支平衡理论起源于商业人寿保险的相关理论①，其关于基金的计算要从收入和支出两个方面进行，而针对收入和支出的计算又包括利息理论、生命表理论、生存分布函数以及会计平衡理论四个方面。利息理论是指将当前资金通过累计利率或贴现率的方式积累或贴现到某一时点，从而计算其资金终值或现值的理论。生命表理论是指在不考虑人口新生、人口迁入和迁出，只考虑人口死亡的情况下，分析一个封闭系统内一批人从出生开始随着时间的推移逐步死亡的整个过程（周渭兵，2004）。相比于生命表函数只能反映一个人口群体在整数年龄上生存与死亡的规律而言，生存分布函数却能描述出一个人口群体在随机年龄上生存与死亡的规律。养老保险基金的收支平衡基于会计学上的平衡理论，最终计算出养老保险制度下存活人口群体在制度内收入与支出的差额，即为该群体在制度内的当期结余，如需计算该群体在制度内的累计结余，还需考察前期制度内的累计结余。

（一）利息理论

利息理论的基本出发点是金钱具有时间价值，不同时点的金钱数额不具有可比性，要通过累计利率或贴现率的模式将其积累到同一时点进行统一比较，在企业职工基本养老保险制度中，由于个人账户实行的是完全积累制的筹资模式，因此个人账户积累的资金数额会受到利息的影响。利息

① 周芬．城镇企业职工基本养老保险基金收支平衡研究［D］．成都：西南财经大学，2019.

理论根据累计利率和贴现率模式的不同又分为终值理论和现值理论，利息计算可按照单利或复利两种方式进行计算。

在终值理论中，假设第一年的资金为 L_0，第 t 年的利率为 i_t，按照单利的计算方式，第 j 年末资金的累计金额（终值）为 $L_j = L_0 \times (1 + i_1 + i_2 + \cdots + i_t)$，按照复利的计算方式，第 j 年末资金的累计金额（终值）为 $L_j = L_0 \times (1 + i_1) \times (1 + i_2) \times \cdots \times (1 + i_t)$。

在现值理论中，假设当前资金为 L_0，第 t 年的利率为 i_t，按照单利的计算方式，当前资金在 j 年前的折现值为 $L_j = L_0/(1 + i_1 + i_2 + \cdots + i_t)$，按照复利的计算方式，当前资金在 j 年前的折现值为 $L_j = L_0/(1 + i_1)(1 + i_2)\cdots(1 + i_t)$。

在企业职工基本养老保险制度中，利息理论主要用于个人账户养老金收支平衡的计算，由于职工退休后按月等额领取养老金，因此其主要运用利息理论中贴现的方式进行计算。退休职工在个人账户中领取的养老金现值总和等于其工作期间的养老金缴费总收入加上每一年的利息累计，而每一年利率的大小决定了养老金现值总和的大小。根据《国务院关于建立统一的企业职工基本养老保险制度的决定》和《国务院关于完善企业职工基本养老保险制度的决定》两份文件，退休职工在个人账户中领取的养老金数额等于个人账户总积累额除以总计发月数，总计发月数根据城镇人口平均预期寿命确定。因此，城镇人口平均预期寿命预测的准确性决定了个人账户养老金收支平衡计算的准确程度。

（二）生命表理论

生命表常用来研究人口群体的死亡规律，是描述在封闭人口的条件下，一个群体从出生到死亡整个生命过程的一种统计表（Cutler 和 Ederer，1958；Graunt，1977；黄荣清和曾宪新，2020），其依据过去死亡人数的统计资料，预测未来人口群体的死亡或生存概率，是计算保险费率的必要依据。生命表的基本函数通常包括以下内容。

（1）j：表示生命表中的年龄范围，通常取整数值，$0 \leqslant j \leqslant a-1$，其中，$a$ 表示人口群体生存的极限年龄。

（2）n_j：表示确切整数年龄 j 岁存活的人数，其中，$n_0 > n_1 > n_2 > \cdots > n_{a-2} > n_{a-1}$，$n_a = 0$。

（3）d_j：表示年龄为 j 岁的存活群体在 j 岁这一年的死亡人数，其可以表示为 $d_j = n_j - n_{j-1}$，$n_0 = d_0 + d_1 + d_2 + \cdots + d_{a-2} + d_{a-1} = \sum_{0}^{a-1} d_j$。

d_{jl}：表示存活群体在 j 岁和 $j+l$ 岁之间的死亡人数，其可以表示为 $d_{jl}=n_j-n_{j+l}$。

（4）π_j：表示年龄为 j 岁的存活群体在 j 岁这一年的死亡概率，即死亡率，其可以表示为 $\pi_j=\frac{d_j}{n_j}$，$\pi_{a-1}=\frac{d_{a-1}}{n_{a-1}}=\frac{n_{a-1}-n_a}{n_{a-1}}=1$。

π_{jl}：表示存活群体在 j 岁和 $j+l$ 岁之间的死亡概率，其可以表示为 $\pi_{jl}=\frac{d_{jl}}{n_j}=\frac{n_j-n_{j+l}}{n_j}$。

（5）ω_j：表示年龄为 j 岁的存活群体在 j 岁这一年的生存概率，即存活率，其可以表示为 $\omega_j=\frac{n_{j+1}}{n_j}$，$\pi_j+\omega_j=1$。

ω_{jl}：表示年龄为 j 岁的存活群体再存活 l 年的生存概率，其可以表示为 $\omega_{jl}=\frac{n_{j+l}}{n_j}$，$\pi_{jl}+\omega_{jl}=1$。

（三）生存分布

现实生活中人的年龄是一个随机变量，然而生命表函数只能反映一个人口群体在整数年龄上生存与死亡的规律①，因此还需要描述一个人口群体在随机年龄上的生存与死亡规律的函数——生存分布函数②（彭碧荣，2015）。生存分布函数表示新生婴儿存活某个时间段的概率，也可以理解为在某个时点之后死亡的概率。

假设 $F(j)$ 表示新生婴儿在 j 岁之前死亡的概率，其可以表示为 $F(j)=P(J\leqslant j)$，其中，$j\geqslant 0$，用 a 表示人口群体生存的极限年龄，则 $F(j)$ 满足 $F(0)=0$ 以及 $F(a)=1$。

假设 $S(j)$ 表示新生婴儿活到 j 岁的概率，即生存函数，其可以表示为 $S(j)=P(J>j)=1-F(j)$，其中，$j\geqslant 0$，用 a 表示人口群体生存的极限年龄，则 $S(j)$ 满足 $S(0)=1$ 以及 $S(a)=0$。

假设 $M(j)$ 表示新生婴儿在 j 岁到 l 岁之间的死亡概率，即死亡函数，其可以表示为 $M(j)=P(j<J\leqslant l)=F(l)-F(j)=S(j)-S(l)$。

基于生命表理论和生存分布计算的人口数据可以描述出我国不同年份

① 周晓剑. 分数年龄假设的新方法：Kriging 模型［J］. 统计研究，2014，31（9）：102-106.
② 生存分布函数是一种表示一系列事件的随机变量函数。

分城乡、分性别、分年龄的人口结构分布状况，人口结构的变化直接影响到后续我国养老保险制度的制定以及完善，尤其是影响到养老保险基金的缴费和给付，进而影响到基础养老金的收支平衡。

（四）会计平衡理论

基础养老金的收支平衡计算最终需要建立在会计平衡理论的基础上，分别计算一定时间点基金的收入和支出，并核算其余额，以保持平衡。假设基金在时点 i 年的累计余额为 P_i，收入为 I_i，支出为 D_i，当期累计余额等于当期收支差与前期累计余额之和，其平衡公式可以表示为 $P_i=(I_i-D_i)+P_{i-1}$。

由于本书研究的是基础养老金的收支平衡问题，而基础养老金实行的是现收现付制的财务运行模式，因此本书基于生命表理论、生存分布函数和会计平衡理论对基础养老金的收支平衡展开分析。通过结合人口结构变化、缴费率、工资增长率等人口因素和经济因素，分析影响企业职工养老保险制度变量的变化规律，然后再分析变量变化下基础养老金的收支平衡（万春，2009）。

第三节　理论分析

在养老保险制度发展的过程中，以不同的平衡理论和资金筹集模式为划分依据，最终产生了现收现付制、完全积累制以及部分积累制三种养老保险基金筹资模式。现收现付制是指由在职一代缴纳养老保险费用于供养同期退休一代的养老，缴纳的养老保险基金由退休一代群体共同使用。完全积累制是指在职一代缴纳的养老保险费用存入个人账户，由专门的养老管理机构负责投资运营，其缴纳的本金以及获取的收益仅支付自己的养老费用。部分积累制是现收现付制和完全积累制的混合模式，参保群体缴费的一部分实行现收现付制的筹资模式，另一部分实行完全积累制的筹资模式，以我国实行的养老保险制度为例，统筹账户的养老金实行的是现收现付制，个人账户的养老金实行的是完全积累制。由于本书的研究对象为企业职工统筹账户的基础养老金，研究问题是中央调剂金对基础养老金收支平衡的影响，因此只分析不实施中央调剂制度以及实施中央调剂制度两种情形下现收现付制筹资模式的数理模型及其平衡条件。

一、不实施中央调剂制度的数理模型及平衡条件

虽然德国俾斯麦时期已经采用现收现付制作为养老保险基金的筹资模式，但是关于现收现付制筹资模式背后的经济学原理，一直到1958年才由萨缪尔森开始研究。根据萨缪尔森的研究，横向平衡理论也就是代际转移理论，是现收现付制筹资模式的理论基础。根据代际转移理论，国家通过某种方式向在职一代筹集养老保险基金作为储蓄，先行支付给退休一代作为养老费用使用，然后循环往复，周而复始，一代一代传下去，从而达到代际上的横向平衡（李春根和张乔娜，2011；朱浩，2015；路锦非，2016）。在实践中，具体表现为政府对当前或未来几年退休一代所需的养老费用进行预测，然后根据在职参保人数进行分摊，从而计算出在职一代的缴费率，按月缴纳，当期缴费当期给付，在收不抵支的情况下，国家财政进行补贴以达到短期的收支平衡。此种模式的优势在于再分配功能强，具有明显的公平性质，有利于应对通货膨胀等问题，而且管理简单，成本低廉，无须达到长期内的精算平衡，建立起全额养老金领取权利的时间很短。与此同时，其劣势也很明显，在人口老龄化的背景下，加重了缴费职工的负担，不利于养老保险基金的可持续。

在不实施中央调剂制度的情形下，基础养老金的收入来自在岗职工的缴费收入，基础养老金的支出仅支付退休职工的养老费用（金刚，2017）。为了从理论上分析不实施中央调剂制度情形下现收现付制筹资模式的数理模型及平衡条件，首先做出以下假设：第一，所有在岗职工参加工作年龄以及退休年龄一致；第二，人口年龄结构按照人口预测模型①数据变动；第三，不考虑利率影响②（薛惠元和王翠琴，2009）。如果用 PI_f 表示 f 省基础养老金收入，PE_f 表示 f 省基础养老金支出，那么根据短期平衡理论，基础养老金的筹资模式可以用公式表示为：

$$PI_f = PE_f \tag{1-1}$$

如果用 P_f 表示 f 省在岗职工人数，w_f 表示 f 省在岗职工平均工资，τ_f 表示 f 省缴费率，那么养老金收入 PI_f 可以用公式表示为：

$$PI_f = P_f \times w_f \times \tau_f \tag{1-2}$$

如果用 Q_f 表示 f 省退休职工人数，α_f 表示 f 省退休职工平均养老金，那

---

① 人口预测模型是以当前人口状况为基础、以预测参数为条件而建立的、用于测算未来人口的综合体系与数量方法。

② 由于基础养老金实行的是现收现付制筹资模式，受利率影响很小，可以忽略不计。

么养老金支出 PE_f 可以用公式表示为：

$$PE_f = Q_f \times \alpha_f \quad (1-3)$$

综上可得

$$\tau_f = \frac{\alpha_f}{w_f} \times \frac{Q_f}{P_f} \quad (1-4)$$

其中，缴费率是指在岗职工缴纳基础养老金总额在在岗职工平均工资总额中所占的比例，平均替代率①是指退休职工人均基础养老金占在岗职工平均工资之比，制度抚养比②是指退休职工人数与在岗职工人数之比。如果用 τ_f 表示 f 省缴费率，β_f 表示 f 省平均替代率，γ_f 表示 f 省制度抚养比，那么不实施中央调剂制度时各省基础养老金的筹资模式可以用公式表示为：

$$\tau_f = \beta_f \times \gamma_f \quad (1-5)$$

由式（1-5）可知，基础养老金缴费率与平均替代率和制度抚养比分别成正比，当平均替代率不变时，缴费率随着制度抚养比的增大而增大；同样，当制度抚养比不变时，缴费率随着平均替代率的增大而增大。为了深入分析基础养老金的收支平衡条件，再引入一些相关变量，假设 f 省在岗职工缴纳基础养老金总额为 C_f，在岗职工平均工资总额为 W_f，那么缴费率可以表示为：

$$\tau_f = \frac{C_f}{W_f} = \frac{C_f}{P_f \times w_f} \quad (1-6)$$

那么便有

$$\frac{C_f}{P_f \times w_f} = \frac{\alpha_f}{w_f} \times \frac{Q_f}{P_f} \quad (1-7)$$

由式（1-7）可知，平衡式两边的在岗职工平均工资 w_f 和在岗职工人数 P_f 是两个重要的变量。其中，在岗职工平均工资影响养老保险制度但并不受制度控制，其主要由经济水平决定，经济水平越高，在岗职工平均工资越高。随着在岗职工平均工资的增加，既增加基础养老金收入，也增加退休职工人均领取养老金金额，对基础养老金的收支平衡来说是一把“双刃剑”。在岗职工人数 P_f 受到退休年龄以及制度覆盖率等因素的影响，具体来说，退休年龄的增加，既增加在岗职工，又减少退休职工，对于降低养老保险制度负担具有双重作用；而随着制度覆盖率的上升，短期内在岗职

① 国际上常用养老金替代率衡量养老金充足水平。

② 抚养比越大，表明劳动力人均承担的抚养人数就越多，也意味着劳动力的抚养负担就越严重。

工人数增加，有利于增强基础养老金的可持续性，但从长期来看，增加的在岗职工会成为退休职工并领取养老金，无助于养老保险制度负担的减轻。

从不实施中央调剂制度情形下基础养老金现收现付制筹资模式的数理模型中可以看出，基础养老金的收支平衡一方面受到人口年龄结构变化（制度抚养比）的影响，另一方面由于是给付确定型，受到在岗职工平均工资的影响，从而影响基础养老金的收入。

二、实施中央调剂制度的数理模型及平衡条件

中央调剂制度的实施势必会对各省基础养老金的收支平衡产生重要影响，因此在考察实施中央调剂制度情形下基础养老金收支平衡的数理模型及平衡条件之前，必须先了解清楚中央调剂制度的运行机制。

（一）中央调剂制度运行机制

根据《关于建立企业职工基本养老保险基金中央调剂制度的通知》的规定，中央调剂金上解额度等于各省份职工平均工资的90%乘以各省份在职应参保人数再乘以上解比例。如果用 PU_f 表示 f 省中央调剂金上解额度，P_f 表示 f 省在岗职工人数，w_f 表示 f 省在岗职工平均工资，δ 表示上解基数占在岗职工平均工资的比例，θ 为上解比例，那么 f 省上解中央的调剂金额度可以用公式表示为：

$$PU_f = w_f \times \delta \times P_f \times \theta \tag{1-8}$$

根据《关于建立企业职工基本养老保险基金中央调剂制度的通知》，中央调剂金拨付各省市的金额等于全国核定的人均拨付额与该省市的离退休人数相乘，其中，全国核定的人均拨付额等于当年各省市上解中央的调剂金总额与全国总离退休人数相除。如果用 PD_f 表示 f 省中央调剂金拨付额度，Q_f 表示 f 省退休职工人数，F 表示全国省份总个数，那么 f 省中央调剂金拨付额度可以用公式表示为：

$$PD_f = Q_f \times \frac{\sum_{f=1}^{F} PU_i^f}{\sum_{f=1}^{F} Q_f} = (Q_f \times \delta \times \theta)\frac{\sum_{f=1}^{F}(w_f \times P_f)}{\sum_{f=1}^{F} Q_f} \tag{1-9}$$

如果用 V_f 表示 f 省获得的拨付金额和上解调剂金金额之比，则其可以表示为：

$$V_f = \frac{PD_f}{PU_f} = \frac{(Q_f \times \delta \times \theta)\dfrac{\sum_{f=1}^{F}(w_f \times P_f)}{\sum_{f=1}^{F} Q_f}}{w_f \times \delta \times P_f \times \theta} = \frac{\dfrac{Q_f/P_f}{\sum_{f=1}^{F} Q_f / \sum_{f=1}^{F} P_f}}{\dfrac{w_f}{\sum_{f=1}^{F}(w_f \times P_f) / \sum_{f=1}^{F} P_f}} \tag{1-10}$$

由式（1-10）可知，当 $V_f > 1$ 时，表示 f 省获得的拨付金额大于上解调剂金金额，即 $PU_f - PD_f < 0$，f 省为调剂金流入地；当 $V_f = 1$ 时，表示 f 省获得的拨付金额等于上解调剂金金额，即 $PU_f - PD_f = 0$，f 省为调剂金不变地；当 $V_f < 1$ 时，表示 f 省获得的拨付金额小于上解调剂金金额，即 $PU_f - PD_f > 0$，f 省为调剂金流出地。其中，Q_f/P_f 表示 f 省制度抚养比，$\sum_{f=1}^{F} Q_f / \sum_{f=1}^{F} P_f$ 表示全国制度抚养比，$\sum_{f=1}^{F}(w_f \times P_f) / \sum_{f=1}^{F} P_f$ 表示全国在岗职工平均工资。如果用 γ_f 表示 f 省制度抚养比，γ_N 表示全国制度抚养比，w_f 表示 f 省在岗职工平均工资，w_N 表示全国在岗职工平均工资，则有

$$V_f = \frac{\gamma_f/\gamma_N}{w_f/w_N} \tag{1-11}$$

由式（1-11）可知，f 省获得的拨付金额和上解调剂金金额之比 V_f 的大小主要取决于 f 省制度抚养比与全国制度抚养比的比值 γ_f/γ_N 以及 f 省在岗职工平均工资与全国在岗职工平均工资的比值 w_f/w_N 两个因素。其中，V_f 的值与 γ_f/γ_N 的值正相关，与 w_f/w_N 的值负相关。这也意味着 f 省制度抚养比越高，工资水平越低，f 省越有可能是调剂金流入地；f 省制度抚养比越低，工资水平越高，f 省越有可能是调剂金流出地。

（二）中央调剂制度下的收支平衡

在实施中央调剂制度的情形下，基础养老金的收入不仅来自在岗职工的缴费收入，还包括中央调剂金的拨付金额；同时，基础养老金的支出不仅支付退休职工的养老费用，还包括中央调剂金的上解金额。同样，先做出如下假设：第一，所有在岗职工参加工作年龄以及退休年龄一致；第二，人口年龄结构按照人口预测模型数据变动；第三，不考虑利率影响。如果用 PI_f 表示 f 省基础养老金在岗职工的缴费收入，PD_f 表示 f 省中央调剂金拨付额度，PE_f 表示 f 省基础养老金支付退休职工的费用，PU_f 表示 f 省中央调

剂金上解额度，根据短期平衡理论，实施中央调剂制度的情形下基础养老金的筹资模式可以用公式表示为：

$$PI_f + PD_f = PE_f + PU_f \tag{1-12}$$

如果用 P_f 表示 f 省在岗职工人数，w_f 表示 f 省在岗职工平均工资，τ_f 表示缴费率，那么 f 省基础养老金收入 I_f 可以用公式表示为：

$$I_f = PI_f + PD_f = P_f \times w_f \times \tau_f + PD_f \tag{1-13}$$

如果用 Q_f 表示 f 省退休职工人数，α_f 表示 f 省退休职工平均养老金，那么 f 省基础养老金支出 E 可以用公式表示为：

$$E = PE_f + PU_f = Q_f \times \alpha_f + PU_f \tag{1-14}$$

综上可得

$$\tau_f = \frac{\alpha_f}{w_f} \times \frac{Q_f}{P_f} + \frac{(PU_f - PD_f)}{w_f \times P_f} \tag{1-15}$$

同样，τ_f 是指 f 省在岗职工缴纳基础养老金总额在在岗职工平均工资总额中所占的比例；$\frac{\alpha_f}{w_f}$ 为 f 省平均替代率，是指 f 省退休职工人均基础养老金与在岗职工平均工资之比；$\frac{Q_f}{P_f}$ 为 f 省制度抚养比，是指 f 省退休职工人数与在岗职工人数之比；$(PU_f - PD_f)$ 是指 f 省中央调剂金上解额度与拨付额度之差；$w_f \times P_f$ 是指 f 省在岗职工平均工资总额。如果用 τ_f 表示 f 省缴费率，β_f 表示 f 省平均替代率，γ_f 表示 f 省制度抚养比，S_f 表示 f 省上解额度与拨付额度之差，W_f 表示 f 省在岗职工平均工资总额。那么实施中央调剂制度时基础养老金的筹资模式可以用公式表示为：

$$\tau_f = \beta_f \times \gamma_f + \frac{S_f}{W_f} \tag{1-16}$$

由式（1-16）可知，f 省基础养老金缴费率与 f 省平均替代率、f 省制度抚养比以及 f 省上解额度与拨付额度之差分别成正比，与 f 省在岗职工平均工资总额成反比。为了深入分析实施中央调剂制度时基础养老金的收支平衡条件，再引入一些相关变量，假设 f 省在岗职工缴纳基础养老金总额为 C_f，f 省在岗职工平均工资总额为 W_f，那么缴费率可以表示为：

$$\tau_f = \frac{C_f}{W_f} = \frac{C_f}{P_f \times w_f} \tag{1-17}$$

那么便有

$$\frac{C_f}{P_f \times w_f} = \frac{\alpha_f}{w_f} \times \frac{Q_f}{P_f} + \frac{(PU_f - PD_f)}{w_f \times P_f} \tag{1-18}$$

由式（1-18）可知，在实施中央调剂制度的情形下，平衡式两边的在岗职工平均工资 w_f 和在岗职工人数 P_f 依旧是两个重要的变量，除此之外，中央调剂金上解额度与拨付额度的差值也影响着基础养老金的收支平衡。具体来说，随着在岗职工平均工资的增加，基础养老金收入和支出同样会增加。从在岗职工人数来看，退休年龄的增加，既增加在岗职工人数 P_f，又减少退休职工人数 Q_f，对于降低养老保险制度负担具有双重作用；制度覆盖率的上升，短期内会增加在岗职工人数 P_f，有利于增强基础养老金的可持续性，但长期来看，随着在岗职工成为退休职工，基础养老金的负担也势必增加。从中央调剂金上解额度与拨付额度的差值 S_f 来看，如果 $S_f < 0$，即 $PU_f - PD_f < 0$，f 省为调剂金流入地，中央调剂制度的实施有利于增强 f 省基础养老金的可持续性；如果 $S_f = 0$，即 $PU_f - PD_f = 0$，f 省为调剂金不变地，中央调剂制度的实施对 f 省基础养老金的可持续性无影响；如果 $S_f > 0$，即 $PU_f - PD_f > 0$，f 省为调剂金流出地，中央调剂制度的实施会加重 f 省基础养老金的负担。

从实施中央调剂制度情形下基础养老金现收现付制筹资模式的数理模型中可以看出，基础养老金的收支平衡不仅受到人口年龄结构变化和在岗职工平均工资的影响，还受到中央调剂制度实施的影响。综上可知，调剂金流入地一般为制度抚养比高、工资水平低的省份，调剂金流出地一般为制度抚养比低、工资水平高的省份。这也意味着中央调剂金有利于增强制度抚养比高、工资水平低省份的基础养老金可持续性，但是会加重制度抚养比低、工资水平高省份的基础养老金负担，起到了均衡各省基础养老金结余分布的作用。

第二章　中央调剂制度的历史与现实依据

现阶段中央调剂制度作为基础养老金迈向全国统筹的过渡性措施，既是我国企业职工养老保险制度历史发展的选择，也是当前我国企业职工养老保险制度统筹的合理定位。梳理企业职工养老保险制度统筹层次的发展历史，对于理解当前实施中央调剂制度的战略选择有着很重要的意义。从企业职工养老保险制度的历史来看，为了适应不同时期的经济发展水平和社会环境，养老保险制度的统筹层次处于动态变化之中。因此，本部分将通过深入分析企业职工养老保险制度的几个关键变革节点，从而为中央调剂制度的战略选择提供借鉴。

第一节　中央调剂制度的历史沿革

自企业职工养老保险制度建立以来，随着经济的不断发展以及社会环境的不断变化，为了与不同时期的制度相匹配，企业职工养老保险制度先后经历了全国调剂、企业统筹、县市级统筹、省级统筹①以及迈向全国统筹五个阶段。企业职工养老保险制度正是在这样不断完善的过程中，一步步提高统筹层次，从而更好地发挥保障退休职工基本生活的作用。

一、全国调剂

新中国成立之初，在我国经济社会各项秩序逐渐稳定的情况下，国家为了更好地改善退休职工的生活，先后出台了《劳动保险条例》《国务院关于工人、职员退休处理的暂行规定实施细则》等法律，这一系列文件的出台成为我国企业职工养老保险制度建立的开始。在养老保险基金的使用上，1953 年国家在劳动保险条例修正案中明确提出养老保险基金结余作为调剂

① 白维军．完善省级统筹，促进全国调剂［D］．南京：南京大学，2011.

金全部转入省、市工会组织或产业工会全国委员会等特定账户内，以供中华全国总工会在全国范围内进行统筹调用①。当时企业职工养老保险制度的全国调剂主要表现在以下几个方面。

其一，从养老保险基金的征集来看，《劳动保险条例》规定企业职工需要缴纳的劳动保险金完全由企业承担，职工不需要额外缴纳，劳动保险金的比例由企业每月按照本企业职工工资总额的百分之三缴纳。而且在企业实行劳动保险的前两个月内，企业为职工缴纳的劳动保险金要全部存入中华全国总工会账户，以供建立劳动保险总基金；从第三个月开始，企业缴纳劳动保险基金的百分之三十要存入劳动保险总基金，其余的百分之七十留存在企业工会账户，以供本企业职工抚恤费、补助费以及救济费的支付。

其二，从养老保险基金的管理来看，《劳动保险条例》规定劳动保险金由中华全国总工会委托中国人民银行代为管理。劳动保险总基金用于支付中华全国总工会举办集体劳动保险事业所产生的费用。本企业内部的劳动保险金在每月支付企业职工抚恤费、补助费以及救济费之后，结余部分全部转入省、市工会组织或产业工会全国委员会等特定账户，形成调剂金，对于调剂金的使用，只有中华全国总工会有统筹调用之权，而且只可用于集体劳动保险事业所产生的费用，不得挪借用于其他用途②。

其三，从养老保险基金的调剂范围来看，除了最初《劳动保险条例》规定参加劳动保险企业的实施范围外，1956 年国家还进一步将养老保险拓展到了商业、外贸等 11 个部门③，自此我国所有的集体所有制企业均在养老保险基金的调剂范围之内。

其四，从养老保险基金的领取条件来看，企业男性职工需年满六十岁，工龄满二十五年，本企业工龄满五年；企业女性职工需年满五十岁，工龄满二十年，本企业工龄满五年；如果是属于井下作业、低高温工作场所或有害身体健康行业的职工，企业男性职工需年满五十五岁，企业女性职工需年满四十五岁④。

由此可知，新中国成立初期养老保险基金在中华全国总工会的管理下，

---

① 资料来源于《中华人民共和国劳动保险条例》，http：//www.360doc.com/content/13/0913/07/2972720_314095589.shtml。

② 高书生．社会保障改革何去何从［M］．北京：中国人民大学出版社，2006：28.

③ 焦凯平．养老保险［M］．北京：中国劳动社会保障出版社，2004：33.

④ 资料来源：《中华人民共和国劳动保险条例》，http：//law.51labour.com/lawshow-16839-4.html。

实现了全国范围内的调剂使用，很好地弥补了部分范围内出现的养老金赤字缺口，更好地保障了企业退休职工的基本生活权益。除此之外，由于企业职工养老保险制度当时实行的是现收现付制，再加上制度覆盖范围内的企业退休职工较少，这一制度极大地发挥出了其积极的一面，为促进国家的经济发展、社会进步做出了卓越的贡献。

二、企业统筹

在企业职工养老保险制度改革完善之际，我国开始步入“文化大革命”时期，“文化大革命”的出现使得当时相关的法律法规难以正常施行，从而对企业职工养老保险制度造成了很大的冲击，大量退休职工因无法正常领取退休金而导致生活困难，养老保险制度也丧失了其最基本的互助共济功能。自此，我国企业职工养老保险制度从全国调剂的高层次模式进入了企业统筹的低层次模式。“文化大革命”对企业职工养老保险制度的冲击主要表现在以下几个方面。

其一，养老保险基金的行政管理机构中华全国总工会受到冲击。“文化大革命”开始后，负责养老保险基金统筹调剂的机构中华全国总工会受到冲击，正常业务工作被迫停止，随之而来的是各级工会组织遭到破坏，养老保险基金的征集、管理、支付等正常运作流程陷入瘫痪状态。养老保险基金行政管理机构的停止运转彻底动摇了养老保险制度全国调剂的根基，全国调剂的高层次模式也形同虚设。除此之外，各行各业受到的冲击更是使得养老保险基金的缴纳雪上加霜，企业职工养老保险制度的统筹工作彻底陷入停滞状态。

其二，养老保险基金的资金管理机制受到破坏。随着养老保险基金行政管理机构中华全国总工会正常业务工作的停止，劳动保险基金开始全部移交财政部，标志着养老保险基金的运营由财政部门承担。但是由于“文化大革命”的冲击，养老保险基金的征收缴纳困难重重，财政部管理的劳动保险基金开始出现赤字缺口。为了避免赤字缺口的进一步扩大，1969 年财政部发布了《关于国营企业财务工作中的几项制度的改革意见（草案）》，其中规定“国营企业停止提取劳动保险基金”“企业退休职工、长期病号工资和其他劳保开支，改在营业外列支”。这些规定的出台也意味着养老保险制度全国调剂的模式沦为了企业保险模式，养老保险基金的全国调剂也转入了企业统筹阶段。

其三，养老保险基金的业务工作受到破坏。养老保险基金从全国调剂模式沦为企业保险模式之后，对于效益好、退休职工少的企业而言，退休职工养老金水平高，养老保险基金可持续；而对于效益差、退休职工多的企业而言，退休职工养老金水平低，养老保险基金不可持续。这些既破坏了养老保险制度全国调剂的公平性，也在一定程度上影响了退休职工的基本生活。

养老保险基金从全国调剂阶段进入企业统筹阶段，是企业职工养老保险制度发展中的一次倒退，不仅破坏了养老保险制度全国调剂的公平性，而且也为以后企业职工养老保险制度的改革统筹之路埋下了很多隐患。

三、县市级统筹

自改革开放以来，随着社会主义经济体制改革步伐的加快，大量国营企业开始在改革的关键期破产倒闭，企业职工养老保险制度的根基开始动摇。为了解决企业退休职工养老的现实问题，国家开始着手建立新型的养老保障制度。由于当时经济条件所限，国家开始鼓励地方政府进行传统养老保险制度改革，经济条件差的地区先从养老保险基金县级统筹做起，逐步过渡到市级统筹，经济条件好的地区直接从市级统筹开始。

为了顺应时代潮流，创造宽松的投资环境，1984 年广东省、四川省、江苏省以及辽宁省率先拉开了企业职工养老保险制度改革的序幕，各个改革试点区根据本地区的实际情况制定了不同的养老保险制度。例如，各个改革试点区根据地区经济发展水平的不同制定了不同的缴费基数和缴费比例。从养老保险基金的征缴机构来看，有的是税务部门收取，有的是社会保险机构收取。从养老保险基金的统筹层次来看，有的是县级统筹，有的是市级统筹。虽然各改革试点区养老保险制度的统筹层次、征缴机构、缴费基数以及缴费比例不一致，但是相比于企业退休职工养老费用完全由企业承担的时期，企业负担大大减轻，社会反响良好，取得了良好的社会效益，因而养老保险基金县市级统筹的制度得以在全国范围内推广。截至 1986 年底，全国已经有 27 个省份参加了养老保险制度改革试点。截至 1991 年底，全国 98%的县市已经实现了企业职工养老保险制度的县市级统筹①。此外，为了进一步减轻企业负担，增强企业活力，在国家开始养老保险基金县市级统筹的同时，国务院还发布了《国营企业实行劳动合同制暂行规定》，提出企业要与新招收的职工签订劳动合同，签订合同的职工参加养老

① 郑功成．中国社会保障 30 年［M］．北京：人民出版社，2008：60.

保险制度。此外，养老保险基金由企业与职工共同缴纳，当养老保险基金产生赤字缺口时，由国家进行补助。《国营企业实行劳动合同制暂行规定》的发布标志着新的企业职工养老保险制度开始具体化，企业与职工共担的缴费原则也开始推广到企业所有职工。

由此可知，随着改革开放的深入，相比于企业统筹，企业职工养老保险制度的县市级统筹更符合历史的发展趋势，也更能体现养老保险的本质。后来国家在县市级统筹的经验基础上，发布了《国务院关于企业职工养老保险制度改革的决定》，进一步明确了养老保险缴费由国家、企业、个人三方共同承担的原则，这一原则也为企业职工养老保险制度的进一步深化改革指明了方向。

四、省级统筹

在国家的大力改革下，20 世纪 90 年代初期全国各省市基本实现了企业职工养老保险制度的县市级统筹。虽然相比于企业统筹，县市级统筹更符合历史的需求，但是随着经济的不断发展，这种低统筹层次的企业职工养老保险制度暴露出来的弊端也越发明显，如调剂功能不强、抵御风险和自然灾害能力较弱，这也意味着提高企业职工养老保险制度的统筹层次成为迫切的现实需求。在此历史背景下，国家从 20 世纪 90 年代开始步入了养老保险制度省级统筹的发展阶段。省级统筹也就意味着在以省、自治区、直辖市为单位的行政区域范围内对企业职工养老保险制度的缴费方式、计发办法、基金的调剂与管理实行统一的标准，也即养老保险基金在全省范围内进行统一调剂使用。相比于县市级统筹，省级统筹是一种更高层次的管理方式，也是企业职工养老保险制度深化的必然趋势。

为了促使企业职工养老保险制度省级统筹工作的顺利进行，1991 年国家发布了《国务院关于企业职工养老保险制度改革的决定》，明确提出没有实行省级统筹的地区，要创造环境，由县市级统筹向省级统筹过渡，督促各省市提高本地区的企业职工养老保险制度统筹层次。为了响应国家号召，1992 年劳动部出台了《关于全民所有制企业职工实行基本养老保险基金省级统筹的意见的通知》（劳险字〔1992〕12 号），明确规定了全民所有制企业的固定职工、劳动合同制职工、1971 年底以前参加工作的计划内长期临时工和集体混岗职工实行养老保险基金省级统筹的具体办法。然而此后由于统筹层次认识上的反复，企业职工养老保险制度的省级统筹进程缓慢，为了解决这些问题，1997 年国务院出台了《关于建立统一的企业职工基本养老保险制度的决定》，提出建立适应社会主义市场经济体制要求的养老保险体系，需要逐步将企业职工养老保险制度的统筹层次从县市级过渡到省级。为了加快实行企业职工养老保险制度省级统筹的进程，1998 年国务院发布了《关于实行企业职工基本养老保险省级统筹和行业统筹移交地方管理有关问题的通知》，要求 1998 年底以前全国各省要建立养老保险基金省级调剂机制，2000 年全国各省基本统一企业缴费比例，养老保险基金基本实现在全省范围内统一调剂使用。但在现实中由于多种因素的制约，2000 年实现全国省级统筹的目标并没有实现①。

面对我国企业职工养老保险制度统筹层次提升日益迫切的需求，2003 年党的十六届三中全会通过了《中共中央关于完善社会主义市场经济体制若干问题的决定》，2005 年国务院出台了《关于完善企业职工基本养老保险制度的决定》，2006 年劳动和社会保障部印发了《关于印发贯彻落实国务院完善企业职工基本养老保险制度决定工作安排意见的通知》（劳社部函〔2006〕1 号），2007 年劳动和社会保障部联合财政部再次下发了《关于推进企业职工基本养老保险省级统筹有关问题的通知》（劳社部发〔2007〕3 号）。这一系列重要文件都明确提出要提升企业职工养老保险制度的统筹层次到省级统筹，并明确了省级统筹工作的重点，制定了省级统筹的标准。在政策环境的影响下和各级政府的努力下，截至 2009 年底，全国各省终于全部出台了企业职工养老保险制度省级统筹的实施办法。此后，企业职工养老保险制度的统筹层次得到了实质性的提升，为下一步企业职工养老保险制度的全国统筹奠定了基础。

五、迈向全国统筹

虽然企业职工养老保险制度的统筹层次提升到了省级层面，但是随着经济的快速发展，其暴露出了各省养老负担两极分化、养老保险基金规模效应低、各省之间养老保险关系转接困难等问题。提升企业职工养老保险制度的统筹层次至全国层面，就是要解决因统筹层次低而暴露出来的这些突出问题，也就是说，解决上述问题，是养老保险基金全国统筹的目标。

为了建立与经济发展水平相适应的社会保障体系，国家开始稳步推进企业职工养老保险制度全国统筹的工作。2003 年《中共中央关于完善社会主义市场经济体制若干问题的决定》明确提出在完善企业职工养老保险基

① 史寒冰．省级统筹：旷日持久的攻坚战［J］．中国社会保障，2009（5）：14-19.

金省级层面调剂使用的同时，条件成熟时要实行企业职工养老保险制度全国统筹。2011 年人力资源和社会保障部制定的《人力资源和社会保障事业发展"十二五"规划纲要》指出，企业职工养老保险制度在落实省级统筹的同时，要实现基础养老金的全国统筹目标。2016 年通过的"十三五"规划纲要再次明确企业职工养老保险制度全国统筹的工作要加快推进。虽然政策文件中全国统筹的字眼一再出现，但是养老保险基金全国统筹依旧停留在方案讨论中，并无实质性的进展，直到 2017 年党的十九大报告再次强调尽快实现养老保险全国统筹，这种无限期的拖延才得以改变。随后，2018 年国务院印发了《关于建立企业职工基本养老保险基金中央调剂制度的通知》，企业职工养老保险制度迈出了走向全国统筹的第一步。

虽然中央调剂制度只是养老保险基金迈向全国统筹的过渡性措施，但是鉴于一步实现养老保险基金统收统支的全国统筹模式难度很大，中央调剂制度的实施具有很大的现实价值和长远意义，不断完善优化中央调剂制度，是我国养老保险基金实现全国统筹的必经之路。

第二节　中央调剂制度的现实依据

从上述企业职工养老保险制度统筹层次的历史发展来看，虽然早在 21 世纪初我国就提出了全国统筹的目标，但是时至今日，我国依然没有完全落实养老保险基金省级统筹的工作，部分省市实行的仍是养老保险基金省内调剂的模式。正是由于各省之间企业职工养老保险制度管理标准不一，全国统筹之路才困难重重。除此之外，"少子化"与"老龄化"并存的人口结构变化趋势，各省之间养老保险基金结余两极分化，养老保险基金支付压力不断增加等各种现实问题迫使养老保险基金必须实现全国统筹的目标。在此情形下，中央调剂制度作为养老保险基金全国统筹的过渡性措施，其渐进式的思路更符合目前企业职工养老保险制度改革的政策选择。

一、"少子化"与"老龄化"并存

当前我国"少子化"与"老龄化"并存的人口结构变化趋势给养老保险基金的收支平衡带来了严峻的挑战。从图 2-1 可以看出，其一，2010—2019 年 60 岁及以上人口占比一直处于上升趋势，而出生率处于先上升后下降的趋势。其二，60 岁及以上人口占比从 2010 年的 13.30%一直上升到 2019 年的 18.10%，出生率从 2010 年的 11.90‰先上升到 2016 年的 12.95‰，继而又下降到2019年的10.48‰。其三，2016年出生率之所以会出现峰值，是因为全面两孩政策的推行。“少子化”的人口结构变化趋势使得未来的劳动人口越来越少，而“老龄化”的人口结构变化趋势使得未来的退休人口越来越多，养老保险的制度抚养比会处于一个上升趋势，劳动人口的抚养负担越来越重。为了改变人口结构变化趋势，虽然国家已经全面推行两孩政策，但是从图2-1可以看出，出生率在2016年出现一个高峰之后，便一直处于下降状态，并且其数值屡创新低，2019年10.48‰的出生率已经降至新中国成立以来最低，全面两孩的政策效应在逐渐消退。一方面是出生率过低，另一方面是老龄化程度加重，这些人口结构变化趋势给经济社会的长期发展带来了不良影响，同时也给养老保险基金的可持续支付带来了极大的困扰。

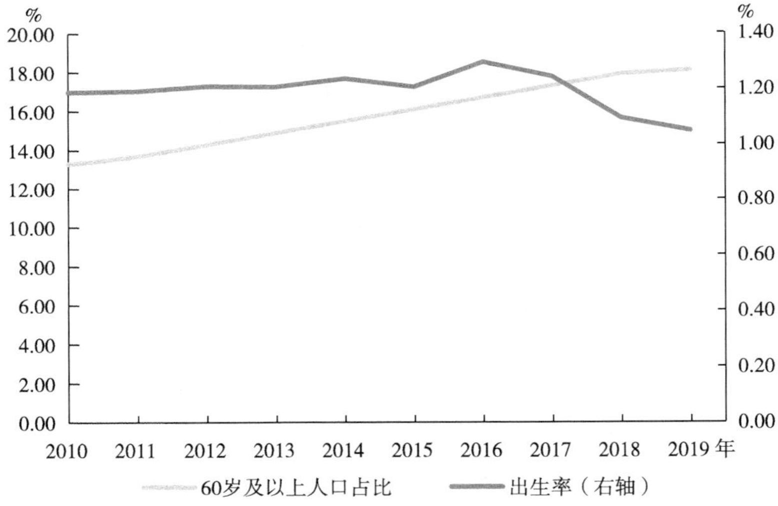

图2-1 2010—2019年60岁及以上人口占比与出生率①

二、各省基础养老金结余两极分化

近年来，虽然我国企业职工养老保险制度总体上平稳运行，积累了大量的养老保险基金结余，能够按时足额发放退休人员的养老金。但在现实中，由于企业职工养老保险制度并未实现全国统筹，中央政府对积累的养老保险基金并没有统一调剂使用的权利。而地方政府之间由于经济发展水平、政策环境等因素的制约，产生的养老保险基金结余差距越来越大，并

① 资料来源于各年度《中国统计年鉴》，http：//www.stats.gov.cn/tjsj/ndsj/。

呈现出两极分化的趋势，具体情况见图 2-2 和图 2-3。

基础养老金的当期结余在各省之间呈现失衡状态，从图 2-2 可以看出，其一，2019 年产生基础养老金当期赤字缺口的省份有甘肃、四川、青海、江西、山东、浙江、吉林、内蒙古、黑龙江、辽宁，共 10 个省份，其余省份在 2019 年均产生基础养老金当期结余。其二，2019 年辽宁省产生的基础养老金当期赤字缺口最大，达到 463.60 亿元；甘肃省产生的基础养老金当期赤字缺口最小，为 0.80 亿元。其三，2019 年广东省产生的基础养老金当期结余最多，达到 1831.70 亿元；宁夏回族自治区产生的基础养老金当期结余最少，只有 2.30 亿元。其中，广东省产生的基础养老金当期结余是宁夏的 796 倍，同时其还可以覆盖 2019 年所有产生基础养老金当期赤字缺口省份的总缺口。

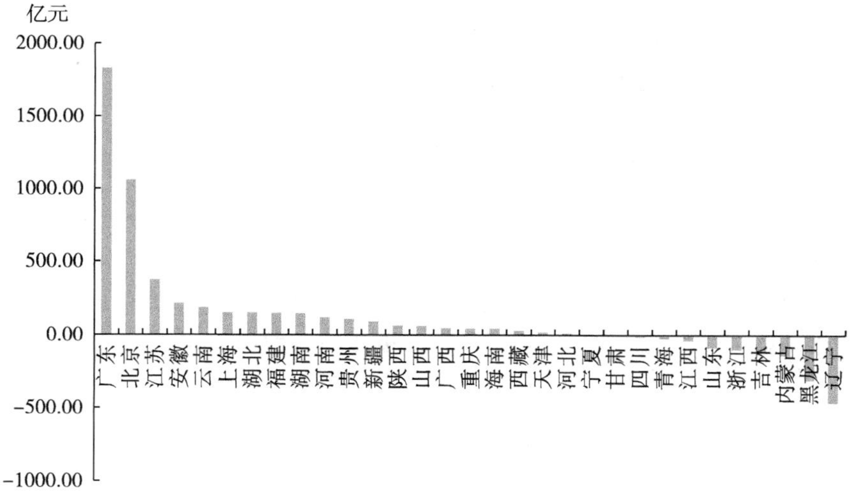

图 2-2　2019 年各省基础养老金当期结余①

基础养老金的累计结余在各省之间的失衡也日趋严重，从图 2-3 可以看出，其一，2019 年产生基础养老金累计赤字缺口的省份只有黑龙江，其余省份在 2019 年均产生基础养老金累计结余。其二，2019 年黑龙江省产生的基础养老金累计赤字缺口达到 433.70 亿元。其三，2019 年广东省产生的基础养老金累计结余最多，达到 12343.60 亿元；青海省产生的基础养老金累计结余最少，只有 37 亿元。其中，广东省产生的基础养老金累计结余比

① 资料来源于《2020 年中国统计年鉴》，http：//www. stats. gov. cn/tjsj/ndsj/。

第二名北京和第三名江苏的总和还要多，是青海省的 333 倍左右。

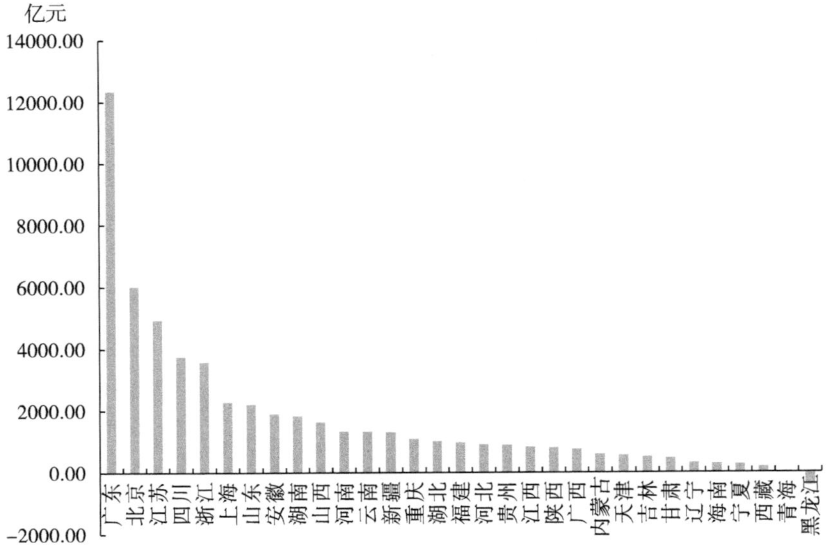

图 2-3　2019 年各省基础养老金累计结余①

综上可知，当前全国各省之间的养老保险基金结余两极分化趋势严重。一方面，一些省份的养老保险基金收不抵支，甚至产生了基础养老金累计赤字缺口；另一方面，一些省份的养老保险基金结余超过万亿元，由于不能随意挪借使用，其处于闲置状态，这些都亟待养老保险制度的全国统筹来解决。

三、基础养老金支付压力不断增加

从历年中国城镇职工养老金的收入与支出情况来看，基础养老金的支付压力不断增加。一方面，城镇职工养老金的收入主要取决于劳动人口的缴费，而出生率的降低导致未来劳动人口不断减少；另一方面，城镇职工养老金的支出主要取决于退休职工数量的多少，而人口老龄化程度的加深导致未来退休职工的数量不断增加。根据表 2-1 的统计数据，其一，城镇职工养老保险基金收入和支出均处于不断增长的状态。其二，从城镇职工养老保险基金收入的增长率和支出的增长率来看，除 2011 年、2017 年和 2018 年以外，其余年份收入的增长率均低于支出的增长率，并且支出的平

① 资料来源于《2020 年中国统计年鉴》，http：//www. stats. gov. cn/tjsj/ndsj/。

均增长率高于收入的平均增长率。除此之外，随着经济生活的不断发展改善，自 2005 年开始，退休职工的养老金水平已经进行了“十六连涨”，月人均养老金水平从 2005 年的 714 元[①]上涨到了 2019 年的 3330 元[②]，15 年间增加了 3.66 倍。随着人口年龄结构的不断变化，以及退休职工养老金待遇不断提升，城镇职工养老保险基金的支付压力会不断增加。

表 2-1　2010—2019 年中国城镇职工养老金收入与支出情况

单位：亿元

年份	基金收入	增长率	基金支出	增长率
2010	13419.50	16.78%	10554.90	18.67%
2011	16894.70	25.90%	12764.90	20.94%
2012	20001.00	18.39%	15561.80	21.91%
2013	22680.37	13.40%	18470.40	18.69%
2014	25309.70	11.59%	21754.70	17.78%
2015	29340.90	15.93%	25812.70	18.65%
2016	35057.50	19.48%	31853.80	23.40%
2017	43309.60	23.54%	38051.50	19.46%
2018	51167.60	18.14%	44644.90	17.33%
2019	52918.80	3.42%	49228.00	10.27%
平均增长率	—	18.13%	—	19.65%

本章小结

中央调剂制度作为基础养老金迈向全国统筹的关键一步，是针对当前我国企业职工养老保险制度实际情况的一次合理定位，梳理企业职工养老保险制度统筹层次不断提升的历史，对于理解当前实施中央调剂制度的战略选择有着很重要的意义。本章通过深入分析企业职工养老保险制度的几个关键变革节点，寻找实施中央调剂制度的现实依据，从而为中央调剂制度的战略选择提供经验借鉴。通过梳理相关政策文件有以下几点发现。

① 资料来源于《2005 年度劳动和社会保障事业发展统计公报》，http：//www. mohrss. gov. cn/SYrlzyhshbzb/zwgk/szrs/tjgb/201107/t20110723_69902. html。

② 资料来源于《2019 年度人力资源和社会保障事业发展统计公报》，http：//www. mohrss. gov. cn/gkml/ghtj/tj/ndtj/202009/t20200911_385449. html。

（1）自企业职工养老保险制度建立以来，企业职工养老保险制度先后经历了全国调剂、企业统筹、县市级统筹、省级统筹以及迈向全国统筹五个阶段。新中国成立之初，在我国经济社会各项秩序逐渐稳定的情况下，为了更好地保障退休职工的基本生活，养老保险基金结余由中华全国总工会在全国范围内进行统筹调用。然而“文化大革命”的出现使得企业职工养老保险制度的发展出现了一次倒退，养老保险基金从全国调剂阶段开始进入企业统筹阶段。随着“文化大革命”的结束，县市级统筹成为企业职工养老保险制度发展的趋势。然而在经济发展的过程中，县市级统筹暴露出来的弊端也越发明显，在此历史背景下，国家从 20 世纪 90 年代开始步入了养老保险制度省级统筹的发展阶段。此后随着基础养老金省级统筹层次的逐步完善，国家又开启了迈向全国统筹的新征程，而不断完善优化中央调剂制度，是我国基础养老金实现全国统筹的必经之路。

（2）实施中央调剂制度的现实依据主要有以下三点：其一，当前我国“少子化”与“老龄化”并存的人口结构变化趋势。“少子化”的人口结构变化趋势使得未来的劳动人口越来越少，而“老龄化”的人口结构变化趋势使得未来的退休人口越来越多，养老保险的制度抚养比会处于一个上升趋势，劳动人口的抚养负担越来越重。其二，各省基础养老金结余呈现出两极分化的趋势。由于企业职工养老保险制度并未实现全国统筹，中央政府对积累的养老保险基金并没有统一调剂使用的权利。而地方政府之间由于经济发展水平、政策环境等因素的制约，产生的养老保险基金结余差距越来越大，并呈现出两极分化的趋势。其三，基础养老金的支付压力不断增加。一方面，城镇职工养老金的收入主要取决于劳动人口的缴费，而出生率的降低导致未来劳动人口不断减少；另一方面，城镇职工养老金的支出主要取决于退休职工数量的多少，而人口老龄化程度的加深导致未来退休职工的数量不断增加。随着人口年龄结构的不断变化，以及退休职工养老金待遇不断提升，城镇职工养老保险基金的支付压力会不断增加。在此情形下，中央调剂制度作为养老保险基金全国统筹的过渡性措施，其渐进式的思路更符合目前企业职工养老保险改革的政策选择。

第三章　中央调剂金对基础养老金收支平衡影响的现状分析

上述理论分析表明，中央调剂金流入地一般为制度抚养比高、工资水平低的省份，中央调剂金流出地一般为制度抚养比低、工资水平高的省份。而中央调剂制度的实施有利于增强制度抚养比高、工资水平低省份的基础养老金可持续性，但是会加重制度抚养比低、工资水平高省份的基础养老金负担。那么在现实中，该结论是否成立呢？当前中央调剂金主要由各省上解的城镇职工基础养老金构成，具体包括调剂金的上解和拨付两个方面。虽然中央调剂制度实施时间不长，没有中央调剂制度实施效果的具体数据，但是《关于建立企业职工基本养老保险基金中央调剂制度的通知》规定了具体的调剂公式，根据调剂公式，可以计算出全国各省市过去历年上解的中央调剂金和拨付的中央调剂金。本部分主要从中央调剂制度的实施目的出发，基于《关于建立企业职工基本养老保险基金中央调剂制度的通知》中的调剂公式及全国各省市分年度的统计年鉴数据，通过构建评估中央调剂制度现期实施效果的调剂指标模型，明确中央调剂金的流出省份和流入省份，同时对中央调剂制度实施前后各省基础养老金收支平衡的现状展开分析。

第一节　调剂指标模型构建

中央调剂制度实施后，一个省份是中央调剂金净流入省份还是净流出省份取决于其上解中央的调剂金额和获得拨付金额的差值，如果一个省份的拨付金额大于上解金额，即净拨付额大于零，该省为调剂金净流入省份，基础养老金结余增加，属于“受益省”；如果拨付金额小于上解金额，即净拨付额小于零，该省为调剂金净流出省份，基础养老金结余减少，属于“受损省”。因此需构建单个省份的调剂指标来评估该省是中央调剂金净流入省份还是净流出省份，调剂指标模型的构建主要参考张勇（2019）和肖严华（2019）的研究。

一、单个省份调剂指标

根据《关于建立企业职工基本养老保险基金中央调剂制度的通知》，中央调剂金上解额度等于上解基数乘以某省份在职应参保人数再乘以上解比例，上解基数按照各省份职工平均工资的90%计算。假设北京、天津、河北、山西、内蒙古、辽宁、吉林、黑龙江、上海、江苏、浙江、安徽、福建、江西、山东、河南、湖北、湖南、广东、广西、海南、重庆、四川、贵州、云南、西藏、陕西、甘肃、青海、宁夏、新疆分别为 $f=1, 2, 3, \cdots, 31$，第 i 年 f 省的在职参保人数为 $n_{1,i}^{f}$，退休人数为 $n_{2,i}^{f}$，第 i 年 f 省在岗职工的平均工资为 u_i^f、职工退休年龄为 T_i^f、上解基数占在岗职工平均工资的比例为 δ，上解比例为 θ，则全国平均工资 $\bar{u}_i$ 可以表示为 $\frac{\sum_{f=1}^{31}(n_{1,i}^{f}\times u_i^f)}{\sum_{f=1}^{31}n_{1,i}^{f}}$，根据上解中央的调剂金额度公式，则第 i 年 f 省上解中央的调剂金额度可以表示为：

$$PU_i^f = u_i^f \times \delta \times n_{1,i}^{f} \times \theta \tag{3-1}$$

根据《关于建立企业职工基本养老保险基金中央调剂制度的通知》，中央调剂金实行以收定支的原则，这也意味着全国各省市上解的中央调剂金要全部拨付地方，中央调剂金拨付各省市的金额等于全国核定的人均拨付额与该省市的离退休人数相乘，其中，全国核定的人均拨付额等于当年各省市上解中央的调剂金总额与全国总离退休人数相除。假设第 i 年 f 省的离退休人数为 $n_{2,i}^{f}$，则第 i 年 f 省制度抚养比 d_i^f 可以表示为 $\frac{n_{2,i}^{f}}{n_{1,i}^{f}}$，第 i 年全国制度抚养比 $\bar{d}_i$ 可以表示为 $\frac{\sum_{f=1}^{31}n_{2,i}^{f}}{\sum_{f=1}^{31}n_{1,i}^{f}}$，第 i 年 f 省中央调剂金拨付额度可以表示为：

$$PD_i^f = n_{2,i}^{f} \times \frac{\sum_{f=1}^{31}PU_i^f}{\sum_{f=1}^{31}n_{2,i}^{f}} = n_{2,i}^{f} \times \frac{\sum_{f=1}^{31}(u_i^f \times \delta \times n_{1,i}^{f} \times \theta)}{\sum_{f=1}^{31}n_{2,i}^{f}}$$

$$= (n_{2,i}^{f} \times \delta \times \theta) \frac{\sum_{f=1}^{31} (u_i^f \times n_{1,i}^f)}{\sum_{f=1}^{31} n_{2,i}^f} \tag{3-2}$$

第 i 年 f 省获得的中央调剂金净拨付额等于第 i 年 f 省中央调剂金拨付额度减去第 i 年 f 省上解中央的调剂金额度，则第 i 年 f 省获得的中央调剂金净拨付额可以表示为：

$$PN_i^f = PD_i^f - PU_i^f \tag{3-3}$$

单个省份调剂指标可用该省获得的拨付金额和上解调剂金金额之比来表示。如果调剂指标值大于 1，则表示该省获得的拨付金额大于上解调剂金金额，为调剂金流入省份；如果调剂指标值小于 1，则表示该省获得的拨付金额小于上解调剂金金额，为调剂金流出省份；如果调剂指标值等于 1，则表示该省获得的拨付金额等于上解调剂金金额，为调剂金不变省份。第 i 年 f 省中央调剂金调剂指标值为 V_i^f，则其可以表示为：

$$V_i^f = \frac{PD_i^f}{PU_i^f} = \frac{(n_{2,i}^{f} \times \delta \times \theta) \frac{\sum_{f=1}^{31} (u_i^f \times n_{1,i}^f)}{\sum_{f=1}^{31} n_{2,i}^f}}{u_i^f \times \delta \times n_{1,i}^f \times \theta}$$

$$= \frac{n_{2,i}^f \times \sum_{f=1}^{31} (u_i^f \times n_{1,i}^f)}{(u_i^f \times n_{1,i}^f) \times \sum_{f=1}^{31} n_{2,i}^f} = \frac{d_i^f / \bar{d}_i}{u_i^f / \bar{u}_i} \tag{3-4}$$

根据单个省份调剂指标的函数表达式可以看出，一个省份是中央调剂制度“受益省”还是“受损省”主要由该省制度抚养比与全国制度抚养比的比值 $\frac{d_i^f}{\bar{d}_i}$ 及该省职工平均工资与全国职工平均工资的比值 $\frac{u_i^f}{\bar{u}_i}$ 两个因素决定，与中央调剂金的上解基数和上解比例无关。一个省份的制度抚养比与全国制度抚养比的比值 $\frac{d_i^f}{\bar{d}_i}$ 越大，意味着该省的养老负担会越重，在其他因素不变的情况下，该省出现养老保险基金支付缺口的概率越大；一个省份职工平均工资与全国职工平均工资的比值 $\frac{u_i^f}{\bar{u}_i}$ 越大，意味着该省的工资水平越高，经济越发达，在其他因素不变的情况下，该省养老保险基金结余的概率越大。

将一个省份的制度抚养比与全国制度抚养比的比值命名为制度抚养比指标值，将职工平均工资与全国职工平均工资的比值命名为平均工资指标值。从函数表达式可以看出，单个省份调剂指标值与该省的制度抚养比指标值正相关，而与该省的平均工资指标值负相关。这也意味着如果一个省份制度抚养比越高、工资水平越低，该省的调剂指标值就会越大，其获得的调剂金拨付额必然会超过其上解中央的调剂金金额，那么该省便是中央调剂制度“受益省”；如果一个省份制度抚养比越低、工资水平越高，该省的调剂指标值就会越小，其获得的调剂金拨付额必然会小于其上解中央的调剂金金额，那么该省便是中央调剂制度“受损省”。养老保险基金从制度抚养比低、工资水平高的省份调剂到制度抚养比高、工资水平低的省份，以此来达到均衡全国各省市养老保险基金分布的目的，而这正是中央调剂制度实施的初衷。

二、全国调剂指标

全国调剂指标的核心是衡量每年有多少中央调剂金被用于各省市之间的调剂，由于中央调剂金实行以收定支的原则，当年各省上解的中央调剂金要全额拨付地方，因此如果单纯使用单个省份调剂指标的计算方式，利用全国的中央调剂金拨付额和上解额之比来衡量全国调剂程度，那么其结果必然是每年都保持不变，无法得出每年中央调剂金调剂效果的差异。中央调剂制度的实施目的在于合理均衡全国各省市养老金累计结余分布，确保养老金亏空省份养老金的按时足额发放，因此可使用中央调剂制度“受益省”（中央调剂金净流入地区）的中央调剂金净流入总和与全国的中央调剂金上解额之比来衡量中央调剂制度的全国调剂效果。综上可知，在中央调剂制度“受益省”中，其获得的中央调剂金拨付金额必然大于上解金额，即净拨付额大于零，也即 $V_i^f > 1$。如果用 $f \in m_i^f$ 表示 f 省属于中央调剂金净流入省份，m_i^f 表示 $V_i^f > 1$ 省份的集合，也即中央调剂金净流入省份的集合，那么第 i 年全国调剂指标可以表示为：

$$NV_i = \frac{\sum_{f \in m_i^f} \left(n_{2,i}^f \times \dfrac{\sum_{f=1}^{31} (u_i^f \times \delta \times n_{1,i}^f \times \theta)}{\sum_{f=1}^{31} n_{2,i}^f} \right) - \sum_{f \in m_i^f} (u_i^f \times \delta \times n_{1,i}^f \times \theta)}{\sum_{f=1}^{31} (u_i^f \times \delta \times n_{1,i}^f \times \theta)}$$

$$= \frac{\sum_{f \in m_i^f} n_{2,\ i}^f}{\sum_{f=1}^{31} n_{2,\ i}^f} - \frac{\sum_{f \in m_i^f} (u_i^f \times n_{1,\ i}^f)}{\sum_{f=1}^{31} (u_i^f \times n_{1,\ i}^f)} \tag{3-5}$$

根据函数表达式可以看出，第 i 年全国调剂指标等于第 i 年中央调剂金净流入地区的退休人数之和与全国退休总人数的比值减去中央调剂金净流入地区的工资总额与全国工资总额的比值。

第二节　中央调剂制度现期效果

由于中央调剂制度在 2018 年以后才开始实施，因此几乎没有中央调剂制度实行之后的调剂效果数据，但是根据《关于建立企业职工基本养老保险基金中央调剂制度的通知》里面具体的调剂公式，可以计算出中央调剂制度实施下各省历年的调剂金上解额和拨付额，以此对中央调剂制度现期实施效果进行分析。

一、数据选取

根据《关于建立企业职工基本养老保险基金中央调剂制度的通知》里面具体的调剂公式，涉及的相关变量包括各省市城镇私营单位就业人员的平均工资与就业人数、各省市城镇非私营单位就业人员的平均工资与就业人数、各省市城镇单位养老保险的在职参保人数与离退休人数，上述变量的数据均来源于《中国统计年鉴》。由于《中国统计年鉴》中关于私营单位就业人员的平均工资从 2009 年开始独立统计，因此选择的样本区间为 2009—2017 年，同时《中国统计年鉴》中缺少西藏私营单位就业人员的平均工资数据，以国家统计局公布的西部城镇私营单位就业人员的平均工资代替。

根据中央调剂制度的规定，各省市中央调剂金的上解基数等于各省市职工平均工资的 90%与在职应参保人数的乘积，上解比例从 3%起步。其中，各省市职工平均工资等于各省市城镇私营单位和非私营单位的加权平均工资，各省市在职应参保人数等于各省市城镇企业就业人数与城镇单位养老保险的在职参保人数的平均值，各省市城镇企业就业人数等于城镇私营单位和非私营单位的就业人数之和。

二、不同省份调剂结果变化

假设2009—2017年也实施中央调剂制度，那么基于上述建立的调剂指标模型和《中国统计年鉴》相关数据，2009—2017年全国各省中央调剂金上解额如表3-1所示，各省中央调剂金下拨额如表3-2所示，各省获得的中央调剂金净拨付额如表3-3所示。

（一）不同省份的中央调剂金上解额

表3-1报告了假设中央调剂制度在2009—2017年实施，全国各省的中央调剂金上解额。根据表3-1可以看出，其一，如果中央调剂制度在2009—2017年实施，其间全国各省市的中央调剂金上解额均呈现出上升趋势。

其二，如果中央调剂制度在2009—2017年实施，其间全国各省市的中央调剂金上解额峰值规模均于2017年出现，其中，上解额峰值规模小于100亿元的省市有西藏、青海、宁夏、海南、甘肃、吉林、内蒙古、黑龙江、山西、贵州、新疆、广西、云南、天津，上解额峰值规模为100亿~300亿元的省市有陕西、江西、湖南、安徽、河北、辽宁、重庆、湖北、福建、河南、四川，上解额峰值规模大于300亿元的省市包括上海、山东、浙江、北京、江苏和广东。

其三，如果中央调剂制度在2009—2017年实施，其间各省市中央调剂金上解额均值规模按照从高到低的顺序排列依次为广东、江苏、浙江、北京、山东、上海、四川、河南、辽宁、福建、湖北、河北、湖南、重庆、安徽、江西、陕西、天津、黑龙江、山西、广西、云南、新疆、内蒙古、吉林、贵州、甘肃、海南、宁夏、青海、西藏，其中，广东省在2009—2017年中央调剂金上解额均值规模为463.96亿元，西藏在2009—2017年中央调剂金上解额均值规模为5.04亿元。

表3-1　2009—2017年各省中央调剂金上解额　　单位：亿元

省份	2009年	2010年	2011年	2012年	2013年	2014年	2015年	2016年	2017年	均值
广东	168.47	214.17	281.34	341.86	441.31	546.77	631.88	733.42	816.43	463.96
江苏	121.67	151.00	187.83	225.91	332.12	374.97	413.11	455.63	502.79	307.23
浙江	113.40	140.04	178.53	218.20	260.81	299.46	325.46	350.70	395.45	253.56
北京	99.91	125.69	161.56	201.38	236.91	278.86	318.60	367.94	418.77	245.51

续表

省份	2009年	2010年	2011年	2012年	2013年	2014年	2015年	2016年	2017年	均值
山东	95.86	115.60	144.06	174.32	221.11	253.60	291.53	333.51	376.29	222.88
上海	77.24	89.22	135.64	154.11	188.06	219.00	245.78	277.80	312.12	188.77
四川	54.11	65.64	84.60	102.91	135.33	152.19	181.13	203.87	216.41	132.91
河南	55.99	65.11	81.78	97.39	114.59	134.00	151.53	184.10	211.70	121.80
辽宁	63.03	72.62	88.38	101.44	122.74	129.53	129.75	131.16	143.97	109.18
福建	40.65	50.53	69.58	88.45	103.17	119.46	135.66	159.21	181.04	105.31
湖北	44.56	55.82	69.25	79.36	96.99	113.66	128.14	144.80	168.14	100.08
河北	45.77	54.30	66.09	79.04	88.83	100.04	114.99	129.96	142.53	91.28
湖南	42.41	49.94	64.30	76.24	89.20	102.55	116.05	114.50	128.69	87.10
重庆	25.26	33.34	47.53	60.60	77.30	95.04	111.84	130.63	146.10	80.85
安徽	33.88	41.05	54.66	66.78	80.04	89.37	98.49	109.71	131.48	78.38
江西	26.48	32.40	42.32	52.63	64.69	74.74	87.29	102.22	113.81	66.29
陕西	28.65	35.83	43.62	52.77	67.50	75.81	82.13	91.56	109.94	65.31
天津	27.65	34.07	44.49	53.46	62.58	68.96	77.93	88.42	95.05	61.40
黑龙江	36.64	41.12	47.43	55.76	63.87	67.46	71.38	76.55	82.79	60.33
山西	31.13	37.50	46.63	56.70	63.96	67.91	71.02	74.60	83.01	59.16
广西	23.74	28.58	33.85	40.95	50.46	57.20	67.53	81.74	91.30	52.82
云南	21.67	25.96	32.29	38.73	49.10	56.93	62.81	81.62	92.95	51.34
新疆	19.85	24.05	31.26	39.33	45.87	51.39	57.80	68.12	85.11	46.98
内蒙古	23.78	28.36	34.65	40.61	48.77	52.27	57.16	63.39	69.08	46.45
吉林	23.17	26.86	31.90	37.10	45.83	50.38	55.24	59.71	68.88	44.34
贵州	15.87	18.40	23.93	30.68	39.49	47.45	57.09	66.55	83.88	42.59
甘肃	13.28	14.92	17.24	21.57	28.14	32.71	37.94	43.26	54.07	29.24
海南	7.26	9.38	12.09	14.29	18.69	21.26	25.22	25.07	28.94	18.02
宁夏	5.90	7.14	8.84	10.63	12.97	14.59	16.74	19.61	22.08	13.17
青海	4.65	5.48	6.94	8.08	9.12	10.34	11.24	14.00	16.19	9.56
西藏	1.87	2.22	2.57	3.14	4.15	4.89	7.27	8.29	11.00	5.04

（二）不同省份的中央调剂金下拨额

表3-2报告了假设中央调剂制度在2009—2017年实施，全国各省的中央调剂金下拨额。根据表3-2可以看出，其一，如果中央调剂制度在

2009—2017 年实施，其间全国 31 个省市获得的中央调剂金拨付额均呈现出上升趋势。

其二，如果中央调剂制度在 2009—2017 年实施，其间全国 31 个省市获得的中央调剂金拨付额峰值规模均于 2017 年出现，其中，拨付额峰值规模小于 100 亿元的省份有西藏、青海、宁夏、海南、贵州、甘肃、云南、福建，拨付额峰值规模为 100 亿~300 亿元的省市有新疆、天津、山西、陕西、广西、内蒙古、北京、江西、安徽、吉林、重庆、湖南、河北、河南、上海、黑龙江、湖北、广东，拨付额峰值规模大于 300 亿元的省份有山东、浙江、辽宁、江苏、四川。

其三，如果中央调剂制度在 2009—2017 年实施，其间各省市中央调剂金拨付额均值规模按照从高到低的顺序排列依次为四川、江苏、辽宁、山东、浙江、上海、广东、黑龙江、湖北、河南、河北、湖南、重庆、吉林、安徽、北京、江西、陕西、山西、内蒙古、广西、天津、新疆、福建、云南、甘肃、贵州、海南、宁夏、青海、西藏，其中，四川省在 2009—2017 年中央调剂金拨付额均值规模为 241.68 亿元，西藏在 2009—2017 年中央调剂金拨付额均值规模为 1.78 亿元。

表 3-2　2009—2017 年各省中央调剂金下拨额　　单位：亿元

省份	2009 年	2010 年	2011 年	2012 年	2013 年	2014 年	2015 年	2016 年	2017 年	均值
四川	94.46	118.10	157.86	190.93	241.99	283.78	319.49	368.88	399.65	241.68
江苏	99.71	120.84	153.94	192.80	241.21	279.19	315.87	343.46	389.90	237.44
辽宁	107.87	127.18	155.03	179.90	226.40	263.55	297.04	322.35	369.48	227.64
山东	78.26	92.84	118.89	146.73	186.38	223.97	257.11	288.07	312.86	189.46
浙江	50.31	60.16	80.75	122.59	161.91	205.27	264.49	314.86	366.10	180.72
上海	90.24	105.51	129.53	149.38	177.57	198.09	215.84	225.89	239.59	170.18
广东	70.61	91.37	118.73	137.53	171.00	195.25	219.50	248.80	278.68	170.16
黑龙江	80.09	97.66	121.09	141.55	171.36	194.15	218.48	231.68	256.59	168.07
湖北	65.68	81.15	108.89	129.46	160.69	183.55	204.34	217.21	257.66	156.51
河南	61.10	72.73	91.74	107.86	132.15	149.88	166.86	213.56	225.29	135.69
河北	57.12	69.82	90.91	110.08	136.01	154.83	170.90	185.58	212.46	131.97
湖南	59.08	71.39	88.55	105.88	133.74	152.82	171.13	172.11	207.02	129.08
重庆	42.37	51.79	70.14	87.06	111.78	128.43	141.40	164.24	176.71	108.21
吉林	41.07	55.59	70.46	82.69	100.82	114.33	126.93	135.97	162.70	98.95
安徽	40.68	47.75	61.02	72.40	88.93	101.72	114.41	122.31	158.14	89.71

续表

省份	2009 年	2010 年	2011 年	2012 年	2013 年	2014 年	2015 年	2016 年	2017 年	均值
北京	45.18	52.59	64.11	74.27	89.29	100.23	109.77	130.61	138.65	89.41
江西	32.62	39.15	53.76	66.65	84.02	96.81	109.08	134.97	150.70	85.31
陕西	31.43	40.43	49.55	62.42	77.89	87.71	96.23	101.30	120.68	74.18
山西	32.79	39.63	50.63	59.53	73.26	83.59	93.40	102.72	119.01	72.73
内蒙古	27.07	32.06	43.53	53.93	70.10	84.38	96.51	112.16	125.92	71.74
广西	28.31	37.16	48.28	57.66	70.06	78.95	86.68	114.15	123.37	71.62
天津	32.77	38.63	47.42	55.30	68.35	76.76	83.90	98.93	104.71	67.42
新疆	24.15	32.08	42.03	48.99	58.37	65.29	71.79	93.19	100.06	59.55
福建	25.95	30.53	37.67	44.24	54.06	61.39	68.22	82.52	89.14	54.86
云南	21.66	24.84	33.20	39.02	46.96	51.98	56.49	79.68	83.90	48.64
甘肃	16.21	19.20	27.12	33.03	40.55	45.98	50.64	54.11	69.35	39.58
贵州	15.24	18.03	22.72	27.39	33.53	38.14	43.96	47.24	69.20	35.05
海南	10.37	12.21	15.23	18.50	23.18	26.23	28.75	31.54	33.74	22.19
宁夏	4.80	8.19	11.60	14.06	17.01	19.35	21.52	27.41	29.48	17.05
青海	4.64	5.38	8.03	9.23	11.20	12.61	13.96	19.63	20.96	11.74
西藏	0.75	0.85	1.02	1.23	1.42	1.62	1.76	2.85	4.51	1.78

（三）不同省份的中央调剂金净拨付额

表 3-3 报告了假设中央调剂制度在 2009—2017 年实施，全国各省的中央调剂金净拨付额。根据表 3-3 可以看出，其一，如果中央调剂制度在 2009—2017 年实施，其间全国大多数省份的中央调剂金净拨付额都呈现出波动性变化趋势，其中，辽宁、四川、黑龙江、湖北、吉林、湖南、河北、内蒙古、江西、山西、安徽、甘肃的中央调剂金净拨付额大体呈现出上升的趋势，西藏、山东、福建、江苏、北京、广东的中央调剂金净拨付额大体呈现出下降的趋势，青海、重庆、广西、河南、新疆、陕西、天津、海南、宁夏、云南、贵州、上海的中央调剂金净拨付额大体呈现出先上升后下降的趋势，浙江的中央调剂金净拨付额大体呈现出先下降后上升的趋势。

其二，如果中央调剂制度在 2009—2017 年实施，其间辽宁、四川、黑龙江、湖北、吉林、湖南、河北、内蒙古、江西、山西、安徽、甘肃、浙江的中央调剂金净拨付额峰值规模均于 2017 年出现，其中，浙江的中央调剂金净拨付额峰值规模为负，中央调剂金净拨付额峰值规模小于 100 亿元的省市包括湖北、吉林、湖南、河北、内蒙古、江西、山西、安徽、甘肃，中央调剂金净拨付额峰值规模为 100 亿~300 亿元的省份包括辽宁、四川、黑龙江；青海、广西、河南、新疆、天津、海南、宁夏的中央调剂金净拨付额峰值规模均于 2016 年出现，其峰值规模分别为 5.64 亿元、32.41 亿元、29.45 亿元、25.07 亿元、10.51 亿元、6.47 亿元、7.80 亿元；陕西的中央调剂金净拨付额峰值规模于 2015 年出现，峰值规模为 14.10 亿元；重庆的中央调剂金净拨付额峰值规模于 2013 年出现，峰值规模为 34.38 亿元；云南的中央调剂金净拨付额峰值规模于 2011 年出现，峰值规模为 0.91 亿元；贵州和上海的中央调剂金净拨付额峰值规模于 2010 年出现，峰值规模分别为-0.37 亿元和 16.29 亿元；西藏、山东、福建、江苏、北京、广东的中央调剂金净拨付额峰值规模均于 2009 年出现，且峰值规模均为负，分别为-1.12 亿元、-17.60 亿元、-14.71 亿元、-21.95 亿元、-54.73 亿元、-97.86 亿元。

其三，如果中央调剂制度在 2009—2017 年实施，其间中央调剂金净拨付额均值规模为正的省份有 21 个，均值规模为负的省份有 10 个，按照从高到低的顺序排列依次为辽宁、四川、黑龙江、湖北、吉林、湖南、河北、重庆、内蒙古、江西、广西、河南、山西、新疆、安徽、甘肃、陕西、天津、海南、宁夏、青海、云南、西藏、贵州、上海、山东、福建、江苏、浙江、北京、广东，其中，辽宁省的中央调剂金净拨付额均值规模为 118.46 亿元，广东省的中央调剂金净拨付额均值规模为-293.80 亿元。

表 3-3　2009—2017 年各省中央调剂金净拨付额　　单位：亿元

省份	2009 年	2010 年	2011 年	2012 年	2013 年	2014 年	2015 年	2016 年	2017 年	均值
辽宁	44.83	54.56	66.64	78.46	103.66	134.02	167.30	191.20	225.51	118.46
四川	40.35	52.46	73.26	88.03	106.66	131.60	138.36	165.01	183.23	108.77
黑龙江	43.45	56.54	73.66	85.80	107.50	126.69	147.10	155.12	173.79	107.74
湖北	21.12	25.33	39.63	50.11	63.70	69.89	76.20	72.42	89.53	56.44
吉林	17.90	28.73	38.55	45.59	54.99	63.95	71.70	76.26	93.82	54.61
湖南	16.67	21.45	24.25	29.64	44.54	50.27	55.08	57.60	78.34	41.98
河北	11.35	15.51	24.82	31.04	47.18	54.79	55.91	55.62	69.93	40.68
重庆	17.10	18.45	22.60	26.46	34.48	33.39	29.57	33.60	30.61	27.36
内蒙古	3.29	3.71	8.88	13.32	21.33	32.11	39.35	48.77	56.84	25.29
江西	6.15	6.75	11.43	14.02	19.32	22.07	21.79	32.76	36.89	19.02

续表

省份	2009年	2010年	2011年	2012年	2013年	2014年	2015年	2016年	2017年	均值
广西	4.57	8.58	14.43	16.71	19.60	21.75	19.14	32.41	32.07	18.81
河南	5.11	7.62	9.96	10.47	17.56	15.88	15.34	29.45	13.59	13.89
山西	1.66	2.14	4.00	2.84	9.30	15.67	22.38	28.12	36.01	13.57
新疆	4.30	8.04	10.77	9.66	12.50	13.90	13.99	25.07	14.95	12.58
安徽	6.80	6.70	6.37	5.62	8.89	12.34	15.92	12.61	26.66	11.32
甘肃	2.93	4.28	9.88	11.45	12.41	13.27	12.71	10.86	15.29	10.34
陕西	2.78	4.61	5.93	9.66	10.39	11.90	14.10	9.74	10.74	8.87
天津	5.12	4.56	2.92	1.85	5.77	7.80	5.97	10.51	9.66	6.02
海南	3.11	2.83	3.14	4.21	4.49	4.97	3.54	6.47	4.81	4.17
宁夏	-1.11	1.05	2.76	3.43	4.03	4.77	4.77	7.80	7.40	3.88
青海	-0.01	-0.11	1.09	1.15	2.08	2.27	2.72	5.64	4.77	2.18
云南	-0.01	-1.12	0.91	0.29	-2.14	-4.96	-6.33	-1.95	-9.06	-2.71
西藏	-1.12	-1.37	-1.55	-1.90	-2.73	-3.27	-5.51	-5.44	-6.50	-3.27
贵州	-0.64	-0.37	-1.21	-3.30	-5.96	-9.31	-13.13	-19.31	-14.68	-7.55
上海	13.00	16.29	-6.11	-4.73	-10.49	-20.91	-29.94	-51.91	-72.53	-18.59
山东	-17.60	-22.76	-25.17	-27.59	-34.73	-29.63	-34.42	-45.45	-63.43	-33.42
福建	-14.71	-20.00	-31.91	-44.21	-49.11	-58.08	-67.44	-76.68	-91.90	-50.45
江苏	-21.95	-30.16	-33.88	-33.10	-90.91	-95.79	-97.23	-112.17	-112.89	-69.79
浙江	-63.09	-79.88	-97.78	-95.61	-98.90	-94.19	-60.97	-35.84	-29.35	-72.85
北京	-54.73	-73.10	-97.45	-127.11	-147.62	-178.63	-208.83	-237.33	-280.12	-156.10
广东	-97.86	-122.80	-162.61	-204.33	-270.31	-351.53	-412.38	-484.63	-537.75	-293.80

三、单个省份调剂指标值变化

根据上述建立的调剂指标模型可知，各省调剂指标值的变化主要受到各省制度抚养比指标值和平均工资指标值的影响，基于调剂指标模型和2009—2017年《中国统计年鉴》相关数据，各省制度抚养比指标值如表3-4所示，各省平均工资指标值如表3-5所示，各省调剂指标值如表3-6所示。

（一）不同省份的制度抚养比指标值

表3-4报告了2009—2017年各省制度抚养比指标值。根据表3-4可以

看出，其一，2009—2017 年大部分省份的制度抚养比指标值都呈现出波动性变化的特点，其中，浙江、辽宁、湖南、吉林、四川、江西、山西的制度抚养比指标值大体呈现出上升的趋势，上海、北京、重庆、福建、河南的制度抚养比指标值大体呈现出下降的趋势，广西、黑龙江、青海、内蒙古、宁夏、广东、新疆、河北、甘肃、山东、云南、陕西、湖北、江苏的制度抚养比指标值大体呈现出先上升后下降的趋势，西藏、贵州、天津、海南、安徽的制度抚养比指标值大体呈现出先下降后上升的趋势。

其二，从制度抚养比指标值的峰值来看，2009—2017 年上海、北京、重庆、福建、河南、西藏、贵州、天津、海南、安徽、广东的制度抚养比指标值峰值于 2010 年出现，新疆的制度抚养比指标值峰值于 2011 年出现，湖北的制度抚养比指标值峰值于 2011—2013 年出现，宁夏、甘肃和江苏的制度抚养比指标值峰值于 2012 年出现，河北的制度抚养比指标值峰值于 2014 年出现，黑龙江、山东和陕西的制度抚养比指标值峰值于 2015 年出现，广西、青海、内蒙古和云南的制度抚养比指标值峰值于 2016 年出现，浙江、辽宁、湖南、吉林、四川、江西、山西的制度抚养比指标值峰值于 2017 年出现。其中，黑龙江、辽宁、吉林、四川、天津、上海、内蒙古、重庆、湖南、青海、湖北、新疆、河北、宁夏、甘肃、广西、山西、海南、陕西、安徽、江西的制度抚养比指标值峰值大于 1，这也就意味着上述 21 个省市的制度抚养比峰值超过了全国平均水平；河南、浙江、贵州、山东、云南、江苏、北京、福建、西藏、广东的制度抚养比指标值峰值小于 1，也即这 10 个省市的制度抚养比峰值低于全国平均水平。

其三，2009—2017 年各省制度抚养比指标值均值按照从高到低的顺序排列依次为黑龙江、辽宁、吉林、四川、天津、内蒙古、重庆、湖北、上海、河北、新疆、湖南、宁夏、青海、甘肃、广西、海南、山西、陕西、安徽、江西、河南、山东、贵州、云南、江苏、浙江、北京、福建、广东、西藏。其中，黑龙江、辽宁、吉林、四川、天津、内蒙古、重庆、湖北、上海、河北、新疆、湖南、宁夏、青海、甘肃、广西、海南、山西、陕西、安徽、江西的制度抚养比指标值均值大于 1，即这 21 个省市的制度抚养比均值超过了全国平均水平，负担较重；而河南、山东、贵州、云南、江苏、浙江、北京、福建、广东、西藏的制度抚养比指标值均值小于 1，也即这 10 个省市的制度抚养比均值低于全国平均水平，负担较轻。

其四，从各省的制度抚养比指标值波动幅度来看，变异系数按照从高到低的顺序排列依次为浙江、西藏、上海、黑龙江、青海、内蒙古、辽宁、宁夏、北京、贵州、广东、重庆、新疆、湖南、福建、河北、甘肃、吉林、四川、江西、山西、山东、云南、陕西、河南、天津、海南、广西、湖北、安徽、江苏，其中，浙江省的制度抚养比指标值波动幅度最大，变异系数为25.66%，江苏省的制度抚养比指标值波动幅度最小，变异系数为2.66%，前者是后者的9.65倍。

表3-4　2009—2017年各省制度抚养比指标值

省份	2009年	2010年	2011年	2012年	2013年	2014年	2015年	2016年	2017年	均值	标准差	变异系数
浙江	0.48	0.46	0.48	0.59	0.64	0.70	0.80	0.90	0.93	0.66	0.17	25.66%
西藏	0.52	0.48	0.42	0.39	0.35	0.33	0.31	0.40	0.46	0.41	0.07	16.39%
上海	1.62	1.60	1.32	1.27	1.27	1.21	1.15	1.07	1.00	1.28	0.20	15.73%
黑龙江	1.86	1.94	2.05	2.06	2.17	2.36	2.77	2.70	2.73	2.29	0.34	14.75%
青海	0.97	0.94	1.12	1.09	1.23	1.25	1.27	1.42	1.33	1.18	0.15	12.91%
内蒙古	1.16	1.16	1.30	1.37	1.43	1.55	1.57	1.60	1.59	1.41	0.17	11.84%
辽宁	1.62	1.64	1.61	1.60	1.66	1.76	2.02	2.10	2.12	1.79	0.21	11.70%
宁夏	0.83	1.17	1.28	1.31	1.28	1.25	1.20	1.26	1.16	1.19	0.14	11.52%
北京	0.78	0.70	0.68	0.64	0.63	0.59	0.56	0.58	0.54	0.63	0.07	11.41%
贵州	0.93	0.91	0.88	0.83	0.79	0.75	0.73	0.68	0.77	0.81	0.08	9.99%
广东	0.45	0.47	0.45	0.43	0.41	0.38	0.37	0.36	0.37	0.41	0.04	9.55%
重庆	1.57	1.49	1.41	1.38	1.39	1.32	1.23	1.21	1.15	1.35	0.13	9.53%
新疆	1.15	1.29	1.37	1.28	1.29	1.29	1.27	1.36	1.02	1.26	0.10	8.17%
湖南	1.20	1.19	1.17	1.17	1.23	1.21	1.19	1.35	1.43	1.24	0.09	6.90%
福建	0.59	0.57	0.53	0.50	0.52	0.52	0.50	0.50	0.47	0.52	0.04	6.74%
河北	1.10	1.18	1.24	1.23	1.33	1.35	1.33	1.26	1.33	1.26	0.08	6.26%
甘肃	1.06	1.06	1.23	1.26	1.21	1.17	1.14	1.08	1.10	1.15	0.07	6.24%
吉林	1.52	1.71	1.82	1.84	1.79	1.82	1.84	1.84	1.91	1.79	0.11	5.98%
四川	1.54	1.62	1.70	1.70	1.70	1.75	1.60	1.64	1.89	1.68	0.10	5.65%
江西	0.95	0.95	1.00	1.02	1.07	1.05	1.02	1.10	1.11	1.03	0.05	5.34%
山西	1.01	1.02	1.07	1.01	1.05	1.08	1.13	1.12	1.18	1.07	0.06	5.21%
山东	0.77	0.76	0.77	0.79	0.81	0.86	0.87	0.85	0.82	0.81	0.04	4.84%
云南	0.83	0.79	0.82	0.78	0.77	0.75	0.78	0.87	0.83	0.80	0.04	4.43%
陕西	0.98	1.00	1.05	1.11	1.08	1.07	1.12	1.06	1.05	1.06	0.04	4.08%
河南	0.97	0.96	0.94	0.92	0.91	0.90	0.88	0.92	0.86	0.92	0.03	3.66%
天津	1.64	1.60	1.49	1.44	1.52	1.54	1.51	1.55	1.52	1.53	0.06	3.61%
海南	1.16	1.12	1.09	1.09	1.06	1.07	1.03	1.15	1.10	1.10	0.04	3.60%

续表

省份	2009年	2010年	2011年	2012年	2013年	2014年	2015年	2016年	2017年	均值	标准差	变异系数
广西	1.04	1.12	1.15	1.14	1.14	1.14	1.09	1.19	1.15	1.13	0.04	3.55%
湖北	1.27	1.32	1.40	1.40	1.40	1.38	1.36	1.29	1.32	1.35	0.05	3.52%
安徽	1.12	1.07	1.07	1.04	1.04	1.05	1.05	0.99	1.05	1.05	0.03	3.07%
江苏	0.78	0.77	0.79	0.83	0.75	0.77	0.79	0.77	0.78	0.78	0.02	2.66%

（二）不同省份的平均工资指标值

表3-5报告了2009—2017年各省平均工资指标值。根据表3-5可以看出，其一，同各省的制度抚养比指标值一样，2009—2017年大部分省份的平均工资指标值也呈现出波动性变化的特点，其中，海南、四川、青海、陕西、江西、山东的平均工资指标值大体呈现出上升的趋势，宁夏、辽宁、浙江的平均工资指标值大体呈现出下降的趋势，西藏、山西、内蒙古、新疆、黑龙江、湖南、江苏、安徽、福建、北京、上海、湖北、河北、重庆、天津、广东、云南的平均工资指标值大体呈现出先上升后下降的趋势，河南、甘肃、广西、吉林、贵州的平均工资指标值大体呈现出先下降后上升的趋势。

其二，从平均工资指标值的峰值来看，2009—2017年宁夏、辽宁、浙江、河南、吉林、贵州的平均工资指标值峰值于2009年出现，湖北、河北、天津、广东的平均工资指标值峰值于2010年出现，山西和上海的平均工资指标值峰值于2011年出现，安徽和北京的平均工资指标值峰值于2012年出现，西藏和黑龙江的平均工资指标值峰值于2015年出现，广西的平均工资指标值峰值于2009—2010年出现，甘肃的平均工资指标值峰值于2009年和2016年出现，内蒙古的平均工资指标值峰值于2011—2012年出现，福建的平均工资指标值峰值于2012年和2014年出现，新疆的平均工资指标值峰值于2012年和2015年出现，江苏的平均工资指标值峰值于2013—2015年出现，重庆的平均工资指标值峰值于2014—2015年出现，湖南的平均工资指标值峰值于2016年出现，山东和陕西的平均工资指标值峰值于2016—2017年出现，海南、四川、青海、江西和云南的平均工资指标值峰值于2017年出现。其中，北京、天津、上海、西藏、广东、浙江、青海、内蒙古、江苏、四川、宁夏、新疆、福建的平均工资指标值峰值大于1，山东的平均工资指标值峰值等于1，山西、重庆、陕西、安徽、贵州、海南、辽宁、云南、河北、黑龙江、湖南、湖北、河南、甘肃、广西、吉林、江西的平均工资指标值峰值小于1。

其三，2009—2017年各省平均工资指标值均值按照从高到低的顺序排列依次为北京、天津、上海、西藏、广东、浙江、青海、江苏、新疆、福建、内蒙古、宁夏、山东、重庆、四川、贵州、陕西、安徽、山西、海南、辽宁、河北、湖北、云南、黑龙江、湖南、甘肃、广西、河南、吉林、江西。其中，北京、天津、上海、西藏、广东、浙江的平均工资指标值均值大于1，即这6个省市的平均工资水平高于全国平均工资水平；江苏和青海的平均工资指标值均值等于1，即江苏和青海的平均工资水平与全国平均工资水平相同；其余23个省市的平均工资指标值均值小于1，即这23个省市的平均工资水平低于全国平均工资水平。

其四，从各省的平均工资指标值波动幅度来看，变异系数按照从高到低的顺序排列依次为西藏、山西、内蒙古、云南、新疆、宁夏、海南、黑龙江、四川、辽宁、湖南、江苏、河南、青海、陕西、江西、甘肃、安徽、广西、福建、浙江、山东、北京、上海、湖北、吉林、河北、贵州、重庆、天津、广东。其中，西藏的平均工资指标值波动幅度最大，变异系数为9.87%，广东的平均工资指标值波动幅度最小，变异系数为0.62%，两者相差15.92倍。

表3-5 2009—2017年各省平均工资指标值

省份	2009年	2010年	2011年	2012年	2013年	2014年	2015年	2016年	2017年	均值	标准差	变异系数
西藏	1.28	1.25	1.06	1.00	1.03	1.00	1.29	1.16	1.13	1.13	0.11	9.87%
山西	0.96	0.97	0.99	0.97	0.92	0.88	0.86	0.82	0.83	0.90	0.06	6.84%
内蒙古	1.02	1.03	1.04	1.04	1.00	0.97	0.94	0.91	0.88	0.97	0.06	5.78%
云南	0.83	0.83	0.81	0.78	0.82	0.83	0.87	0.90	0.93	0.85	0.04	5.21%
新疆	0.94	0.97	1.02	1.03	1.02	1.02	1.03	1.00	0.88	0.99	0.05	4.88%
宁夏	1.03	1.02	0.98	0.99	0.98	0.95	0.94	0.91	0.88	0.97	0.05	4.79%
海南	0.81	0.86	0.87	0.84	0.86	0.87	0.91	0.92	0.95	0.89	0.04	4.56%
黑龙江	0.85	0.82	0.81	0.81	0.82	0.83	0.91	0.90	0.89	0.85	0.04	4.49%
四川	0.88	0.90	0.92	0.92	0.96	0.94	0.91	0.92	1.03	0.94	0.04	4.36%
辽宁	0.95	0.94	0.92	0.91	0.90	0.87	0.89	0.86	0.83	0.89	0.04	4.10%
湖南	0.86	0.84	0.85	0.84	0.83	0.82	0.82	0.91	0.90	0.85	0.03	3.63%
江苏	0.95	0.96	0.97	0.98	1.04	1.04	1.04	1.03	1.02	1.00	0.04	3.56%
河南	0.88	0.86	0.84	0.83	0.80	0.81	0.80	0.80	0.82	0.83	0.03	3.26%
青海	0.97	0.96	0.97	0.96	1.01	1.03	1.03	1.02	1.04	1.00	0.03	3.14%
陕西	0.89	0.89	0.93	0.94	0.94	0.93	0.96	0.97	0.97	0.93	0.03	3.05%
江西	0.77	0.79	0.79	0.81	0.83	0.82	0.82	0.84	0.85	0.82	0.02	2.99%
甘肃	0.87	0.83	0.79	0.83	0.84	0.84	0.86	0.87	0.86	0.84	0.02	2.86%

续表

省份	2009年	2010年	2011年	2012年	2013年	2014年	2015年	2016年	2017年	均值	标准差	变异系数
安徽	0.93	0.92	0.96	0.97	0.94	0.93	0.91	0.89	0.89	0.93	0.03	2.82%
广西	0.87	0.87	0.81	0.81	0.83	0.83	0.86	0.86	0.86	0.84	0.02	2.76%
福建	0.93	0.94	0.98	1.01	1.00	1.01	0.99	0.98	0.97	0.98	0.03	2.74%
浙江	1.08	1.07	1.06	1.06	1.03	1.03	1.00	1.01	1.01	1.04	0.03	2.66%
山东	0.95	0.94	0.94	0.94	0.96	0.97	0.99	1.00	1.00	0.97	0.02	2.48%
北京	1.72	1.69	1.71	1.74	1.70	1.64	1.63	1.64	1.64	1.68	0.04	2.34%
上海	1.38	1.36	1.39	1.32	1.36	1.35	1.31	1.32	1.31	1.34	0.03	2.14%
湖北	0.86	0.91	0.89	0.86	0.85	0.86	0.86	0.87	0.87	0.87	0.02	2.03%
吉林	0.86	0.83	0.83	0.83	0.82	0.81	0.81	0.82	0.82	0.82	0.01	1.74%
河北	0.88	0.92	0.90	0.89	0.87	0.88	0.90	0.89	0.90	0.89	0.01	1.57%
贵州	0.97	0.93	0.94	0.93	0.94	0.94	0.95	0.96	0.95	0.94	0.01	1.34%
重庆	0.94	0.96	0.96	0.96	0.97	0.98	0.98	0.97	0.96	0.96	0.01	1.21%
天津	1.38	1.42	1.40	1.40	1.40	1.39	1.41	1.40	1.39	1.40	0.01	0.79%
广东	1.08	1.09	1.07	1.07	1.07	1.08	1.08	1.07	1.08	1.08	0.01	0.62%

（三）不同省份的调剂指标值

表3-6报告了2009—2017年各省调剂指标值。根据表3-6可以看出，其一，2009—2017年大部分省份的调剂指标值同样呈现出波动性变化的特点，其中，浙江、内蒙古、辽宁、山西、黑龙江、吉林、湖南、江西的调剂指标值大体呈现出上升的趋势，重庆、北京、福建、海南的调剂指标值大体呈现出下降的趋势，广东、上海、宁夏、青海、甘肃、河北、江苏、广西、云南、新疆、湖北、山东、陕西、河南、四川、贵州的调剂指标值大体呈现出先上升后下降的趋势，西藏、天津和安徽的调剂指标值大体呈现出先下降后上升的趋势。

其二，从调剂指标值的峰值来看，2009—2017年重庆、北京、福建、海南、天津和安徽的调剂指标值峰值于2009年出现，西藏的调剂指标值峰值于2009年和2017年出现，广东、上海、贵州的调剂指标值峰值于2010年出现，甘肃、广西、云南、四川的调剂指标值峰值于2011年出现，江苏和陕西的调剂指标值峰值于2012年出现，湖北的调剂指标值峰值于2013年出现，河南的调剂指标值峰值于2013年和2016年出现，河北的调剂指标值峰值于2014年出现，山东的调剂指标值峰值于2014—2015年出现，宁夏、青海和新疆的调剂指标值峰值于2016年出现，江西的调剂指标值峰值于2016—2017年出现，浙江、内蒙古、辽宁、山西、黑龙江、吉林、湖南的调剂指标值峰值于2017年出现。其中，黑龙江、辽宁、吉林、四川、内蒙古、重庆、湖北、湖南、甘肃、河北、海南、山西、广西、青海、宁夏、新疆、江西、安徽、天津、上海、陕西、河南、云南的调剂指标值峰值均大于1，贵州、浙江、山东、江苏、福建、北京、广东、西藏的调剂指标值峰值均小于1。

其三，2009—2017年各省调剂指标值均值按照从高到低的顺序排列依次为黑龙江、吉林、辽宁、四川、湖北、内蒙古、湖南、河北、重庆、甘肃、广西、江西、新疆、海南、宁夏、山西、青海、安徽、陕西、河南、天津、云南、上海、贵州、山东、江苏、浙江、福建、广东、北京、西藏。其中，黑龙江、吉林、辽宁、四川、湖北、内蒙古、湖南、河北、重庆、甘肃、广西、江西、新疆、海南、宁夏、山西、青海、安徽、陕西、河南、天津的调剂指标值均值大于1，这也意味着此21个省市为中央调剂金净流入地区；云南、上海、贵州、山东、江苏、浙江、福建、广东、北京、西藏的调剂指标值均值小于1，这也意味着此10个省市为中央调剂金净流出地区。从各省调剂指标值均值来看，黑龙江省的调剂指标值均值最高，达到了2.69，即黑龙江省从其他省份获得的中央调剂金是黑龙江省上解额度的1.69倍；西藏的调剂指标值均值最低，仅为0.36，即西藏中央调剂金上解额度的64%被调剂到了其他省份。

其四，从各省的调剂指标值波动幅度来看，变异系数按照从高到低的顺序排列依次为浙江、内蒙古、辽宁、上海、西藏、宁夏、山西、黑龙江、重庆、贵州、青海、北京、广东、福建、甘肃、吉林、河北、海南、江苏、广西、云南、新疆、湖南、湖北、天津、安徽、山东、陕西、江西、河南、四川。其中，浙江省的调剂指标值波动幅度最大，变异系数为28.04%，四川省的调剂指标值波动幅度最小，变异系数为2.25%，两者相差12.46倍。

表3-6　2009—2017年各省调剂指标值

省份	2009年	2010年	2011年	2012年	2013年	2014年	2015年	2016年	2017年	均值	标准差	变异系数
浙江	0.44	0.43	0.45	0.56	0.62	0.68	0.81	0.89	0.91	0.64	0.18	28.04%
内蒙古	1.14	1.13	1.25	1.32	1.43	1.60	1.68	1.75	1.80	1.46	0.25	16.88%
辽宁	1.71	1.75	1.74	1.77	1.83	2.02	2.27	2.43	2.54	2.01	0.31	15.27%
上海	1.17	1.18	0.95	0.97	0.94	0.90	0.87	0.81	0.76	0.95	0.14	14.31%
西藏	0.40	0.38	0.39	0.39	0.34	0.33	0.24	0.34	0.40	0.36	0.05	13.67%
宁夏	0.81	1.14	1.30	1.32	1.30	1.32	1.28	1.38	1.32	1.24	0.16	13.23%
山西	1.05	1.05	1.08	1.05	1.14	1.22	1.30	1.36	1.42	1.19	0.14	11.52%
黑龙江	2.19	2.37	2.54	2.53	2.66	2.86	3.04	3.00	3.06	2.69	0.30	10.97%

续表

省份	2009 年	2010 年	2011 年	2012 年	2013 年	2014 年	2015 年	2016 年	2017 年	均值	标准差	变异系数
重庆	1.68	1.55	1.47	1.43	1.44	1.34	1.25	1.24	1.20	1.40	0.15	10.65%
贵州	0.96	0.98	0.94	0.89	0.84	0.80	0.76	0.70	0.82	0.85	0.09	10.51%
青海	1.00	0.98	1.15	1.14	1.22	1.21	1.23	1.39	1.28	1.18	0.12	10.36%
北京	0.45	0.42	0.39	0.37	0.37	0.36	0.34	0.35	0.33	0.38	0.04	9.73%
广东	0.42	0.43	0.42	0.40	0.38	0.35	0.34	0.34	0.34	0.38	0.04	9.53%
福建	0.64	0.60	0.54	0.50	0.52	0.51	0.50	0.51	0.49	0.53	0.05	9.09%
甘肃	1.22	1.28	1.56	1.52	1.43	1.40	1.32	1.24	1.27	1.36	0.12	8.57%
吉林	1.77	2.06	2.20	2.22	2.18	2.25	2.28	2.25	2.33	2.17	0.16	7.30%
河北	1.25	1.28	1.37	1.39	1.52	1.54	1.47	1.41	1.47	1.41	0.09	6.71%
海南	1.43	1.30	1.25	1.29	1.23	1.23	1.13	1.25	1.15	1.25	0.08	6.62%
江苏	0.82	0.80	0.82	0.85	0.72	0.74	0.76	0.75	0.77	0.78	0.04	5.24%
广西	1.19	1.30	1.42	1.40	1.38	1.37	1.27	1.38	1.34	1.34	0.07	5.17%
云南	1.00	0.95	1.02	1.00	0.95	0.91	0.89	0.97	0.89	0.95	0.05	4.82%
新疆	1.22	1.33	1.34	1.24	1.26	1.26	1.23	1.35	1.16	1.27	0.06	4.71%
湖南	1.39	1.43	1.37	1.38	1.49	1.48	1.46	1.49	1.59	1.45	0.07	4.53%
湖北	1.47	1.45	1.56	1.62	1.65	1.60	1.58	1.49	1.51	1.55	0.07	4.30%
天津	1.19	1.13	1.06	1.03	1.08	1.11	1.07	1.11	1.09	1.10	0.04	3.96%
安徽	1.20	1.16	1.11	1.08	1.10	1.13	1.15	1.10	1.19	1.14	0.04	3.50%
山东	0.82	0.80	0.82	0.84	0.84	0.88	0.88	0.86	0.82	0.84	0.03	3.17%
陕西	1.10	1.13	1.13	1.18	1.15	1.15	1.16	1.10	1.08	1.13	0.03	2.72%
江西	1.23	1.21	1.26	1.26	1.29	1.29	1.24	1.31	1.31	1.27	0.03	2.66%
河南	1.09	1.11	1.12	1.10	1.15	1.11	1.09	1.15	1.05	1.11	0.03	2.65%
四川	1.75	1.79	1.86	1.85	1.78	1.85	1.75	1.79	1.83	1.81	0.04	2.25%

（四）不同年份调剂指标值变化

表 3-7 报告了 2009—2017 年的全国调剂指标值、制度抚养比指标值和平均工资指标值。根据表 3-7 可以看出，其一，从均值来看，不同年份的调剂指标值均值和制度抚养比指标值均值呈现出上升的趋势，调剂指标值均值从 2009 年的 1.14 上升到 2017 年的 1.24，制度抚养比指标值均值从 2009 年的 1.08 上升到 2017 年的 1.16；平均工资指标值均值处于几乎不变的状态，2009—2017 年平均工资指标值均值基本保持在 0.98 左右。

其二，从标准差来看，不同年份的调剂指标值标准差和制度抚养比指标值标准差同样呈现出上升的趋势，调剂指标值的标准差从2009年的0.42上升到2017年的0.60，制度抚养比指标值的标准差从2009年的0.36上升到2017年的0.50；而不同年份的平均工资指标值标准差却呈现出下降的趋势，平均工资指标值的标准差从2009年的0.20下降到2017年的0.18。

其三，从波动范围来看，不同年份的调剂指标值波动范围和制度抚养比指标值波动范围处于不断扩大的状态，调剂指标值的波动范围从2009年的0.40～2.19扩大到2017年的0.33～3.06，制度抚养比指标值的波动范围从2009年的0.45～1.86扩大到2017年的0.37～2.73；与此同时，不同年份的平均工资指标值波动范围却处于缩小的状态，平均工资指标值的波动范围从2009年的0.77～1.72缩小到2017年的0.82～1.64。

其四，从波动程度来看，调剂指标值变异系数和制度抚养比指标值变异系数呈现出逐年增加的趋势，调剂指标值的变异系数从2009年的36.98%增加到2017年的48.38%，制度抚养比指标值的变异系数从2009年的33.32%增加到2017年的42.75%；相反，平均工资指标值变异系数呈现出逐年减少的趋势，平均工资指标值的变异系数从2009年的20.03%减少到2017年的18.09%。

其五，调剂指标值和制度抚养比指标值的均值、标准差、波动范围和变异系数不断扩大，表明各省之间的调剂指标值差距和制度抚养比指标值差距呈现出逐年扩大的趋势；而平均工资指标值均值不变，标准差、波动范围和变异系数缩小，表明各省之间的平均工资指标值差距逐年缩小。由此可知，制度抚养比指标值的变化是影响调剂指标值变化的主要因素，同时制度抚养比指标值和平均工资指标值的变化也说明各省之间的养老金分布已经呈现出两极分化的趋势，这也是中央调剂制度实施的初衷。

表 3-7　不同年份的调剂指标值、制度抚养比指标值和平均工资指标值

年份	调剂指标值				制度抚养比指标值				平均工资指标值			
	均值	标准差	波动范围	变异系数	均值	标准差	波动范围	变异系数	均值	标准差	波动范围	变异系数
2009	1.14	0.42	0.40~2.19	36.98%	1.08	0.36	0.45~1.86	33.32%	0.99	0.20	0.77~1.72	20.03%
2010	1.16	0.45	0.38~2.37	39.08%	1.10	0.38	0.46~1.94	34.58%	0.99	0.19	0.79~1.69	19.64%
2011	1.19	0.49	0.39~2.54	41.13%	1.12	0.39	0.42~2.05	34.96%	0.98	0.19	0.79~1.71	19.74%
2012	1.19	0.49	0.37~2.53	41.17%	1.11	0.39	0.39~2.06	35.22%	0.98	0.19	0.78~1.74	19.83%
2013	1.20	0.51	0.34~2.66	42.26%	1.13	0.41	0.35~2.17	36.34%	0.98	0.19	0.80~1.70	19.37%
2014	1.22	0.54	0.33~2.86	44.62%	1.14	0.44	0.33~2.36	38.55%	0.97	0.18	0.81~1.64	18.69%
2015	1.21	0.58	0.24~3.04	47.53%	1.14	0.49	0.31~2.77	42.48%	0.99	0.18	0.80~1.63	18.68%
2016	1.24	0.58	0.34~3.00	46.67%	1.17	0.48	0.36~2.70	41.34%	0.98	0.18	0.80~1.64	18.13%
2017	1.24	0.60	0.33~3.06	48.38%	1.16	0.50	0.37~2.73	42.75%	0.98	0.18	0.82~1.64	18.09%

四、全国调剂效果比较

基于上述数据结果，统计 2009—2017 年调剂指标值、制度抚养比指标值和平均工资指标值大于等于 1 以及小于 1 的省份个数，从而进一步得出中央调剂金净流出省份的集合，统计结果如表 3-8 所示。

表 3-8 不同年份指标值下省份个数

年份	调剂指标值		制度抚养比指标值		平均工资指标值		中央调剂金净流出省份
	≥1	<1	≥1	<1	≥1	<1	
2009	22	9	17	14	8	23	北京、江苏、浙江、福建、山东、广东、贵州、西藏、宁夏
2010	21	10	19	12	8	23	北京、江苏、浙江、福建、山东、广东、贵州、云南、西藏、青海
2011	22	9	21	10	8	23	北京、上海、江苏、浙江、福建、山东、广东、贵州、西藏
2012	22	9	21	10	9	22	北京、上海、江苏、浙江、福建、山东、广东、贵州、西藏
2013	21	10	21	10	11	20	北京、上海、江苏、浙江、福建、山东、广东、贵州、云南、西藏
2014	21	10	21	10	10	21	北京、上海、江苏、浙江、福建、山东、广东、贵州、云南、西藏
2015	21	10	21	10	9	22	北京、上海、江苏、浙江、福建、山东、广东、贵州、云南、西藏
2016	21	10	20	11	10	21	北京、上海、江苏、浙江、福建、山东、广东、贵州、云南、西藏
2017	21	10	21	10	10	21	北京、上海、江苏、浙江、福建、山东、广东、贵州、云南、西藏

根据表3-8可以看出，其一，从调剂指标值来看，2009—2017年大于等于1的省份（中央调剂金净流入省份）有21个或22个，小于1的省份（中央调剂金净流出省份）有9个或10个。其二，从制度抚养比指标值来看，2009—2017年大于等于1的省份（制度抚养比大于或等于全国平均水平的省份）有21个左右，小于1的省份（制度抚养比小于全国平均水平的省份）有10个左右。其三，从平均工资指标值来看，2009—2017年大于等于1的省份（平均工资大于或等于全国平均水平的省份）有10个左右，小于1的省份（平均工资小于全国平均水平的省份）有21个左右。其四，从中央调剂金净流出省份集合来看，主要集中在北京、上海、江苏、浙江、福建、山东、广东、贵州、云南、西藏10个省份，其中，上海自2011年开始成为中央调剂金净流出省份；除此之外，还有一些省份前期也为中央调剂金净流出省份，如2009年的宁夏，2010年的青海。而天津、河南、海南、安徽、陕西、青海、新疆、江西、重庆、广西、宁夏、山西、甘肃、湖南、河北、湖北、内蒙古、四川、辽宁、吉林、黑龙江共21个省份在2009—2017年一直为中央调剂金净流入省份。中央调剂金净流出地区的共同特征是制度抚养比低于全国平均水平，平均工资高于全国平均水平，中央调剂金净流入地区则大多是那些养老负担较重、平均工资低于全国平均水平的省份。

中央调剂金净流出地区从2013年开始集中于北京、上海等10个省市，说明养老保险基金的当期结余与累计结余也高度集中于这10个省市，那么中央调剂金净流入地区便是其余的21个省份，2009—2017年中央调剂金净流出省份基金结余和省份指标情况如表3-9所示，2009—2017年中央调剂金净流入省份的基金结余情况及养老金出现当期赤字省份的调剂情况如表3-10所示，2009—2017年中央调剂金净流入省份的指标占比情况及全国调剂指标如表3-11所示。

表 3-9　中央调剂金净流出省份基金结余和省份指标

单位：万人、亿元

年份	当期结余总额	累计结余总额	在职总人数	退休总人数	工资总额	当期结余总额占比	累计结余总额占比	在职总人数占比	退休总人数占比	工资总额占比
2009	1131. 14	5666. 19	7906. 64	1628. 12	24578. 03	43. 58%	45. 26%	44. 61%	28. 06%	47. 61%
2010	1441. 76	7209. 58	9150. 51	1848. 83	31447. 49	50. 34%	46. 94%	47. 21%	29. 35%	50. 05%
2011	2124. 60	9517. 20	11028. 90	2282. 60	43890. 31	51. 46%	48. 84%	51. 18%	33. 47%	54. 48%
2012	2706. 60	12219. 30	11868. 20	2542. 50	53260. 92	60. 98%	51. 06%	51. 68%	34. 17%	54. 80%
2013	2639. 20	15398. 60	12823. 50	2866. 20	69489. 88	62. 72%	54. 49%	53. 08%	35. 67%	57. 49%
2014	2499. 70	17898. 90	13797. 70	3094. 80	81533. 16	70. 36%	56. 31%	54. 08%	36. 04%	58. 50%
2015	3105. 10	21004. 80	14122. 50	3348. 70	92192. 35	88. 05%	59. 45%	53. 90%	36. 66%	58. 71%
2016	3265. 20	24293. 30	14697. 80	3719. 40	104987. 39	—①	63. 00%	55. 65%	36. 84%	59. 16%
2017	3654. 20	27978. 70	15064. 80	4027. 50	118175. 01	69. 72%	63. 81%	51. 50%	36. 55%	59. 09%

① 由于 2016 年中央调剂金净流入省份产生了养老金当期赤字，因此 2016 年中央调剂金净流出省份的养老金当期结余总额占比超过 100%，其占比指标没有呈现。

根据表 3-9 可以看出，其一，从中央调剂金净流出省份的当期结余和累计结余来看，当期结余总额和累计结余总额大体呈现出上升的趋势，截至 2017 年底，中央调剂金净流出省份的当期结余总额为 3654.20 亿元，累计结余总额为 27978.70 亿元。其二，从中央调剂金净流出省份的职工人数和工资来看，其在职总人数、退休总人数及工资总额均呈现出上升趋势，截至 2017 年底，中央调剂金净流出省份的在职总人数达到 15064.80 万人，退休总人数达到 4027.50 万人，工资总额达到 118175.01 亿元。其三，从中央调剂金净流出省份的养老金当期结余总额占比和累计结余总额占比来看，养老金当期结余总额占比呈现出波动性变化趋势并大体呈现出先上升后下降的趋势，养老金累计结余总额占比呈现出上升的趋势，相比于累计结余总额占比，养老金当期结余总额占比上升得更为明显。截至 2017 年底，中央调剂金净流出省份的当期结余总额占比为 69.72%，累计结余总额占比为 63.81%，这也意味着基础养老金累计结余大部分集中在中央调剂金净流出省份。其四，从中央调剂金净流出省份的在职总人数占比、退休总人数占比以及工资总额占比来看，三者大体呈现出上升的趋势，2009—2017 年上升幅度最大的为工资总额占比，退休总人数占比次之，在职总人数占比上升幅度最小。截至 2017 年底，中央调剂金净流出省份的在职总人数占比为 51.50%，退休总人数占比为 36.55%，工资总额占比为 59.09%，相当于在中央调剂金净流出省份中，其拥有全国 51.50%的在岗职工，但仅需负担全国 36.55%退休职工的养老问题，在岗职工越多，退休职工越少，区域内面临的养老负担越轻。

表 3-10　中央调剂金净流入省份基金结余和当期赤字省份调剂情况

单位：万人、亿元

年份	中央调剂金净流入地区					养老金当期赤字省份			
	当期结余总额	累计结余总额	在职总人数	退休总人数	工资总额	当期赤字省份个数	赤字缺口总额	净拨付额	净拨付额-缺口额
2009	1464.51	6853.44	9818.47	4173.55	27045.45	0	0.00	0.00	0.00
2010	1422.02	8148.42	10233.89	4450.68	31378.70	0	0.00	0.00	0.00
2011	2004.20	9971.10	10518.40	4538.00	36673.20	1	12.00	73.66	61.66
2012	1732.20	11713.90	11095.50	4897.30	43939.02	0	0.00	0.00	0.00
2013	1568.40	12860.10	11336.10	5168.60	51387.43	1	40.40	107.50	67.10
2014	1053.00	13888.00	11715.20	5491.80	57829.29	2	107.20	131.46	24.26
2015	421.40	14325.70	12079.40	5786.20	64833.60	6	425.30	458.82	33.52
2016	−64.60	14269.70	11713.00	6376.30	72480.73	7	726.40	605.03	−121.37

续表

年份	中央调剂金净流入地区					养老金当期赤字省份			
	当期结余总额	累计结余总额	在职总人数	退休总人数	工资总额	当期赤字省份个数	赤字缺口总额	净拨付额	净拨付额-缺口额
2017	1587.30	15870.00	14185.50	6990.50	81824.29	6	788.30	523.98	-264.32

根据表 3-10 可以看出，其一，从中央调剂金净流入省份的当期结余和累计结余来看，当期结余总额呈现出波动性变化趋势并于 2016 年产生了当期赤字，累计结余总额大体呈现出上升的趋势，截至 2017 年底，中央调剂金净流入省份的当期结余总额为 1587.30 亿元，累计结余总额为 15870.00 亿元。从中央调剂金净流入省份的职工人数和工资来看，其在职总人数、退休总人数及工资总额均呈现出上升的趋势，截至 2017 年底，中央调剂金净流入省份的在职总人数达到 14185.50 万人，退休总人数达到 6990.50 万人，工资总额达到 81824.29 亿元。其二，2009—2017 年在中央调剂金净流入地区中，有一些省份出现了养老金当期赤字，从当期赤字的省份个数来看，2016 年达到高峰，共有 7 个中央调剂金净流入省份收不抵支；与此同时，养老金亏空省份的赤字缺口总额也于 2017 年到达峰值，共产生了 788.30 亿元的赤字缺口；从养老金当期赤字省份的调剂金净拨付额来看，虽然也在增长，但是在 2016 年以前，中央拨付的调剂金足以覆盖中央调剂金净流入省份所产生的赤字缺口，但是在 2016 年及以后，中央调剂金净流入省份所产生的赤字缺口已经大于中央拨付的调剂金金额，截至 2017 年底，调剂金净拨付额与缺口额的差值为 264.32 亿元。

表 3-11　中央调剂金净流入省份指标占比及全国调剂指标　单位：亿元

年份	中央调剂金净流入地区占比					全国中央调剂金总额	全国调剂指标
	当期结余总额占比	累计结余总额占比	在职总人数占比	退休总人数占比	工资总额占比		
2009	56.42%	54.74%	55.39%	71.94%	52.39%	1393.83	19.48%
2010	49.66%	53.06%	52.79%	70.65%	49.95%	1696.31	20.64%
2011	48.54%	51.16%	48.82%	66.53%	45.52%	2175.21	20.96%
2012	39.02%	48.94%	48.32%	65.83%	45.20%	2624.40	20.57%
2013	37.28%	45.51%	46.92%	64.33%	42.51%	3263.69	21.77%
2014	29.64%	43.69%	45.92%	63.96%	41.50%	3762.79	22.41%
2015	11.95%	40.55%	46.10%	63.34%	41.29%	4239.70	22.00%

续表

年份	中央调剂金净流入地区占比					全国中央调剂金总额	全国调剂指标
	当期结余总额占比	累计结余总额占比	在职总人数占比	退休总人数占比	工资总额占比		
2016	—①	37.00%	44.35%	63.16%	40.84%	4791.64	22.27%
2017	30.28%	36.19%	48.50%	63.45%	40.91%	5399.98	22.49%

根据表 3-11 可以看出，其一，从中央调剂金净流入省份的养老金当期结余总额占比和累计结余总额占比来看，养老金当期结余总额占比呈现出波动性变化趋势并大体呈现出先下降后上升的趋势，累计结余总额占比呈现出下降的趋势，相比于累计结余总额占比，养老金当期结余总额占比下降得更为明显。截至 2017 年底，中央调剂金净流入省份的当期结余总额占比为 30.28%，累计结余总额占比为 36.19%，从侧面表明各省之间的养老金分布两极分化趋势明显。其二，造成各省之间养老金分布两极分化的因素主要是制度抚养比指标值的变化，2009—2017 年中央调剂金净流入省份的在职总人数占比和退休总人数占比大体呈现出下降的趋势。截至 2017 年底，中央调剂金净流入省份的在职总人数占比为 48.50%，退休总人数占比为 63.45%，这也意味着在中央调剂金净流入省份中，其拥有全国 48.50% 的在岗职工，但要负担全国 63.45%退休职工的养老问题，在岗职工越少，退休职工越多，地区面临的养老金支付危机就越严重。其三，在中央调剂金净流入省份中，其工资总额占比大体上也呈现出下降的趋势，2017 年底中央调剂金净流入省份的工资总额占比仅有 40.91%，工资收入越低，地区的养老金收入就越少。在中央调剂金净流入地区，其工资总额占比下降的幅度超过了退休总人数占比下降的幅度，这也导致中央调剂金净流入省份的养老金亏空风险增加。其四，从全国中央调剂金总额来看，其呈现出逐年上升的趋势，但是从全国调剂指标来看，其比值最终稳定在 22%左右，这也意味着实行中央调剂制度后，可能只有 22%的中央调剂金起到了调剂的作用。2009—2017 年全国调剂指标还呈现出一定的上升趋势，这也从侧面说明养老金面临着两极分化的风险，实施中央调剂制度意义重大，是养老保险制度可持续发展的根本保证。

① 由于 2016 年中央调剂金净流入省份产生了养老金当期赤字，因此 2016 年中央调剂金净流入省份的当期结余总额占比指标没有呈现。

第三节　各省基础养老金收支现状

根据调剂指标模型以及《关于建立企业职工基本养老保险基金中央调剂制度的通知》里面具体的调剂公式，选取 2009—2017 年《中国统计年鉴》相关数据，分析中央调剂制度对基础养老金收支平衡的影响现状。其中，不实施中央调剂制度时各省养老金当期结余现状如表 3-12 所示，不实施中央调剂制度时各省养老金累计结余现状如表 3-13 所示，中央调剂制度实施后各省养老金当期结余现状如表 3-14 所示，中央调剂制度实施后各省养老金累计结余现状如表 3-15 所示，2017 年中央调剂制度实施前后各省养老金累计结余变动情况如图 3-1 所示。

一、不实施中央调剂制度的基础养老金收支现状

（一）不实施中央调剂制度时各省养老金当期结余现状

表 3-12 报告了不实施中央调剂制度时 2009—2017 年各省养老金的当期结余。根据表 3-12 可以看出，其一，2009—2017 年全国大多数省份的基础养老金当期结余都呈现出波动性变化趋势，北京、天津、山西、安徽、福建、江西、广东、贵州、西藏大体上呈现出上升的趋势，黑龙江大体上呈现出下降的趋势，辽宁、上海、江苏、浙江、山东、河南、湖北、湖南、重庆、云南、甘肃、青海、宁夏、新疆大体上呈现出先上升后下降的趋势，河北、内蒙古、吉林、广西、海南、四川、陕西大体上呈现出先下降后上升的趋势。

其二，2009—2017 年河北、内蒙古、辽宁、吉林、黑龙江、山东、湖北、陕西、青海、宁夏在一些年份产生了基础养老金当期赤字，其中，河北和湖北于 2015—2016 年产生养老金当期赤字，内蒙古于 2016 年产生养老金当期赤字，辽宁、吉林和青海于 2015—2017 年产生养老金当期赤字，黑龙江于 2011 年以及 2013—2017 年产生养老金当期赤字，山东于 2017 年产生养老金当期赤字，陕西于 2015 年产生养老金当期赤字，宁夏于 2014 年产生养老金当期赤字。

其三，2009—2017 年基础养老金当期结余均值规模为正的省份有 30 个，均值规模为负的省份有 1 个，按照从高到低的顺序排列依次为广东、北京、江苏、浙江、四川、上海、山东、安徽、山西、新疆、湖南、云南、

重庆、河南、福建、湖北、贵州、江西、内蒙古、河北、陕西、广西、甘肃、天津、宁夏、海南、西藏、吉林、青海、辽宁、黑龙江，其中，广东省的基础养老金当期结余均值规模为 845.60 亿元，黑龙江省的基础养老金当期结余均值规模为-94.78 亿元。

表 3-12　不实施中央调剂制度时各省养老金当期结余现状　单位：亿元

省份	2009 年	2010 年	2011 年	2012 年	2013 年	2014 年	2015 年	2016 年	2017 年	均值
广东	333.37	511.35	635.80	780.00	792.50	770.30	1088.10	1140.00	1559.00	845.60
北京	111.94	176.54	252.00	354.90	446.50	489.60	635.70	769.60	828.70	451.72
江苏	249.76	265.38	386.10	487.80	370.30	338.40	309.20	238.90	330.30	330.68
浙江	156.82	176.06	358.00	443.70	333.10	398.60	374.80	201.00	415.90	317.55
四川	230.10	195.24	331.70	204.30	285.30	263.60	153.00	60.00	1019.50	304.75
上海	50.73	42.44	95.70	263.90	255.50	183.00	190.90	421.50	196.30	188.89
山东	202.99	194.21	304.20	257.60	218.50	115.00	260.40	152.20	-69.40	181.74
安徽	67.15	72.41	125.30	109.00	156.10	136.60	160.40	142.80	208.70	130.94
山西	111.54	134.98	154.60	171.50	161.20	108.00	31.60	41.10	152.30	118.54
新疆	60.52	75.73	80.10	80.80	97.80	100.00	116.60	118.00	100.10	92.18
湖南	76.45	97.26	125.00	105.00	111.60	81.10	60.70	67.70	99.00	91.53
云南	41.16	49.77	106.50	87.20	80.00	70.00	77.50	163.20	137.10	90.27
重庆	77.25	37.16	79.20	123.10	99.20	104.60	93.50	79.40	62.30	83.97
河南	53.53	99.48	101.90	116.80	122.30	92.10	66.10	53.00	49.70	83.88
福建	26.46	16.37	36.30	48.70	73.60	74.40	85.90	103.70	118.80	64.91
湖北	84.49	82.14	210.50	116.50	62.50	27.20	28.80	-28.20	-70.60	57.04
贵州	34.90	37.11	51.60	63.80	61.70	52.00	73.20	47.40	91.40	57.01
江西	32.99	38.66	42.60	85.90	52.80	45.50	68.50	27.70	111.50	56.24
内蒙古	47.00	54.25	85.80	62.20	50.10	15.60	2.60	-15.30	146.30	49.84
河北	92.93	132.80	122.70	69.50	58.00	5.70	-63.10	-48.10	27.60	44.23
陕西	33.98	37.73	39.80	79.50	71.20	33.30	-8.10	12.80	87.40	43.07
广西	96.43	94.45	35.00	29.10	3.60	1.40	8.20	3.80	95.10	40.79
甘肃	31.46	38.85	69.40	40.70	33.30	39.60	4.60	10.10	27.80	32.87
天津	19.97	7.02	20.70	55.50	39.70	42.70	34.80	1.30	58.20	31.10
宁夏	12.83	35.93	45.30	4.50	7.80	-1.10	6.80	23.90	21.60	17.51

续表

省份	2009 年	2010 年	2011 年	2012 年	2013 年	2014 年	2015 年	2016 年	2017 年	均值
海南	15.08	6.14	20.50	8.60	7.30	2.30	10.50	20.20	39.10	14.41
西藏	2.06	6.50	4.90	6.20	7.50	8.40	9.40	27.70	46.10	13.20
吉林	49.19	37.00	42.30	13.00	14.60	2.30	-40.70	-40.30	-2.90	8.28
青海	9.12	8.47	21.40	6.80	3.30	2.30	-7.90	-13.30	-7.90	2.48
辽宁	91.81	78.31	155.90	159.70	171.10	56.30	-113.00	-254.20	-343.80	0.24
黑龙江	91.61	24.02	-12.00	3.00	-40.40	-106.10	-192.50	-327.00	-293.70	-94.78

（二）不实施中央调剂制度时各省养老金累计结余现状

表 3-13 报告了不实施中央调剂制度时 2009—2017 年各省养老金的累计结余。根据表 3-13 可以看出，其一，2009—2017 年北京、天津、山西、内蒙古、上海、江苏、浙江、安徽、福建、江西、河南、湖南、广东、广西、海南、重庆、四川、贵州、云南、西藏、陕西、甘肃、宁夏、新疆的基础养老金累计结余呈现出上升的趋势，河北、辽宁、吉林、黑龙江、山东、湖北、青海的基础养老金累计结余呈现出先上升后下降的趋势，其中，黑龙江省于 2016—2017 年产生了基础养老金累计赤字。

其二，从基础养老金累计结余的峰值来看，2009—2017 年黑龙江的累计结余峰值于 2010 年出现，河北、辽宁、青海的累计结余峰值于 2014 年出现，湖北的累计结余峰值于 2015 年出现，山东的累计结余峰值于 2016 年出现，其余省份的基础养老金累计结余峰值于 2017 年出现；其中，2009—2017 年基础养老金累计结余峰值规模小于 1000 亿元的省份有青海、西藏、海南、宁夏、甘肃、吉林、天津、黑龙江、广西、陕西、内蒙古、贵州、江西、河北、福建、湖北、重庆、云南，累计结余峰值规模为 1000 亿～5000 亿元的省份有新疆、河南、湖南、辽宁、安徽、山西、上海、山东、四川、浙江、江苏、北京，累计结余峰值规模大于 5000 亿元的省份只有广东省。

其三，2009—2017 年各省基础养老金累计结余均值规模均为正，按照从高到低的顺序排列依次为广东、江苏、浙江、北京、四川、山东、上海、山西、辽宁、河南、安徽、湖南、河北、湖北、新疆、重庆、云南、广西、福建、内蒙古、江西、吉林、陕西、贵州、天津、甘肃、黑龙江、宁夏、海南、青海、西藏，其中，广东省的基础养老金累计结余均值规模为

4995.39 亿元，西藏的基础养老金累计结余均值规模为 41.69 亿元。

表 3-13　不实施中央调剂制度时各省养老金累计结余现状　单位：亿元

省份	2009 年	2010 年	2011 年	2012 年	2013 年	2014 年	2015 年	2016 年	2017 年	均值
广东	1951.44	2471.48	3108.20	3879.60	4673.10	5444.20	6532.80	7652.60	9245.10	4995.39
江苏	1006.45	1271.83	1658.00	2145.80	2516.10	2854.50	3163.70	3402.70	3730.80	2416.65
浙江	986.08	1162.14	1520.20	1963.90	2297.00	2695.50	3070.40	3293.50	3709.80	2299.84
北京	441.35	617.89	869.80	1224.80	1671.30	2160.80	2796.60	3566.20	4394.90	1971.52
四川	733.11	928.35	1260.00	1464.30	1749.70	2013.30	2166.40	2226.30	3245.80	1754.14
山东	883.41	1077.62	1381.90	1639.50	1857.90	1973.00	2233.40	2385.70	2315.70	1749.79
上海	419.56	462.00	557.60	821.50	1077.00	1260.00	1451.00	1872.50	2068.80	1109.99
山西	502.34	637.36	791.80	963.30	1124.80	1232.80	1264.40	1305.60	1457.70	1031.12
辽宁	660.79	739.31	895.10	1054.90	1226.60	1283.80	1170.80	916.60	572.80	946.74
河南	399.59	499.03	600.90	717.70	840.00	931.30	997.50	1050.50	1104.00	793.39
安徽	280.56	352.97	478.30	594.00	745.40	882.00	1042.40	1185.20	1393.90	772.75
湖南	358.59	455.85	580.80	685.90	797.50	878.60	939.30	1007.00	1104.10	756.40
河北	430.07	562.88	685.60	755.10	813.10	818.80	755.80	707.60	735.20	696.02
湖北	345.44	427.58	638.10	754.60	817.10	821.60	850.40	822.30	751.60	692.08
新疆	310.01	385.72	465.80	547.00	644.80	744.70	861.40	979.50	1074.00	668.10
重庆	209.21	255.63	334.80	458.10	557.30	662.00	755.40	834.80	897.10	551.59
云南	179.51	229.29	335.90	423.00	503.10	573.00	650.50	813.70	950.80	517.64
广西	284.52	378.98	414.00	443.10	446.60	448.00	456.50	460.40	556.70	432.09
福建	180.80	141.23	177.50	226.20	415.90	490.30	576.20	701.10	820.00	414.36
内蒙古	203.24	257.86	343.70	405.90	456.00	471.60	474.20	458.90	605.20	408.51
江西	165.28	203.57	246.30	332.20	385.00	430.50	498.90	526.70	638.10	380.73
吉林	314.84	351.79	394.10	407.10	421.60	423.90	383.10	342.80	340.00	375.47
陕西	165.63	215.75	256.20	338.90	414.90	445.60	453.30	474.50	566.10	370.10
贵州	140.75	177.86	229.50	293.40	355.20	407.20	480.40	527.80	619.20	359.03
天津	195.99	203.01	223.80	279.20	318.90	361.70	396.40	397.70	463.20	315.54
甘肃	139.36	178.21	247.60	288.30	321.60	361.20	365.80	376.00	403.70	297.97
黑龙江	454.99	479.01	467.00	469.90	429.50	323.30	130.90	-196.10	-486.20	230.26
宁夏	72.74	108.67	153.90	158.50	166.30	165.30	172.20	196.10	217.70	156.82

续表

省份	2009 年	2010 年	2011 年	2012 年	2013 年	2014 年	2015 年	2016 年	2017 年	均值
海南	58.72	64.87	85.40	94.10	101.40	103.70	114.20	134.30	173.50	103.35
青海	42.11	50.58	72.00	78.80	82.00	84.30	76.40	63.00	55.80	67.22
西藏	3.17	9.66	14.50	24.60	32.00	40.40	49.80	77.50	123.60	41.69

二、实施中央调剂制度后基础养老金收支现状

（一）实施中央调剂制度后各省养老金当期结余现状

表 3-14 报告了假设中央调剂制度在 2009—2017 年实施，各省基础养老金的当期结余情况。根据表 3-14 可以看出，其一，如果中央调剂制度在 2009—2017 年实施，全国大多数省份的基础养老金当期结余都呈现出波动性变化的趋势，北京、天津、浙江、安徽、江西、湖南、广东、海南、四川、贵州、西藏、陕西大体呈现出上升的趋势，辽宁、上海、江苏、山东、河南、湖北、重庆、云南、甘肃、青海、宁夏、新疆大体呈现出先上升后下降的趋势，河北、山西、内蒙古、吉林、黑龙江、福建、广西大体呈现出先下降后上升的趋势。

其二，如果中央调剂制度在 2009—2017 年实施，河北、辽宁、黑龙江、福建、山东、青海在一些年份产生了基础养老金当期赤字，其中，福建于 2010 年产生养老金当期赤字，河北于 2015 年产生养老金当期赤字，辽宁于 2016—2017 年产生养老金当期赤字，黑龙江与青海于 2015—2017 年产生养老金当期赤字，山东于 2017 年产生养老金当期赤字。

其三，如果中央调剂制度在 2009—2017 年实施，各省基础养老金当期结余均值规模均为正，按照从高到低的顺序排列依次为广东、四川、北京、江苏、浙江、上海、山东、安徽、湖南、山西、辽宁、湖北、重庆、新疆、河南、云南、河北、江西、内蒙古、吉林、广西、陕西、贵州、甘肃、天津、宁夏、海南、福建、黑龙江、西藏、青海，其中，广东省的基础养老金当期结余均值规模为 551.80 亿元，青海的基础养老金当期结余均值规模为 4.65 亿元。

表 3-14　中央调剂制度实施后各省养老金当期结余现状　　单位：亿元

省份	2009 年	2010 年	2011 年	2012 年	2013 年	2014 年	2015 年	2016 年	2017 年	均值
广东	235.51	388.55	473.19	575.67	522.19	418.77	675.72	655.37	1021.25	551.80
四川	270.45	247.70	404.96	292.33	391.96	395.20	291.36	225.01	1202.73	413.52
北京	57.21	103.44	154.55	227.79	298.88	310.97	426.87	532.27	548.58	295.62
江苏	227.81	235.22	352.22	454.70	279.39	242.61	211.97	126.73	217.41	260.90
浙江	93.73	96.18	260.22	348.09	234.20	304.41	313.83	165.16	386.55	244.71
上海	63.73	58.73	89.59	259.17	245.01	162.09	160.96	369.59	123.77	170.29
山东	185.39	171.45	279.03	230.01	183.77	85.37	225.98	106.75	-132.83	148.32
安徽	73.95	79.11	131.67	114.62	164.99	148.94	176.32	155.41	235.36	142.26
湖南	93.12	118.71	149.25	134.64	156.14	131.37	115.78	125.30	177.34	133.52
山西	113.20	137.12	158.60	174.34	170.50	123.67	53.98	69.22	188.31	132.10
辽宁	136.64	132.87	222.54	238.16	274.76	190.32	54.30	-63.00	-118.29	118.70
湖北	105.61	107.47	250.13	166.61	126.20	97.09	105.00	44.22	18.93	113.47
重庆	94.35	55.61	101.80	149.56	133.68	137.99	123.07	113.00	92.91	111.33
新疆	64.82	83.77	90.87	90.46	110.30	113.90	130.59	143.07	115.05	104.76
河南	58.64	107.10	111.86	127.27	139.86	107.98	81.44	82.45	63.29	97.77
云南	41.15	48.65	107.41	87.49	77.86	65.04	71.17	161.25	128.04	87.56
河北	104.28	148.31	147.52	100.54	105.18	60.49	-7.19	7.52	97.53	84.91
江西	39.14	45.41	54.03	99.92	72.12	67.57	90.29	60.46	148.39	75.26
内蒙古	50.29	57.96	94.68	75.52	71.43	47.71	41.95	33.47	203.14	75.13
吉林	67.09	65.73	80.85	58.59	69.59	66.25	31.00	35.96	90.92	62.89
广西	101.00	103.03	49.43	45.81	23.20	23.15	27.34	36.21	127.17	59.59
陕西	36.76	42.34	45.73	89.16	81.59	45.20	6.00	22.54	98.14	51.94
贵州	34.26	36.74	50.39	60.50	55.74	42.69	60.07	28.09	76.72	49.47
甘肃	34.39	43.13	79.28	52.15	45.71	52.87	17.31	20.96	43.09	43.21
天津	25.09	11.58	23.62	57.35	45.47	50.50	40.77	11.81	67.86	37.12
宁夏	11.72	36.98	48.06	7.93	11.83	3.67	11.57	31.70	29.00	21.38
海南	18.19	8.97	23.64	12.81	11.79	7.27	14.04	26.67	43.91	18.59
福建	11.75	-3.63	4.39	4.49	24.49	16.32	18.46	27.02	26.90	14.47
黑龙江	135.06	80.56	61.66	88.80	67.10	20.59	-45.40	-171.88	-119.91	12.95
西藏	0.94	5.13	3.35	4.30	4.77	5.13	3.89	22.26	39.60	9.93
青海	9.11	8.36	22.49	7.95	5.38	4.57	-5.18	-7.66	-3.13	4.65

（二）实施中央调剂制度后各省养老金累计结余现状

表 3-15 报告了假设中央调剂制度在 2009—2017 年实施，各省基础养老金的累计结余情况。根据表 3-15 可以看出，其一，如果中央调剂制度在 2009—2017 年实施，北京、天津、河北、山西、内蒙古、吉林、上海、江苏、浙江、安徽、福建、江西、河南、湖北、湖南、广东、广西、海南、重庆、四川、贵州、云南、西藏、陕西、甘肃、宁夏的基础养老金累计结余呈现出上升的趋势，辽宁、黑龙江、山东、青海的基础养老金呈现出先上升后下降的趋势，无省份产生基础养老金累计赤字。

其二，如果中央调剂制度在 2009—2017 年实施，从基础养老金累计结余的峰值来看，黑龙江和青海的累计结余峰值于 2014 年出现，辽宁的累计结余峰值于 2016 年出现，山东的累计结余峰值于 2016 年出现，其余省份的基础养老金累计结余峰值于 2017 年出现；其中，2009—2017 年基础养老金累计结余峰值规模小于 1000 亿元的省份有西藏、青海、海南、宁夏、福建、甘肃、天津、贵州、陕西、广西、江西、黑龙江、吉林、内蒙古、云南，累计结余峰值规模为 1000 亿～5000 亿元的省份有河北、重庆、新疆、河南、湖北、湖南、安徽、山西、辽宁、上海、山东、北京、浙江、江苏、四川，累计结余峰值规模大于 5000 亿元的省份依旧只有广东省。

其三，如果中央调剂制度在 2009—2017 年实施，各省基础养老金累计结余均值规模均为正，按照从高到低的顺序排列依次为广东、四川、江苏、浙江、山东、辽宁、北京、上海、山西、湖北、湖南、河北、河南、安徽、新疆、重庆、黑龙江、吉林、云南、广西、内蒙古、江西、陕西、甘肃、天津、贵州、福建、宁夏、海南、青海、西藏，其中，广东省的基础养老金累计结余均值规模为 3911.35 亿元，西藏的基础养老金累计结余均值规模为 27.65 亿元。

表 3-15　中央调剂制度实施后各省养老金累计结余现状　　单位：亿元

省份	2009 年	2010 年	2011 年	2012 年	2013 年	2014 年	2015 年	2016 年	2017 年	均值
广东	1853.58	2242.13	2715.32	3290.99	3813.18	4231.95	4907.67	5563.04	6584.29	3911.35
四川	773.46	1021.16	1426.12	1718.45	2110.41	2505.61	2796.97	3021.98	4224.71	2177.66
江苏	984.50	1219.72	1571.94	2026.64	2306.03	2548.64	2760.61	2887.34	3104.75	2156.69
浙江	922.99	1019.17	1279.39	1627.48	1861.68	2166.09	2479.92	2645.08	3031.63	1892.61
山东	865.81	1037.26	1316.29	1546.30	1730.07	1815.44	2041.42	2148.17	2015.34	1612.90

续表

省份	2009 年	2010 年	2011 年	2012 年	2013 年	2014 年	2015 年	2016 年	2017 年	均值
辽宁	705.62	838.50	1061.04	1299.20	1573.96	1764.28	1818.58	1755.58	1637.29	1383.78
北京	386.62	490.06	644.61	872.40	1171.28	1482.25	1909.12	2441.39	2989.97	1376.42
上海	432.56	491.29	580.88	840.05	1085.06	1247.15	1408.11	1777.70	1901.47	1084.92
山西	504.00	641.11	799.71	974.05	1144.55	1268.22	1322.20	1391.42	1579.73	1069.45
湖北	366.56	474.03	724.16	890.77	1016.97	1114.06	1219.06	1263.28	1282.21	927.90
湖南	375.26	493.97	643.22	777.86	934.00	1065.37	1181.15	1306.45	1483.79	917.90
河北	441.42	589.74	737.26	837.80	942.98	1003.47	996.28	1003.80	1101.33	850.45
河南	404.70	511.80	623.66	750.93	890.79	998.77	1080.21	1162.66	1225.95	849.94
安徽	287.36	366.47	498.14	612.76	777.75	926.69	1103.01	1258.42	1493.78	813.82
新疆	314.31	398.08	488.95	579.41	689.71	803.61	934.20	1077.27	1192.32	719.76
重庆	226.31	281.92	383.72	533.28	666.96	804.95	928.02	1041.02	1133.93	666.68
黑龙江	498.44	579.00	640.66	729.46	796.56	817.15	771.75	599.87	479.96	656.98
吉林	332.74	398.47	479.32	537.91	607.50	673.75	704.75	740.71	831.63	589.65
云南	179.50	228.16	335.57	423.06	500.92	565.96	637.13	798.38	926.42	510.56
广西	289.09	392.13	441.56	487.37	510.57	533.72	561.06	597.27	724.44	504.13
内蒙古	206.53	264.48	359.16	434.68	506.11	553.82	595.77	629.24	832.38	486.91
江西	171.43	216.84	270.87	370.79	442.91	510.48	600.77	661.23	809.62	450.54
陕西	168.41	210.75	256.48	345.64	427.23	472.43	478.43	500.97	599.11	384.38
甘肃	142.29	185.42	264.70	316.85	362.56	415.43	432.74	453.70	496.79	341.17
天津	201.11	212.69	236.31	293.66	339.13	389.63	430.40	442.21	510.07	339.46
贵州	140.11	176.85	227.24	287.74	343.48	386.17	446.24	474.33	551.05	337.02
福建	166.09	162.46	166.85	171.34	195.83	212.15	230.61	257.63	284.53	205.27
宁夏	71.63	108.61	156.67	164.60	176.43	180.10	191.67	223.37	252.37	169.49
海南	61.83	70.81	94.45	107.26	119.05	126.32	140.36	167.03	210.94	122.00
青海	42.10	50.46	72.95	80.90	86.28	90.85	85.67	78.01	74.88	73.56
西藏	2.05	7.17	10.52	14.82	19.59	24.72	28.61	50.87	90.47	27.65

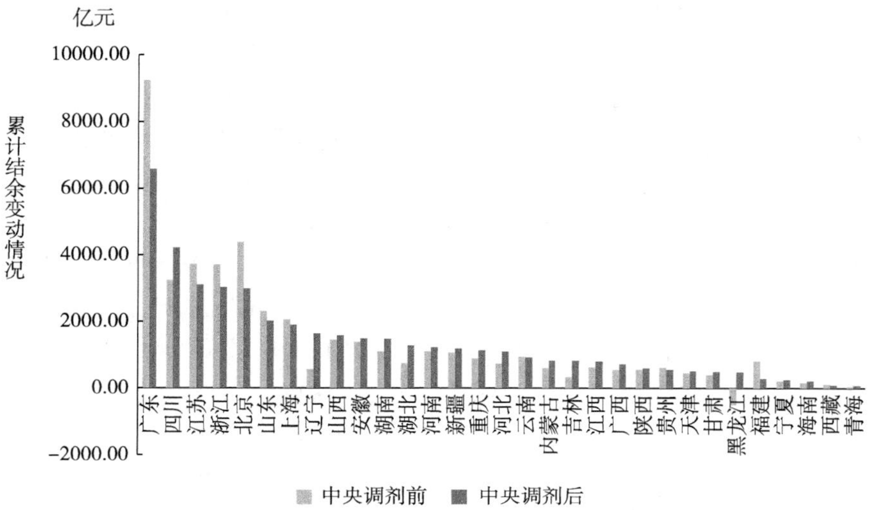

图 3-1　2017 年中央调剂制度实施前后各省养老金累计结余变动情况

根据图 3-1 可以看出，第一，中央调剂制度的实施改变了黑龙江省 2017 年产生养老金累计赤字的趋势，但是并没有改变其余 30 个省市于 2017 年产生养老金累计结余的趋势。第二，与中央调剂制度实施前相比，中央调剂制度实施后，广东、北京、浙江、江苏、福建、山东、上海、贵州、西藏、云南 10 个省市 2017 年的养老金累计结余规模减少，同时，其余 21 个省市 2017 年的养老金累计结余规模增加。第三，与中央调剂制度实施前相比，中央调剂制度实施后，减少养老金累计结余规模大于等于 1000 亿元的省份有广东和北京 2 个省市，减少养老金累计结余规模大于等于 500 亿元、小于 1000 亿元的省份有浙江、江苏、福建、山东、上海 5 个省市，减少养老金累计结余规模小于 500 亿元的省份有贵州、西藏、云南 3 个省份，增加养老金累计结余规模小于 500 亿元的省份有青海、陕西、宁夏、海南、天津、甘肃、安徽、新疆、河南、山西、广西、江西、内蒙古、重庆、河北、湖南、吉林 17 个省市，增加养老金累计结余规模大于等于 500 亿元、小于 1000 亿元的省份有湖北、黑龙江、四川 3 个省份，增加养老金累计结余规模大于 1000 亿元的省份只有辽宁省。

本章小结

中央调剂制度作为城镇企业职工养老保险基金从省级统筹迈向国家统

筹的过渡性方案，其对各省基础养老金收支平衡的影响直接关系到养老金全国统筹时政策的配套及完善。在此前提下，本章构建了评估中央调剂制度现期实施效果的调剂指标模型，同时针对中央调剂制度实施前后各省基础养老金收支平衡现状进行了分析。在调剂指标模型中，一个省份是中央调剂金净流入省份还是净流出省份主要取决于该省制度抚养指标值和该省平均工资指标值的大小，如果一个省份制度抚养比高、工资水平低，那么该省便是中央调剂金净流入省份，如果一个省份制度抚养比低、工资水平高，那么该省便是中央调剂金净流出省份。而全国调剂指标的核心在于衡量每年有多少中央调剂金被用于各省市之间的调剂，因此使用中央调剂金净流入省份的中央调剂金净流入总和与全国的中央调剂金上解额之比来衡量中央调剂制度的全国调剂效果。根据《关于建立企业职工基本养老保险基金中央调剂制度的通知》中的调剂公式，基于2009—2017年《中国统计年鉴》相关数据，本章得到如下结论。

（1）如果中央调剂制度在2009—2017年实施，中央调剂金净拨付额均值规模为正的省份有21个，均值规模为负的省份有10个。其中，2009—2017年黑龙江、吉林、辽宁、四川、湖北、内蒙古、湖南、河北、重庆、甘肃、广西、江西、新疆、海南、宁夏、山西、青海、安徽、陕西、河南、天津的调剂指标值均值大于1，这也意味着此21个省市为中央调剂金净流入省份，中央调剂金净流入省份大多属于制度抚养比指标值较高、平均工资指标值较低的地区；云南、上海、贵州、山东、江苏、浙江、福建、广东、北京、西藏的调剂指标值均值小于1，这也意味着此10个省市为中央调剂金净流出省份，中央调剂金净流出省份大多属于制度抚养比指标值较低、平均工资指标值较高的地区。

（2）2009—2017年养老保险基金的当期结余与累计结余高度集中于北京、上海、江苏、浙江、福建、山东、广东、贵州、云南、西藏10个省市，且呈现出愈演愈烈的趋势。调剂指标值和制度抚养比指标值的均值、标准差、波动范围和变异系数的不断扩大，表明各省之间的调剂指标值差距和制度抚养比指标值差距呈现出逐年扩大的趋势；而平均工资指标值均值不变，标准差、波动范围和变异系数缩小，表明各省之间的平均工资指标值差距逐年缩小。由此可知，制度抚养比指标值的变化是影响调剂指标值变化的主要因素，同时制度抚养比指标值和平均工资指标值的变化也说明各省之间的养老金分布已经呈现出两极分化的趋势，这也是中央调剂制度实施的初衷。

（3）从中央调剂金净流入省份的养老金当期结余总额占比和累计结余总额占比来看，二者都大体呈现出下降的趋势，相比于累计结余总额占比，养老金当期结余总额占比下降得更为明显。截至 2017 年底，中央调剂金净流入省份的当期结余总额占比为 30.28%，累计结余总额占比为 36.19%，各省之间养老金分布两极分化趋势明显，造成各省之间养老金分布两极分化的因素是制度抚养比指标值的变化。

（4）从全国中央调剂金总额来看，其呈现出上升的趋势，但是从全国调剂指标来看，其比值最终稳定在 22%左右，这也意味着实行中央调剂制度后，可能只有 22%的中央调剂金起到了调剂的作用。2009—2017 年全国调剂指标还呈现出一定的上升趋势，这也从侧面说明养老保险基金发展不均衡，实施中央调剂制度意义重大，是养老保险制度可持续发展的根本保证。

（5）在不实施中央调剂制度的情形下，黑龙江于 2016—2017 年产生基础养老金累计赤字。但是如果中央调剂制度在 2009—2017 年实施，黑龙江 2017 年产生养老金累计赤字的趋势得以改变，同时其余 30 个省市依旧于 2017 年产生养老金累计结余。中央调剂制度的实施，广东、北京、浙江、江苏、福建、山东、上海、贵州、西藏、云南 10 个省市 2017 年的养老金累计结余规模减少，同时，其余 21 个省市 2017 年的养老金累计结余规模增加，全国各省的基础养老金累计结余分布进一步均衡。

第四章　中央调剂金对基础养老金收支平衡影响的预测分析

第三章基于历史数据的实证分析结果表明，中央调剂制度的实施在增强制度抚养比高、工资水平低省份基础养老金可持续性的同时，也会加重制度抚养比低、工资水平高省份的基础养老金负担，起到了均衡各省基础养老金结余分布的作用。那么从未来来看，中央调剂制度是否依然会对各省基础养老金收支平衡产生这样的作用呢？本部分基于人口预测模型和基础养老金收入支出测算模型，对实施中央调剂制度和不实施中央调剂制度两种情形下各省市的基础养老金收支状况进行测算，明确不实施中央调剂制度以及实施中央调剂制度后各省基础养老金出现当期赤字年份、累计赤字年份以及当期赤字规模、累计赤字规模，进一步验证上述理论分析结果是否正确。

第一节　模型构建

各省人口预测模型的建立主要参考王广州（2018）和范维强等（2020）的研究，各省养老金收支模型的建立主要参考王晓军（2009）、曾益等（2016）、石晨曦和曾益（2019）的研究。根据本书的研究问题，将研究对象设定为中国城镇职工养老金的统筹账户，由于统筹账户的养老金分为基础养老金和过渡养老金，因此根据《关于建立统一的企业职工基本养老保险制度的决定》《关于完善企业职工基本养老保险制度的决定》以及曾益等（2016）的研究，将养老金的给付对象分为“老人”[①]“中人”[②]以及“新

① “老人”是指《关于建立统一的企业职工基本养老保险制度的决定》实施前开始领取养老金的城镇职工。

② “中人”是指《关于建立统一的企业职工基本养老保险制度的决定》实施前开始缴费，实施后开始领取养老金的城镇职工。

人”①，其中，“中人”包括“中人1”② 和“中人2”③。“老人”“中人”和“新人”都可以领取基础养老金，“中人”除领取基础养老金外，还可以领取过渡养老金。

一、各省人口预测模型

参考王广州（2018）和范维强等（2020）的人口预测思路，假设各省人口分为农村人口和城镇人口两个部分，其中，农村人口包括农村上一年的存活人口、农村新出生人口及农村迁入城镇的人口三部分，城镇人口包括城镇上一年的存活人口、城镇新出生人口及农村迁入城镇的人口三部分。在建立各省人口预测模型之前，首先假设$f=1, 2, 3, \cdots, 31$分别表示北京、天津、河北、山西、内蒙古、辽宁、吉林、黑龙江、上海、江苏、浙江、安徽、福建、江西、山东、河南、湖北、湖南、广东、广西、海南、重庆、四川、贵州、云南、西藏、陕西、甘肃、青海、宁夏、新疆31个省市，q_i^f和p_i^f分别表示第i年f省的农村人口和城镇人口。同时在不影响结论的前提下，根据第六次人口普查数据，假定妇女的生育年龄为15~49岁，城镇和农村的人口最长存活寿命为100岁。

（一）各省农村人口预测模型

第$i+1$年f省的农村人口数量等于所有分年龄、分性别的农村人口数量之和，其函数表达式可以表示为：

$$q_{i+1}^{f} = [q_{i+1}^{1,f}(0) + q_{i+1}^{2,f}(0)] + \sum_{j=0}^{99} [q_{i+1}^{1,f}(j+1) + q_{i+1}^{2,f}(j+1)] \quad (4-1)$$

其中，$q_{i+1}^{1,f}(0)$表示第$i+1$年f省农村新出生的男孩数量，$q_{i+1}^{2,f}(0)$表示第$i+1$年f省农村新出生的女孩数量，$q_{i+1}^{1,f}(j+1)$表示第$i+1$年f省$j+1$岁的农村男性人口数量，$q_{i+1}^{2,f}(j+1)$表示第$i+1$年f省$j+1$岁的农村女性人口数量。

第$i+1$年f省农村新出生的男孩数量等于第$i+1$年f省所有农村育龄妇女所生育的男孩数量之和，其函数表达式可以表示为：

$$q_{i+1}^{1,f}(0) = \frac{\gamma}{\gamma+1} \times \pi_{i+1}^{1,f}(0) \times \sum_{j=15}^{49} [q_{i+1}^{2,f}(j) \times \alpha_{i+1}(j)] \quad (4-2)$$

① “新人”是指《关于建立统一的企业职工基本养老保险制度的决定》实施后开始缴费的城镇职工。

② “中人1”是指《关于完善企业职工基本养老保险制度的决定》实施前领取养老金的城镇职工。

③ “中人2”是指《关于完善企业职工基本养老保险制度的决定》实施后领取养老金的城镇职工。

其中，γ 表示农村新出生的男孩数量与女孩数量之比，$\pi_{i+1}^{1,f}(0)$ 表示第 $i+1$ 年 f 省农村新出生男孩的存活率，$\alpha_{i+1}(j)$ 表示第 $i+1$ 年 f 省 j 岁农村育龄妇女的生育率。

第 $i+1$ 年 f 省农村新出生的女孩数量等于第 $i+1$ 年 f 省所有农村育龄妇女所生育的女孩数量之和，其函数表达式可以表示为：

$$q_{i+1}^{2,f}(0)=\frac{1}{\gamma+1}\times\pi_{i+1}^{2,f}(0)\times\sum_{j=15}^{49}[q_{i+1}^{2,f}(j)\times\alpha_{i+1}(j)] \tag{4-3}$$

其中，$\pi_{i+1}^{2,f}(0)$ 表示第 $i+1$ 年 f 省农村新出生女孩的存活率。

第 $i+1$ 年 f 省 $j+1$ 岁的农村男性人口数量由农村上一年的存活男性人口和农村迁入城镇的男性人口两部分组成，其函数表达式可以表示为：

$$q_{i+1}^{1,f}(j+1)=[q_i^{1,f}(j)-q_i^{1,f}(j)\times v_i^{1,f}(j)]\times\pi_i^{1,f}(j) \tag{4-4}$$

其中，$v_i^{1,f}(j)$ 表示第 i 年 f 省 j 岁农村男性迁移到城镇的概率，$\pi_i^{1,f}(j)$ 表示第 i 年 f 省 j 岁农村男性的存活率，存活率等于1减去第 i 年 f 省 j 岁农村男性的死亡率。

第 $i+1$ 年 f 省 $j+1$ 岁的农村女性人口数量同样由农村上一年的存活女性人口和农村迁入城镇的女性人口两部分组成，其函数表达式可以表示为：

$$q_{i+1}^{2,f}(j+1)=[q_i^{2,f}(j)-q_i^{2,f}(j)\times v_i^{2,f}(j)]\times\pi_i^{2,f}(j) \tag{4-5}$$

其中，$v_i^{2,f}(j)$ 表示第 i 年 f 省 j 岁农村女性迁移到城镇的概率，$\pi_i^{2,f}(j)$ 表示第 i 年 f 省 j 岁农村女性的存活率，存活率等于1减去第 i 年 f 省 j 岁农村女性的死亡率。

（二）各省城镇人口预测模型

第 $i+1$ 年 f 省的城镇人口数量等于所有分年龄、分性别的城镇人口数量之和，其函数表达式可以表示为：

$$p_{i+1}^{f}=[p_{i+1}^{1,f}(0)+p_{i+1}^{2,f}(0)]+\sum_{j=0}^{99}[p_{i+1}^{1,f}(j+1)+p_{i+1}^{2,f}(j+1)] \tag{4-6}$$

其中，$p_{i+1}^{1,f}(0)$ 表示第 $i+1$ 年 f 省城镇新出生的男孩数量，$p_{i+1}^{2,f}(0)$ 表示第 $i+1$ 年 f 省城镇新出生的女孩数量，$p_{i+1}^{1,f}(j+1)$ 表示第 $i+1$ 年 f 省 $j+1$ 岁的城镇男性人口数量，$p_{i+1}^{2,f}(j+1)$ 表示第 $i+1$ 年 f 省 $j+1$ 岁的城镇女性人口数量。

第 $i+1$ 年 f 省城镇新出生的男孩数量等于第 $i+1$ 年 f 省所有城镇育龄妇女所生育的男孩数量之和，其函数表达式可以表示为：

$$p_{i+1}^{1,f}(0)=\frac{\varphi}{\varphi+1}\times\rho_{i+1}^{1,f}(0)\times\sum_{j=15}^{49}[p_{i+1}^{2,f}(j)\times\beta_{i+1}(j)] \tag{4-7}$$

其中，φ 表示城镇新出生的男孩数量与女孩数量之比，$\rho_{i+1}^{1,f}(0)$ 表示第 $i+1$ 年 f 省城镇新出生男孩的存活率，$\beta_{i+1}(j)$ 表示第 $i+1$ 年 f 省 j 岁城镇育龄妇女的生育率。

第 $i+1$ 年 f 省城镇新出生的女孩数量等于第 $i+1$ 年 f 省所有城镇育龄妇女所生育的女孩数量之和，其函数表达式可以表示为：

$$p_{i+1}^{2,f}(0) = \frac{1}{\varphi + 1} \times \rho_{i+1}^{2,f}(0) \times \sum_{j=15}^{49} [p_{i+1}^{2,f}(j) \times \beta_{i+1}(j)] \quad (4-8)$$

其中，$\rho_{i+1}^{2,f}(0)$ 表示第 $i+1$ 年 f 省城镇新出生女孩的存活率。

第 $i+1$ 年 f 省 $j+1$ 岁的城镇男性人口数量由城镇上一年的存活男性人口和农村迁入城镇的男性人口两部分组成，其函数表达式可以表示为：

$$p_{i+1}^{1,f}(j+1) = [p_i^{1,f}(j) + q_i^{1,f}(j) \times v_i^{1,f}(j)] \times \rho_i^{1,f}(j) \quad (4-9)$$

其中，$\rho_i^{1,f}(j)$ 表示第 i 年 f 省 j 岁城镇男性的存活率，存活率等于 1 减去第 i 年 f 省 j 岁城镇男性的死亡率。

第 $i+1$ 年 f 省 $j+1$ 岁的城镇女性人口数量同样由城镇上一年的存活女性人口和农村迁入城镇的女性人口两部分组成，其函数表达式可以表示为：

$$p_{i+1}^{2,f}(j+1) = [p_i^{2,f}(j) + q_i^{2,f}(j) \times v_i^{2,f}(j)] \times \rho_i^{2,f}(j) \quad (4-10)$$

其中，$\rho_i^{2,f}(j)$ 表示第 i 年 f 省 j 岁城镇女性的存活率，存活率等于 1 减去第 i 年 f 省 j 岁城镇女性的死亡率。

（三）各省城镇职工人口预测模型

由于当前受教育年限的延长，同时根据《劳动法》的规定，设定城镇职工参加工作的年龄为 20 岁；当前城镇男职工、女干部、女工人的退休年龄分别为 60 周岁、55 周岁①、50 周岁②，同时根据人力资源和社会保障部的估算，近似假定城镇职工退出劳动力市场的年龄为 55 周岁，则第 i 年 f 省城镇在岗职工数量为 $\sum_{j=20}^{54} n_i^f(j)$ ，城镇退休职工数量为 $\sum_{j=55}^{100} n_i^f(j)$ ，$n_i^f(j)$ 表示第 i 年 f 省 j 岁城镇职工数量，其函数表达式可以表示为：

$$n_i^f(j) = p_i^f(j) \times \varepsilon_i^f(j) \quad (4-11)$$

其中，$\varepsilon_i^f(j)$ 表示第 i 年 f 省 j 岁城镇职工占 j 岁城镇人口的比例。

---

① 资料来源于《国务院关于安置老弱病残干部的暂行办法》，http：//www. npc. gov. cn/wxzl/wxzl/2000-12/07/content_ 9548. htm。

② 资料来源于《国务院关于工人退休、退职的暂行办法》，http：//www. npc. gov. cn/wxzl/wxzl/2000-12/07/content_ 9552. htm。

二、各省养老金收入支出模型

各省未来历年的当期结余等于各省未来历年的养老金收入和支出之差，在计算各省未来的养老金收入和支出之前，需要先知道各省未来的缴费职工人数和退休职工人数，基于上述建立的人口预测模型，测算各省未来历年的职工缴费人群和领取人群。

（一）养老金支出

在养老金支出的计算上，与现有研究不同的是，以省为单位划分退休职工并计算给付他们的养老金时，除了将给付退休人员的养老金视为支出，还需要将上解中央的调剂金额度也视为养老金支出。假设第 i 年 f 省的养老金支出由本省退休人员的养老保险基金给付 PE_i^f 和上解中央的调剂金额度 PU_i^f 两部分构成，第 i 年 f 省的养老保险基金给付又等于“老人”与“新人”的基础养老保险基金给付 PBE_i^f 和“中人”的养老保险基金给付 PTE_i^f 之和。其中，第 i 年 f 省“老人”与“新人”的基础养老金 PBE_i^f 等于领取人数、计发基数、计发比例以及养老金增长率的乘积。设 f 省“老人”“新人”分别为 $l_f=1$、2，第 i 年 f 省 l 类型人的最小和最大年龄分别为 $a_i^{l,f}$ 和 $b_i^{l,f}$，第 i 年 f 省年龄为 j 岁 l 类型退休人员数量、计发基数、计发比例、退休年龄以及养老金增长率分别为 $n_i^{l,f}(j)$、$J_i^{l,f}(j)$、$r_i^{l,f}(j)$、$T_i^{l,f}$ 和 g_i^f，则第 i 年 f 省的“老人”“新人”基础养老保险基金给付可以表示为：

$$PBE_i^f = \sum_{l=1}^{2}\sum_{j=a_i^{l,f}}^{b_i^{l,f}} n_i^{l,f}(j) \times J_i^{l,f}(j) \times r_i^{l,f}(j) \times \prod_{s=i+T_i^{l,f}-j}^{i}(1+g_s^f) \quad (4-12)$$

第 i 年 f 省“中人”养老保险基金给付 PTE_i^f 等于 f 省“中人”的基础养老金和过渡养老金之和，“中人”的基础养老金等于领取人数、计发基数、基础养老金计发比例以及“中人”养老金增长率的乘积，“中人”的过渡养老金等于领取人数、计发基数、过渡养老金计发比例以及“中人”养老金增长率的乘积，设 f 省“中人 1”“中人 2”分别为 $z_f=1$、2，第 i 年 f 省 z 类型人的最小和最大年龄分别为 $a_i^{z,f}$ 和 $b_i^{z,f}$，退休年龄为 $T_i^{z,f}$，第 i 年 f 省年龄为 j 岁 z 类型退休人员数量、养老金计发基数、基础养老金计发比例、过渡养老金计发比例以及养老金增长率分别为 $n_i^{z,f}(j)$、$J_i^{z,f}(j)$、$r_i^{z,f}(j)$、$k_i^{z,f}(j)$ 和 g_i^f，则第 i 年 f 省“中人”的过渡养老保险基金给付可以表示为：

$$PTE_i^f = \sum_{z=1}^{2}\sum_{j=a_i^{z,f}}^{b_i^{z,f}} n_i^{z,f}(j) \times J_i^{z,f}(j) \times [r_i^{z,f}(j) + k_i^{z,f}(j)] \times \prod_{s=i+T_i^{z,f}-j}^{i}(1+g_s^f) \tag{4-13}$$

第 i 年 f 省上解中央的调剂金额度 PU_i^f 等于上解基数乘以 f 省在职参保人数再乘以上解比例，设第 i 年 f 省年龄 j 岁的在职参保人数为 $n_i^f(j)$ ，第 i 年 f 省在岗职工的平均工资、职工退休年龄、上解基数占在岗职工平均工资的比例以及上解比例分别为 u_i^f 、T_i^f 、δ_i^f 和 θ_i^f ，则第 i 年 f 省上解中央的调剂金额度可以表示为：

$$PU_i^f = u_i^f \times \delta_i^f \times \sum_{j=20}^{T_i^f-1} n_i^f(j) \times \theta_i^f \tag{4-14}$$

（二）养老金收入

同理，在养老金收入的计算上，以省为单位计算在岗职工的缴费，除了将在岗职工的缴费视为收入，还将获得的中央调剂金拨付金额视为养老金收入。假设第 i 年 f 省的养老金收入由在职参保人员的养老保险基金缴费 PI_i^f 和中央调剂金拨付额度 PD_i^f 两部分构成。其中，第 i 年 f 省的养老金缴费等于分年龄的所有在职参保人员缴费之和，分年龄的缴费收入等于缴费人数乘以缴费工资再乘以缴费率，设第 i 年 f 省缴费工资以及缴费率分别为 w_i^f 和 τ_i^f ，则第 i 年 f 省养老保险基金缴费为：

$$PI_i^f = \sum_{j=20}^{T_i^f-1} n_i^f(j) \times w_i^f \times \tau_i^f \tag{4-15}$$

第 i 年 f 省的中央调剂金拨付额度 PD_i^f 等于 f 省离退休人数乘以全国人均拨付额，设北京、天津、河北、山西、内蒙古、辽宁、吉林、黑龙江、上海、江苏、浙江、安徽、福建、江西、山东、河南、湖北、湖南、广东、广西、海南、重庆、四川、贵州、云南、西藏、陕西、甘肃、青海、宁夏、新疆分别为 $f=1, 2, 3, \cdots, 31$，则第 i 年 f 省的中央调剂金拨付额度可以表示为：

$$PD_i^f = \left[\sum_{l=1}^{2}\sum_{j=a_i^{l,f}}^{b_i^{l,f}} n_i^{l,f}(j) + \sum_{z=1}^{2}\sum_{j=a_i^{z,f}}^{b_i^{z,f}} n_i^{z,f}(j)\right] \times \frac{\sum_{f=1}^{31} PU_i^f}{\sum_{f=1}^{31}\left[\sum_{l=1}^{2}\sum_{j=a_i^{l,f}}^{b_i^{l,f}} n_i^{l,f}(j) + \sum_{z=1}^{2}\sum_{j=a_i^{z,f}}^{b_i^{z,f}} n_i^{z,f}(j)\right]} \tag{4-16}$$

（三）养老金结余

根据未来历年f省养老保险基金的收入和支出可以计算出未来历年f省养老保险基金的当期收支状况，则f省养老保险基金的当期结余为f省当期收入减去f省当期支出，f省累积结余等于上一年f省的累计结余加上f省当期结余，则第i年f省期末养老金的累计结余为：

$$ABI_i^f = ABI_{i-1}^f + [(PI_i^f + PD_i^f) - (PBE_i^f + PTE_i^f + PU_i^f)] \quad (4-17)$$

三、相关参数设定

（一）年龄

《中华人民共和国劳动法》规定，劳动就业的最低年龄是16周岁。但是在城镇职工中，16~20周岁的劳动人口并不多，再加上受教育年限的延长，因此假定城镇职工初次就业（开始缴纳养老保险）的年龄为20周岁。当前城镇职工中男性职工退休年龄为60周岁，女性工人退休年龄为50周岁，女性干部退休年龄为55周岁，同时基于人力资源和社会保障部的估算①，近似假定城镇职工的退休年龄为55周岁。2010年人口普查数据认定人口最大的生存年龄为100周岁，本书以人口普查数据为基础，同样假定人口最大的生存年龄为100周岁。根据以上假定，20~54周岁的为缴纳养老保险人口，55~100周岁的为退休领取养老金人口。

（二）生育率和死亡率

各省市的城乡妇女生育率是预测各省市城镇和农村新生孩子数量的重要指标，根据2010年人口普查各地区城镇和农村分年龄的妇女生育率，基于上述人口预测模型，预测2018年各地区新生人口的数量，然后用2018年各地区实际的新生人口数量除以预测的新生人口数量，得到一个扩大比例，然后在2010年人口普查各地区城乡分年龄妇女生育率的基础上乘以扩大比例，得到当前各地区分年龄的城乡妇女生育率。以全国为例，2010年人口普查城镇总和生育率为0.98，农村总和生育率为1.44，基于上述人口预测模型，2018年全国预测的新生孩子数量为12511626.84人，而2018年全国

① 资料来源：人社部：延迟退休对就业影响有限　目前平均退休年龄仅54岁［EB/OL］.（2016-07-27）［2018-03-15］. http：//finance. china. com. cn/news/gnjj/20160727/3830972. shtml.

实际的新生孩子数量为15230000人，扩大比例便为1.22，在2010年人口普查全国城乡分年龄妇女生育率的基础上乘以1.22，便得到当前全国城镇总和生育率为1.20，农村总和生育率为1.76，这一结果与郭志刚（2013）、尹文耀等（2013）、翟振武等（2015）、陈卫（2019）以及王金营等（2019）的研究相近。因此，使用此方法可以依次得到全国各省市城乡分年龄的妇女生育率（全国各省市城乡分年龄生育率见附录A）。全国各省市城乡分年龄分性别的死亡率也是预测各省市城镇和农村分年龄分性别人口数量的重要指标，城乡分年龄分性别的死亡率根据2010年人口普查中各省市城乡分年龄分性别的死亡人数和存活人数计算得出且假定以后不变（全国各省市城乡分年龄分性别的死亡率见附录B）。

（三）人口迁移与城镇化率

由于城镇化率主要受到省内城乡人口迁移和省际人口迁移的影响，预测未来的城镇化率通常要对未来省内城乡人口迁移和省际人口迁移进行预测，尤其是省内城乡人口迁移。但是考虑到省际人口迁移规模不易预测，如果把不准确的预测结果放入模型中会导致误差进一步扩大，因此设定省与省之间人口迁移数量为0。考虑到2000—2018年城镇化率每年以1%的速度增长（见图4-1），同时根据国家发展改革委印发的《2019年新型城镇化建设重点任务》（发改规划〔2019〕617号），2019年城镇化率提高1%，因此假设未来城镇化率提高速度1%保持不变。此处的城镇化率特指常住城镇化率，分年龄从农村迁移到城镇的概率采用2010年人口普查数据中城镇男女流动人口年龄的分布率，具体结果见表4-1。

表4-1　2010年分年龄分性别农村到城镇的迁移率　　单位：‰

年龄	男性	女性	年龄	男性	女性	年龄	男性	女性
0	1.44	1.22	34	11.22	9.77	68	0.93	0.98
1	4.06	3.36	35	11.17	9.66	69	0.90	0.95
2	4.31	3.59	36	11.70	10.00	70	0.87	0.92
3	4.39	3.69	37	11.89	10.01	71	0.84	0.89
4	4.35	3.62	38	11.79	9.88	72	0.81	0.86
5	4.24	3.50	39	11.53	9.61	73	0.79	0.83
6	4.26	3.48	40	12.06	10.11	74	0.76	0.80

续表

年龄	男性	女性	年龄	男性	女性	年龄	男性	女性
7	3.82	3.09	41	10.49	8.78	75	0.73	0.77
8	3.95	3.21	42	11.04	9.21	76	0.70	0.73
9	4.10	3.34	43	8.11	6.72	77	0.67	0.70
10	4.20	3.41	44	8.77	7.21	78	0.64	0.67
11	3.81	3.13	45	8.60	7.00	79	0.61	0.64
12	4.05	3.34	46	8.15	6.70	80	0.58	0.61
13	3.91	3.26	47	9.16	7.45	81	0.55	0.58
14	4.25	3.70	48	6.48	5.20	82	0.52	0.55
15	6.68	6.26	49	3.49	2.91	83	0.49	0.52
16	10.03	9.92	50	4.27	3.51	84	0.47	0.49
17	13.03	13.02	51	3.65	2.99	85	0.44	0.46
18	12.96	12.83	52	4.56	3.78	86	0.41	0.43
19	13.72	13.85	53	4.68	4.03	87	0.38	0.40
20	18.73	19.05	54	4.12	3.71	88	0.35	0.37
21	17.57	17.46	55	4.13	3.79	89	0.32	0.34
22	15.09	14.66	56	4.05	3.81	90	0.29	0.31
23	15.12	14.63	57	3.47	3.36	91	0.26	0.28
24	13.18	12.89	58	3.38	3.27	92	0.23	0.24
25	11.74	11.37	59	2.80	2.75	93	0.20	0.21
26	11.75	11.38	60	2.86	2.74	94	0.17	0.18
27	11.75	11.34	61	2.62	2.51	95	0.15	0.15
28	13.42	12.85	62	2.13	2.10	96	0.12	0.12
29	11.66	10.90	63	2.03	1.98	97	0.09	0.09
30	11.12	10.20	64	1.83	1.79	98	0.06	0.06
31	11.53	10.41	65	1.02	1.07	99	0.03	0.03
32	10.95	9.86	66	0.99	1.04	100	0.00	0.00
33	9.99	8.87	67	0.96	1.01			

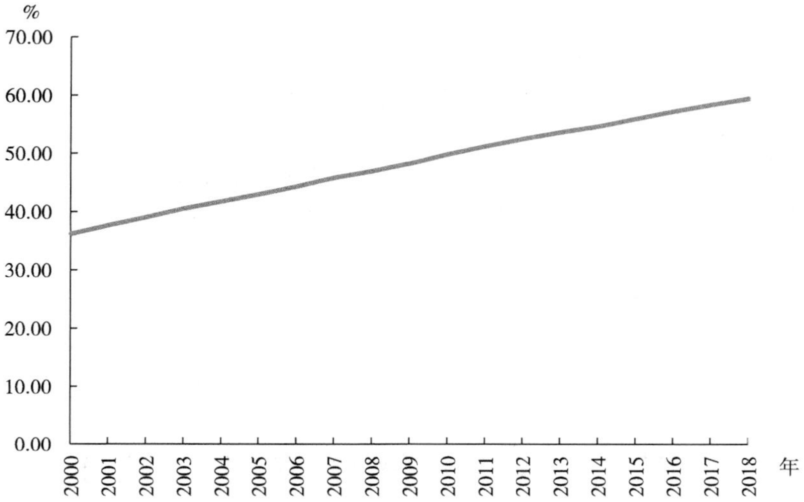

图 4-1　2000—2018 年城镇人口占比

（四）缴费基数和缴费率

根据《国务院关于建立统一的企业职工基本养老保险制度的决定》和《国务院关于完善企业职工基本养老保险制度的决定》，缴费基数假设为上一年度在岗职工平均工资。由于 2010 年以后中国经济处于下行周期，根据 2010—2017 年各省职工平均工资占全国职工平均工资的比例，计算各省未来历年职工平均工资。假设全国职工平均工资增速等于经济增速，全国经济增速的预测主要参照陆旸和蔡昉（2016）的做法，在当前生育水平下，2018—2020 年的经济增速为 6.6%，2021—2025 年的经济增速为 5.633%，2026—2030 年的经济增速为 4.983%，2031—2035 年的经济增速为 4.54%，2036—2040 年的经济增速为 3.935%，2041—2045 年的经济增速为 3.151%，2046—2050 年的经济增速为 2.474%，未来平均经济增速达到 4.34%[①]。同时根据《国务院办公厅关于印发降低社会保险费率综合方案的通知》，设定各省企业缴费率为 16%。

① 陆旸，蔡昉．从人口红利到改革红利：基于中国潜在增长率的模拟［J］．世界经济，2016（1）：3-23.

（五）养老金计发比例和增长率

根据2005年颁布的《国务院关于完善企业职工基本养老保险制度的决定》，“老人”基础养老金的计发比例为缴费基数的70%，无过渡养老金；“中人1”基础养老金的计发比例为缴费基数的20%，过渡养老金的计发比例为视同缴费年限每满一年，计发1.2%；“中人2”基础养老金的计发比例为缴费年限每满一年，计发1%，过渡养老金的计发比例同样为视同缴费年限每满一年，计发1.2%；“新人”基础养老金的计发比例为缴费年限每满一年，计发1%，无过渡养老金[①]。此外，考虑到中国未来的养老金待遇处于动态调整之中，参照标准主要为经济增速[②]，在此假设各省未来的养老金增速近似等于各省未来的平均工资增长率。

第二节 未来各省城镇职工人口变化趋势

预测未来各省基础养老金的收入支出情况，把握未来各省城镇职工的人口变化趋势是基础，依据各省城镇职工缴费人数可计算未来各省的基础养老金收入，依据各省城镇职工领取待遇人数可计算未来各省的基础养老金支出。因此，本书基于上述建立的人口预测模型，依据现实相关参数设定，模拟了实现“两个一百年”奋斗目标期间各省城镇职工总人口、城镇职工缴费人数、城镇职工领取待遇人数以及城镇职工退职比未来的变化趋势。

一、各省城镇职工总人口变化趋势

（一）东部地区各省城镇职工总人口预测

要想计算未来东部地区各省的基础养老金收入支出情况，势必要了解东部地区各省的城镇职工人口变化趋势。2018—2050年东部地区各省城镇职工总人口变化的详细情况见表4-2。

根据表4-2可以看出，其一，在当前生育水平下，北京和上海未来城镇职工总人口大体呈现出下降的趋势，天津、河北、辽宁、江苏、浙江、

① 资料来源于《国务院关于完善企业职工基本养老保险制度的决定》，http：//www.gov.cn/zhuanti/2015-06/13/content_ 2878967.htm。

② 范维强，刘俊霞，杨华磊．生育、养老保险基金可持续与养老金待遇机制调整［J］．统计与信息论坛，2020，35（9）：17-25.

福建及广东未来城镇职工总人口大体呈现出先上升后下降的趋势，山东和海南未来城镇职工总人口呈现出上升的趋势。

其二，在当前生育水平下，北京和上海城镇职工总人口均于 2018 年达到高峰，峰值规模分别为 1604. 50 万人和 1548. 20 万人；广东城镇职工总人口于 2024 年达到高峰，峰值规模为 5364. 43 万人；天津城镇职工总人口于 2028 年达到高峰，峰值规模为 660. 18 万人；辽宁城镇职工总人口于 2028 年达到高峰，峰值规模为 2009. 12 万人；江苏城镇职工总人口于 2035 年达到高峰，峰值规模为 3195. 20 万人；浙江城镇职工总人口于 2043 年达到高峰，峰值规模为 3162. 54 万人；福建城镇职工总人口于 2042 年达到高峰，峰值规模为 1173. 33 万人；河北城镇职工总人口于 2047 年达到高峰，峰值规模为 1986. 61 万人；山东和海南城镇职工总人口均于 2050 年达到高峰，峰值规模分别为 3285. 34 万人和 362. 87 万人。

其三，在未来的东部地区各省中，年平均城镇职工总人口数量按照从高到低的顺序排列依次为广东、江苏、山东、浙江、辽宁、河北、上海、北京、福建、天津、海南，其中，广东省年平均城镇职工总人口达到 5211. 45 万人，海南省年平均城镇职工总人口为 311. 97 万人。

表 4-2　东部地区各省城镇职工总人口　　单位：万人

年份	北京	天津	河北	辽宁	上海	江苏	浙江	福建	山东	广东	海南
2018	1604. 50	655. 00	1535. 80	1949. 90	1548. 20	3034. 60	2712. 40	1022. 10	2661. 00	5287. 00	240. 90
2019	1593. 13	656. 20	1557. 87	1959. 99	1544. 43	3048. 29	2737. 49	1029. 72	2688. 10	5311. 99	245. 81
2020	1585. 09	657. 45	1582. 51	1970. 43	1541. 31	3062. 30	2764. 10	1038. 41	2717. 89	5331. 49	250. 85
2021	1576. 42	658. 41	1607. 17	1978. 96	1537. 81	3075. 29	2790. 33	1047. 28	2746. 61	5347. 28	255. 81
2022	1569. 66	659. 27	1632. 10	1987. 11	1534. 55	3088. 82	2815. 26	1055. 88	2777. 63	5361. 73	260. 56
2023	1555. 14	659. 01	1653. 55	1991. 07	1529. 65	3098. 56	2839. 54	1063. 30	2801. 17	5359. 62	265. 44
2024	1543. 73	659. 33	1678. 36	1996. 83	1525. 83	3111. 28	2866. 63	1071. 92	2830. 39	5364. 43	270. 38
2025	1531. 17	659. 76	1702. 98	2001. 60	1521. 68	3122. 71	2892. 89	1079. 80	2855. 46	5359. 57	275. 47
2026	1519. 73	659. 89	1727. 14	2004. 38	1517. 71	3134. 39	2917. 18	1087. 51	2879. 32	5358. 00	280. 41
2027	1510. 87	660. 17	1750. 22	2008. 00	1515. 19	3147. 92	2940. 84	1095. 43	2905. 86	5355. 65	285. 34
2028	1501. 57	660. 18	1773. 20	2009. 12	1512. 16	3160. 49	2963. 14	1102. 75	2931. 66	5351. 24	290. 37
2029	1493. 89	660. 07	1796. 36	2009. 07	1509. 63	3172. 48	2984. 79	1109. 83	2955. 82	5345. 25	295. 12
2030	1482. 66	658. 76	1814. 84	2005. 09	1502. 36	3177. 72	2999. 80	1114. 20	2973. 83	5336. 58	299. 50
2031	1471. 22	658. 66	1833. 62	2001. 99	1496. 79	3184. 14	3017. 35	1118. 50	2995. 56	5328. 56	304. 34

续表

年份	北京	天津	河北	辽宁	上海	江苏	浙江	福建	山东	广东	海南
2032	1461.63	658.63	1851.54	1995.99	1495.65	3189.56	3035.30	1124.57	3017.76	5332.77	308.64
2033	1447.52	658.19	1868.59	1989.28	1490.96	3193.05	3051.58	1129.69	3038.65	5323.05	312.96
2034	1435.10	657.55	1885.06	1982.27	1485.69	3194.84	3067.87	1136.46	3088.95	5304.76	317.24
2035	1416.07	655.02	1897.82	1973.25	1478.26	3195.20	3082.51	1144.19	3109.83	5288.75	321.49
2036	1403.41	653.35	1911.29	1963.81	1472.39	3195.07	3097.92	1151.33	3144.61	5272.32	325.62
2037	1384.43	651.58	1924.98	1953.65	1462.98	3192.09	3114.37	1156.90	3175.21	5258.33	329.80
2038	1366.19	648.84	1935.29	1941.50	1451.71	3186.23	3126.64	1161.06	3194.04	5244.40	333.42
2039	1348.88	646.32	1947.69	1928.47	1439.11	3181.90	3141.07	1166.67	3218.07	5232.89	337.08
2040	1331.08	643.15	1958.44	1913.77	1425.03	3174.10	3151.63	1170.92	3238.99	5216.23	340.51
2041	1308.80	639.22	1967.22	1897.74	1408.57	3160.87	3158.64	1173.18	3253.68	5187.50	343.73
2042	1281.63	634.55	1973.99	1880.63	1389.93	3142.32	3162.49	1173.33	3262.68	5146.52	346.81
2043	1254.23	629.26	1979.13	1861.92	1370.35	3121.19	3162.54	1172.22	3269.70	5104.66	349.62
2044	1224.01	623.36	1982.50	1841.84	1349.33	3094.75	3159.19	1168.76	3272.21	5050.42	352.25
2045	1192.83	616.94	1984.58	1820.41	1327.35	3064.56	3152.72	1163.61	3271.55	4987.46	354.74
2046	1168.42	610.04	1986.20	1797.00	1305.83	3036.47	3142.88	1159.95	3275.27	4939.14	356.85
2047	1146.85	602.71	1986.61	1772.58	1284.25	3007.85	3130.31	1156.12	3278.98	4888.47	358.76
2048	1128.67	595.03	1986.02	1747.29	1262.87	2977.92	3115.50	1151.82	3281.25	4838.38	360.44
2049	1112.33	587.06	1985.10	1721.27	1241.65	2947.90	3098.21	1148.19	3283.40	4798.71	361.79
2050	1096.35	578.75	1983.88	1694.41	1220.37	2918.03	3078.64	1144.82	3285.34	4764.58	362.87

（二）中部地区各省城镇职工总人口预测

同样，要想计算未来中部地区各省的基础养老金收入支出情况，势必要了解中部地区各省的城镇职工人口变化趋势。2018—2050 年中部地区各省城镇职工总人口变化的详细情况见表 4-3。

根据表 4-3 可以看出，其一，在当前生育水平下，山西、吉林、黑龙江和湖北未来城镇职工总人口大体呈现出先上升后下降的趋势，安徽、江西、河南和湖南未来城镇职工总人口呈现出上升的趋势。

其二，在当前生育水平下，吉林和黑龙江城镇职工总人口均于 2034 年达到高峰，峰值规模分别为 910.61 万人和 1351.67 万人；山西城镇职工总人口于 2045 年达到高峰，峰值规模为 1043.81 万人；湖北城镇职工总人口于2046年达到高峰，峰值规模为1919.73万人；安徽、江西、河南及湖南城镇职工总人口均于2050年达到高峰，峰值规模分别为1491.78万人、1533.76万人、2863.96万人和1835.06万人。

其三，在未来的中部地区各省中，年平均城镇职工总人口数量按照从高到低的顺序排列依次为河南、湖北、湖南、安徽、江西、黑龙江、山西、吉林，其中，河南省年平均城镇职工总人口达到2470.09万人，吉林省年平均城镇职工总人口达到882.14万人。

表4-3　中部地区各省城镇职工总人口　单位：万人

年份	山西	吉林	黑龙江	安徽	江西	河南	湖北	湖南
2018	798.70	814.50	1206.10	1077.00	1005.30	1897.60	1546.60	1279.30
2019	814.84	824.75	1223.16	1097.23	1028.69	1939.54	1569.19	1304.38
2020	831.18	835.22	1239.80	1117.95	1052.96	1984.01	1591.48	1330.55
2021	846.57	844.61	1253.98	1138.15	1077.36	2026.74	1613.45	1356.95
2022	860.66	853.09	1266.27	1157.45	1100.43	2069.36	1633.76	1381.69
2023	874.05	861.40	1278.94	1177.64	1124.68	2109.99	1655.88	1407.56
2024	888.49	869.93	1291.25	1198.04	1149.52	2151.80	1678.11	1433.30
2025	902.42	878.51	1303.85	1217.59	1173.99	2191.81	1699.46	1458.42
2026	915.98	885.82	1314.33	1236.76	1198.16	2232.92	1720.00	1482.59
2027	928.78	892.91	1324.38	1255.38	1221.33	2272.83	1739.83	1506.15
2028	940.74	898.67	1332.50	1273.16	1244.31	2313.44	1758.39	1529.19
2029	951.85	903.13	1338.64	1290.13	1266.91	2354.44	1775.72	1551.48
2030	961.44	905.72	1342.96	1305.66	1285.66	2384.50	1790.36	1570.83
2031	971.05	907.83	1346.92	1320.37	1304.51	2416.96	1803.56	1591.77
2032	979.80	908.71	1348.75	1335.10	1322.40	2449.69	1816.90	1611.87
2033	988.09	909.43	1350.40	1349.38	1339.58	2481.91	1829.65	1631.29
2034	996.03	910.61	1351.67	1363.08	1355.87	2514.20	1842.67	1649.13
2035	1002.84	910.33	1350.66	1376.25	1370.73	2545.70	1853.02	1666.29
2036	1009.36	908.82	1347.96	1388.97	1385.25	2577.57	1857.27	1682.94
2037	1016.56	908.21	1346.14	1402.35	1400.12	2607.29	1868.57	1699.33
2038	1021.55	906.32	1341.27	1413.44	1413.82	2633.81	1877.17	1712.99
2039	1026.55	904.33	1335.62	1425.38	1427.76	2664.69	1887.29	1728.79

续表

年份	山西	吉林	黑龙江	安徽	江西	河南	湖北	湖南
2040	1030. 83	901. 81	1329. 37	1436. 27	1440. 71	2693. 65	1895. 78	1743. 36
2041	1034. 51	898. 75	1322. 81	1446. 15	1452. 80	2719. 64	1902. 78	1756. 86
2042	1037. 76	895. 53	1316. 34	1455. 17	1464. 53	2742. 54	1908. 83	1769. 85
2043	1040. 15	891. 79	1309. 30	1463. 17	1475. 49	2763. 17	1913. 23	1781. 74
2044	1042. 19	887. 74	1302. 66	1470. 34	1486. 50	2781. 09	1916. 96	1793. 22
2045	1043. 81	883. 29	1295. 24	1476. 67	1497. 62	2796. 81	1919. 71	1804. 17
2046	1043. 74	877. 05	1284. 14	1481. 53	1506. 69	2812. 80	1919. 73	1812. 66
2047	1043. 21	870. 06	1272. 10	1485. 41	1514. 59	2826. 90	1918. 14	1819. 53
2048	1042. 66	862. 52	1259. 29	1488. 54	1521. 85	2839. 55	1915. 97	1825. 57
2049	1041. 38	854. 19	1245. 40	1490. 65	1528. 16	2852. 03	1912. 14	1830. 74
2050	1038. 88	845. 02	1230. 19	1491. 78	1533. 76	2863. 96	1906. 25	1835. 06

（三）西部地区各省城镇职工总人口预测

同样，要想计算未来西部地区各省的基础养老金收入支出情况，势必要了解西部地区各省的城镇职工人口变化趋势。2018—2050 年西部地区各省城镇职工总人口变化的详细情况见表 4-4。

根据表 4-4 可以看出，其一，在当前生育水平下，内蒙古、重庆、四川和陕西未来城镇职工总人口大体呈现出先上升后下降的趋势，广西、贵州、云南、西藏、甘肃、青海、宁夏和新疆未来城镇职工总人口大体呈现出上升的趋势。

其二，在当前生育水平下，内蒙古和陕西城镇职工总人口均于 2044 年达到高峰，峰值规模分别为 886. 09 万人和 1172. 40 万人；重庆和四川城镇职工总人口均于 2049 年达到高峰，峰值规模分别为 1269. 97 万人和 2991. 89 万人；广西、贵州、云南、西藏、甘肃、青海、宁夏和新疆城镇职工总人口均于 2050 年达到高峰，峰值规模分别为 1325. 73 万人、1008. 20 万人、975. 89 万人、97. 73 万人、682. 58 万人、212. 31 万人、300. 19 万人和 1053. 55 万人。

其三，在未来的西部地区各省中，年平均城镇职工总人口数量按照从高到低的顺序排列依次为四川、重庆、陕西、广西、新疆、内蒙古、贵州、云南、甘肃、宁夏、青海和西藏，其中，四川省年平均城镇职工总人口达到 2767. 52 万人，西藏自治区年平均城镇职工总人口达到 72. 79 万人。

表 4-4　西部地区各省城镇职工总人口

单位：万人

年份	内蒙古	广西	重庆	四川	贵州	云南	西藏	陕西	甘肃	青海	宁夏	新疆
2018	694. 30	777. 80	989. 10	2335. 00	588. 20	591. 40	42. 90	953. 30	429. 80	138. 40	205. 20	646. 40
2019	707. 54	797. 47	1005. 35	2374. 50	607. 14	607. 41	44. 84	967. 53	441. 89	141. 97	209. 93	663. 28
2020	720. 99	818. 22	1020. 98	2414. 23	626. 40	624. 20	46. 84	982. 15	454. 12	145. 71	214. 72	680. 95
2021	733. 52	838. 79	1035. 88	2451. 89	645. 19	640. 80	48. 82	996. 01	466. 17	149. 31	219. 43	698. 22
2022	744. 93	858. 51	1049. 38	2485. 67	662. 89	656. 68	50. 82	1009. 33	477. 54	152. 78	223. 89	714. 86
2023	756. 60	879. 63	1063. 72	2522. 08	679. 71	672. 70	52. 89	1021. 49	489. 26	156. 34	228. 48	732. 38
2024	768. 85	900. 54	1078. 11	2557. 79	696. 52	689. 02	54. 93	1034. 25	501. 01	159. 79	233. 18	749. 70
2025	781. 40	921. 22	1092. 45	2593. 23	712. 30	704. 75	57. 00	1045. 88	512. 74	163. 19	237. 81	767. 12
2026	793. 01	941. 72	1106. 48	2627. 15	728. 12	720. 34	59. 00	1057. 25	523. 74	166. 38	242. 14	783. 64
2027	804. 28	962. 11	1120. 32	2660. 86	743. 69	735. 77	61. 02	1068. 34	534. 74	169. 56	246. 55	800. 95
2028	814. 69	982. 33	1133. 46	2692. 75	759. 19	751. 14	63. 04	1079. 15	545. 26	172. 62	250. 79	817. 99
2029	824. 57	1002. 41	1145. 48	2722. 62	774. 52	766. 41	64. 98	1089. 84	554. 93	175. 51	254. 75	834. 03
2030	832. 39	1021. 36	1155. 16	2746. 51	788. 68	780. 01	66. 84	1097. 62	563. 57	178. 08	258. 15	848. 31
2031	839. 90	1039. 85	1167. 39	2768. 73	802. 43	793. 80	68. 66	1105. 57	573. 07	180. 75	261. 76	862. 08
2032	846. 14	1057. 92	1176. 67	2787. 69	816. 02	807. 08	70. 44	1113. 59	581. 16	183. 22	265. 01	875. 03
2033	852. 18	1076. 26	1184. 77	2804. 43	829. 24	820. 09	72. 22	1120. 87	589. 47	185. 66	268. 24	888. 02
2034	858. 01	1093. 92	1193. 85	2820. 73	842. 17	832. 58	73. 98	1127. 78	597. 44	188. 08	271. 35	900. 83
2035	862. 44	1111. 16	1201. 68	2835. 62	854. 91	844. 37	75. 76	1134. 20	605. 09	190. 40	274. 28	913. 21
2036	867. 27	1128. 56	1210. 17	2851. 27	867. 59	856. 10	77. 51	1140. 59	612. 40	192. 74	277. 19	925. 09
2037	872. 74	1146. 59	1219. 79	2868. 52	880. 28	868. 16	79. 27	1146. 59	619. 99	194. 90	280. 12	937. 35
2038	876. 02	1162. 30	1226. 18	2881. 85	892. 70	879. 26	80. 93	1151. 84	626. 44	196. 65	282. 70	948. 00
2039	879. 48	1179. 12	1232. 72	2897. 79	904. 63	890. 02	82. 65	1158. 09	632. 97	198. 44	285. 21	959. 17
2040	881. 81	1195. 59	1239. 06	2913. 08	916. 30	900. 21	84. 31	1163. 45	639. 02	200. 17	287. 46	969. 94
2041	883. 56	1211. 50	1245. 91	2928. 96	927. 55	910. 17	85. 94	1167. 49	644. 87	201. 85	289. 56	980. 38
2042	885. 15	1226. 98	1252. 21	2944. 11	938. 40	919. 83	87. 51	1170. 33	650. 78	203. 52	291. 61	990. 78
2043	885. 81	1241. 44	1256. 81	2956. 14	948. 89	928. 80	89. 02	1172. 07	656. 30	205. 02	293. 41	1000. 59
2044	886. 09	1255. 39	1261. 17	2967. 24	958. 92	937. 38	90. 48	1172. 40	661. 80	206. 44	295. 06	1010. 28
2045	885. 89	1268. 75	1264. 95	2976. 87	968. 47	945. 44	91. 90	1171. 68	667. 06	207. 79	296. 62	1019. 46
2046	883. 57	1280. 98	1266. 87	2982. 07	977. 61	952. 43	93. 21	1170. 62	670. 98	208. 91	297. 72	1027. 33
2047	881. 22	1293. 47	1268. 14	2985. 96	986. 11	959. 10	94. 44	1168. 85	674. 64	209. 98	298. 74	1034. 85

续表

年份	内蒙古	广西	重庆	四川	贵州	云南	西藏	陕西	甘肃	青海	宁夏	新疆
2048	878.66	1305.56	1269.58	2990.00	993.96	965.66	95.59	1166.22	678.07	210.95	299.55	1041.86
2049	875.19	1316.33	1269.97	2991.89	1001.35	971.30	96.69	1163.07	680.70	211.73	299.99	1048.12
2050	870.65	1325.73	1269.10	2990.81	1008.20	975.89	97.73	1159.41	682.58	212.31	300.19	1053.55

二、各省城镇职工缴费人数变化趋势

（一）东部地区各省城镇职工缴费人数预测

根据东部地区各省城镇职工缴费人数可计算未来东部地区各省的基础养老金收入，2018—2050 年东部地区各省城镇职工缴费人数变化的详细情况见表 4-5。

根据表 4-5 可以看出，其一，在当前生育水平下，北京、天津、辽宁、上海、江苏、浙江、福建、广东未来城镇职工缴费人数大体呈现出下降的趋势，河北和海南未来城镇职工缴费人数大体呈现出先上升后下降的趋势，山东未来城镇职工缴费人数大体呈现出先下降后上升继而再下降的趋势。

其二，在当前生育水平下，北京、天津、辽宁、上海、江苏、浙江、福建和广东未来城镇职工缴费人数均于 2018 年达到高峰，峰值规模分别为 1321.40 万人、441.20 万人、1195.50 万人、1059.00 万人、2238.50 万人、1964.90 万人、840.10 万人和 4718.00 万人；河北未来城镇职工缴费人数于 2034 年达到高峰，峰值规模为 1185.43 万人；海南未来城镇职工缴费人数于 2036 年达到高峰，峰值规模为 179.95 万人；山东未来城镇职工缴费人数于 2040 年达到高峰，峰值规模为 2050.07 万人。

其三，在未来的东部地区各省中，年平均城镇职工缴费人数按照从高到低的顺序排列依次为广东、山东、江苏、浙江、河北、北京、辽宁、福建、上海、天津、海南，其中，广东省年平均城镇职工缴费人数达到 3924.18 万人，海南省年平均城镇职工缴费人数达到 174.55 万人。

表 4-5　东部地区各省城镇职工缴费人数　　单位：万人

年份	北京	天津	河北	辽宁	上海	江苏	浙江	福建	山东	广东	海南
2018	1321.40	441.20	1102.00	1195.50	1059.00	2238.50	1964.90	840.10	2022.20	4718.00	172.00
2019	1296.83	433.41	1102.48	1170.06	1040.46	2215.27	1944.36	836.98	2017.80	4706.81	172.36

续表

年份	北京	天津	河北	辽宁	上海	江苏	浙江	福建	山东	广东	海南
2020	1278.28	427.41	1106.07	1149.14	1023.89	2189.98	1923.51	833.67	2015.79	4686.59	172.89
2021	1259.90	422.06	1111.55	1134.16	1007.48	2162.80	1903.08	830.99	2013.75	4664.21	173.71
2022	1245.31	418.10	1121.23	1126.21	994.65	2144.87	1888.36	829.29	2020.13	4643.50	174.71
2023	1217.72	409.55	1120.68	1102.48	973.63	2108.90	1861.90	822.73	2009.45	4591.79	174.45
2024	1194.35	402.58	1126.69	1084.08	954.65	2079.28	1838.68	818.35	2005.13	4551.33	174.78
2025	1168.52	394.62	1127.66	1061.48	933.86	2045.08	1811.52	812.25	1988.30	4493.98	174.67
2026	1144.79	387.40	1131.25	1040.38	915.33	2017.88	1785.71	805.61	1977.00	4443.47	175.24
2027	1123.82	380.71	1135.10	1022.91	899.42	1999.94	1761.80	799.71	1972.09	4390.91	175.35
2028	1102.54	374.16	1141.75	1004.19	883.06	1985.50	1736.98	792.82	1969.50	4334.13	175.69
2029	1084.81	368.98	1152.62	990.37	868.47	1972.48	1716.73	786.84	1969.19	4277.21	176.18
2030	1064.98	363.41	1160.80	976.59	850.00	1954.67	1692.45	778.88	1963.13	4223.39	176.75
2031	1044.48	358.72	1168.12	965.49	831.74	1937.09	1670.54	770.39	1961.91	4172.38	177.92
2032	1026.34	355.02	1176.45	953.42	818.88	1922.83	1654.25	765.44	1967.55	4140.93	179.16
2033	1000.80	349.07	1181.08	933.36	800.30	1905.18	1635.53	759.70	1969.34	4089.21	179.68
2034	975.59	342.57	1185.43	912.60	780.20	1885.20	1616.97	756.76	1999.00	4022.73	179.87
2035	943.15	334.64	1184.97	895.41	760.06	1870.47	1605.41	757.46	2003.81	3960.98	179.82
2036	915.63	326.01	1183.44	878.51	738.47	1849.88	1590.27	755.80	2020.77	3896.59	179.95
2037	877.00	314.44	1178.68	852.67	707.13	1821.29	1567.04	748.97	2027.97	3829.12	179.45
2038	843.44	303.64	1177.74	835.97	679.53	1801.15	1549.54	743.06	2031.31	3768.30	178.81
2039	812.61	293.99	1179.11	825.02	652.78	1784.89	1538.22	738.23	2041.55	3709.14	178.38
2040	782.84	284.25	1178.71	812.31	627.61	1765.85	1527.11	732.70	2050.07	3646.16	178.04
2041	746.30	272.16	1172.58	793.00	596.99	1734.23	1506.08	724.60	2044.88	3566.81	177.40
2042	702.25	257.37	1158.80	766.74	561.85	1688.50	1473.98	713.07	2025.23	3470.59	176.34
2043	660.33	242.30	1143.17	741.20	530.73	1643.03	1446.54	700.84	2006.55	3379.99	175.13
2044	615.21	224.64	1123.57	713.69	498.17	1582.10	1412.86	684.39	1979.58	3272.87	173.28
2045	570.50	207.05	1102.97	685.87	466.48	1512.94	1375.84	665.36	1947.66	3155.64	170.76
2046	541.87	196.30	1091.80	669.68	445.16	1466.37	1353.43	653.76	1939.17	3073.13	169.01
2047	521.01	188.69	1077.65	652.95	428.86	1426.80	1333.05	644.03	1936.68	2992.32	167.03
2048	508.68	183.91	1062.09	634.79	418.38	1388.99	1306.80	634.90	1934.06	2918.38	165.03
2049	501.49	181.00	1053.00	617.51	412.12	1358.76	1288.22	629.88	1935.15	2870.00	163.68
2050	496.18	178.92	1050.61	604.09	407.60	1336.90	1279.16	627.46	1939.56	2837.43	162.62

（二）中部地区各省城镇职工缴费人数预测

根据中部地区各省城镇职工缴费人数可计算未来中部地区各省的基础养老金收入，2018—2050 年中部地区各省城镇职工缴费人数变化的详细情况见表 4-6。

根据表 4-6 可以看出，其一，在当前生育水平下，吉林、黑龙江和湖北未来城镇职工缴费人数大体呈现出下降的趋势，山西、江西、河南和湖南未来城镇职工缴费人数大体呈现出先上升后下降的趋势，安徽未来城镇职工缴费人数大体呈现出先下降后上升继而再下降的趋势。

其二，在当前生育水平下，吉林、黑龙江和湖北未来城镇职工缴费人数均于 2018 年达到高峰，峰值规模分别为 482. 30 万人、682. 20 万人和 1020. 50 万人；山西未来城镇职工缴费人数于 2022 年达到高峰，峰值规模为 564. 49 万人；安徽、江西、河南和湖南未来城镇职工缴费人数均于 2041 年达到高峰，峰值规模分别为 772. 53 万人、793. 76 万人、1737. 22 万人和 914. 12 万人。

其三，在未来的中部地区各省中，年平均城镇职工缴费人数按照从高到低的顺序排列依次为河南、湖北、湖南、江西、安徽、山西、黑龙江、吉林，其中，河南省年平均城镇职工缴费人数达到 1617. 78 万人，吉林省年平均城镇职工缴费人数达到 380. 16 万人。

表 4-6　中部地区各省城镇职工缴费人数　　单位：万人

年份	山西	吉林	黑龙江	安徽	江西	河南	湖北	湖南
2018	555. 70	482. 30	682. 20	754. 10	697. 60	1437. 60	1020. 50	856. 60
2019	557. 62	475. 34	671. 41	753. 96	704. 53	1453. 56	1014. 43	856. 34
2020	559. 45	469. 40	661. 36	753. 63	711. 64	1472. 12	1011. 51	857. 46
2021	561. 67	464. 91	653. 34	752. 57	719. 15	1487. 81	1007. 41	860. 58
2022	564. 49	461. 56	647. 51	754. 05	727. 63	1507. 61	1006. 77	866. 14
2023	561. 63	452. 91	634. 15	749. 47	731. 20	1516. 33	994. 81	862. 04
2024	561. 16	446. 11	623. 75	747. 44	738. 02	1529. 93	987. 00	862. 99
2025	558. 03	436. 77	609. 95	743. 03	742. 44	1536. 68	976. 27	860. 74
2026	555. 90	428. 82	597. 20	740. 64	748. 90	1549. 27	968. 66	862. 92
2027	553. 08	421. 29	583. 93	738. 30	753. 83	1559. 96	960. 60	864. 06
2028	549. 84	414. 75	570. 71	738. 25	756. 49	1573. 47	955. 42	865. 37

续表

年份	山西	吉林	黑龙江	安徽	江西	河南	湖北	湖南
2029	546.15	410.60	559.62	739.79	759.13	1588.47	952.23	866.07
2030	543.18	405.61	550.48	741.66	758.22	1597.61	948.15	866.46
2031	541.16	400.35	543.99	742.95	757.19	1610.17	942.98	871.15
2032	541.58	395.50	539.02	746.99	758.25	1625.85	941.87	879.41
2033	542.15	388.14	531.07	749.26	758.64	1638.38	939.10	886.44
2034	542.45	380.75	523.49	751.13	760.95	1650.74	935.42	891.12
2035	541.30	374.28	514.67	754.41	767.19	1664.33	932.50	896.78
2036	540.31	369.15	507.83	758.48	773.86	1679.29	925.59	901.66
2037	537.45	362.36	497.53	761.64	778.33	1688.63	923.21	901.23
2038	535.50	357.54	489.79	764.58	783.52	1698.61	921.60	903.43
2039	533.52	353.85	484.28	768.40	787.57	1716.08	920.54	908.70
2040	531.57	349.32	477.71	771.71	791.32	1730.85	918.74	912.96
2041	528.69	343.34	468.91	772.53	793.76	1737.22	912.99	914.12
2042	523.90	335.32	457.74	769.68	793.33	1732.04	901.93	910.92
2043	518.74	326.40	445.37	765.15	791.82	1723.24	890.13	906.55
2044	510.94	315.91	429.91	756.76	785.56	1706.63	871.82	897.16
2045	500.93	304.55	413.99	745.54	774.90	1684.68	849.76	883.98
2046	494.06	297.10	404.08	738.86	769.62	1676.97	834.37	879.39
2047	485.32	289.99	394.37	732.42	766.23	1664.96	819.29	878.55
2048	473.30	282.92	384.51	724.41	762.42	1651.89	799.95	876.80
2049	461.12	276.81	375.36	717.62	759.68	1647.46	783.98	874.65
2050	450.99	271.38	367.20	711.99	757.11	1648.08	773.42	872.76

（三）西部地区各省城镇职工缴费人数预测

根据西部地区各省城镇职工缴费人数可计算未来西部地区各省的基础养老金收入，2018—2050年西部地区各省城镇职工缴费人数变化的详细情况见表4-7。

根据表4-7可以看出，其一，在当前生育水平下，内蒙古和重庆未来城镇职工缴费人数大体呈现出下降的趋势，广西、贵州、云南、陕西、甘肃和宁夏未来城镇职工缴费人数大体呈现出先上升后下降的趋势，四川、青海和新疆未来城镇职工缴费人数大体呈现出先上升后下降继而再上升然后再下降的趋势，西藏未来城镇职工缴费人数大体呈现出上升的趋势。

其二，在当前生育水平下，内蒙古和重庆未来城镇职工缴费人数均于2018年达到高峰，峰值规模分别为437.20万人和628.30万人；四川、陕西、青海、宁夏和新疆未来城镇职工缴费人数均于2022年达到高峰，峰值规模分别为1528.41万人、717.00万人、96.08万人、148.23万人和446.68万人；广西未来城镇职工缴费人数于2046年达到高峰，峰值规模为631.79万人；甘肃未来城镇职工缴费人数于2040年达到高峰，峰值规模为311.47万人；云南未来城镇职工缴费人数于2041年达到高峰，峰值规模为494.37万人；贵州未来城镇职工缴费人数于2047年达到高峰，峰值规模为578.96万人；西藏未来城镇职工缴费人数于2050年达到高峰，峰值规模为49.28万人。

其三，在未来的西部地区各省中，年平均城镇职工缴费人数按照从高到低的顺序排列依次为四川、陕西、广西、重庆、贵州、云南、新疆、内蒙古、甘肃、宁夏、青海、西藏，其中，四川省年平均城镇职工缴费人数达到1460.98万人，西藏自治区年平均城镇职工缴费人数达到43.27万人。

表4-7 西部地区各省城镇职工缴费人数

单位：万人

年份	内蒙古	广西	重庆	四川	贵州	云南	西藏	陕西	甘肃	青海	宁夏	新疆
2018	437.20	525.90	628.30	1519.00	446.90	420.10	33.70	706.90	288.20	95.60	145.00	442.10
2019	433.73	530.41	623.68	1518.29	455.69	425.04	34.58	708.55	290.28	95.61	145.67	443.47
2020	431.24	535.26	620.65	1520.35	464.81	430.62	35.45	711.33	292.67	95.75	146.53	444.92
2021	428.78	540.83	617.73	1522.34	473.61	436.33	36.35	713.55	294.78	95.85	147.28	445.62
2022	427.25	548.08	616.76	1528.41	483.14	443.51	37.28	717.00	297.73	96.08	148.23	446.68
2023	420.74	551.93	610.19	1519.38	488.07	446.70	38.03	713.73	297.62	95.49	147.66	443.89
2024	416.48	558.12	605.42	1515.32	494.35	451.06	38.82	712.90	298.77	95.13	147.68	441.93
2025	409.27	562.59	597.09	1502.82	498.15	454.19	39.45	708.81	298.24	94.37	146.98	438.19
2026	403.14	568.44	589.87	1491.75	502.99	457.00	40.19	705.80	298.41	93.83	146.70	436.16
2027	397.25	573.72	583.84	1481.14	507.39	459.58	40.78	702.15	298.05	93.20	146.27	433.24
2028	391.41	578.74	576.15	1470.83	511.33	461.76	41.33	698.98	297.80	92.59	145.74	430.68
2029	385.84	582.65	567.70	1459.93	514.13	464.20	41.87	697.25	298.04	92.14	145.14	428.54
2030	380.55	586.72	559.26	1447.17	516.77	466.19	42.39	693.89	299.29	91.76	144.29	426.74
2031	376.14	590.68	560.01	1440.68	520.05	467.76	42.96	690.92	301.81	91.54	143.70	426.10
2032	373.93	596.88	563.65	1442.57	525.10	469.87	43.62	690.46	304.31	91.64	143.65	427.83

续表

年份	内蒙古	广西	重庆	四川	贵州	云南	西藏	陕西	甘肃	青海	宁夏	新疆
2033	370.72	601.36	568.28	1447.99	529.96	471.61	44.17	688.53	305.58	91.61	143.29	429.50
2034	367.53	604.80	572.62	1453.07	534.98	474.13	44.69	686.68	306.94	91.66	142.98	432.02
2035	363.04	608.35	576.49	1459.44	540.56	478.57	45.07	684.93	308.49	91.80	142.58	433.99
2036	359.22	613.07	576.82	1459.77	546.09	482.50	45.45	683.27	309.90	92.24	142.66	436.44
2037	353.81	617.45	574.82	1456.10	550.61	484.73	45.69	678.52	310.26	92.28	142.16	438.10
2038	349.56	621.36	576.32	1460.48	556.61	488.06	45.92	674.97	310.88	92.50	142.26	439.90
2039	345.51	624.60	580.34	1471.33	561.90	490.81	46.25	671.45	311.16	92.90	142.25	442.32
2040	342.25	626.81	581.41	1476.62	566.85	493.41	46.54	667.59	311.47	93.16	142.32	444.51
2041	338.39	628.12	576.21	1470.40	570.39	494.37	46.74	660.91	310.71	93.16	142.18	445.57
2042	333.28	628.59	569.95	1459.46	572.18	494.06	46.91	651.08	308.50	92.86	141.53	445.59
2043	328.47	629.88	566.72	1452.07	574.10	493.81	47.09	640.08	305.71	92.64	140.89	445.50
2044	322.75	630.21	560.40	1438.91	575.57	492.30	47.21	624.38	301.47	92.29	139.98	444.21
2045	316.34	630.16	552.28	1422.11	576.46	490.30	47.32	607.16	296.33	91.73	138.65	442.60
2046	312.73	631.79	547.60	1413.04	578.58	489.85	47.58	595.82	293.15	91.41	137.99	442.96
2047	307.61	630.36	542.00	1400.90	578.96	488.12	47.94	585.24	289.30	90.84	136.95	442.69
2048	301.40	628.28	532.93	1380.78	577.19	484.43	48.39	573.49	284.69	90.10	135.82	442.22
2049	295.79	628.56	525.34	1361.92	576.10	481.93	48.85	563.53	280.88	89.50	135.15	442.32
2050	290.98	631.47	520.14	1347.86	575.08	481.19	49.28	555.67	277.64	88.99	134.59	442.86

三、各省城镇职工领取待遇人数变化趋势

（一）东部地区各省城镇职工领取待遇人数预测

根据东部地区各省城镇职工领取待遇人数可计算未来东部地区各省的基础养老金支出，2018—2050 年东部地区各省城镇职工领取待遇人数变化的详细情况见表 4-8。

根据表 4-8 可以看出，其一，在当前生育水平下，北京、天津、辽宁、上海、江苏、浙江、福建、山东和广东未来城镇职工领取待遇人数大体呈现出先上升后下降的趋势，河北和海南未来城镇职工领取待遇人数大体呈现出上升的趋势。

其二，在当前生育水平下，辽宁和上海未来城镇职工领取待遇人数均于 2045 年达到高峰，峰值规模分别为 1134.54 万人和 860.87 万人；北京未

来城镇职工领取待遇人数于2046年达到高峰，峰值规模为626.55万人；天津未来城镇职工领取待遇人数于2047年达到高峰，峰值规模为414.02万人；江苏、浙江、福建、山东和广东未来城镇职工领取待遇人数均于2049年达到高峰，峰值规模分别为1589.14万人、1809.99万人、518.31万人、1348.25万人和1928.71万人；河北和海南未来城镇职工领取待遇人数均于2050年达到高峰，峰值规模分别为933.27万人和200.24万人。

其三，在未来的东部地区各省中，年平均城镇职工领取待遇人数按照从高到低的顺序排列依次为浙江、广东、江苏、山东、辽宁、河北、上海、北京、福建、天津、海南，其中，浙江省年平均城镇职工领取待遇人数达到1391.24万人，海南省年平均城镇职工领取待遇人数达到137.42万人。

表4-8　东部地区各省城镇职工领取待遇人数　　单位：万人

年份	北京	天津	河北	辽宁	上海	江苏	浙江	福建	山东	广东	海南
2018	283.10	213.80	433.80	754.40	489.20	796.10	747.50	182.00	638.80	569.00	68.90
2019	296.31	222.79	455.40	789.93	503.97	833.02	793.13	192.74	670.30	605.18	73.44
2020	306.81	230.04	476.44	821.28	517.42	872.32	840.59	204.74	702.09	644.89	77.96
2021	316.52	236.35	495.63	844.80	530.33	912.50	887.25	216.30	732.86	683.07	82.10
2022	324.35	241.18	510.87	860.90	539.90	943.96	926.90	226.59	757.50	718.23	85.86
2023	337.43	249.45	532.87	888.59	556.02	989.65	977.64	240.57	791.72	767.83	90.99
2024	349.38	256.75	551.67	912.75	571.18	1032.01	1027.95	253.58	825.26	813.09	95.60
2025	362.65	265.14	575.33	940.12	587.82	1077.63	1081.37	267.55	867.16	865.59	100.80
2026	374.93	272.49	595.89	964.00	602.38	1116.50	1131.47	281.90	902.33	914.54	105.16
2027	387.05	279.46	615.12	985.09	615.77	1147.98	1179.05	295.72	933.77	964.74	110.00
2028	399.03	286.02	631.45	1004.93	629.11	1174.99	1226.15	309.94	962.16	1017.11	114.67
2029	409.07	291.09	643.74	1018.70	641.16	1200.00	1268.06	322.99	986.63	1068.04	118.94
2030	417.68	295.35	654.04	1028.49	652.37	1223.05	1307.34	335.32	1010.69	1113.19	122.75
2031	426.74	299.94	665.50	1036.50	665.05	1247.05	1346.80	348.11	1033.66	1156.18	126.42
2032	435.28	303.62	675.09	1042.58	676.77	1266.72	1381.04	359.13	1050.21	1191.84	129.47
2033	446.73	309.12	687.51	1055.92	690.66	1287.87	1416.05	369.99	1069.31	1233.83	133.28
2034	459.51	314.98	699.64	1069.67	705.48	1309.64	1450.90	379.69	1089.95	1282.03	137.37
2035	472.92	320.38	712.86	1077.84	718.21	1324.73	1477.10	386.73	1106.02	1327.77	141.67
2036	487.78	327.34	727.85	1085.30	733.92	1345.20	1507.65	395.53	1123.84	1375.74	145.67
2037	507.42	337.14	746.29	1100.98	755.85	1370.80	1547.33	407.92	1147.24	1429.21	150.35

续表

年份	北京	天津	河北	辽宁	上海	江苏	浙江	福建	山东	广东	海南
2038	522.75	345.19	757.54	1105.53	772.18	1385.08	1577.10	418.00	1162.74	1476.10	154.62
2039	536.27	352.34	768.58	1103.45	786.33	1397.02	1602.85	428.44	1176.51	1523.75	158.70
2040	548.23	358.90	779.74	1101.46	797.42	1408.24	1624.52	438.22	1188.93	1570.07	162.47
2041	562.50	367.06	794.63	1104.74	811.57	1426.65	1652.56	448.59	1208.80	1620.69	166.33
2042	579.38	377.18	815.19	1113.89	828.08	1453.81	1688.51	460.26	1237.45	1675.93	170.47
2043	593.89	386.95	835.96	1120.72	839.63	1478.17	1716.00	471.38	1263.15	1724.67	174.49
2044	608.79	398.72	858.94	1128.14	851.16	1512.65	1746.33	484.38	1292.62	1777.56	178.97
2045	622.33	409.89	881.61	1134.54	860.87	1551.62	1776.88	498.25	1323.89	1831.82	183.98
2046	626.55	413.75	894.40	1127.32	860.68	1570.10	1789.45	506.19	1336.10	1866.01	187.83
2047	625.85	414.02	908.96	1119.63	855.39	1581.04	1797.26	512.09	1342.30	1896.16	191.73
2048	619.99	411.13	923.93	1112.50	844.49	1588.93	1808.70	516.92	1347.19	1919.99	195.41
2049	610.84	406.06	932.10	1103.75	829.53	1589.14	1809.99	518.31	1348.25	1928.71	198.11
2050	600.17	399.83	933.27	1090.32	812.77	1581.13	1799.48	517.36	1345.79	1927.15	200.24

（二）中部地区各省城镇职工领取待遇人数预测

根据中部地区各省城镇职工领取待遇人数可计算未来中部地区各省的基础养老金支出，2018—2050 年中部地区各省城镇职工领取待遇人数变化的详细情况见表 4-9。

根据表 4-9 可以看出，其一，在当前生育水平下，吉林和黑龙江未来城镇职工领取待遇人数大体呈现出先上升后下降的趋势，山西、安徽、江西、河南、湖北和湖南未来城镇职工领取待遇人数大体呈现出上升的趋势。

其二，在当前生育水平下，黑龙江未来城镇职工领取待遇人数于 2045 年达到高峰，峰值规模为 881.25 万人；吉林未来城镇职工领取待遇人数于 2047 年达到高峰，峰值规模为 580.07 万人；山西、安徽、江西、河南、湖北和湖南未来城镇职工领取待遇人数均于 2050 年达到高峰，峰值规模分别为 587.89 万人、779.79 万人、776.65 万人、1215.88 万人、1132.84 万人和 962.30 万人。

其三，在未来的中部地区各省中，年平均城镇职工领取待遇人数按照从高到低的顺序排列依次为湖北、河南、黑龙江、湖南、安徽、江西、吉林、山西，其中，湖北省年平均城镇职工领取待遇人数达到 875.60 万人，山西省年平均城镇职工领取待遇人数达到436.48万人。

表4-9　中部地区各省城镇职工领取待遇人数

单位：万人

年份	山西	吉林	黑龙江	安徽	江西	河南	湖北	湖南
2018	243.00	332.20	523.90	322.90	307.70	460.00	526.10	422.70
2019	257.22	349.41	551.74	343.27	324.16	485.97	554.77	448.04
2020	271.73	365.82	578.44	364.31	341.33	511.88	579.96	473.09
2021	284.90	379.69	600.63	385.58	358.21	538.94	606.04	496.37
2022	296.16	391.52	618.76	403.40	372.80	561.75	626.99	515.55
2023	312.42	408.48	644.80	428.17	393.49	593.66	661.06	545.52
2024	327.33	423.82	667.50	450.60	411.50	621.87	691.10	570.31
2025	344.40	441.74	693.90	474.56	431.55	655.13	723.19	597.68
2026	360.08	457.00	717.14	496.12	449.25	683.65	751.33	619.67
2027	375.71	471.63	740.45	517.08	467.50	712.87	779.23	642.09
2028	390.90	483.92	761.79	534.91	487.83	739.97	802.97	663.82
2029	405.70	492.53	779.02	550.34	507.79	765.98	823.49	685.42
2030	418.26	500.10	792.48	564.00	527.44	786.89	842.21	704.38
2031	429.89	507.48	802.93	577.42	547.33	806.79	860.57	720.62
2032	438.22	513.22	809.73	588.11	564.15	823.85	875.03	732.46
2033	445.94	521.29	819.33	600.12	580.93	843.53	890.55	744.85
2034	453.58	529.85	828.19	611.95	594.92	863.46	907.25	758.01
2035	461.54	536.05	835.99	621.85	603.54	881.37	920.52	769.51
2036	469.05	539.67	840.14	630.49	611.39	898.28	931.69	781.28
2037	479.11	545.86	848.61	640.71	621.78	918.66	945.36	798.10
2038	486.04	548.78	851.48	648.86	630.30	935.19	955.57	809.56
2039	493.03	550.48	851.35	656.98	640.19	948.61	966.75	820.09
2040	499.26	552.49	851.66	664.56	649.39	962.79	977.04	830.40
2041	505.82	555.41	853.89	673.62	659.04	982.42	989.79	842.74
2042	513.86	560.21	858.60	685.49	671.20	1010.50	1006.90	858.93
2043	521.41	565.39	863.92	698.01	683.67	1039.93	1023.10	875.19
2044	531.25	571.83	872.75	713.57	700.95	1074.46	1045.14	896.06
2045	542.88	578.73	881.25	731.13	722.72	1112.13	1069.96	920.19

续表

年份	山西	吉林	黑龙江	安徽	江西	河南	湖北	湖南
2046	549. 68	579. 94	880. 06	742. 67	737. 07	1135. 83	1085. 36	933. 27
2047	557. 89	580. 07	877. 73	752. 99	748. 36	1161. 95	1098. 85	940. 98
2048	569. 35	579. 60	874. 78	764. 13	759. 44	1187. 66	1116. 02	948. 77
2049	580. 26	577. 37	870. 04	773. 03	768. 48	1204. 57	1128. 16	956. 08
2050	587. 89	573. 65	862. 99	779. 79	776. 65	1215. 88	1132. 84	962. 30

（三）西部地区各省城镇职工领取待遇人数预测

根据西部地区各省城镇职工领取待遇人数可计算未来西部地区各省的基础养老金支出，2018—2050 年西部地区各省城镇职工领取待遇人数变化的详细情况见表 4-10。

根据表 4-10 可以看出，其一，在当前生育水平下，内蒙古、广西、重庆、四川、贵州、云南、西藏、陕西、甘肃、青海、宁夏、新疆未来城镇职工领取待遇人数大体呈现出上升的趋势。

其二，在当前生育水平下，内蒙古、广西、重庆、四川、贵州、云南、西藏、陕西、甘肃、青海、宁夏、新疆未来城镇职工领取待遇人数均于 2050 年达到高峰，峰值规模分别为 579. 67 万人、694. 26 万人、748. 96 万人、1642. 95 万人、433. 11 万人、494. 70 万人、48. 45 万人、603. 74 万人、404. 94 万人、123. 31 万人、165. 60 万人、610. 69 万人。

其三，在未来的中部地区各省中，年平均城镇职工领取待遇人数按照从高到低的顺序排列依次为四川、重庆、广西、内蒙古、新疆、陕西、云南、贵州、甘肃、宁夏、青海、西藏，其中，四川省年平均城镇职工领取待遇人数达到 1306. 54 万人，西藏自治区年平均城镇职工领取待遇人数达到 29. 52 万人。

表 4-10　西部地区各省城镇职工领取待遇人数　　单位：万人

年份	内蒙古	广西	重庆	四川	贵州	云南	西藏	陕西	甘肃	青海	宁夏	新疆
2018	257. 10	251. 90	360. 80	816. 00	141. 30	171. 30	9. 20	246. 40	141. 60	42. 80	60. 20	204. 30
2019	273. 82	267. 06	381. 67	856. 21	151. 45	182. 37	10. 27	258. 98	151. 61	46. 37	64. 26	219. 81
2020	289. 75	282. 96	400. 33	893. 88	161. 59	193. 58	11. 39	270. 81	161. 45	49. 96	68. 19	236. 03
2021	304. 73	297. 97	418. 15	929. 55	171. 57	204. 47	12. 47	282. 45	171. 38	53. 47	72. 15	252. 60

续表

年份	内蒙古	广西	重庆	四川	贵州	云南	西藏	陕西	甘肃	青海	宁夏	新疆
2022	317. 68	310. 43	432. 62	957. 27	179. 75	213. 17	13. 54	292. 32	179. 80	56. 70	75. 67	268. 18
2023	335. 85	327. 70	453. 53	1002. 70	191. 65	226. 01	14. 87	307. 76	191. 64	60. 85	80. 82	288. 49
2024	352. 36	342. 42	472. 69	1042. 47	202. 16	237. 96	16. 11	321. 35	202. 24	64. 66	85. 50	307. 76
2025	372. 13	358. 63	495. 36	1090. 41	214. 15	250. 57	17. 56	337. 07	214. 50	68. 81	90. 83	328. 93
2026	389. 87	373. 28	516. 60	1135. 40	225. 13	263. 35	18. 81	351. 45	225. 33	72. 55	95. 44	347. 48
2027	407. 03	388. 39	536. 48	1179. 72	236. 30	276. 19	20. 25	366. 18	236. 69	76. 36	100. 27	367. 71
2028	423. 28	403. 59	557. 32	1221. 91	247. 86	289. 39	21. 71	380. 17	247. 47	80. 03	105. 05	387. 31
2029	438. 73	419. 76	577. 78	1262. 70	260. 39	302. 21	23. 10	392. 59	256. 89	83. 36	109. 61	405. 50
2030	451. 85	434. 64	595. 91	1299. 34	271. 92	313. 82	24. 45	403. 73	264. 27	86. 32	113. 86	421. 57
2031	463. 76	449. 18	607. 38	1328. 05	282. 37	326. 04	25. 71	414. 64	271. 25	89. 21	118. 06	435. 99
2032	472. 21	461. 04	613. 02	1345. 12	290. 91	337. 21	26. 82	423. 13	276. 86	91. 57	121. 36	447. 20
2033	481. 46	474. 90	616. 50	1356. 44	299. 28	348. 49	28. 05	432. 34	283. 90	94. 05	124. 95	458. 53
2034	490. 48	489. 12	621. 23	1367. 66	307. 20	358. 45	29. 29	441. 10	290. 49	96. 42	128. 37	468. 81
2035	499. 40	502. 81	625. 19	1376. 18	314. 36	365. 81	30. 69	449. 27	296. 60	98. 61	131. 70	479. 22
2036	508. 05	515. 49	633. 35	1391. 50	321. 49	373. 60	32. 06	457. 32	302. 50	100. 50	134. 53	488. 64
2037	518. 93	529. 14	644. 97	1412. 42	329. 67	383. 43	33. 58	468. 08	309. 73	102. 62	137. 96	499. 25
2038	526. 46	540. 94	649. 86	1421. 37	336. 09	391. 21	35. 01	476. 87	315. 56	104. 14	140. 44	508. 10
2039	533. 96	554. 52	652. 38	1426. 47	342. 73	399. 21	36. 40	486. 64	321. 81	105. 54	142. 96	516. 86
2040	539. 56	568. 78	657. 64	1436. 46	349. 45	406. 81	37. 77	495. 86	327. 55	107. 01	145. 14	525. 43
2041	545. 17	583. 38	669. 70	1458. 56	357. 16	415. 80	39. 20	506. 58	334. 16	108. 69	147. 39	534. 82
2042	551. 88	598. 39	682. 26	1484. 65	366. 22	425. 77	40. 60	519. 24	342. 28	110. 67	150. 08	545. 19
2043	557. 34	611. 56	690. 09	1504. 07	374. 79	434. 99	41. 93	531. 99	350. 59	112. 38	152. 52	555. 09
2044	563. 35	625. 18	700. 76	1528. 34	383. 35	445. 08	43. 27	548. 02	360. 33	114. 15	155. 07	566. 07
2045	569. 55	638. 59	712. 66	1554. 76	392. 01	455. 14	44. 58	564. 52	370. 73	116. 07	157. 97	576. 86
2046	570. 84	649. 18	719. 27	1569. 04	399. 03	462. 58	45. 64	574. 80	377. 83	117. 51	159. 73	584. 37
2047	573. 61	663. 10	726. 15	1585. 06	407. 14	470. 99	46. 50	583. 61	385. 34	119. 14	161. 79	592. 17
2048	577. 26	677. 28	736. 65	1609. 22	416. 77	481. 23	47. 20	592. 73	393. 38	120. 85	163. 74	599. 65
2049	579. 40	687. 77	744. 63	1629. 97	425. 26	489. 37	47. 83	599. 54	399. 82	122. 23	164. 84	605. 80
2050	579. 67	694. 26	748. 96	1642. 95	433. 11	494. 70	48. 45	603. 74	404. 94	123. 31	165. 60	610. 69

四、各省城镇职工退职比变化趋势

（一）东部地区各省城镇职工退职比

东部地区各省城镇职工退职比的变化趋势是影响东部地区各省城镇职工基础养老金收支平衡的重要因素，表 4-11 报告了 2018—2050 年东部地区各省的城镇职工退职比。

根据表 4-11 可以看出，其一，在当前生育水平下，北京、天津、上海、山东未来城镇职工退职比大体呈现出先上升后下降的趋势，河北、浙江、福建未来城镇职工退职比大体呈现出先上升后保持不变的趋势，辽宁、江苏、广东和海南未来城镇职工退职比大体呈现出上升的趋势。

其二，在当前生育水平下，北京、上海、山东未来城镇职工退职比均于 2048 年达到高峰，峰值分别为 1.22、2.02、0.70；天津、河北、浙江、福建未来城镇职工退职比均于 2049 年达到高峰，峰值分别为 2.24、0.89、1.41、0.82；辽宁、江苏、广东、海南未来城镇职工退职比均于 2050 年达到高峰，峰值分别为 1.80、1.18、0.68、1.23。

其三，在未来的东部地区各省中，年平均城镇职工退职比按照从高到低的顺序排列依次为辽宁、天津、上海、浙江、海南、江苏、河北、北京、山东、福建、广东，其中，辽宁省年平均城镇职工退职比为 1.20，相当于 0.83 位缴费人员抚养 1 位退休领取待遇人员；广东省年平均城镇职工退职比为 0.35，相当于 2.86 位缴费人员抚养 1 位退休领取待遇人员。

表 4-11 东部地区各省城镇职工退职比

年份	北京	天津	河北	辽宁	上海	江苏	浙江	福建	山东	广东	海南
2018	0.21	0.48	0.39	0.63	0.46	0.36	0.38	0.22	0.32	0.12	0.40
2019	0.23	0.51	0.41	0.68	0.48	0.38	0.41	0.23	0.33	0.13	0.43
2020	0.24	0.54	0.43	0.71	0.51	0.40	0.44	0.25	0.35	0.14	0.45
2021	0.25	0.56	0.45	0.74	0.53	0.42	0.47	0.26	0.36	0.15	0.47
2022	0.26	0.58	0.46	0.76	0.54	0.44	0.49	0.27	0.37	0.15	0.49
2023	0.28	0.61	0.48	0.81	0.57	0.47	0.53	0.29	0.39	0.17	0.52
2024	0.29	0.64	0.49	0.84	0.60	0.50	0.56	0.31	0.41	0.18	0.55
2025	0.31	0.67	0.51	0.89	0.63	0.53	0.60	0.33	0.44	0.19	0.58
2026	0.33	0.70	0.53	0.93	0.66	0.55	0.63	0.35	0.46	0.21	0.60

续表

年份	北京	天津	河北	辽宁	上海	江苏	浙江	福建	山东	广东	海南
2027	0.34	0.73	0.54	0.96	0.68	0.57	0.67	0.37	0.47	0.22	0.63
2028	0.36	0.76	0.55	1.00	0.71	0.59	0.71	0.39	0.49	0.23	0.65
2029	0.38	0.79	0.56	1.03	0.74	0.61	0.74	0.41	0.50	0.25	0.68
2030	0.39	0.81	0.56	1.05	0.77	0.63	0.77	0.43	0.51	0.26	0.69
2031	0.41	0.84	0.57	1.07	0.80	0.64	0.81	0.45	0.53	0.28	0.71
2032	0.42	0.86	0.57	1.09	0.83	0.66	0.83	0.47	0.53	0.29	0.72
2033	0.45	0.89	0.58	1.13	0.86	0.68	0.87	0.49	0.54	0.30	0.74
2034	0.47	0.92	0.59	1.17	0.90	0.69	0.90	0.50	0.55	0.32	0.76
2035	0.50	0.96	0.60	1.20	0.94	0.71	0.92	0.51	0.55	0.34	0.79
2036	0.53	1.00	0.62	1.24	0.99	0.73	0.95	0.52	0.56	0.35	0.81
2037	0.58	1.07	0.63	1.29	1.07	0.75	0.99	0.54	0.57	0.37	0.84
2038	0.62	1.14	0.64	1.32	1.14	0.77	1.02	0.56	0.57	0.39	0.86
2039	0.66	1.20	0.65	1.34	1.20	0.78	1.04	0.58	0.58	0.41	0.89
2040	0.70	1.26	0.66	1.36	1.27	0.80	1.06	0.60	0.58	0.43	0.91
2041	0.75	1.35	0.68	1.39	1.36	0.82	1.10	0.62	0.59	0.45	0.94
2042	0.83	1.47	0.70	1.45	1.47	0.86	1.15	0.65	0.61	0.48	0.97
2043	0.90	1.60	0.73	1.51	1.58	0.90	1.19	0.67	0.63	0.51	1.00
2044	0.99	1.77	0.76	1.58	1.71	0.96	1.24	0.71	0.65	0.54	1.03
2045	1.09	1.98	0.80	1.65	1.85	1.03	1.29	0.75	0.68	0.58	1.08
2046	1.16	2.11	0.82	1.68	1.93	1.07	1.32	0.77	0.69	0.61	1.11
2047	1.20	2.19	0.84	1.71	1.99	1.11	1.35	0.80	0.69	0.63	1.15
2048	1.22	2.24	0.87	1.75	2.02	1.14	1.38	0.81	0.70	0.66	1.18
2049	1.22	2.24	0.89	1.79	2.01	1.17	1.41	0.82	0.70	0.67	1.21
2050	1.21	2.23	0.89	1.80	1.99	1.18	1.41	0.82	0.69	0.68	1.23
平均退职比	0.60	1.14	0.62	1.20	1.09	0.72	0.90	0.51	0.53	0.35	0.79

（二）中部地区各省城镇职工退职比

同样，中部地区各省城镇职工退职比的变化趋势是影响中部地区各省城镇职工基础养老金收支平衡的重要因素，表 4-12 报告了 2018—2050 年中部地区各省的城镇职工退职比。

根据表 4-12 可以看出，其一，在当前生育水平下，山西、吉林、黑龙江、安徽、江西、河南、湖北、湖南未来城镇职工退职比均呈现出上升的趋势。

其二，在当前生育水平下，山西、吉林、黑龙江、安徽、江西、河南、湖北、湖南未来城镇职工退职比均于 2050 年达到高峰，峰值分别为 1.30、2.11、2.35、1.10、1.03、0.74、1.46、1.10。

其三，在未来的中部地区各省中，年平均城镇职工退职比按照从高到低的顺序排列依次为黑龙江、吉林、湖北、湖南、山西、安徽、江西、河南，其中，黑龙江省年平均城镇职工退职比为 1.57，相当于 0.64 位缴费人员抚养 1 位退休领取待遇人员；河南省年平均城镇职工退职比为 0.52，相当于 1.92 位缴费人员抚养 1 位退休领取待遇人员。

表 4-12　中部地区各省城镇职工退职比

年份	山西	吉林	黑龙江	安徽	江西	河南	湖北	湖南
2018	0.44	0.69	0.77	0.43	0.44	0.32	0.52	0.49
2019	0.46	0.74	0.82	0.46	0.46	0.33	0.55	0.52
2020	0.49	0.78	0.87	0.48	0.48	0.35	0.57	0.55
2021	0.51	0.82	0.92	0.51	0.50	0.36	0.60	0.58
2022	0.52	0.85	0.96	0.53	0.51	0.37	0.62	0.60
2023	0.56	0.90	1.02	0.57	0.54	0.39	0.66	0.63
2024	0.58	0.95	1.07	0.60	0.56	0.41	0.70	0.66
2025	0.62	1.01	1.14	0.64	0.58	0.43	0.74	0.69
2026	0.65	1.07	1.20	0.67	0.60	0.44	0.78	0.72
2027	0.68	1.12	1.27	0.70	0.62	0.46	0.81	0.74
2028	0.71	1.17	1.33	0.72	0.64	0.47	0.84	0.77
2029	0.74	1.20	1.39	0.74	0.67	0.48	0.86	0.79
2030	0.77	1.23	1.44	0.76	0.70	0.49	0.89	0.81
2031	0.79	1.27	1.48	0.78	0.72	0.50	0.91	0.83
2032	0.81	1.30	1.50	0.79	0.74	0.51	0.93	0.83
2033	0.82	1.34	1.54	0.80	0.77	0.51	0.95	0.84
2034	0.84	1.39	1.58	0.81	0.78	0.52	0.97	0.85
2035	0.85	1.43	1.62	0.82	0.79	0.53	0.99	0.86

续表

年份	山西	吉林	黑龙江	安徽	江西	河南	湖北	湖南
2036	0.87	1.46	1.65	0.83	0.79	0.53	1.01	0.87
2037	0.89	1.51	1.71	0.84	0.80	0.54	1.02	0.89
2038	0.91	1.53	1.74	0.85	0.80	0.55	1.04	0.90
2039	0.92	1.56	1.76	0.86	0.81	0.55	1.05	0.90
2040	0.94	1.58	1.78	0.86	0.82	0.56	1.06	0.91
2041	0.96	1.62	1.82	0.87	0.83	0.57	1.08	0.92
2042	0.98	1.67	1.88	0.89	0.85	0.58	1.12	0.94
2043	1.01	1.73	1.94	0.91	0.86	0.60	1.15	0.97
2044	1.04	1.81	2.03	0.94	0.89	0.63	1.20	1.00
2045	1.08	1.90	2.13	0.98	0.93	0.66	1.26	1.04
2046	1.11	1.95	2.18	1.01	0.96	0.68	1.30	1.06
2047	1.15	2.00	2.23	1.03	0.98	0.70	1.34	1.07
2048	1.20	2.05	2.28	1.05	1.00	0.72	1.40	1.08
2049	1.26	2.09	2.32	1.08	1.01	0.73	1.44	1.09
2050	1.30	2.11	2.35	1.10	1.03	0.74	1.46	1.10
平均退职比	0.83	1.39	1.57	0.79	0.74	0.52	0.96	0.83

（三）西部地区各省城镇职工退职比

同理，西部地区各省城镇职工退职比的变化趋势是影响西部地区各省城镇职工基础养老金收支平衡的重要因素，表4-13报告了2018—2050年西部地区各省的城镇职工退职比。

根据表4-13可以看出，其一，在当前生育水平下，西藏未来城镇职工退职比呈现出先上升后保持不变的趋势，内蒙古、广西、重庆、四川、贵州、云南、陕西、甘肃、青海、宁夏、新疆未来城镇职工退职比均呈现出上升的趋势。

其二，在当前生育水平下，西藏未来城镇职工退职比于2048年达到高峰，峰值为0.98；内蒙古、广西、重庆、四川、贵州、云南、陕西、甘肃、青海、宁夏、新疆未来城镇职工退职比均于2050年达到高峰，峰值分别为1.99、1.10、1.44、1.22、0.75、1.03、1.09、1.46、1.39、1.23、1.38。

其三，在未来的西部地区各省中，年平均城镇职工退职比按照从高到低的顺序排列依次为内蒙古、重庆、新疆、青海、甘肃、四川、宁夏、广西、云南、陕西、西藏、贵州，其中，内蒙古年平均城镇职工退职比为1.31，相当于0.76位缴费人员抚养1位退休领取待遇人员；贵州省年平均城镇职工退职比为0.55，相当于1.82位缴费人员抚养1位退休领取待遇人员。

表4-13　西部地区各省城镇职工退职比

年份	内蒙古	广西	重庆	四川	贵州	云南	西藏	陕西	甘肃	青海	宁夏	新疆
2018	0.59	0.48	0.57	0.54	0.32	0.41	0.27	0.35	0.49	0.45	0.42	0.46
2019	0.63	0.50	0.61	0.56	0.33	0.43	0.30	0.37	0.52	0.48	0.44	0.50
2020	0.67	0.53	0.65	0.59	0.35	0.45	0.32	0.38	0.55	0.52	0.47	0.53
2021	0.71	0.55	0.68	0.61	0.36	0.47	0.34	0.40	0.58	0.56	0.49	0.57
2022	0.74	0.57	0.70	0.63	0.37	0.48	0.36	0.41	0.60	0.59	0.51	0.60
2023	0.80	0.59	0.74	0.66	0.39	0.51	0.39	0.43	0.64	0.64	0.55	0.65
2024	0.85	0.61	0.78	0.69	0.41	0.53	0.42	0.45	0.68	0.68	0.58	0.70
2025	0.91	0.64	0.83	0.73	0.43	0.55	0.45	0.48	0.72	0.73	0.62	0.75
2026	0.97	0.66	0.88	0.76	0.45	0.58	0.47	0.50	0.76	0.77	0.65	0.80
2027	1.02	0.68	0.92	0.80	0.47	0.60	0.50	0.52	0.79	0.82	0.69	0.85
2028	1.08	0.70	0.97	0.83	0.48	0.63	0.53	0.54	0.83	0.86	0.72	0.90
2029	1.14	0.72	1.02	0.86	0.51	0.65	0.55	0.56	0.86	0.90	0.76	0.95
2030	1.19	0.74	1.07	0.90	0.53	0.67	0.58	0.58	0.88	0.94	0.79	0.99
2031	1.23	0.76	1.08	0.92	0.54	0.70	0.60	0.60	0.90	0.97	0.82	1.02
2032	1.26	0.77	1.09	0.93	0.55	0.72	0.61	0.61	0.91	1.00	0.84	1.05
2033	1.30	0.79	1.08	0.94	0.56	0.74	0.63	0.63	0.93	1.03	0.87	1.07
2034	1.33	0.81	1.08	0.94	0.57	0.76	0.66	0.64	0.95	1.05	0.90	1.09
2035	1.38	0.83	1.08	0.94	0.58	0.76	0.68	0.66	0.96	1.07	0.92	1.10
2036	1.41	0.84	1.10	0.95	0.59	0.77	0.71	0.67	0.98	1.09	0.94	1.12
2037	1.47	0.86	1.12	0.97	0.60	0.79	0.73	0.69	1.00	1.11	0.97	1.14
2038	1.51	0.87	1.13	0.97	0.60	0.80	0.76	0.71	1.02	1.13	0.99	1.16
2039	1.55	0.89	1.12	0.97	0.61	0.81	0.79	0.72	1.03	1.14	1.01	1.17
2040	1.58	0.91	1.13	0.97	0.62	0.82	0.81	0.74	1.05	1.15	1.02	1.18
2041	1.61	0.93	1.16	0.99	0.63	0.84	0.84	0.77	1.08	1.17	1.04	1.20
2042	1.66	0.95	1.20	1.02	0.64	0.86	0.87	0.80	1.11	1.19	1.06	1.22

续表

年份	内蒙古	广西	重庆	四川	贵州	云南	西藏	陕西	甘肃	青海	宁夏	新疆
2043	1.70	0.97	1.22	1.04	0.65	0.88	0.89	0.83	1.15	1.21	1.08	1.25
2044	1.75	0.99	1.25	1.06	0.67	0.90	0.92	0.88	1.20	1.24	1.11	1.27
2045	1.80	1.01	1.29	1.09	0.68	0.93	0.94	0.93	1.25	1.27	1.14	1.30
2046	1.83	1.03	1.31	1.11	0.69	0.94	0.96	0.96	1.29	1.29	1.16	1.32
2047	1.86	1.05	1.34	1.13	0.70	0.96	0.97	1.00	1.33	1.31	1.18	1.34
2048	1.92	1.08	1.38	1.17	0.72	0.99	0.98	1.03	1.38	1.34	1.21	1.36
2049	1.96	1.09	1.42	1.20	0.74	1.02	0.98	1.06	1.42	1.37	1.22	1.37
2050	1.99	1.10	1.44	1.22	0.75	1.03	0.98	1.09	1.46	1.39	1.23	1.38
平均退职比	1.31	0.80	1.04	0.90	0.55	0.73	0.66	0.67	0.95	0.98	0.86	1.01

第三节　未来各省基础养老金收支状况预测

一、不实施中央调剂制度的基础养老金收支状况预测

逐步提升统筹层次，解决各省养老金结余贫富不均的问题，势必需要了解当前生育水平下各省养老保险基金的财务运行状况，以便对症下药，出台相关政策，保持养老保险基金的可持续发展。因此，本书基于上述各省基础养老金收支模型和参数设定，模拟了实现“两个一百年”奋斗目标期间各省基础养老金收入、支出、当期结余和累计结余的变化情况。

（一）不实施中央调剂制度时各省养老金收入

1. 不实施中央调剂制度时东部地区各省养老金收入

表 4-14 报告了不实施中央调剂制度时 2018—2050 年东部地区各省养老金收入情况。根据表 4-14 可以看出，其一，当不实施中央调剂制度时，北京、天津、上海的城镇职工养老金收入大体呈现出先上升后下降继而再上升的趋势，辽宁的城镇职工养老金收入大体呈现出先上升后下降的趋势，河北、江苏、浙江、福建、山东、广东、海南的城镇职工养老金收入大体呈现出上升的趋势。

其二，当不实施中央调剂制度时，北京、上海的城镇职工养老金收入均于 2036 年达到高峰，峰值规模分别为 4885.65 亿元和 2483.06 亿元；天

津、辽宁的城镇职工养老金收入均于 2041 年达到高峰，峰值规模分别为 1832.29 亿元和 2106.94 亿元；河北、江苏、浙江、福建、山东、广东、海南的城镇职工养老金收入均于 2050 年达到高峰，峰值规模分别为 4718.90 亿元、8432.05 亿元、7381.48 亿元、4166.74 亿元、10317.40 亿元、16235.82 亿元、901.85 亿元。

其三，当不实施中央调剂制度时，在未来的东部地区各省中，年平均城镇职工养老金收入按照从高到低的顺序排列依次为广东、江苏、山东、浙江、北京、河北、福建、上海、辽宁、天津、海南，其中，广东省年平均城镇职工养老金收入为 12267.86 亿元，海南省年平均城镇职工养老金收入为 538.97 亿元。

表 4-14　不实施中央调剂制度时东部地区各省养老金收入　　单位：亿元

年份	北京	天津	河北	辽宁	上海	江苏	浙江	福建	山东	广东	海南
2018	3567.62	855.62	1438.46	1495.45	1812.63	3570.00	3247.67	1159.83	2802.97	7550.69	237.57
2019	2985.89	696.62	1227.25	1237.64	1518.74	3015.74	2753.51	1001.14	2380.69	6436.00	201.51
2020	3131.35	748.79	1317.72	1285.00	1589.41	3211.98	2916.68	1083.72	2559.00	6870.48	218.00
2021	3283.64	805.93	1417.25	1340.74	1663.17	3417.56	3089.83	1173.97	2750.61	7330.74	236.26
2022	3422.71	859.67	1515.29	1396.30	1730.93	3613.05	3251.03	1258.35	2938.22	7747.36	253.56
2023	3529.49	906.78	1605.34	1433.56	1786.13	3787.07	3399.00	1340.84	3112.19	8132.59	270.17
2024	3650.65	959.79	1710.68	1478.41	1846.16	3980.45	3559.27	1432.48	3306.85	8557.05	288.84
2025	3766.58	1013.06	1814.77	1518.21	1903.79	4173.53	3718.40	1527.11	3491.69	8969.23	308.02
2026	3891.45	1070.90	1929.68	1560.63	1967.07	4389.99	3886.73	1626.81	3696.94	9414.24	329.76
2027	4004.56	1123.89	2038.91	1600.64	2025.48	4605.12	4039.48	1720.69	3899.27	9809.36	349.53
2028	4118.36	1179.59	2159.61	1639.17	2083.93	4838.95	4195.28	1817.63	4117.50	10209.68	371.00
2029	4247.73	1242.27	2295.77	1686.38	2147.69	5088.06	4367.82	1922.12	4352.96	10624.15	394.11
2030	4371.34	1306.63	2434.66	1734.68	2202.73	5336.68	4536.02	2027.32	4588.47	11061.61	418.86
2031	4494.16	1377.37	2579.92	1788.97	2258.69	5597.64	4716.42	2136.60	4848.60	11522.97	446.64
2032	4610.31	1447.53	2723.85	1836.07	2320.84	5852.19	4897.69	2249.59	5116.64	12003.37	474.08
2033	4693.28	1511.40	2866.66	1868.12	2367.20	6107.07	5077.89	2366.01	5388.91	12441.44	501.16
2034	4776.24	1575.04	3016.22	1898.39	2408.51	6364.67	5264.54	2497.55	5755.92	12846.27	528.81
2035	4820.51	1633.81	3160.71	1935.88	2448.74	6651.06	5481.24	2649.05	6071.27	13276.52	557.24
2036	4885.65	1690.17	3309.13	1974.02	2483.06	6927.94	5693.75	2801.04	6442.59	13708.54	587.80
2037	4857.92	1717.63	3433.84	1981.27	2467.63	7135.55	5847.22	2919.35	6758.38	14050.37	613.63
2038	4850.11	1747.65	3574.77	2008.66	2461.04	7382.18	6025.75	3046.15	7076.11	14421.69	640.08

续表

年份	北京	天津	河北	辽宁	上海	江苏	浙江	福建	山东	广东	海南
2039	4850.94	1782.83	3728.77	2049.91	2453.62	7653.00	6234.00	3182.93	7433.91	14805.57	668.48
2040	4851.36	1816.25	3883.58	2087.10	2448.28	7920.68	6450.01	3322.51	7803.02	15179.91	698.48
2041	4801.18	1832.29	4025.18	2106.94	2416.95	8137.68	6629.47	3455.78	8135.78	15488.00	728.59
2042	4655.69	1807.16	4111.23	2092.76	2343.59	8215.81	6707.29	3541.69	8349.83	15588.99	751.38
2043	4511.41	1774.45	4191.76	2078.25	2280.84	8289.87	6804.74	3625.19	8572.87	15704.76	774.24
2044	4331.44	1715.75	4258.03	2055.74	2205.77	8277.35	6870.77	3686.74	8764.38	15730.54	794.82
2045	4139.22	1649.37	4320.13	2029.52	2128.04	8207.92	6916.71	3732.75	8935.79	15689.28	812.66
2046	4051.50	1630.85	4419.78	2035.70	2092.30	8249.16	7033.80	3819.62	9219.53	15805.09	834.52
2047	3988.86	1620.53	4477.34	2027.38	2063.67	8259.38	7111.58	3885.13	9469.86	15805.44	849.00
2048	3987.85	1632.70	4528.85	2013.21	2061.10	8273.66	7156.42	3954.63	9726.36	15831.60	863.59
2049	4025.66	1661.09	4608.28	2000.39	2078.57	8328.36	7241.71	4051.00	10008.94	15989.98	881.74
2050	4078.51	1697.39	4718.90	1998.82	2104.70	8432.05	7381.48	4166.74	10317.40	16235.82	901.85

2. 不实施中央调剂制度时中部地区各省养老金收入

表 4-15 报告了不实施中央调剂制度时 2018—2050 年中部地区各省养老金收入情况。根据表 4-15 可以看出，其一，当不实施中央调剂制度时，山西、吉林、黑龙江、安徽、江西、河南、湖北、湖南的城镇职工养老金收入大体呈现出上升的趋势。

其二，当不实施中央调剂制度时，山西、吉林、黑龙江、安徽、江西、河南、湖北、湖南的城镇职工养老金收入均于 2050 年达到高峰，峰值规模分别为 1823.41 亿元、1181.77 亿元、1399.49 亿元、4760.88 亿元、4660.71 亿元、7674.60 亿元、4140.17 亿元、5339.00 亿元。

其三，当不实施中央调剂制度时，在未来的中部地区各省中，年平均城镇职工养老金收入按照从高到低的顺序排列依次为河南、湖南、安徽、湖北、江西、山西、黑龙江、吉林，其中，河南省年平均城镇职工养老金收入为 4273.23 亿元，吉林省年平均城镇职工养老金收入为 896.41 亿元。

表 4-15 不实施中央调剂制度时中部地区各省养老金收入 单位：亿元

年份	山西	吉林	黑龙江	安徽	江西	河南	湖北	湖南
2018	684.03	592.76	818.57	1024.48	879.94	1610.03	1140.99	1130.61
2019	585.91	488.39	674.80	885.15	772.80	1401.30	978.13	974.74
2020	627.68	517.39	709.25	962.72	848.77	1532.07	1059.96	1059.06

续表

年份	山西	吉林	黑龙江	安徽	江西	河南	湖北	湖南
2021	672.88	549.73	747.62	1046.07	932.65	1671.55	1147.26	1153.35
2022	715.39	579.66	783.34	1126.95	1013.99	1808.78	1231.45	1245.10
2023	752.94	604.13	811.06	1204.35	1094.92	1942.75	1306.95	1329.20
2024	795.84	632.01	843.41	1291.40	1187.51	2093.24	1392.73	1427.30
2025	837.18	657.21	871.93	1380.33	1283.68	2245.20	1479.61	1526.95
2026	882.23	685.33	902.54	1479.36	1391.38	2417.25	1576.81	1641.98
2027	922.68	710.27	927.16	1572.78	1492.89	2580.09	1666.13	1749.77
2028	964.22	737.67	952.03	1677.31	1596.94	2758.72	1765.71	1865.01
2029	1006.77	770.42	980.77	1792.61	1708.20	2952.26	1875.12	1986.41
2030	1052.54	802.87	1013.58	1916.70	1818.66	3147.56	1989.42	2114.97
2031	1102.29	835.98	1052.33	2047.77	1935.95	3362.80	2108.20	2263.03
2032	1154.59	867.19	1090.79	2183.70	2055.14	3581.33	2231.41	2418.20
2033	1209.70	893.67	1124.25	2323.08	2179.75	3806.40	2357.67	2580.17
2034	1266.81	920.53	1159.31	2470.06	2317.74	4044.95	2488.62	2745.61
2035	1323.07	950.19	1192.34	2631.19	2477.14	4301.38	2628.93	2924.76
2036	1382.22	984.08	1230.74	2805.73	2648.79	4577.48	2765.20	3112.82
2037	1430.49	1007.87	1253.98	2965.44	2802.83	4821.23	2900.79	3269.15
2038	1482.89	1037.61	1283.80	3133.27	2968.43	5079.72	3045.57	3443.36
2039	1537.11	1071.46	1320.08	3314.33	3139.17	5375.33	3199.45	3639.16
2040	1593.40	1103.64	1354.23	3503.49	3318.37	5678.69	3358.39	3841.68
2041	1648.80	1131.81	1382.42	3691.47	3501.91	5969.87	3510.05	4041.73
2042	1686.75	1143.78	1392.65	3832.58	3645.98	6178.07	3611.18	4191.18
2043	1724.18	1152.02	1398.40	3970.30	3790.76	6380.12	3711.60	4340.51
2044	1753.23	1153.73	1393.04	4091.96	3917.62	6558.55	3785.87	4470.04
2045	1774.50	1150.91	1384.39	4200.85	4025.59	6720.05	3842.92	4583.29
2046	1806.79	1161.75	1394.50	4338.34	4164.90	6943.30	3929.65	4744.70
2047	1819.94	1164.87	1395.18	4442.56	4282.32	7099.10	3984.17	4891.36
2048	1819.97	1167.49	1394.50	4539.12	4400.53	7253.36	4016.65	5037.28
2049	1818.18	1173.43	1395.53	4645.06	4528.29	7449.61	4064.51	5185.24
2050	1823.41	1181.77	1399.49	4760.88	4660.71	7674.60	4140.17	5339.00

3. 不实施中央调剂制度时西部地区各省养老金收入

表 4-16 报告了不实施中央调剂制度时 2018—2050 年西部地区各省养老金收入情况。根据表 4-16 可以看出，其一，当不实施中央调剂制度时，内蒙古、广西、重庆、四川、贵州、云南、西藏、陕西、甘肃、青海、宁夏、新疆的城镇职工养老金收入大体呈现出上升的趋势。

其二，当不实施中央调剂制度时，内蒙古、广西、重庆、四川、贵州、云南、西藏、陕西、甘肃、青海、宁夏、新疆的城镇职工养老金收入均于 2050 年达到高峰，峰值规模分别为 1523. 55 亿元、3552. 78 亿元、4697. 25 亿元、9363. 03 亿元、5277. 46 亿元、3592. 48 亿元、631. 54 亿元、3710. 14 亿元、1432. 45 亿元、642. 07 亿元、824. 84 亿元、2542. 86 亿元。

其三，当不实施中央调剂制度时，在未来的西部地区各省中，年平均城镇职工养老金收入按照从高到低的顺序排列依次为四川、贵州、重庆、陕西、广西、云南、新疆、内蒙古、甘肃、宁夏、青海、西藏，其中，四川省年平均城镇职工养老金收入为 5323. 58 亿元，西藏自治区年平均城镇职工养老金收入为 297. 87 亿元。

表 4-16　不实施中央调剂制度时西部地区各省养老金收入　　单位：亿元

年份	内蒙古	广西	重庆	四川	贵州	云南	西藏	陕西	甘肃	青海	宁夏	新疆
2018	591. 86	698. 98	920. 74	2176. 15	671. 32	617. 67	77. 88	953. 37	378. 84	146. 33	211. 06	606. 92
2019	494. 63	602. 33	775. 05	1879. 32	597. 45	544. 44	69. 74	827. 92	324. 49	125. 50	181. 50	516. 75
2020	529. 61	656. 99	849. 08	2046. 23	669. 69	600. 86	78. 22	904. 55	352. 42	136. 53	197. 26	560. 21
2021	567. 09	717. 49	930. 34	2227. 86	749. 86	663. 20	87. 73	987. 48	382. 36	148. 46	214. 23	606. 30
2022	602. 16	777. 30	1008. 86	2403. 48	829. 52	725. 50	97. 17	1067. 02	411. 62	159. 78	230. 42	649. 54
2023	631. 91	836. 77	1084. 05	2567. 39	908. 71	786. 42	107. 06	1142. 18	438. 56	170. 48	245. 31	689. 88
2024	666. 57	904. 54	1168. 18	2751. 41	998. 12	854. 64	118. 04	1226. 81	469. 26	182. 34	262. 19	734. 06
2025	698. 02	974. 71	1251. 30	2932. 13	1090. 68	926. 17	129. 55	1311. 68	499. 28	194. 21	278. 88	777. 90
2026	732. 68	1052. 81	1342. 62	3127. 50	1194. 25	1002. 93	142. 55	1404. 53	532. 48	207. 30	297. 46	827. 54
2027	763. 90	1127. 46	1430. 08	3310. 02	1294. 66	1076. 61	154. 89	1490. 40	562. 84	219. 33	314. 61	872. 01
2028	796. 38	1206. 75	1518. 74	3503. 73	1402. 15	1154. 66	168. 11	1582. 55	595. 11	232. 08	332. 52	919. 57
2029	830. 63	1289. 06	1610. 45	3707. 09	1515. 08	1239. 04	182. 39	1683. 86	630. 30	246. 00	351. 25	970. 67
2030	866. 80	1377. 31	1707. 34	3917. 02	1636. 58	1328. 26	197. 74	1787. 45	669. 84	260. 93	370. 44	1025. 40
2031	906. 50	1471. 24	1839. 84	4156. 60	1769. 97	1422. 60	214. 57	1898. 42	714. 84	277. 25	391. 33	1086. 14
2032	948. 87	1569. 38	1980. 31	4412. 09	1908. 75	1516. 83	231. 91	2012. 37	759. 01	294. 04	412. 84	1151. 00

续表

年份	内蒙古	广西	重庆	四川	贵州	云南	西藏	陕西	甘肃	青海	宁夏	新疆
2033	990.47	1669.10	2135.12	4694.77	2057.46	1615.97	250.03	2128.60	802.65	311.37	434.61	1219.53
2034	1033.91	1772.02	2300.71	4994.28	2218.25	1724.44	269.28	2251.79	849.04	330.02	457.68	1294.68
2035	1075.31	1881.55	2477.03	5317.56	2393.87	1847.50	289.08	2382.45	898.62	350.12	481.65	1372.67
2036	1120.26	2001.62	2650.42	5638.31	2582.94	1977.11	310.34	2521.02	950.64	372.70	508.60	1456.93
2037	1154.00	2113.10	2800.10	5917.01	2757.86	2092.02	329.47	2635.25	995.54	392.03	531.15	1532.70
2038	1192.41	2228.97	2976.26	6243.87	2952.31	2218.56	349.60	2759.45	1043.43	413.19	557.02	1612.95
2039	1232.65	2348.62	3177.27	6617.78	3156.12	2349.90	371.85	2889.55	1092.45	436.27	583.71	1699.72
2040	1276.99	2470.56	3374.58	6987.45	3371.70	2488.11	395.15	3024.16	1143.84	460.00	612.04	1790.19
2041	1320.48	2595.07	3545.52	7320.33	3592.82	2625.72	419.04	3151.48	1193.56	483.66	640.75	1880.67
2042	1348.28	2697.25	3675.94	7568.89	3774.26	2736.00	439.39	3235.47	1228.72	501.93	662.35	1953.09
2043	1377.63	2807.10	3831.12	7844.55	3965.73	2851.17	460.80	3314.86	1262.49	521.41	684.67	2027.84
2044	1403.32	2917.01	3970.91	8097.59	4163.63	2963.71	482.70	3369.81	1290.84	540.81	706.41	2099.75
2045	1425.96	3029.37	4101.85	8336.78	4366.99	3077.49	505.43	3415.00	1315.60	559.64	726.58	2172.59
2046	1461.48	3154.46	4262.94	8629.02	4590.05	3205.79	530.99	3492.47	1349.44	580.65	750.89	2258.04
2047	1478.95	3242.71	4378.87	8835.03	4763.37	3301.40	553.91	3543.97	1370.22	595.71	767.70	2324.79
2048	1490.90	3329.95	4468.45	8993.22	4924.84	3386.17	578.72	3587.76	1387.43	609.99	784.31	2392.44
2049	1505.32	3432.37	4571.41	9160.80	5097.75	3481.48	604.83	3642.11	1408.43	625.52	804.02	2465.30
2050	1523.55	3552.78	4697.25	9363.03	5277.46	3592.48	631.54	3710.14	1432.45	642.07	824.84	2542.86

（二）不实施中央调剂制度时各省养老金支出

1. 不实施中央调剂制度时东部地区各省养老金支出

表4-17报告了不实施中央调剂制度时2018—2050年东部地区各省养老金支出情况。根据表4-17可以看出，其一，当不实施中央调剂制度时，北京、天津、河北、辽宁、上海、江苏、浙江、福建、山东、广东、海南的城镇职工养老金支出大体呈现出上升的趋势。

其二，当不实施中央调剂制度时，北京、天津、河北、辽宁、上海、江苏、浙江、福建、山东、广东、海南的城镇职工养老金支出均于2050年达到高峰，峰值规模分别为10780.75亿元、8271.91亿元、9150.63亿元、7918.63亿元、9180.99亿元、21751.83亿元、22687.67亿元、7476.57亿元、15620.52亿元、24047.41亿元、2423.92亿元。

其三，当不实施中央调剂制度时，在未来的东部地区各省中，年平均城镇职工养老金支出按照从高到低的顺序排列依次为浙江、广东、江苏、山东、北京、上海、辽宁、河北、天津、福建、海南，其中，浙江省年平均城镇职工养老金收入为 11746.34 亿元，海南省年平均城镇职工养老金收入为 1094.87 亿元。

表 4-17　不实施中央调剂制度时东部地区各省养老金支出　　单位：亿元

年份	北京	天津	河北	辽宁	上海	江苏	浙江	福建	山东	广东	海南
2018	1710.88	899.98	1284.97	2111.64	1904.37	2461.78	2782.68	572.31	1994.16	2058.87	214.51
2019	1876.88	1007.53	1419.61	2300.99	2057.64	2758.87	3107.43	646.93	2213.68	2305.38	242.31
2020	2040.75	1119.55	1564.63	2493.27	2217.50	3094.91	3469.38	733.73	2454.96	2587.82	272.95
2021	2193.75	1224.60	1701.21	2657.23	2366.83	3434.90	3827.25	819.80	2689.16	2865.45	302.38
2022	2344.78	1331.68	1835.63	2809.23	2512.09	3771.67	4186.36	909.81	2921.91	3154.71	333.16
2023	2540.41	1465.35	2002.11	3004.27	2693.74	4196.79	4620.42	1022.28	3207.09	3526.84	371.47
2024	2741.93	1605.99	2170.09	3200.13	2883.20	4646.37	5088.33	1142.12	3513.64	3912.78	411.27
2025	2967.03	1765.76	2368.54	3418.12	3091.96	5151.78	5609.09	1277.97	3879.25	4364.73	456.98
2026	3182.21	1918.32	2554.79	3618.93	3285.54	5631.34	6118.16	1418.32	4219.77	4808.61	499.76
2027	3409.38	2080.54	2748.28	3820.54	3484.44	6110.03	6651.11	1568.58	4569.16	5292.95	547.94
2028	3649.77	2252.75	2942.70	4028.37	3694.45	6600.54	7219.86	1734.19	4929.99	5825.80	599.15
2029	3888.35	2427.30	3131.90	4224.13	3909.52	7115.58	7799.58	1908.06	5297.66	6391.71	652.24
2030	4128.49	2609.17	3323.61	4414.31	4132.06	7656.31	8404.48	2092.89	5689.47	6967.32	707.10
2031	4369.91	2791.67	3517.79	4589.89	4358.81	8202.59	9012.83	2284.27	6074.34	7539.16	761.51
2032	4619.81	2978.78	3713.56	4765.09	4591.49	8755.76	9625.98	2479.59	6447.87	8102.99	816.17
2033	4913.24	3195.54	3935.33	4979.68	4850.22	9354.01	10281.79	2688.63	6859.53	8745.76	878.91
2034	5239.37	3432.13	4169.40	5207.70	5130.46	9997.03	10979.85	2906.15	7308.98	9477.94	948.14
2035	5593.29	3681.56	4424.24	5421.32	5412.48	10631.12	11659.20	3120.32	7758.61	10244.78	1023.87
2036	5955.01	3937.58	4678.68	5614.86	5702.46	11276.30	12341.60	3340.49	8197.85	11017.02	1095.78
2037	6395.92	4245.81	4970.53	5859.35	6056.15	12003.61	13138.57	3606.65	8704.34	11883.60	1177.37
2038	6809.56	4555.18	5232.36	6057.93	6386.08	12673.75	13900.01	3871.59	9182.89	12751.92	1261.46
2039	7224.04	4875.53	5507.30	6229.35	6716.43	13359.26	14670.26	4158.74	9676.50	13682.47	1349.57
2040	7640.82	5210.17	5799.00	6408.52	7038.80	14074.56	15446.61	4459.84	10188.22	14660.13	1440.71
2041	8056.30	5537.21	6087.90	6582.84	7353.92	14775.53	16200.37	4742.95	10704.44	15616.30	1525.50
2042	8529.90	5913.54	6435.25	6798.54	7705.37	15602.64	17070.80	5057.04	11326.70	16668.85	1617.25
2043	8991.17	6307.26	6802.46	7008.83	8027.08	16439.74	17898.00	5383.76	11955.05	17711.51	1712.80
2044	9480.82	6760.84	7206.83	7231.43	8363.66	17433.73	18795.42	5752.25	12653.94	18853.21	1818.74

续表

年份	北京	天津	河北	辽宁	上海	江苏	浙江	福建	山东	广东	海南
2045	9971.99	7231.82	7629.41	7456.07	8697.35	18531.64	19738.74	6153.62	13407.99	20070.55	1936.03
2046	10269.44	7533.92	7932.63	7557.15	8888.80	19291.34	20383.70	6450.11	13902.48	20980.07	2032.06
2047	10494.19	7782.07	8264.04	7656.21	9032.73	19983.72	20996.03	6733.23	14351.81	21879.52	2132.82
2048	10636.50	7977.90	8613.85	7761.11	9119.30	20659.47	21671.86	7013.94	14802.58	22739.08	2235.63
2049	10722.95	8135.65	8911.34	7856.18	9161.43	21254.05	22245.86	7257.83	15225.44	23446.19	2331.15
2050	10780.75	8271.91	9150.63	7918.63	9180.99	21751.83	22687.67	7476.57	15620.52	24047.41	2423.92

2. 不实施中央调剂制度时中部地区各省养老金支出

表4-18报告了不实施中央调剂制度时2018—2050年中部地区各省养老金支出情况。根据表4-18可以看出，其一，当不实施中央调剂制度时，山西、吉林、黑龙江、安徽、江西、河南、湖北、湖南的城镇职工养老金支出大体呈现出上升的趋势。

其二，当不实施中央调剂制度时，山西、吉林、黑龙江、安徽、江西、河南、湖北、湖南的城镇职工养老金支出均于2050年达到高峰，峰值规模分别为5193.61亿元、5472.92亿元、7212.62亿元、11362.28亿元、10400.63亿元、12348.61亿元、13227.17亿元、12831.59亿元。

其三，当不实施中央调剂制度时，在未来的中部地区各省中，年平均城镇职工养老金支出按照从高到低的顺序排列依次为湖北、湖南、河南、安徽、江西、黑龙江、吉林、山西，其中，湖北省年平均城镇职工养老金收入为6248.30亿元，山西省年平均城镇职工养老金收入为2606.06亿元。

表4-18　不实施中央调剂制度时中部地区各省养老金支出　单位：亿元

年份	山西	吉林	黑龙江	安徽	江西	河南	湖北	湖南
2018	662.94	900.17	1389.99	1016.99	884.29	1178.59	1339.29	1281.84
2019	737.01	1000.38	1537.55	1152.75	995.15	1320.63	1509.56	1447.07
2020	818.51	1107.94	1695.06	1305.91	1120.17	1476.90	1689.88	1629.50
2021	895.65	1206.71	1837.72	1460.59	1244.11	1635.04	1870.56	1806.19
2022	973.05	1307.05	1979.21	1618.47	1372.52	1795.40	2053.36	1985.36
2023	1071.65	1430.64	2153.83	1817.11	1533.86	1996.29	2292.16	2218.78
2024	1173.69	1558.81	2331.21	2026.41	1701.37	2203.88	2540.97	2455.06
2025	1291.16	1705.90	2533.40	2262.76	1893.01	2446.64	2820.39	2723.79

续表

年份	山西	吉林	黑龙江	安徽	江西	河南	湖北	湖南
2026	1404. 65	1843. 13	2723. 43	2492. 54	2077. 67	2676. 01	3088. 46	2972. 42
2027	1525. 95	1987. 41	2925. 86	2739. 44	2280. 50	2926. 10	3377. 50	3242. 94
2028	1654. 13	2132. 28	3133. 96	2991. 79	2510. 65	3187. 62	3673. 28	3531. 95
2029	1789. 72	2271. 21	3339. 09	3252. 18	2759. 18	3465. 05	3978. 59	3843. 64
2030	1925. 18	2414. 64	3541. 80	3524. 07	3028. 10	3742. 00	4299. 91	4166. 80
2031	2056. 95	2554. 22	3727. 81	3795. 83	3304. 06	4015. 32	4619. 22	4476. 22
2032	2181. 43	2694. 12	3907. 75	4070. 57	3584. 17	4293. 79	4941. 66	4781. 25
2033	2310. 25	2853. 25	4108. 97	4373. 84	3885. 58	4603. 97	5291. 38	5110. 37
2034	2446. 69	3024. 93	4318. 39	4698. 97	4192. 85	4937. 89	5672. 96	5468. 43
2035	2593. 29	3193. 59	4533. 49	5034. 05	4486. 27	5284. 36	6062. 12	5840. 30
2036	2730. 73	3336. 72	4713. 47	5344. 65	4760. 49	5611. 96	6419. 17	6196. 72
2037	2890. 52	3502. 51	4926. 02	5689. 11	5072. 32	5981. 84	6814. 30	6615. 93
2038	3040. 55	3656. 98	5117. 08	6038. 72	5389. 80	6350. 99	7210. 82	7019. 66
2039	3199. 06	3810. 99	5299. 28	6411. 38	5740. 11	6722. 02	7641. 57	7441. 65
2040	3361. 25	3976. 06	5493. 18	6803. 87	6107. 96	7122. 21	8091. 21	7889. 55
2041	3507. 89	4121. 20	5664. 57	7166. 71	6442. 33	7521. 37	8508. 97	8306. 48
2042	3671. 48	4286. 80	5858. 33	7579. 61	6820. 32	8008. 00	8987. 99	8784. 66
2043	3838. 92	4461. 72	6064. 32	8023. 83	7223. 24	8533. 00	9484. 06	9291. 13
2044	4031. 31	4656. 95	6307. 34	8530. 30	7702. 22	9132. 26	10066. 72	9877. 85
2045	4246. 49	4864. 66	6557. 11	9091. 67	8261. 36	9793. 29	10709. 44	10535. 88
2046	4404. 67	4998. 48	6700. 51	9530. 66	8694. 29	10288. 27	11200. 33	11013. 58
2047	4580. 21	5127. 24	6839. 48	9972. 94	9110. 78	10828. 25	11693. 40	11447. 53
2048	4789. 47	5254. 98	6976. 81	10446. 73	9543. 50	11388. 77	12247. 53	11899. 64
2049	5002. 05	5369. 93	7103. 09	10909. 87	9968. 71	11887. 04	12770. 04	12363. 58
2050	5193. 61	5472. 92	7212. 62	11362. 28	10400. 63	12348. 61	13227. 17	12831. 59

3. 不实施中央调剂制度时西部地区各省养老金支出

表 4-19 报告了不实施中央调剂制度时 2018—2050 年西部地区各省养老金支出情况。根据表 4-19 可以看出，其一，当不实施中央调剂制度时，内蒙古、广西、重庆、四川、贵州、云南、西藏、陕西、甘肃、青海、宁夏、

新疆的城镇职工养老金支出大体呈现出上升的趋势。

其二，当不实施中央调剂制度时，内蒙古、广西、重庆、四川、贵州、云南、西藏、陕西、甘肃、青海、宁夏、新疆的城镇职工养老金支出均于2050年达到高峰，峰值规模分别为6639.45亿元、8518.12亿元、14736.82亿元、24846.92亿元、8635.78亿元、8022.47亿元、1349.23亿元、8780.13亿元、4555.83亿元、1940.82亿元、2210.05亿元、7667.44亿元。

其三，当不实施中央调剂制度时，在未来的西部地区各省中，年平均城镇职工养老金支出按照从高到低的顺序排列依次为四川、重庆、陕西、广西、新疆、贵州、云南、内蒙古、甘肃、宁夏、青海、西藏，其中，四川省年平均城镇职工养老金收入为11913.79亿元，西藏自治区年平均城镇职工养老金收入为526.20亿元。

（三）不实施中央调剂制度时各省养老金当期结余

表4-20报告了不实施中央调剂制度时2018—2050年全国各省养老金当期结余情况。根据表4-20和图4-2可知，其一，从测算起始年份2018年养老金当期结余来看，全国共有辽宁、黑龙江、四川、吉林等15个省市出现了当期赤字，其中，辽宁省的当前赤字规模最大，达到了616.19亿元，江西省的当前赤字规模最小，为4.35亿元；在其余16个养老金当期结余为正的省市中，广东省在2018年产生的当期结余最多，达到了5491.82亿元，安徽省的当期结余最少，为7.48亿元。

其二，从养老金当前结余出现的峰点年份来看，全国31个省市均于2018年出现高峰，其后当期结余便呈现出一直下降的趋势。从养老金当期赤字首次出现的年份来看，2020年以前产生当期赤字的省市有辽宁、黑龙江、四川、吉林等23个，2020—2035年产生当期赤字的省市有江苏、贵州、河南、山东、西藏、福建和北京7个，2035年以后产生当期赤字的省份只剩下广东。从养老金当期赤字首次出现的规模来看，江西首次出现的赤字规模最小，为4.35亿元；辽宁首次出现的赤字规模最大，为616.19亿元。

其三，从测算结束年份2050年养老金当期结余来看，全国31个省市均出现了当期赤字，其中，四川的赤字规模最大，为15483.90亿元，西藏的赤字规模最小，为717.69亿元。

表 4-19　不实施中央调剂制度时西部地区各省养老金支出

单位：亿元

年份	内蒙古	广西	重庆	四川	贵州	云南	西藏	陕西	甘肃	青海	宁夏	新疆
2018	768. 36	768. 42	1213. 59	2746. 11	498. 56	579. 91	47. 28	762. 44	456. 18	151. 18	197. 43	651. 89
2019	866. 83	864. 72	1386. 07	3066. 11	575. 01	658. 75	56. 65	857. 74	512. 54	174. 13	223. 22	742. 69
2020	973. 12	973. 22	1573. 10	3412. 43	661. 17	747. 13	67. 59	961. 19	573. 99	199. 86	251. 35	845. 42
2021	1076. 42	1078. 78	1757. 14	3746. 08	748. 32	835. 04	78. 83	1062. 94	635. 31	225. 77	279. 64	950. 50
2022	1181. 93	1185. 49	1947. 60	4081. 03	837. 77	923. 34	91. 33	1167. 95	696. 96	253. 20	308. 92	1062. 13
2023	1314. 34	1318. 14	2183. 52	4514. 09	952. 58	1036. 82	106. 86	1302. 95	775. 24	287. 09	347. 06	1200. 93
2024	1452. 38	1453. 36	2436. 98	4965. 13	1073. 88	1158. 12	123. 74	1443. 86	855. 98	322. 92	386. 96	1349. 14
2025	1615. 02	1606. 56	2733. 89	5494. 67	1215. 76	1294. 65	144. 03	1607. 13	950. 00	363. 92	433. 38	1518. 97
2026	1771. 92	1754. 35	3028. 95	6015. 84	1356. 40	1434. 79	163. 79	1766. 59	1039. 51	403. 91	477. 59	1681. 93
2027	1938. 41	1915. 54	3344. 73	6578. 29	1511. 84	1588. 04	187. 15	1941. 46	1138. 20	447. 79	526. 61	1865. 92
2028	2113. 66	2089. 87	3695. 80	7177. 60	1684. 72	1757. 19	213. 07	2127. 57	1242. 13	494. 77	579. 45	2062. 22
2029	2298. 45	2282. 75	4077. 80	7819. 92	1880. 94	1939. 53	241. 00	2321. 09	1347. 71	543. 82	635. 60	2267. 55
2030	2485. 53	2484. 71	4480. 01	8492. 09	2089. 77	2130. 81	271. 21	2523. 75	1451. 40	594. 65	694. 59	2478. 57
2031	2667. 02	2686. 91	4841. 09	9120. 93	2297. 19	2330. 63	301. 73	2726. 84	1552. 81	645. 83	754. 46	2683. 46
2032	2841. 34	2888. 49	5186. 11	9718. 07	2507. 61	2539. 47	333. 33	2929. 66	1653. 73	697. 25	813. 20	2884. 20
2033	3030. 88	3116. 09	5538. 01	10315. 16	2734. 31	2765. 98	368. 93	3151. 96	1769. 52	753. 22	878. 01	3098. 90
2034	3231. 92	3362. 99	5926. 28	10953. 60	2976. 79	3001. 33	408. 10	3388. 36	1891. 22	812. 69	946. 66	3321. 95
2035	3445. 29	3624. 50	6335. 82	11614. 59	3233. 11	3234. 23	452. 78	3638. 12	2018. 44	875. 23	1019. 80	3561. 18

续表

年份	内蒙古	广西	重庆	四川	贵州	云南	西藏	陕西	甘肃	青海	宁夏	新疆
2036	3647. 53	3872. 37	6761. 16	12288. 41	3482. 60	3463. 60	497. 28	3876. 98	2139. 25	933. 06	1087. 28	3784. 66
2037	3877. 53	4143. 91	7254. 07	13056. 02	3762. 23	3728. 63	547. 72	4154. 91	2276. 92	996. 85	1164. 09	4030. 19
2038	4097. 19	4419. 64	7708. 28	13764. 25	4043. 65	3992. 82	600. 85	4434. 96	2413. 59	1059. 09	1237. 95	4277. 30
2039	4329. 40	4728. 58	8165. 06	14478. 70	4349. 14	4278. 17	657. 44	4743. 86	2562. 23	1124. 24	1316. 79	4539. 14
2040	4560. 22	5064. 04	8686. 74	15287. 34	4679. 62	4579. 57	718. 88	5069. 69	2717. 03	1194. 59	1397. 48	4816. 85
2041	4762. 15	5376. 39	9234. 05	16123. 33	4994. 12	4870. 75	777. 53	5380. 79	2863. 00	1259. 56	1470. 81	5072. 11
2042	4983. 68	5710. 19	9823. 56	17052. 85	5348. 37	5191. 52	840. 27	5731. 44	3030. 34	1331. 60	1552. 51	5349. 63
2043	5204. 40	6044. 98	10381. 54	17957. 95	5718. 36	5522. 36	904. 54	6104. 24	3208. 44	1404. 17	1635. 78	5637. 08
2044	5442. 40	6404. 09	11018. 64	18974. 18	6113. 93	5884. 32	973. 64	6539. 96	3411. 44	1482. 04	1724. 76	5953. 17
2045	5693. 19	6781. 38	11717. 61	20076. 75	6537. 11	6267. 75	1046. 89	7008. 08	3632. 77	1566. 05	1822. 22	6284. 56
2046	5862. 34	7092. 85	12255. 56	20905. 51	6894. 65	6580. 58	1108. 69	7363. 41	3805. 48	1634. 52	1896. 81	6547. 46
2047	6053. 10	7457. 67	12822. 90	21794. 65	7290. 12	6922. 45	1168. 91	7716. 12	3989. 90	1709. 13	1978. 02	6825. 22
2048	6259. 71	7841. 03	13484. 05	22837. 88	7733. 82	7308. 45	1227. 97	8088. 74	4187. 02	1787. 94	2061. 08	7110. 49
2049	6457. 06	8196. 74	14130. 95	23878. 59	8179. 69	7679. 72	1287. 40	8445. 70	4375. 08	1865. 07	2136. 51	7391. 77
2050	6639. 45	8518. 12	14736. 82	24846. 92	8635. 78	8022. 47	1349. 23	8780. 13	4555. 83	1940. 82	2210. 05	7667. 44

表 4-20　各省城镇职工养老金当期结余

单位：亿元

省份	2018 年当期结余	峰点年份	首次出现当期赤字年份及规模		2050 年当期结余	省份	2018 年当期结余	峰点年份	首次出现当期赤字年份及规模		2050 年当期结余
			年份	规模					年份	规模	
北京	1856. 74	2018	2032	9. 49	-6702. 24	湖北	-198. 31	2018	2018	198. 31	-9087. 00
天津	-44. 36	2018	2018	44. 36	-6574. 52	湖南	-151. 23	2018	2018	151. 23	-7492. 58
河北	153. 50	2018	2019	192. 36	-4431. 73	广东	5491. 82	2018	2041	128. 30	-7811. 59
山西	21. 10	2018	2019	151. 10	-3370. 20	广西	-69. 43	2018	2018	69. 43	-4965. 34
内蒙古	-176. 50	2018	2018	176. 50	-5115. 90	海南	23. 07	2018	2019	40. 80	-1522. 07
辽宁	-616. 19	2018	2018	616. 19	-5919. 81	重庆	-292. 85	2018	2018	292. 85	-10039. 57
吉林	-307. 42	2018	2018	307. 42	-4291. 15	四川	-569. 96	2018	2018	569. 96	-15483. 90
黑龙江	-571. 42	2018	2018	571. 42	-5813. 12	贵州	172. 76	2018	2022	8. 24	-3358. 32
上海	-91. 74	2018	2018	91. 74	-7076. 29	云南	37. 76	2018	2019	114. 30	-4429. 98
江苏	1108. 22	2018	2021	17. 34	-13319. 78	西藏	30. 60	2018	2024	5. 71	-717. 69
浙江	464. 99	2018	2019	353. 91	-15306. 19	陕西	190. 93	2018	2019	29. 82	-5069. 99
安徽	7. 48	2018	2019	267. 60	-6601. 39	甘肃	-77. 34	2018	2018	77. 34	-3123. 37
福建	587. 52	2018	2030	65. 57	-3309. 82	青海	-4. 85	2018	2018	4. 85	-1298. 75
江西	-4. 35	2018	2018	4. 35	-5739. 92	宁夏	13. 63	2018	2019	41. 72	-1385. 21
山东	808. 82	2018	2023	94. 91	-5303. 12	新疆	-44. 96	2018	2018	44. 96	-5124. 59
河南	431. 44	2018	2023	53. 54	-4674. 01						

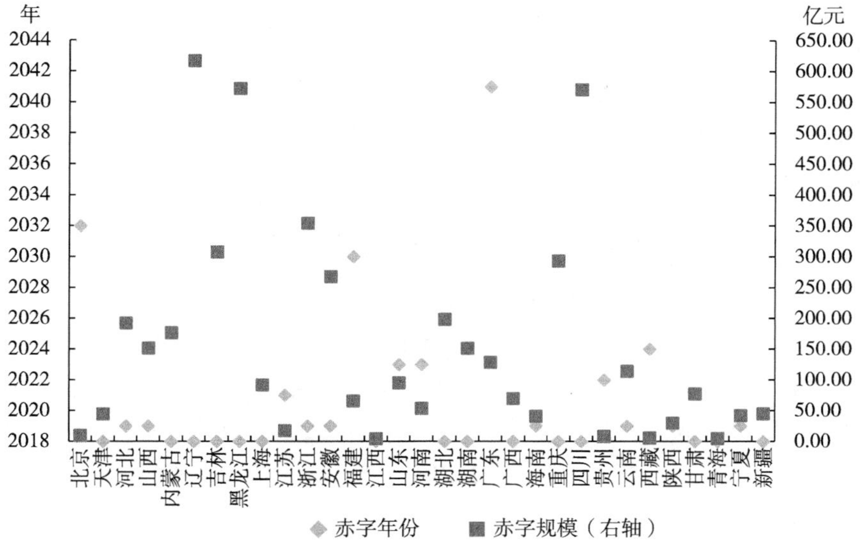

图 4-2　当前生育水平下各省养老金首次出现当期赤字的年份及规模

为何辽宁省养老金首次出现当期赤字的时点最早而且赤字规模最大呢？从养老金缴费来看，养老金缴费主要由缴费人数、缴费基数和缴费率三个方面决定，相比于其他省份，辽宁生育率较低，再加上属于人口迁出大省，从而导致辽宁省的养老金缴费人数较少；同时，辽宁省经济增长缓慢，从而导致缴费基数也较低，缴费人数与缴费基数的共同作用使得辽宁省养老金的缴费金额较少。从养老金给付来看，养老金给付主要由领取人数、计发基数、计发比例和养老金增长率四个方面决定，相比于其他省份，辽宁属于东北老工业基地，退休职工较多；虽然由于经济增长缓慢，养老金的计发基数与养老金增长率较低，但是辽宁省养老金的计发基数与养老金增长率的降低效应远远比不上养老金领取人数规模的扩大效应，从而导致辽宁省养老金给付相对较多。养老金缴费的减少与养老金给付的增加，使得辽宁省养老金首次出现当期赤字的时点不仅最早而且产生的当期赤字规模最大。

为何广东省养老金首次出现当期赤字的时点最晚而且赤字规模较低呢？从养老金缴费来看，相比于其他省份，广东属于人口迁入大省，从而导致广东省的养老金缴费人数较多；而缴费基数由广东省经济市场控制，从而导致缴费基数较高，较多的缴费人数与较高的缴费基数使得广东省养老金的缴费金额很多。从养老金给付来看，相比于其他省份，广东省退休职工较少；同时因为广东省经济增速放缓，养老金增长率相对较低；虽然由市场控制的养老金计发基数较高，但是养老金计发基数的增长效应远小于退休职工较少与养老金增长率相对较低对养老金给付的影响。因此，较高的养老金缴费与较低的养老金给付导致广东省养老金首次出现当期赤字的时点最晚而且赤字规模较低。

（四）不实施中央调剂制度时各省养老金累计结余

表 4-21 报告了不实施中央调剂制度时 2018—2050 年全国各省养老金累计结余情况。根据表 4-21 和图 4-3 可以看出，其一，从 2018 年养老金累计结余来看，全国只有黑龙江和辽宁两个省份出现了累计赤字，其中，黑龙江的累计赤字缺口最大，达到了 1057.62 亿元；在其余 29 个累计结余为正的省市中，广东省在 2018 年产生的累计结余最多，为 14736.92 亿元，吉林省的累计结余最少，为 32.58 亿元。

其二，从养老金累计结余出现的峰点年份来看，全国有黑龙江、辽宁、吉林、青海、海南等 23 个省市于 2020 年以前出现高峰，2020—2035 年出现高峰的省份有江苏、贵州、河南、山东、西藏、福建和北京 7 个，广东出现高峰的年份最晚，为 2040 年。从养老金累计结余出现的峰点规模来看，黑龙江省的养老金峰点规模最小，为-1057.62 亿元；广东省的峰点规模最大，为 94046.21 亿元。

其三，从养老金累计赤字首次产生的年份来看，辽宁、黑龙江、吉林、重庆 4 个省市在 2020 年以前出现了累计赤字，2020—2035 年产生累计赤字的省市有青海、甘肃、天津、内蒙古、湖北等 24 个省市，2035 年以后首次产生累计赤字的省市包括福建和北京 2 个，广东在 2050 年以前不产生累计赤字。从养老金累计赤字首次产生的规模来看，重庆首次产生的累计赤字规模最小，为 6.78 亿元；北京首次产生的累计赤字规模最大，为 2508.18 亿元。

其四，从 2050 年养老金累计结余来看，除了广东以外，其余 30 个省市的养老金累计结余均为负值，四川的累计赤字规模最大，为 214230.98 亿元；西藏的累计赤字规模最小，为 7411.39 亿元；广东在 2050 年的累计结余为 49903.01 亿元。

表 4-21　各省城镇职工养老金累计结余

单位：亿元

省份	2018 年养老金累计结余	累计结余峰点年份及规模		首次出现累计赤字年份及规模		2050 年养老金累计结余
		年份	规模	年份	规模	
北京	6251.64	2031	15815.89	2042	2508.18	-50741.54
天津	418.84	2018	418.84	2020	262.83	-85510.60
河北	888.70	2018	888.70	2022	154.88	-52453.08
山西	1478.80	2018	1478.80	2024	40.14	-42883.81
内蒙古	428.70	2018	428.70	2020	387.01	-78297.48
辽宁	-43.39	2018	-43.39	2018	43.39	-111215.08
吉林	32.58	2018	32.58	2019	479.41	-72162.87
黑龙江	-1057.62	2018	-1057.62	2018	1057.62	-106009.91
上海	1977.06	2018	1977.06	2022	674.75	-107767.55
江苏	4839.02	2020	5212.97	2028	1524.71	-151660.34
浙江	4174.79	2018	4174.79	2024	1155.05	-211416.26
安徽	1401.38	2018	1401.38	2022	115.45	-83891.33
福建	1407.52	2029	4130.56	2039	543.17	-25782.53
江西	633.75	2018	633.75	2021	171.46	-70669.23
山东	3124.52	2022	3473.32	2029	165.85	-61420.82
河南	1535.44	2022	1721.17	2029	190.92	-42582.65
湖北	553.29	2018	553.29	2020	608.07	-121151.12
湖南	952.87	2018	952.87	2020	89.91	-103126.53
广东	14736.92	2040	94046.21	—	—	49903.01
广西	487.27	2018	487.27	2020	91.35	-64043.43
海南	196.57	2018	196.57	2022	44.90	-18171.11
重庆	604.25	2018	604.25	2019	6.78	-136157.67
四川	2675.84	2018	2675.84	2021	1395.37	-214230.98
贵州	791.96	2021	824.47	2028	90.39	-32735.50
云南	988.56	2018	988.56	2024	195.57	-51303.27
西藏	154.20	2023	192.84	2030	57.90	-7411.39
陕西	757.03	2018	757.03	2025	179.08	-53218.58
甘肃	326.36	2018	326.36	2020	83.26	-40588.85
青海	50.95	2018	50.95	2020	61.00	-17752.52
宁夏	231.33	2018	231.33	2022	8.40	-18418.10

续表

省份	2018年养老金累计结余	累计结余峰点年份及规模		首次出现累计赤字年份及规模		2050年养老金累计结余
		年份	规模	年份	规模	
新疆	1029.04	2018	1029.04	2022	238.90	-72350.05

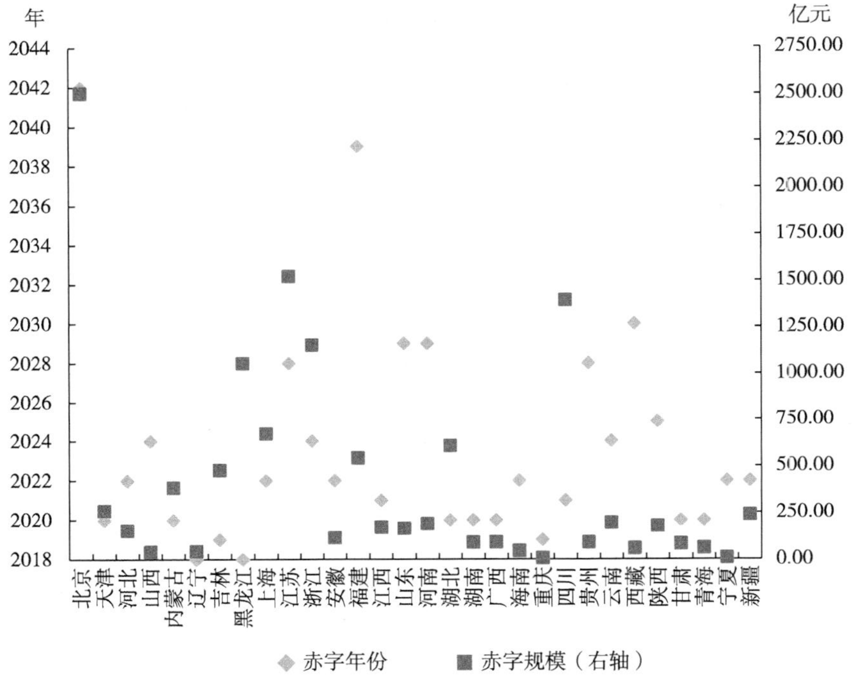

图 4-3 当前生育水平下各省养老金首次出现累计赤字的年份及规模

为什么黑龙江和辽宁两个省份养老金首次出现累计赤字的年份最早呢？从养老金缴费来看，相比于其他省份，黑龙江和辽宁的生育水平较低，再加上大量人口外流，从而导致黑龙江和辽宁的养老金缴费人数较少；同时，黑龙江和辽宁经济下行，从而导致缴费基数较低，较少的缴费人数与较低的缴费基数使得黑龙江和辽宁养老金的缴费金额较少。从养老金给付来看，养老金领取人口由过去的人口结构决定，黑龙江和辽宁同属东北老工业基地，退休职工较多；由于经济下行的原因，养老金计发基数与养老金增长率较低；但是黑龙江和辽宁较低的计发基数与较低的养老金增长率对养老金领取的影响小于较多退休职工对养老金领取的影响，所以黑龙江与辽宁养老金给付较多。较少的养老金缴费与较多的养老金给付使得黑龙江和辽宁最早出现养老金当期赤字，同时，黑龙江与辽宁养老金累计结余较少，从而使得这两个省份最早出现累计赤字。

为什么广东省的养老金在测算期内不产生累计赤字呢？从养老金缴费来看，相比于其他省份，广东属于人口流入大省，养老金缴费人数较多；缴费基数由于经济的原因，也处于较高水平，所以广东的养老金缴费金额较高。从养老金给付来看，养老金领取人口由过去的人口结构决定，所以测算初期广东退休职工较少；由于广东属于经济发达地区，其计发基数处于较高水平；后期由于经济增速放缓，养老金增长率处于一个相对较低的状态，养老金计发基数的增长效应远小于退休职工较少与养老金增长率相对较低对养老金给付的影响，从而导致养老金给付较低。较高的养老金缴费与较低的养老金给付使得广东最晚出现养老金当期赤字，在广东产生当期赤字的年份，由于养老金累计结余较多，广东省完全可以维持养老金的正常运行，从而导致广东省的养老金在测算期内不产生累计赤字。

二、实施中央调剂制度后基础养老金收支状况预测

通过上述分析可知，在2020年以前，大多数省份的养老金都处于收不抵支的状态，其中，辽宁、黑龙江、吉林、重庆4个省市更是将本省的养老金累计结余消耗殆尽。为了缓解欠发达省份的养老金支付危机，实现养老保险制度的可持续发展，2018年国家建立了养老保险基金中央调剂制度。随着中央调剂制度的正式实施，各省的养老金收支状况必定会产生新的变化，为了评估现行中央调剂制度的实施效果，本书将继续模拟中央调剂制度实施后实现“两个一百年”奋斗目标期间各省养老金当期结余和累计结余的变化情况。根据《国务院关于建立企业职工基本养老保险基金中央调剂制度的通知》和《国务院办公厅关于印发降低社会保险费率综合方案的通知》，设定2019年中央调剂金的上解比例为3.5%，2050年以前每年以0.5%的比例递增，下文给出了中央调剂制度实施后各省养老金财务运行状况的模拟结果。

（一）实施中央调剂制度后各省养老金收入

1. 实施中央调剂制度后东部地区各省养老金收入

为了考察中央调剂制度对东部地区各省养老金收支平衡的影响情况，基于上述养老金收入模型，计算了2018—2050年实施中央调剂制度后东部地区各省的基础养老金收入，详细情况见表4-22。

根据表 4-22 可以看出，其一，实施中央调剂制度后，北京、天津、河北、辽宁、上海、江苏、浙江、福建、山东、广东、海南的城镇职工养老金收入大体呈现出上升的趋势。

其二，实施中央调剂制度后，北京、天津、河北、辽宁、上海、江苏、浙江、福建、山东、广东、海南的城镇职工养老金收入均于 2050 年达到高峰，峰值规模分别为 7638.28 亿元、4068.92 亿元、10254.39 亿元、8465.82 亿元、6925.45 亿元、17810.21 亿元、18054.69 亿元、7235.34 亿元、18299.65 亿元、27666.31 亿元、2089.55 亿元。

其三，实施中央调剂制度后，在未来的东部地区各省中，年平均城镇职工养老金收入按照从高到低的顺序排列依次为广东、江苏、浙江、山东、北京、河北、辽宁、上海、福建、天津、海南，其中，广东年平均城镇职工养老金收入为 16853.65 亿元，海南年平均城镇职工养老金收入为 1016.75 亿元。

表 4-22 实施中央调剂制度后东部地区各省养老金收入 单位：亿元

年份	北京	天津	河北	辽宁	上海	江苏	浙江	福建	山东	广东	海南
2018	3567.62	855.62	1438.46	1495.45	1812.63	3570.00	3247.67	1159.83	2802.97	7550.69	237.57
2019	3192.22	851.76	1544.37	1787.72	1869.68	3595.82	3305.82	1135.36	2847.46	6857.43	252.65
2020	3380.44	935.55	1704.54	1951.79	2009.50	3920.21	3599.14	1249.94	3129.03	7394.06	281.30
2021	3576.92	1024.94	1876.50	2123.54	2154.58	4263.09	3911.96	1374.39	3429.68	7963.68	312.33
2022	3765.57	1114.61	2055.31	2306.33	2301.65	4610.88	4230.83	1497.87	3738.96	8506.58	344.31
2023	3923.32	1197.93	2227.28	2470.69	2435.10	4942.16	4540.07	1621.63	4036.25	9028.78	376.37
2024	4101.67	1291.24	2422.85	2656.71	2583.52	5312.71	4886.28	1759.83	4372.20	9606.70	412.25
2025	4277.04	1386.26	2624.60	2841.51	2731.20	5690.40	5240.54	1903.72	4712.29	10187.63	449.90
2026	4464.47	1487.34	2840.39	3033.93	2887.69	6096.35	5615.97	2057.64	5075.98	10811.93	490.48
2027	4645.70	1586.82	3057.86	3232.44	3045.51	6506.75	5992.57	2210.55	5446.05	11407.45	531.74
2028	4833.82	1692.43	3291.80	3441.01	3211.92	6945.70	6393.77	2373.34	5842.65	12033.35	576.61
2029	5042.70	1807.95	3546.77	3666.06	3393.69	7420.06	6832.09	2549.80	6270.32	12699.72	625.25
2030	5250.60	1928.37	3811.46	3899.75	3576.01	7911.30	7288.09	2733.20	6716.06	13404.97	677.25
2031	5463.05	2058.39	4090.92	4142.33	3768.67	8429.03	7774.31	2926.97	7195.49	14148.04	733.67
2032	5683.00	2195.75	4387.50	4405.33	3988.63	8973.82	8301.04	3134.62	7704.71	14940.46	793.15
2033	5880.11	2332.65	4693.21	4673.43	4202.10	9528.62	8839.98	3348.98	8229.80	15719.42	855.23
2034	6089.91	2475.52	5016.38	4956.42	4425.38	10108.73	9412.46	3583.03	8871.93	16511.40	921.54
2035	6276.92	2620.44	5356.02	5255.20	4660.52	10730.70	10030.10	3840.03	9477.35	17365.52	993.54

续表

年份	北京	天津	河北	辽宁	上海	江苏	浙江	福建	山东	广东	海南
2036	6488.35	2765.70	5700.61	5539.96	4894.49	11347.83	10647.40	4100.61	10135.17	18228.78	1066.42
2037	6618.32	2887.29	6022.95	5800.90	5089.91	11891.26	11215.36	4334.56	10738.50	19008.72	1135.25
2038	6780.04	3022.07	6371.56	6090.19	5311.88	12495.77	11848.27	4589.38	11368.84	19871.32	1210.92
2039	6962.36	3170.07	6754.87	6394.45	5549.59	13153.40	12544.81	4869.80	12066.13	20804.93	1293.31
2040	7149.68	3320.86	7152.42	6704.67	5791.23	13824.35	13260.36	5159.64	12787.26	21762.00	1379.58
2041	7264.42	3439.69	7504.95	6944.69	5970.92	14385.10	13866.18	5420.18	13429.25	22585.16	1456.95
2042	7278.03	3514.33	7800.86	7134.32	6091.55	14795.91	14349.63	5624.86	13950.64	23174.40	1522.95
2043	7294.55	3587.80	8109.29	7330.22	6215.53	15216.91	14846.35	5834.17	14492.28	23786.98	1591.94
2044	7258.64	3632.86	8387.98	7480.11	6298.34	15550.48	15267.50	6015.72	14979.59	24277.40	1655.35
2045	7194.91	3661.94	8648.90	7600.21	6354.98	15826.49	15641.31	6179.18	15436.20	24683.65	1716.01
2046	7230.17	3729.91	8957.35	7754.94	6458.78	16214.76	16112.26	6387.67	15997.98	25271.93	1787.46
2047	7275.40	3794.70	9250.62	7906.94	6555.63	16561.99	16549.64	6574.31	16518.75	25762.81	1855.83
2048	7353.33	3864.42	9544.20	8052.16	6645.24	16898.83	16974.53	6760.63	17039.26	26253.84	1924.33
2049	7479.21	3956.85	9878.17	8240.76	6768.55	17312.98	17474.98	6981.41	17631.63	26894.44	2001.82
2050	7638.28	4068.92	10254.39	8465.82	6925.45	17810.21	18054.69	7235.34	18299.65	27666.31	2089.55

2. 实施中央调剂制度后中部地区各省养老金收入

同样，为了考察中央调剂制度对中部地区各省养老金收支平衡的影响情况，通过上述建立的养老金收入模型，计算了 2018—2050 年实施中央调剂制度后中部地区各省的基础养老金收入，详细情况见表 4-23。

根据表 4-23 可以看出，其一，实施中央调剂制度后，山西、吉林、黑龙江、安徽、江西、河南、湖北、湖南的城镇职工养老金收入大体呈现出上升的趋势。

其二，实施中央调剂制度后，山西、吉林、黑龙江、安徽、江西、河南、湖北、湖南的城镇职工养老金收入均于 2050 年达到高峰，峰值规模分别为 5310.36 亿元、4584.23 亿元、6518.14 亿元、9386.02 亿元、9267.26 亿元、14886.36 亿元、10859.35 亿元、11046.70 亿元。

其三，实施中央调剂制度后，在未来的中部地区各省中，年平均城镇职工养老金收入按照从高到低的顺序排列依次为河南、湖北、湖南、安徽、江西、黑龙江、山西、吉林，其中，河南年平均城镇职工养老金收入为 7192.02 亿元，吉林年平均城镇职工养老金收入为 2516.50 亿元。

表 4-23 实施中央调剂制度后中部地区各省养老金收入 单位：亿元

年份	山西	吉林	黑龙江	安徽	江西	河南	湖北	湖南
2018	684.03	592.76	818.57	1024.48	879.94	1610.03	1140.99	1130.61
2019	765.03	731.71	1059.01	1124.19	998.53	1739.71	1364.45	1286.74
2020	848.29	814.39	1178.88	1258.50	1125.89	1947.66	1530.82	1443.16
2021	936.87	901.56	1304.17	1403.35	1264.57	2170.93	1708.83	1613.29
2022	1028.46	993.53	1437.41	1553.37	1408.07	2402.60	1894.22	1790.08
2023	1117.59	1080.89	1563.64	1704.09	1554.18	2635.65	2078.52	1965.91
2024	1218.40	1179.13	1705.11	1873.10	1718.74	2896.04	2284.90	2163.53
2025	1321.95	1279.01	1848.66	2048.32	1891.13	3167.36	2497.56	2368.24
2026	1432.55	1383.77	1998.55	2237.58	2077.98	3462.09	2725.09	2589.04
2027	1545.04	1491.52	2153.71	2429.32	2267.31	3760.96	2956.92	2813.40
2028	1665.10	1605.33	2317.92	2636.41	2471.62	4085.49	3205.44	3055.23
2029	1795.18	1727.57	2494.67	2862.11	2695.00	4440.81	3475.45	3318.40
2030	1933.01	1855.63	2681.81	3103.97	2928.98	4804.02	3762.35	3597.74
2031	2078.35	1988.20	2875.36	3358.78	3178.64	5194.60	4062.12	3899.18
2032	2234.51	2131.93	3086.24	3632.99	3445.40	5611.56	4387.77	4223.22
2033	2394.46	2278.60	3301.00	3917.45	3723.14	6047.44	4723.62	4559.05
2034	2563.52	2435.31	3526.97	4219.54	4018.53	6513.45	5082.31	4912.65
2035	2744.42	2601.00	3766.85	4546.23	4335.79	7015.63	5463.76	5294.54
2036	2923.38	2757.27	3991.16	4877.32	4657.63	7528.96	5826.43	5679.84
2037	3092.66	2901.62	4198.06	5188.24	4959.99	8008.34	6180.54	6037.99
2038	3277.33	3063.67	4427.41	5528.79	5295.43	8532.37	6573.43	6432.20
2039	3478.30	3238.83	4672.04	5901.03	5659.76	9110.21	7005.79	6868.03
2040	3686.41	3419.79	4924.56	6289.49	6040.75	9714.94	7454.35	7322.92
2041	3863.84	3564.01	5121.70	6641.32	6387.93	10271.99	7844.45	7732.16
2042	4012.54	3679.33	5278.77	6935.15	6683.90	10751.69	8168.49	8078.77
2043	4167.65	3801.58	5446.96	7241.37	6994.62	11253.47	8506.08	8441.84
2044	4307.60	3903.23	5589.43	7522.98	7287.92	11724.79	8811.12	8778.50
2045	4440.07	3992.53	5711.40	7790.73	7574.20	12180.69	9096.48	9101.49
2046	4595.49	4103.99	5859.33	8106.15	7904.28	12705.73	9436.02	9479.49
2047	4749.63	4211.03	6004.44	8396.77	8212.21	13200.89	9754.59	9832.77

续表

年份	山西	吉林	黑龙江	安徽	江西	河南	湖北	湖南
2048	4910.57	4313.71	6143.03	8687.00	8522.94	13700.31	10074.69	10187.47
2049	5098.85	4437.76	6314.51	9015.60	8873.07	14259.94	10442.86	10590.71
2050	5310.36	4584.23	6518.14	9386.02	9267.26	14886.36	10859.35	11046.70

3. 实施中央调剂制度后西部地区各省养老金收入

为了考察中央调剂制度对西部地区各省养老金收支平衡的影响情况，通过上述建立的养老金收入模型，计算了2018—2050年实施中央调剂制度后西部地区各省的基础养老金收入，详细情况见表4-24。

根据表4-24可以看出，其一，实施中央调剂制度后，内蒙古、广西、重庆、四川、贵州、云南、西藏、陕西、甘肃、青海、宁夏、新疆的城镇职工养老金收入大体呈现出上升的趋势。

其二，实施中央调剂制度后，内蒙古、广西、重庆、四川、贵州、云南、西藏、陕西、甘肃、青海、宁夏、新疆的城镇职工养老金收入均于2050年达到高峰，峰值规模分别为4961.73亿元、7670.64亿元、9139.56亿元、19107.82亿元、7846.37亿元、6526.71亿元、918.90亿元、7291.12亿元、3834.27亿元、1373.47亿元、1807.05亿元、6165.03亿元。

其三，实施中央调剂制度后，在未来的西部地区各省中，年平均城镇职工养老金收入按照从高到低的顺序排列依次为四川、重庆、陕西、广西、贵州、云南、新疆、内蒙古、甘肃、宁夏、青海、西藏，其中，四川年平均城镇职工养老金收入为9622.76亿元，西藏年平均城镇职工养老金收入为407.00亿元。

表 4-24　实施中央调剂制度后西部地区各省养老金收入

单位：亿元

年份	内蒙古	广西	重庆	四川	贵州	云南	西藏	陕西	甘肃	青海	宁夏	新疆
2018	591.86	698.98	920.74	2176.15	671.32	617.67	77.88	953.37	378.84	146.33	211.06	606.92
2019	685.30	788.30	1040.82	2475.55	702.92	671.44	76.89	1008.27	430.07	157.79	226.25	669.82
2020	764.86	886.72	1174.11	2771.96	800.88	758.02	87.47	1124.42	483.50	177.10	252.63	751.84
2021	849.46	993.59	1317.80	3089.18	908.85	852.67	99.29	1249.21	541.16	198.00	281.08	840.36
2022	937.97	1105.45	1466.18	3415.38	1019.53	950.84	111.49	1376.03	601.69	219.71	310.40	933.03
2023	1023.91	1219.25	1613.39	3737.72	1132.40	1050.21	124.41	1501.38	662.24	241.51	339.64	1026.59
2024	1121.44	1346.59	1778.39	4097.18	1259.10	1161.83	138.84	1641.66	730.34	265.82	372.57	1131.36
2025	1221.83	1479.52	1948.57	4466.98	1392.12	1278.86	154.26	1786.14	801.22	291.07	406.72	1240.90
2026	1328.53	1623.30	2132.15	4862.74	1538.32	1405.41	171.30	1941.65	876.86	318.18	443.32	1358.59
2027	1438.15	1770.82	2318.77	5264.23	1686.09	1534.11	188.43	2096.98	954.91	345.82	480.72	1481.11
2028	1555.32	1930.39	2518.00	5694.62	1846.56	1673.53	207.03	2264.21	1038.82	375.57	520.87	1614.02
2029	1683.24	2104.79	2733.28	6160.94	2021.10	1826.34	227.29	2446.80	1129.53	408.01	564.27	1758.69
2030	1817.97	2292.26	2961.77	6652.24	2208.98	1988.88	249.20	2637.32	1226.16	442.63	610.11	1912.84
2031	1959.47	2491.09	3218.88	7171.90	2411.09	2162.87	272.93	2839.86	1330.71	479.79	659.38	2076.03
2032	2112.55	2705.53	3491.01	7726.92	2625.66	2347.83	298.00	3055.10	1441.28	519.71	711.91	2253.06
2033	2269.60	2930.79	3772.99	8298.49	2852.58	2541.80	324.54	3277.22	1556.89	561.24	766.57	2437.72
2034	2436.12	3170.34	4076.72	8904.23	3096.48	2749.18	353.03	3512.84	1679.52	605.66	824.67	2634.95
2035	2613.26	3429.99	4402.35	9555.62	3361.97	2974.03	383.60	3766.02	1812.03	653.80	887.23	2848.45

续表

年份	内蒙古	广西	重庆	四川	贵州	云南	西藏	陕西	甘肃	青海	宁夏	新疆
2036	2789.57	3695.35	4731.41	10210.35	3639.26	3204.64	415.68	4023.62	1944.58	702.90	950.63	3062.46
2037	2954.32	3948.84	5037.70	10817.12	3901.58	3422.25	445.97	4259.14	2070.09	748.06	1009.78	3264.76
2038	3136.05	4226.08	5375.47	11491.45	4193.12	3662.86	478.86	4520.00	2208.46	797.67	1075.53	3488.82
2039	3334.99	4531.91	5745.85	12234.13	4505.54	3921.67	515.15	4805.56	2359.48	851.82	1146.58	3734.71
2040	3538.93	4855.01	6131.57	13009.41	4836.66	4193.53	553.48	5102.91	2516.99	908.61	1220.48	3992.92
2041	3707.82	5149.75	6478.22	13707.52	5156.86	4446.55	590.68	5369.85	2656.87	959.64	1286.16	4222.68
2042	3846.13	5405.61	6763.91	14288.56	5431.83	4663.07	623.16	5585.61	2777.93	1002.83	1341.62	4420.67
2043	3989.46	5673.03	7065.05	14893.00	5722.09	4889.67	657.30	5807.89	2905.43	1048.05	1399.41	4629.11
2044	4112.01	5923.02	7340.32	15446.16	6006.85	5103.74	690.75	6004.82	3023.37	1089.68	1452.04	4821.51
2045	4222.48	6164.90	7601.07	15970.77	6291.78	5312.28	724.34	6186.84	3135.90	1129.54	1502.20	5005.01
2046	4357.53	6447.97	7912.02	16589.25	6614.47	5552.60	762.52	6408.63	3266.30	1176.79	1561.25	5222.73
2047	4491.18	6724.89	8192.12	17158.71	6901.41	5774.72	798.10	6608.73	3393.79	1221.34	1617.31	5434.46
2048	4624.43	7006.42	8467.18	17728.49	7187.17	5998.43	834.94	6805.25	3522.79	1265.99	1673.13	5647.49
2049	4781.12	7320.87	8781.37	18376.25	7502.06	6248.25	875.26	7031.74	3668.94	1316.57	1736.00	5890.34
2050	4961.73	7670.64	9139.56	19107.82	7846.37	6526.71	918.90	7291.12	3834.27	1373.47	1807.05	6165.03

（二）实施中央调剂制度后各省养老金支出

1. 实施中央调剂制度后东部地区各省养老金支出

为了考察中央调剂制度对东部地区各省养老金收支平衡的影响情况，基于上述建立的养老金支出模型，计算了2018—2050年实施中央调剂制度后东部地区各省的基础养老金支出，详细情况见表4-25。

根据表4-25可以看出，其一，实施中央调剂制度后，北京、天津、河北、辽宁、上海、江苏、浙江、福建、山东、广东、海南的城镇职工养老金支出大体呈现出上升的趋势。

其二，实施中央调剂制度后，北京、天津、河北、辽宁、上海、江苏、浙江、福建、山东、广东、海南的城镇职工养老金支出均于2050年达到高峰，峰值规模分别为15244.12亿元、10147.18亿元、14326.73亿元、10100.63亿元、12699.72亿元、31024.97亿元、30785.82亿元、12074.63亿元、26961.24亿元、41868.49亿元、3416.17亿元。

其三，实施中央调剂制度后，在未来的东部地区各省中，年平均城镇职工养老金支出按照从高到低的顺序排列依次为广东、浙江、江苏、山东、北京、上海、河北、辽宁、福建、天津、海南，其中，广东年平均城镇职工养老金支出为19765.57亿元，海南年平均城镇职工养老金支出为1503.83亿元。

表4-25　实施中央调剂制度后东部地区各省养老金支出　　单位：亿元

年份	北京	天津	河北	辽宁	上海	江苏	浙江	福建	山东	广东	海南
2018	1710.88	899.98	1284.97	2111.64	1904.37	2461.78	2782.68	572.31	1994.16	2058.87	214.51
2019	2502.31	1157.02	1678.19	2558.58	2543.49	3398.54	3687.87	861.14	2717.99	3663.84	285.10
2020	2790.35	1303.19	1881.94	2798.92	2798.60	3873.52	4172.05	998.73	3074.48	4245.15	325.85
2021	3070.27	1444.27	2081.46	3013.16	3044.93	4357.09	4656.58	1138.97	3430.55	4835.24	366.19
2022	3359.94	1592.03	2287.35	3221.10	3296.22	4854.95	5155.92	1289.93	3801.86	5467.76	409.25
2023	3691.93	1767.43	2528.53	3469.41	3583.79	5445.78	5735.47	1467.83	4232.35	6197.71	460.66
2024	4041.25	1954.79	2782.06	3723.44	3886.80	6078.49	6362.11	1661.39	4702.06	6978.53	515.29
2025	4419.33	2164.61	3071.84	4000.30	4213.13	6778.50	7050.71	1877.67	5238.67	7845.93	577.15
2026	4788.43	2368.63	3354.88	4259.95	4525.69	7460.87	7730.29	2100.85	5758.93	8717.28	637.30
2027	5180.35	2586.89	3654.06	4524.95	4852.64	8166.31	8446.28	2342.06	6308.51	9656.58	704.15
2028	5592.49	2819.63	3966.05	4797.84	5195.97	8905.28	9208.56	2605.72	6889.13	10670.29	776.00

续表

年份	北京	天津	河北	辽宁	上海	江苏	浙江	福建	山东	广东	海南
2029	6017.33	3061.61	4287.77	5065.24	5553.70	9690.43	9999.47	2887.29	7498.28	11747.94	851.85
2030	6448.29	3315.59	4621.51	5330.40	5917.56	10515.84	10823.48	3186.46	8145.61	12872.15	931.73
2031	6877.08	3573.26	4963.04	5583.46	6283.53	11353.04	11655.81	3494.17	8800.70	14002.19	1013.09
2032	7327.16	3843.41	5319.74	5838.49	6673.26	12222.83	12514.98	3820.52	9476.37	15189.80	1097.26
2033	7807.11	4143.46	5710.25	6126.42	7079.74	13152.98	13426.86	4169.47	10208.68	16458.48	1190.91
2034	8324.63	4467.00	6125.85	6428.52	7506.91	14144.78	14395.79	4543.75	11056.56	17820.85	1293.03
2035	8848.70	4803.84	6567.60	6722.84	7938.45	15162.53	15377.40	4936.21	11891.19	19259.04	1403.82
2036	9378.53	5139.65	7005.88	6992.73	8360.31	16168.39	16346.97	5329.02	12743.56	20668.11	1511.13
2037	9941.85	5518.31	7486.04	7299.90	8807.53	17252.25	17423.29	5765.52	13671.55	22187.50	1629.05
2038	10491.39	5901.70	7955.87	7576.82	9239.87	18321.01	18492.17	6214.33	14591.65	23751.19	1751.45
2039	11048.13	6301.99	8457.40	7839.06	9671.06	19438.86	19603.86	6700.83	15577.31	25408.82	1880.99
2040	11606.89	6717.19	8985.38	8108.12	10096.18	20599.85	20740.22	7211.69	16611.41	27128.26	2016.54
2041	12091.79	7095.86	9481.01	8348.21	10457.27	21658.01	21790.14	7678.34	17580.85	28683.60	2142.06
2042	12578.04	7503.83	10020.42	8612.49	10818.29	22790.81	22921.20	8169.15	18627.37	30274.90	2275.02
2043	13044.62	7920.82	10579.70	8870.26	11157.62	23934.47	24031.26	8675.42	19700.60	31875.50	2413.17
2044	13498.09	8371.34	11167.55	9132.09	11488.84	25158.54	25187.94	9207.78	20827.97	33498.10	2560.92
2045	13930.96	8828.40	11773.46	9391.13	11806.63	26431.04	26375.12	9761.61	22002.31	35133.48	2718.59
2046	14236.53	9146.02	12270.31	9545.50	12018.58	27408.39	27288.12	10221.44	22969.69	36502.21	2853.58
2047	14514.83	9431.08	12787.45	9694.67	12210.48	28349.86	28182.12	10682.06	23939.14	37858.56	2993.18
2048	14770.96	9686.77	13320.02	9843.16	12383.78	29279.52	29109.87	11148.25	24930.94	39201.86	3135.77
2049	15012.54	9922.52	13833.08	9982.44	12545.02	30172.11	29981.59	11610.52	25937.58	40535.54	3275.74
2050	15244.12	10147.18	14326.73	10100.63	12699.72	31024.97	30785.82	12074.63	26961.24	41868.49	3416.17

2. 实施中央调剂制度后中部地区各省养老金支出

为了考察中央调剂制度对中部地区各省养老金收支平衡的影响情况，基于上述建立的养老金支出模型，计算了2018—2050年实施中央调剂制度后中部地区各省的基础养老金支出，详细情况见表4-26。

根据表4-26可以看出，其一，实施中央调剂制度后，山西、吉林、黑龙江、安徽、江西、河南、湖北、湖南的城镇职工养老金支出大体呈现出上升的趋势。

其二，实施中央调剂制度后，山西、吉林、黑龙江、安徽、江西、河南、湖北、湖南的城镇职工养老金支出均于2050年达到高峰，峰值规模分别为 7191.90 亿元、6801.14 亿元、8745.91 亿元、16618.53 亿元、15544.85 亿元、20795.38 亿元、18762.95 亿元、18719.64 亿元。

其三，实施中央调剂制度后，在未来的中部地区各省中，年平均城镇职工养老金支出按照从高到低的顺序排列依次为河南、湖北、湖南、安徽、江西、黑龙江、吉林、山西，其中，河南省年平均城镇职工养老金支出为 8902.27 亿元，山西省年平均城镇职工养老金支出为 3527.84 亿元。

表 4-26 实施中央调剂制度后中部地区各省养老金支出 单位：亿元

年份	山西	吉林	黑龙江	安徽	江西	河南	湖北	湖南
2018	662.94	900.17	1389.99	1016.99	884.29	1178.59	1339.29	1281.84
2019	860.19	1105.98	1679.30	1342.37	1160.59	1618.46	1763.14	1655.30
2020	969.32	1235.78	1865.34	1541.61	1327.82	1849.03	2003.93	1888.07
2021	1075.83	1358.01	2037.79	1745.29	1497.78	2086.88	2248.49	2119.34
2022	1185.90	1484.31	2212.13	1959.26	1678.96	2338.66	2504.10	2360.98
2023	1318.06	1633.86	2419.11	2217.73	1897.85	2638.13	2818.36	2659.86
2024	1457.83	1790.73	2632.15	2495.03	2132.03	2958.31	3152.69	2971.75
2025	1614.96	1967.16	2870.44	2805.40	2397.35	3323.27	3524.42	3322.62
2026	1769.81	2134.56	3096.79	3113.79	2661.66	3684.96	3890.04	3660.48
2027	1935.13	2311.01	3336.80	3447.10	2951.84	4079.94	4284.98	4028.54
2028	2110.24	2490.77	3584.06	3796.79	3276.66	4503.59	4699.11	4425.12
2029	2295.72	2669.02	3831.76	4166.29	3629.77	4961.37	5136.08	4854.40
2030	2485.29	2853.60	4080.89	4558.95	4009.51	5431.14	5600.19	5306.29
2031	2673.45	3034.43	4316.08	4956.43	4400.74	5910.64	6065.72	5756.30
2032	2861.17	3218.47	4549.62	5373.35	4809.64	6418.50	6553.29	6221.10
2033	3058.05	3420.64	4803.60	5829.07	5250.35	6975.13	7079.33	6723.47
2034	3267.07	3637.20	5068.79	6319.96	5713.12	7577.63	7650.09	7266.71
2035	3489.05	3854.32	5340.35	6839.27	6184.94	8219.05	8245.67	7842.99
2036	3701.44	4046.22	5577.42	7338.01	6641.53	8848.28	8797.77	8404.46
2037	3936.98	4259.44	5842.96	7883.72	7145.69	9532.53	9413.49	9031.15
2038	4168.74	4467.42	6093.38	8450.29	7673.50	10241.68	10048.90	9665.35
2039	4413.47	4680.06	6341.78	9060.42	8248.06	10997.48	10737.71	10345.33
2040	4666.77	4904.39	6602.26	9707.81	8857.26	11806.25	11461.53	11068.34

续表

年份	山西	吉林	黑龙江	安徽	江西	河南	湖北	湖南
2041	4896.22	5099.06	6828.19	10304.23	9417.68	12575.45	12121.53	11736.93
2042	5140.74	5309.07	7070.98	10949.39	10024.90	13418.69	12832.81	12464.62
2043	5390.84	5525.67	7322.57	11631.06	10666.13	14306.90	13567.51	13229.24
2044	5660.28	5756.86	7601.20	12367.98	11375.11	15259.10	14366.24	14064.30
2045	5946.75	5996.16	7883.12	13154.60	12153.41	16267.17	15210.14	14962.54
2046	6176.32	6166.76	8067.52	13816.21	12807.37	17125.75	15901.54	15695.40
2047	6417.23	6333.11	8247.37	14490.53	13464.20	18024.77	16600.03	16416.03
2048	6679.02	6498.10	8424.22	15194.38	14144.91	18951.76	17335.49	17162.56
2049	6942.17	6654.08	8591.81	15903.30	14835.24	19870.42	18061.64	17931.56
2050	7191.90	6801.14	8745.91	16618.53	15544.85	20795.38	18762.95	18719.64

3. 实施中央调剂制度后西部地区各省养老金支出

为了考察中央调剂制度对西部地区各省养老金收支平衡的影响情况，基于上述建立的养老金支出模型，计算了2018—2050年实施中央调剂制度后西部地区各省的基础养老金支出，详细情况见表4-27。

根据表4-27可以看出，其一，实施中央调剂制度后，内蒙古、广西、重庆、四川、贵州、云南、西藏、陕西、甘肃、青海、宁夏、新疆的城镇职工养老金支出大体呈现出上升的趋势。

其二，实施中央调剂制度后，内蒙古、广西、重庆、四川、贵州、云南、西藏、陕西、甘肃、青海、宁夏、新疆的城镇职工养老金支出均于2050年达到高峰，峰值规模分别为8314.68亿元、12430.24亿元、19946.84亿元、35181.28亿元、14485.17亿元、11990.48亿元、2047.93亿元、12876.56亿元、6131.05亿元、2649.22亿元、3118.19亿元、10467.20亿元。

其三，实施中央调剂制度后，在未来的西部地区各省中，年平均城镇职工养老金支出按照从高到低的顺序排列依次为四川、重庆、陕西、贵州、广西、云南、新疆、内蒙古、甘肃、宁夏、青海、西藏，其中，四川年平均城镇职工养老金支出为16021.88亿元，西藏年平均城镇职工养老金支出为766.85亿元。

表 4-27　实施中央调剂制度后西部地区各省养老金支出

单位：亿元

年份	内蒙古	广西	重庆	四川	贵州	云南	西藏	陕西	甘肃	青海	宁夏	新疆
2018	768. 36	768. 42	1213. 59	2746. 11	498. 56	579. 91	47. 28	762. 44	456. 18	151. 18	197. 43	651. 89
2019	971. 70	992. 89	1554. 05	3468. 42	704. 27	775. 51	71. 67	1035. 13	581. 35	200. 97	261. 83	852. 62
2020	1101. 45	1133. 00	1783. 42	3913. 04	826. 75	894. 40	86. 84	1182. 68	659. 41	233. 23	299. 31	981. 62
2021	1229. 39	1272. 93	2012. 91	4352. 05	954. 15	1015. 71	102. 82	1331. 73	738. 47	266. 12	337. 59	1114. 53
2022	1362. 40	1419. 19	2255. 77	4807. 39	1090. 76	1142. 94	120. 85	1490. 66	820. 36	301. 44	378. 17	1257. 38
2023	1522. 67	1594. 88	2547. 77	5367. 59	1257. 44	1298. 67	142. 64	1682. 94	919. 86	343. 72	428. 17	1429. 04
2024	1692. 11	1779. 71	2865. 18	5962. 96	1439. 18	1468. 55	166. 77	1889. 11	1024. 79	388. 99	481. 53	1613. 92
2025	1886. 98	1987. 53	3230. 79	6646. 64	1648. 20	1659. 10	195. 19	2122. 84	1144. 58	440. 15	542. 34	1822. 94
2026	2077. 17	2194. 20	3597. 88	7328. 49	1861. 75	1856. 33	223. 90	2356. 49	1261. 39	490. 85	601. 84	2027. 60
2027	2279. 40	2420. 22	3994. 00	8066. 79	2098. 81	2072. 86	257. 12	2612. 13	1389. 48	546. 35	667. 41	2256. 18
2028	2492. 84	2666. 06	4431. 29	8858. 25	2362. 81	2311. 82	294. 08	2887. 19	1525. 53	606. 00	738. 17	2501. 20
2029	2718. 66	2936. 71	4906. 45	9709. 25	2659. 43	2571. 89	334. 38	3179. 85	1666. 64	669. 10	813. 75	2759. 88
2030	2949. 82	3224. 53	5410. 18	10605. 85	2980. 16	2848. 59	378. 40	3488. 96	1810. 26	735. 34	893. 52	3029. 26
2031	3177. 05	3516. 83	5892. 48	11475. 56	3307. 37	3137. 54	423. 79	3802. 92	1955. 09	802. 77	975. 15	3296. 03
2032	3403. 32	3820. 37	6377. 34	12348. 98	3654. 33	3445. 10	472. 20	4130. 36	2103. 34	872. 47	1058. 28	3567. 53
2033	3646. 82	4156. 73	6886. 57	13254. 60	4032. 17	3779. 05	526. 13	4485. 51	2268. 75	948. 04	1148. 92	3859. 11
2034	3905. 50	4520. 41	7448. 63	14229. 47	4442. 72	4133. 88	585. 47	4866. 26	2444. 45	1029. 00	1245. 53	4167. 43
2035	4177. 68	4909. 32	8049. 34	15261. 05	4887. 00	4502. 75	651. 85	5272. 86	2630. 60	1115. 16	1348. 62	4498. 34

续表

年份	内蒙古	广西	重庆	四川	贵州	云南	西藏	陕西	甘肃	青海	宁夏	新疆
2036	4438. 38	5288. 59	8657. 80	16292. 46	5328. 89	4869. 22	718. 48	5668. 24	2810. 46	1197. 56	1447. 06	4815. 33
2037	4726. 14	5701. 31	9341. 31	17433. 07	5815. 69	5277. 90	792. 34	6105. 34	3009. 12	1286. 67	1555. 48	5159. 64
2038	5009. 12	6128. 16	10015. 56	18567. 84	6329. 83	5701. 53	870. 80	6559. 02	3211. 71	1376. 77	1664. 82	5513. 43
2039	5308. 36	6598. 04	10722. 92	19765. 77	6887. 15	6157. 64	955. 61	7053. 60	3429. 98	1472. 57	1781. 31	5891. 87
2040	5611. 97	7103. 40	11504. 06	21076. 50	7491. 41	6643. 29	1047. 46	7576. 56	3659. 25	1575. 47	1902. 59	6294. 35
2041	5878. 72	7574. 70	12265. 15	22342. 95	8062. 89	7103. 67	1134. 62	8059. 56	3872. 37	1670. 29	2013. 50	6665. 04
2042	6163. 06	8073. 84	13074. 52	23705. 41	8683. 28	7598. 46	1227. 61	8576. 43	4105. 27	1772. 54	2132. 85	7060. 94
2043	6449. 62	8586. 89	13882. 68	25082. 62	9339. 26	8114. 22	1324. 29	9116. 20	4349. 73	1877. 49	2255. 66	7473. 11
2044	6751. 76	9130. 74	14764. 58	26565. 90	10038. 14	8665. 40	1427. 53	9700. 62	4616. 01	1988. 82	2384. 96	7915. 63
2045	7065. 25	9701. 55	15708. 00	28136. 97	10781. 61	9245. 84	1537. 01	10311. 21	4898. 81	2106. 86	2522. 49	8378. 57
2046	7300. 17	10200. 73	16486. 14	29427. 17	11446. 61	9748. 75	1634. 30	10813. 60	5133. 21	2207. 71	2636. 51	8771. 93
2047	7550. 91	10746. 46	17296. 36	30776. 37	12152. 91	10281. 07	1733. 34	11320. 16	5377. 73	2314. 49	2756. 52	9182. 80
2048	7812. 76	11314. 79	18179. 44	32241. 64	12905. 09	10851. 74	1834. 53	11841. 56	5632. 43	2425. 52	2879. 16	9606. 00
2049	8068. 70	11876. 81	19067. 97	33723. 66	13681. 22	11423. 93	1938. 94	12361. 19	5883. 14	2537. 05	2998. 43	10034. 70
2050	8314. 68	12430. 24	19946. 84	35181. 28	14485. 17	11990. 48	2047. 93	12876. 56	6131. 05	2649. 22	3118. 19	10467. 20

（三）实施中央调剂制度后各省养老金当期结余

根据上述各省养老金的收入支出可计算各省在2018—2050年的养老金当期结余，中央调剂制度实施后，各省城镇职工养老金当期结余变化情况如表4-28和图4-4所示。

根据表4-28和图4-4可知，从2018年养老金当期结余和峰点年份来看，中央调剂制度实施前后没有发生变化。从养老金当期赤字出现的年份来看，天津、内蒙古、辽宁等24个省市于2020年以前产生了当期赤字，江苏、山东、西藏、河南、北京、福建和广东7个省市于2020—2035年产生了当期赤字；其中，广东首次出现当期赤字的年份提前了9年，北京首次出现当期赤字的年份提前了7年，福建首次出现当期赤字的年份提前了4年，贵州和西藏首次出现当期赤字的年份均提前了3年，山东首次出现当期赤字的年份提前了2年，其余省份在中央调剂制度实施后首次出现当期赤字的年份保持不变。从养老金首先出现当期赤字的规模来看，中央调剂制度实施后，山东首次出现的当期赤字规模最小，为0.88亿元；辽宁首次出现的当期赤字规模最大，为616.19亿元；其中，在养老金首次出现当期赤字年份保持不变的省份中，江苏、天津和浙江3个省市首次出现当期赤字的规模缺口处于扩大状态，陕西、宁夏、海南、云南、安徽、河南、山西和河北8个省份首次出现当期赤字的规模缺口处于缩小状态，其余省份首次出现当期赤字的规模缺口保持不变。从2050年养老金当期结余来看，全国31个省市均出现了当期赤字，其中，四川的赤字规模最大，为16073.46亿元；西藏的赤字规模最小，为1129.03亿元。

表 4-28 中央调剂制度实施后各省城镇职工养老金当期结余

单位：亿元

省份	2018 年当期结余	峰点年份	当期赤字出现年份及规模		2050 年当期结余	省份	2018 年当期结余	峰点年份	当期赤字出现年份及规模		2050 年当期结余
			年份	规模					年份	规模	
北京	1856.74	2018	2025	142.29	-7605.84	湖北	-198.31	2018	2018	198.31	-7903.60
天津	-44.36	2018	2018	121.02	-6078.26	湖南	-151.23	2018	2018	151.23	-7672.94
河北	153.5	2018	2019	133.82	-4072.34	广东	5491.82	2018	2032	249.34	-14202.18
山西	21.1	2018	2019	95.16	-1881.54	广西	-69.43	2018	2018	69.43	-4759.61
内蒙古	-176.5	2018	2018	176.50	-3352.95	海南	23.07	2018	2019	32.45	-1326.62
辽宁	-616.19	2018	2018	616.19	-1634.81	重庆	-292.85	2018	2018	292.85	-10807.28
吉林	-307.42	2018	2018	307.42	-2216.92	四川	-569.96	2018	2018	569.96	-16073.46
黑龙江	-571.42	2018	2018	571.42	-2227.77	贵州	172.76	2018	2019	1.35	-6638.81
上海	-91.74	2018	2018	91.74	-5774.27	云南	37.76	2018	2019	104.07	-5463.76
江苏	1108.22	2018	2021	94.01	-13214.76	西藏	30.6	2018	2021	3.53	-1129.03
浙江	464.99	2018	2019	382.06	-12731.13	陕西	190.93	2018	2019	26.86	-5585.44
安徽	7.48	2018	2019	218.18	-7232.51	甘肃	-77.34	2018	2018	77.34	-2296.78
福建	587.52	2018	2026	43.21	-4839.29	青海	-4.85	2018	2018	4.85	-1275.75
江西	-4.35	2018	2018	4.35	-6277.59	宁夏	13.63	2018	2019	35.59	-1311.14
山东	808.82	2018	2021	0.88	-8661.59	新疆	-44.96	2018	2018	44.96	-4302.17
河南	431.44	2018	2023	2.48	-5909.02						

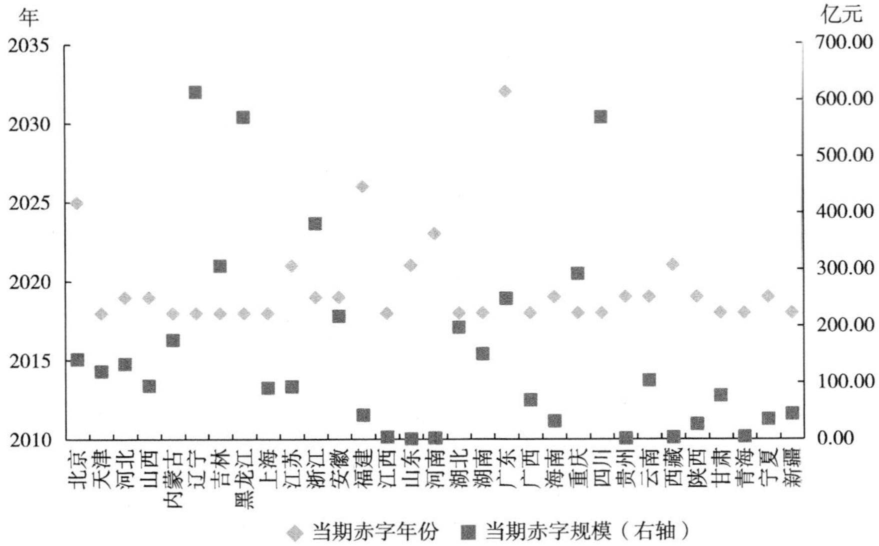

图 4-4　中央调剂制度实施后各省养老金首次出现当期赤字的年份及规模

为什么中央调剂制度实施后，广东、北京、福建、贵州、西藏和山东 6 个省市养老金首次出现当期赤字的年份提前了？从养老金支出来看，各省的养老金支出由本省退休人员的养老保险基金给付和上解中央的调剂金额两部分组成，与中央调剂制度实施前相比，实施中央调剂制度后各省退休人员的养老保险基金给付不变，变动的是上解中央的调剂金额。上解中央的调剂金额由各省在岗职工人数、在岗职工平均工资和上解比例三方面决定，广东、北京、福建和山东市场化程度较高，在岗职工平均工资水平较高，在岗职工人数较多，所以北京、福建、广东和山东上解中央的调剂金额较高；而贵州和西藏属于西部地区，在岗职工平均工资补贴较高，再加上少数民族无生育限制，从而导致贵州和西藏上解中央的调剂金额也较高。同理，从养老金收入来看，与中央调剂制度实施前相比，实施中央调剂制度后各省退休人员的养老保险基金缴费不变，变动的是中央调剂金拨付金额。中央调剂金拨付金额由离退休人数和全国人均拨付额两方面决定，中央调剂制度依据的是以收定支原则，当年的中央调剂金收入要在全国各省份之间进行再分配，因此全国人均拨付额在各省之间是一致的，但是相比于其余省份，全国人均拨付额与上述 6 个省市的工资水平差异较大；同时，广东、北京、福建、贵州、西藏和山东在 2050 年之前的平均退职比分别为 0. 35、0. 60、0. 51、0. 55、0. 66 和 0. 53，均低于 2050 年之前全国的平均退职比 0.74，相比于其余省份，上述 6 个省市的离退休人数较少，人均拨付额与工资水平较大的差距以及较少的离退休人数使得上述 6 个省市获得的中央调剂金拨付金额较低。较高的上解金额和较低的拨付金额共同导致上述 6 个省市拨付净额为负，从而提前了 6 省市养老金首次出现当期赤字的年份。

（四）实施中央调剂制度后各省养老金累计结余

根据上述各省份的养老金当期结余情况可计算各省 2018—2050 年的养老金累计结余变化情况，中央调剂制度实施后，各省城镇职工养老金当期结余变化情况如表 4-29 和图 4-5 所示。

表 4-29　中央调剂制度实施后各省城镇职工养老金累计结余　单位：亿元

省份	2018 年养老金累计结余	累计结余峰点年份及规模		首次出现累计赤字年份及规模		2050 年养老金累计结余	调剂前后 2050 年累计结余变化	调剂前后首次出现累计赤字年份变化	调剂前后首次出现累计赤字规模变化
		年份	规模	年份	规模				
北京	6251.64	2024	8735.74	2033	181.33	-89111.39	-38369.85	提前	-2326.87
天津	418.84	2018	418.84	2020	254.05	-83175.13	2335.47	不变	-8.78
河北	888.70	2018	888.70	2023	160.77	-48556.83	3896.25	延迟	5.89
山西	1478.80	2018	1478.80	2026	103.96	-24739.77	18144.04	延迟	63.82
内蒙古	428.70	2018	428.70	2020	194.29	-51949.11	26348.37	不变	-192.72
辽宁	-43.39	2018	-43.39	2018	43.39	-44559.10	66655.98	不变	0.00
吉林	32.58	2018	32.58	2019	341.69	-40213.16	31949.71	不变	-137.72
黑龙江	-1057.62	2018	-1057.62	2018	1057.62	-49522.38	56487.53	不变	0.02
上海	1977.06	2018	1977.06	2021	376.20	-102511.12	5256.43	提前	-298.55
江苏	4839.02	2020	5082.99	2027	636.67	-160438.22	-8777.88	提前	-888.03
浙江	4174.79	2018	4174.79	2024	1121.10	-179636.25	31780.01	不变	-34.00
安徽	1401.38	2018	1401.38	2023	361.37	-86559.51	-2668.18	延迟	245.92
福建	1407.52	2025	2654.60	2033	616.82	-47056.83	-21274.30	提前	73.65
江西	633.75	2018	633.75	2022	234.35	-71921.33	-1252.10	延迟	62.89
山东	3124.52	2020	3308.54	2028	399.47	-94813.23	-33392.41	提前	233.62
河南	1535.44	2022	1903.32	2030	424.98	-55334.18	-12751.53	延迟	234.06
湖北	553.29	2018	553.29	2020	318.51	-102646.87	18504.25	不变	-289.56
湖南	952.87	2018	952.87	2021	366.65	-96503.59	6622.94	延迟	276.74
广东	14736.92	2031	41886.65	2043	3060.30	-86848.15	-136751.16	提前	—
广西	487.27	2018	487.27	2021	242.94	-57501.49	6541.94	延迟	151.59
海南	196.57	2018	196.57	2023	83.53	-15900.19	2270.92	延迟	38.63
重庆	604.25	2018	604.25	2020	518.29	-136825.14	-667.47	延迟	511.51

续表

省份	2018年养老金累计结余	累计结余峰点年份及规模		首次出现累计赤字年份及规模		2050年养老金累计结余	调剂前后2050年累计结余变化	调剂前后首次出现累计赤字年份变化	调剂前后首次出现累计赤字规模变化
		年份	规模	年份	规模				
四川	2675.84	2018	2675.84	2021	720.97	-207925.29	6305.69	不变	-674.43
贵州	791.96	2018	791.96	2026	236.44	-66242.85	-33507.35	提前	146.05
云南	988.56	2018	988.56	2024	162.20	-60750.47	-9447.20	不变	-33.37
西藏	154.20	2020	160.04	2027	61.24	-11751.61	-4340.22	提前	3.34
陕西	757.03	2018	757.03	2025	290.95	-61663.59	-8445.01	不变	111.87
甘肃	326.36	2018	326.36	2020	0.84	-30156.13	10432.72	不变	-82.42
青海	50.95	2018	50.95	2020	48.36	-16543.42	1209.10	不变	-12.64
宁夏	231.33	2018	231.33	2023	63.75	-16600.80	1817.30	延迟	55.35
新疆	1029.04	2018	1029.04	2023	384.51	-57264.03	15086.02	延迟	145.61

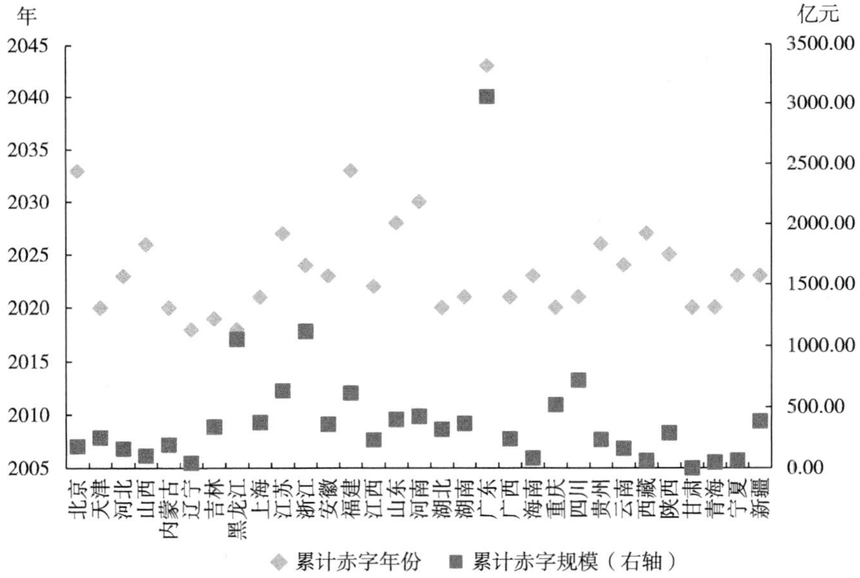

图 4-5　中央调剂制度实施后各省养老金首次出现累计赤字的年份及规模

根据表 4-29 和图 4-5 可知，其一，从 2018 年养老金累计结余来看，中央调剂制度实施后没有发生变化。

其二，从养老金累计结余峰点年份来看，全国共有天津、河北、山西、内蒙古、辽宁、新疆等 24 个省市于 2020 年以前出现高峰，江苏、山东、西藏、河南、北京、福建和广东 7 个省市于 2020—2035 年出现高峰；其中，中央调剂制度实施后，广东首次产生养老金累计结余峰点的年份提前了 9 年，北京首次产生养老金累计结余峰点的年份提前了 7 年，福建首次产生养老金累计结余峰点的年份提前了 4 年，贵州和西藏首次产生养老金累计结余峰点的年份均提前了 3 年，山东首次产生养老金累计结余峰点的年份提前了 2 年，其余省份首次产生养老金累计结余峰点的年份保持不变。从养老金累计结余出现的峰点规模来看，黑龙江省的养老金峰点规模依旧最小，为 -1057.62 亿元；广东省的养老金峰点规模依旧最大，为 41886.65 亿元。

其三，从养老金累计赤字首次产生的年份来看，辽宁、黑龙江、吉林 3 个省市在 2020 年以前出现了养老金累计赤字，天津、内蒙古、湖北、重庆、山东、河南、北京和福建等 27 个省市于 2020—2035 年首次产生养老金累计赤字，只有广东省于 2035 年以后首次产生养老金累计赤字；其中，中央调剂制度实施后，北京、福建、西藏、贵州、上海、江苏、山东和广东 8 个省市首次产生累计赤字的年份提前，河北、安徽、江西、河南、湖南、广西、海南、重庆、宁夏、新疆和山西 11 个省份首次产生累计赤字的年份延迟。从养老金累计赤字首次产生的规模来看，甘肃首次产生的累计赤字规模最小，为 0.84 亿元；广东首次产生的累计赤字规模最大，为 3060.30 亿元；其中，中央调剂制度实施后，在首次产生养老金累计赤字年份不变的 12 个省份中，天津、内蒙古、辽宁、吉林、浙江、湖北、四川、云南、甘肃、青海 10 个省市首次产生养老金累计赤字的规模减少。

其四，从 2050 年养老金累计结余来看，全国 31 个省市的养老金累计结余均为负值，其中，四川的累计赤字规模最大，为 207925.29 亿元；西藏的累计赤字规模最小，为 11751.61 亿元。

中央调剂制度实施后，为什么北京等 8 个省市首次产生累计赤字的年份提前呢？从养老金支出来看，相比于不实施中央调剂制度，中央调剂制度实施后，全国各省市多了一项上解中央的调剂金额支出。上解中央的调剂金额主要由上解比例、上解基数占职工平均工资的比例、职工平均工资以及在职参保人数四项因素决定，根据《关于建立企业职工基本养老保险基金中央调剂制度的通知》，各省市上解比例、上解基数占职工平均工资的比例一致，而北京、福建、上海、江苏、山东和广东属于经济发达地区，市场化程度较高，职工平均工资处于较高水平，在职参保人数也较多；而贵州和西藏属于西部地区，国家补贴职工工资水平较高，再加上少数民族居多，生育率较高，从而导致北京等 8 个省市上解中央的调剂金额较高。从养老金收入来看，相比于不实施中央调剂制度，中央调剂制度实施后，全国各省市多了一项中央调剂金拨付金额收入。各省市获得的中央调剂金拨付金额主要由人均拨付金额及各省市退休人数决定，相比于其余省份，全国人均拨付金额与北京等 8 个省市的工资水平差异较大，同时，北京、福建、西藏、江苏、贵州、山东和广东在预测期内的平均退职比均低于全国平均退职比，虽然上海的平均退职比高于全国平均水平，但是其产生的影响不足以抵消人均拨付金额与工资水平差异所带来的负面影响，因此北京等 8 个省市获得的中央调剂金拨付金额均低于其上解中央的调剂金额，从而也导致北京等 8 个省市首次产生累计赤字的年份提前。

中央调剂制度实施后，为什么河北、重庆等 11 个省市首次产生累计赤字的年份延迟呢？从养老金支出来看，中央调剂制度实施后，河北、重庆等 11 个省市多了一项上解中央的调剂金额支出。重庆市场化程度较高，在岗职工平均工资较高，而河北等其余 10 个省市场化程度较低，在岗职工平均工资也低，但是河北、重庆等 11 个省市在岗职工人数较少，从而导致河北、重庆等 11 个省市上解中央的调剂金额较低。从养老金收入来看，中央调剂制度实施后，河北、重庆等 11 个省市多了一项中央调剂金拨付金额收入。相比于其余省份，全国人均拨付金额与重庆的工资水平差异较大，但是重庆在预测期内的平均退职比达到 1.04，远远大于全国平均水平 0.74，从而导致重庆获得的中央调剂金拨付金额高于其上解中央的调剂金额；而河北等 10 个省份由于工资水平与全国人均拨付金额差异较小，其获得的中央调剂金拨付金额也高于其上解中央的调剂金额。因此，中央调剂制度的实施延迟了河北、重庆等 11 个省市首次产生累计赤字的年份。

根据图 4-6 可以看出，第一，中央调剂制度的实施改变了广东省于 2050 年产生养老金累计结余的趋势，但是并没有改变其余 30 个省市于 2050 年产生养老金累计赤字的趋势。第二，与中央调剂制度实施前相比，中央调剂制度实施后，青海、宁夏、海南、天津、河北、上海、四川、广西、湖南、甘肃、新疆、山西、湖北、内蒙古、浙江、吉林、黑龙江、辽宁 18 个省市 2050 年的养老金累计赤字规模减少，但同时，广东、北京、贵州、山东、福建、河南、云南、江苏、陕西、西藏、安徽、江西、重庆 13 个省市 2050 年的养老金累计赤字规模增加。第三，与中央调剂制度实施前相比，中央调剂制度实施后，减少养老金累计赤字规模缺口小于等于 10000 亿元的省份有宁夏、海南、天津、河北、上海、四川、广西、湖南 8 个省市，减少养老金累计赤字规模缺口大于 10000 亿元、小于等于 50000 亿元的省份有甘肃、新疆、山西、湖北、内蒙古、浙江、吉林 7 个省份，减少养老金累计赤字规模缺口大于50000亿元的省份有黑龙江和辽宁2个省份；增加养老金累计赤字规模缺口小于等于10000亿元的省份有云南、江苏、陕西、西藏、安徽、江西、重庆7个省市，增加养老金累计赤字规模缺口大于10000亿元、小于等于50000亿元的省份有北京、贵州、山东、福建、河南5个省份，增加养老金累计赤字规模缺口大于50000亿元的省份只有广东。

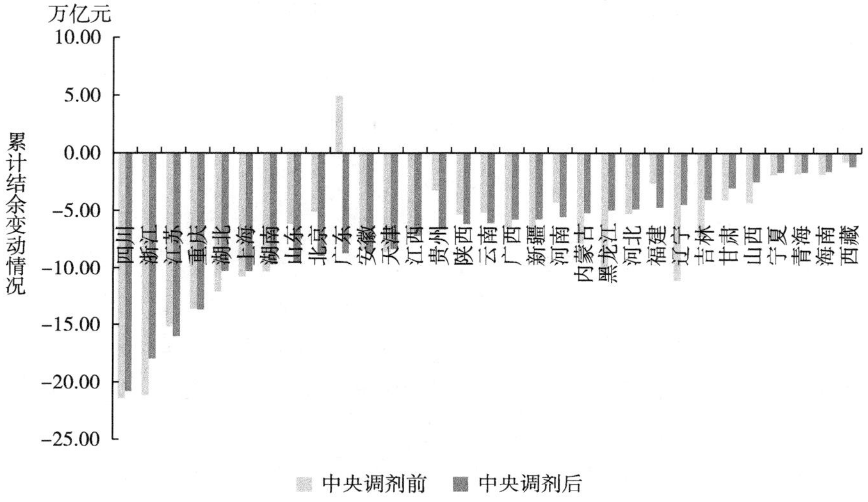

图4-6　2050年中央调剂制度实施前后各省养老金累计结余变动情况

为什么中央调剂制度的实施减少了辽宁、黑龙江、吉林等18个省市2050年的养老金累计赤字规模？从养老金支出来看，各省退休人员的养老保险基金给付不变，辽宁等18个省市大多属于欠发达省份，市场化程度较低，在岗职工的工资水平也处于较低状态，再加上在岗职工人数较少，从而导致其上解中央的调剂金额较低；同理，从养老金收入来看，各省在岗职工的养老保险基金缴费不变，辽宁等18个省市的工资水平与全国人均拨付额差异较小，退职比较高，离退休人员较多，从而导致其获得的中央调剂金拨付金额较高。较低的上解金额和较高的拨付金额共同导致辽宁等18个省市获得的中央调剂拨付净额为正，从而也导致了其2050年养老金累计赤字规模的减少。

为什么中央调剂制度的实施增加了广东、北京等13个省市2050年的养老金累计赤字规模？从养老金支出来看，各省退休人员的养老保险基金给付不变，广东、北京等13个省市大多属于发达省份或少数民族居多的省份，市场化程度较高或获得的补贴较多，使得在岗职工的工资水平也处于较高状态，再加上在岗职工人数较多，少数民族生育水平较高，从而导致其上解中央的调剂金额较高；同理，从养老金收入来看，各省在岗职工的养老保险基金缴费不变，广东、北京等13个省市的工资水平与全国人均拨付额差异较大，退职比较低，离退休人员较少，从而导致其获得的中央调剂金拨付金额较低。较低的上解金额和较高的拨付金额共同导致广东、北京等11个省市获得的中央调剂拨付净额为负，从而也导致了其2050年养老金累计赤字规模的增加。

本章小结

为了化解养老金支付危机，基于各省份之间养老金收支差异的现状，我国开启了养老金全国统筹的步伐，而中央调剂制度作为全国统筹的第一步，其对各省养老金收支平衡所产生的影响，将直接影响养老金全国统筹政策以及其他应对养老金支付危机政策的制定。因此，本章通过建立各省人口预测模型和养老金收支模型，以城镇职工统筹账户的养老金为研究对象，依据现实可行参数，通过模拟分析有以下几点发现。

（1）不实施中央调剂制度的情形下，从养老金当期赤字首次出现的年份来看，辽宁、黑龙江、吉林等23个省市的养老金于2020年以前首次产生当期赤字，江苏、贵州、山东、河南、西藏、福建和北京7个省市的养老金于2020—2035年首次产生当期赤字，广东省在2035年以后首次产生养老金当期赤字。从2050年养老金当期赤字的规模来看，四川的养老金当期赤字规模最大，为15483.90亿元；西藏的养老金当期赤字规模最小，为717.69亿元。

（2）不实施中央调剂制度的情形下，从养老金累计赤字首次出现的年份来看，辽宁、黑龙江、吉林、重庆4个省市的养老金于2020年以前首次出现累计赤字，青海、甘肃、天津、内蒙古、湖北等24个省市的养老金于2020—2035年首次出现累计赤字，福建和北京2个省市于2035年以后首次出现累计赤字，广东省在2050年以前不产生累计赤字。从2050年养老金累计赤字的规模来看，四川的累计赤字规模最大，为214230.98亿元；西藏的累计赤字规模最小，为7411.39亿元；广东在2050年的累计结余为49903.01亿元。

（3）中央调剂制度实施后，广东首次出现当期赤字的年份提前了9年，北京首次出现当期赤字的年份提前了7年，福建首次出现当期赤字的年份提前了4年，贵州和西藏首次出现当期赤字的年份均提前了3年，山东首次出现当期赤字的年份提前了2年，其余省份在中央调剂制度实施后首次出现当期赤字的年份保持不变。从2050年养老金当期结余来看，中央调剂制度实施后，全国31个省市均出现了当期赤字，其中，四川的赤字规模最大，为16073.46亿元；西藏的赤字规模最小，为1129.03亿元。

（4）中央调剂制度实施后，从养老金累计赤字首次出现的年份来看，广东于2043年首次产生累计赤字，北京首次产生累计赤字的年份提前了9年，福建首次产生累计赤字的年份提前了6年，西藏首次产生累计赤字的年份提前了3年，贵州首次产生累计赤字的年份提前了2年，上海、江苏和山东首次产生累计赤字的年份均提前了1年，河北、安徽、江西、河南、湖南、广西、海南、重庆、宁夏和新疆10个省份首次产生累计赤字的年份均推迟了1年，山西首次产生累计赤字的年份推迟了2年，其余省份首次产生累计赤字的年份保持不变。从2050年养老金累计结余来看，全国31个省市的养老金累计结余均为负值，其中，四川的累计赤字规模最大，为207925.29亿元；西藏的累计赤字规模最小，为11751.61亿元。

（5）中央调剂制度使得青海、宁夏、海南、天津、河北、上海、四川、广西、湖南、甘肃、新疆、山西、湖北、内蒙古、浙江、吉林、黑龙江、辽宁18个省市2050年的养老金累计赤字规模减少，但同时也使得广东、北京、贵州、山东、福建、河南、云南、江苏、陕西、西藏、安徽、江西、重庆13个省市2050年的养老金累计赤字规模增加。

第五章　中央调剂制度的优化分析

第三章和第四章的实证分析结果表明，无论是当前还是未来，中央调剂制度在增强制度抚养比高、工资水平低省份基础养老金可持续性的同时，也恶化了制度抚养比低、工资水平高省份基础养老金的财务状况。但是实证结果也表明中央调剂制度只能解决地区间基础养老金不均衡的问题，无法从根本上化解全国各省市的养老金支付危机。那么是否可以通过优化中央调剂制度，保证其在发挥积极效应的同时，实现养老保险制度可持续发展呢？本章首先基于中央调剂制度本身，从上解方案、拨付方案以及统筹层次三个方向对其进行优化，考察中央调剂制度实施后各省的基础养老金财务状况。如果优化后的中央调剂制度实施效果并不理想，那么是否可以考虑从生育政策调整和延迟退休实施两个配套性政策入手，进一步保证中央调剂制度的实施效果呢？基于此，本章进一步考察了生育政策和延迟退休政策变化下，中央调剂制度实施后各省的基础养老金财务状况。

第一节　中央调剂制度自身方案调整

中央调剂制度作为养老金全国统筹的第一步，其实施方案分为上解和拨付两个方面，因此为了最大限度地保证其发挥积极效应，本节旨在通过优化制度本身的上解方案、拨付方案以及统筹层次，考察实现“两个一百年”奋斗目标期间中央调剂制度的实施效果。本节分为四部分，首先介绍了上解方案、拨付方案以及统筹层次的调整设计，其次考察了上解方案调整后各省市未来的基础养老金收支状况，再次考察了拨付方案调整后各省市未来的基础养老金收支状况，最后考察了全国统筹下各省市未来的基础养老金收支状况。

一、中央调剂制度自身调整方案设计

（一）上解方案调整设计

根据《关于建立企业职工基本养老保险基金中央调剂制度的通知》，为了调节区域间养老保险基金不均衡发展的局面，促进公平，在现行企业职工养老保险省级统筹的基础上，各省市将按照一定比例上解一部分养老保险基金从而构成中央调剂金，且调剂金的上解比例处于逐步提高的动态调整之中。参考郭秀云和邵明波（2019）以及范维强等（2020）的研究，将上解方案的优化定位于上解比例的调整。参照《关于建立企业职工基本养老保险基金中央调剂制度的通知》和《关于印发降低社会保险费率综合方案的通知》，设定上解比例 2019 年为 3.5%，预测期内每年递增 0.5%为基准情景；上解比例 2019 年为 3.5%，预测期内每年递增 1%为对比情景 1，预测期内每年递增 1.5%为对比情景 2。

（二）拨付方案调整设计

根据《关于建立企业职工基本养老保险基金中央调剂制度的通知》，中央调剂制度实施的目的是均衡各地区间的养老金负担，确保养老金按时足额发放。然而现行政策可能存在以下弊端：上解金额由职工平均工资、在职应参保人数及上解比例三方面决定，拨付金额由人均拨付额及各省离退休人数决定，这也意味着现行制度主要受到各省制度抚养比和职工平均工资的影响，而与当前省份是否为养老金亏空地区无关。如果调剂力度过小，养老金亏空省份获得的拨付金额并不能完全弥补该省份的养老金缺口，因而在一定程度上会导致该省份的养老金不能按时足额发放。因此，为了保证各省能按时足额发放养老金，需要用当期收取的中央调剂金将当期养老金缺口全部补齐。基于上述研究思路，需要对拨付方案进行调整，调整方案主要参考薛惠元和张寅凯（2018）关于中央调剂制度的设计，当前中央调剂制度上解方案不变，拨付方案调整为用当期收取的中央调剂金弥补当期的养老金缺口，结余的中央调剂金用于弥补下一期的养老金缺口。如果当期总上解金额与上一期结余的中央调剂金之和大于或持续大于全国养老金当期收支缺口，此种拨付方案可保证当期养老金不会产生赤字缺口；反之，如果当期总上解金额与上一期结余的中央调剂金之和小于或持续小于全国养老金当期收支缺口，某些省份便会出现养老金赤字缺口，此种情况也就意味着调整后的拨付方案并不能解决养老金长期的收支缺口。

（三）统筹层次的提高

随着养老保险统筹层次的提高，养老保险的抗风险能力也随之变强，各省市出现养老金资金缺口的压力也会随之减少，因此国家一直以实现养老保险全国统筹为目标。然而自 1987 年 3 月国家体改委和劳动人事部提出有条件的地方实施省级统筹试点开始，我国的养老保险统筹层次一直处于省级统筹的攻坚阶段。1991 年《国务院关于企业职工养老保险制度改革的决定》明确提出，尚未实行养老保险省级统筹的地区，要由县市级统筹向省级统筹过渡。1997 年《国务院关于建立统一的企业职工基本养老保险制度的决定》进一步强调，为了有利于养老保险基金的宏观调控，要逐步由县级统筹向省级统筹迈进。2005 年《国务院关于完善企业职工基本养老保险制度的决定》再次强调要在市级统筹的基础上，尽快实现省级统筹。虽然国家一再推动养老保险基金统筹层次提高，然而直到 2009 年底，全国才实现名义上的省级统筹。2018 年 6 月，人力资源和社会保障部表示，2020 年底前我国将全面实现省级统筹。至此，我国基本完成了养老保险省级统筹的目标，而中央调剂制度的实施也开启了养老保险全国统筹的步伐。因此在优化中央调剂制度的过程中，本书在养老保险省级统筹的基础上，模拟了各省基础养老金的收支状况，进一步考察了全国统筹下的基础养老金收支状况。

二、上解方案调整后基础养老金收支状况预测

基于上述建立的人口预测模型和养老金收支模型，不同上解比例下各省养老金首次出现累计赤字的年份及规模分别如图 5-1 和图 5-2 所示，2050 年不同上解比例下各省养老金累计结余规模如图 5-3 所示。

从图 5-1 可以看出，当上解比例每年递增 0.5%或 1.0%时，在 2020 年以前出现累计赤字的省份包括辽宁、黑龙江、吉林 3 个，2020—2035 年产生累计赤字的省市有天津、内蒙古、湖北、重庆、山东、河南、福建和北京等 27 个省市，2035 年以后首次产生累计赤字的省份只有广东省；当上解比例每年递增 1.5%时，在 2020 年以前出现累计赤字的省份依旧是辽宁、黑龙江、吉林，包括广东在内的其余省市均会在 2020—2035 年产生累计赤字。其中，随着上解比例从每年递增 0.5%提高到每年递增 1.5%，广东、福建、北京、西藏、山东、陕西、贵州 7 个省市首次出现累计赤字的年份提前，山

西、河北、甘肃 3 个省份首次出现累计赤字的年份延迟，其余省市首次出现累计赤字的年份不变。从图 5-2 可以看出，在首次出现累计赤字年份不变的省市中，江苏和上海随着上解比例提高首次出现累计赤字的规模增加，黑龙江、吉林、辽宁三省随着上解比例提高首次出现累计赤字的规模不变，其余省市随着上解比例提高首次出现累计赤字的规模减少。

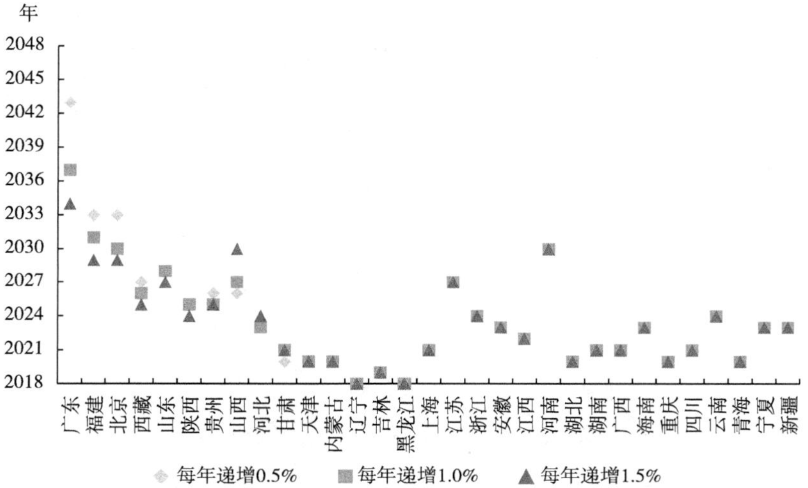

图 5-1 不同上解比例下各省养老金首次出现累计赤字年份

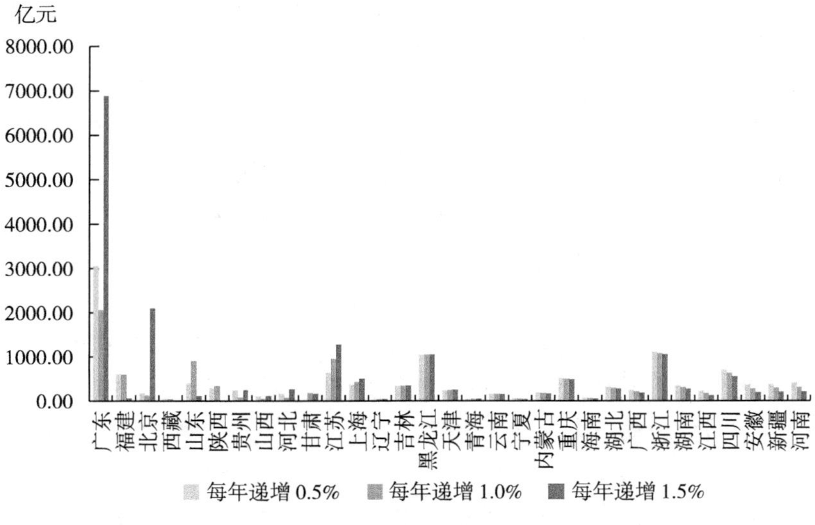

图 5-2 不同上解比例下各省养老金首次出现累计赤字规模

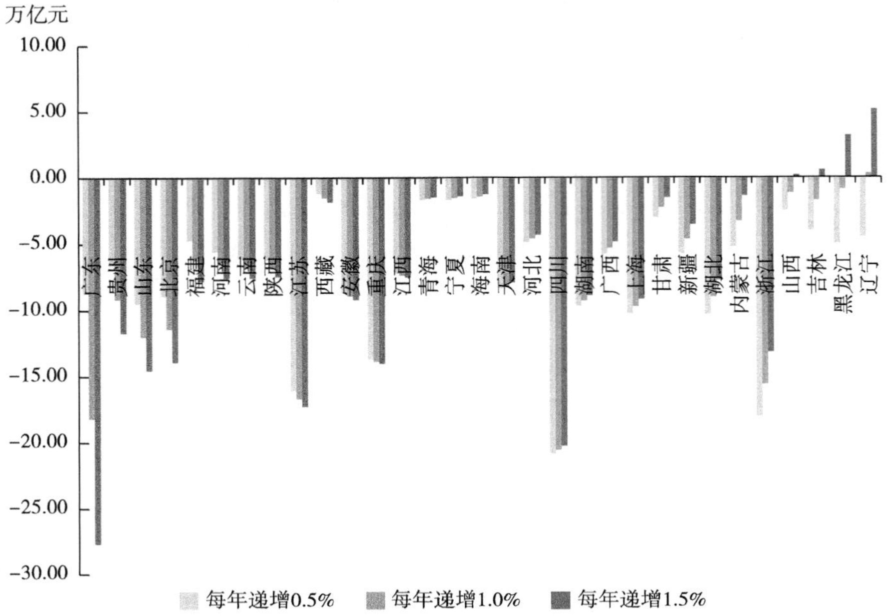

图 5-3　2050 年不同上解比例下各省养老金累计结余规模

从 2050 年养老金累计结余规模来看，第一，上解比例的提高改变了山西、吉林、黑龙江和辽宁 4 省于 2050 年产生养老金累计赤字的趋势，但是没有改变其余省市于 2050 年产生养老金累计赤字的趋势。第二，随着上解比例的不断提高，广东、贵州、山东、北京、福建、河南、云南、陕西、江苏、西藏、安徽、重庆、江西 13 个省市的 2050 年累计赤字规模缺口进一步扩大，青海、宁夏、海南、天津、河北、四川、湖南、广西、上海、甘肃、新疆、湖北、山西、内蒙古、吉林、浙江、黑龙江、辽宁 18 个省市的 2050 年累计赤字规模缺口进一步缩小。第三，当上解比例每年递增 0.5%时，31 个省市的养老金累计结余均为负值，其中，四川的累计结余规模最小，为-207925.29 亿元；西藏的累计结余规模最大，为-11751.61 亿元。当上解比例每年递增 1.0%时，除了辽宁省以外，其余 30 个省市的养老金累计结余均为负值，其中，四川的累计结余规模最小，为-205097.33 亿元；辽宁的累计结余规模最大，为 3522.81 亿元。当上解比例每年递增 1.5%时，除了山西、吉林、黑龙江及辽宁 4 省以外，其余 27 个省市的养老金累计结余均为负值，其中，广东的累计结余规模最小，为-276804.70 亿元；辽宁的累计结余规模最大，为 51604.72 亿元。这也意味着随着上解比例的不断提高，中央调剂金净流出地区于2050年产生了养老金赤字，而中央调剂金净流入地区却在2050年产生了养老金结余，上解比例的无限制提高会产生新的不公平不均衡问题。

上解比例提高后，为什么广东、福建、北京等7个省市首次产生累计赤字的年份提前，江苏和上海首次出现累计赤字的规模增加呢？从养老金支出来看，与每年递增0.5%相比，上解比例提高后各省退休人员的养老保险基金给付不变，上解中央的调剂金额发生了变化。广东、福建、北京、山东、江苏、上海市场化程度较高，在岗职工平均工资水平较高，所以广东、福建、北京、山东、江苏、上海上解中央的调剂金基数较高，同时又因为在岗职工人数较多，随着上解比例的不断提高，其上解中央的调剂金额增长较快；而陕西、贵州和西藏属于西部地区，在岗职工平均工资补贴较高，从而导致陕西、贵州和西藏上解中央的调剂金基数较高，再加上少数民族无生育限制，生育率较高，随着上解比例的不断提高，其上解中央的调剂金额增长也较快。同理，从养老金收入来看，与每年递增0.5%相比，上解比例提高后各省退休人员的养老保险基金缴费不变，中央调剂金拨付金额发生了变化。随着上解比例的不断提高，全国人均拨付额不断增加，但是相比于其余省份，全国人均拨付额与上述省市的工资水平差异较大；同时由于广东、福建、北京、西藏、山东、陕西、贵州、江苏在2050年之前的平均退职比分别为0.35、0.51、0.60、0.66、0.54、0.67、0.55、0.72，均低于2050年之前的全国平均退职比0.74，相比于其余省份，广东、福建等省市的离退休人数较少；虽然上海的平均退职比较高，但是较多的离退休人数不足以抵消全国人均拨付额与工资水平差异较大所带来的负面效应，因此上述省市获得的中央调剂金拨付金额较低。较高的上解金额和较低的拨付金额共同导致上述省市获得的中央调剂拨付净额为负，从而也导致了首次产生累计赤字的年份提前或首次出现累计赤字的规模增加。

上解比例提高后，为什么山西、河北、甘肃3个省份首次产生累计赤字的年份延迟，天津、河南、新疆等16个省市首次出现累计赤字的规模减少呢？从养老金支出来看，与每年递增0.5%相比，上解比例提高后各省上解中央的调剂金额发生了变化。上述除天津以外的其余18个省市大多属于中西部地区，市场化程度较低，在岗职工平均工资水平较低，同时又因为退职比较高，在岗职工人数较少，所以这18个省市上解中央的调剂金基数较低，随着上解比例的不断提高，其上解中央的调剂金额增长较慢。同理，从养老金收入来看，与每年递增0.5%相比，上解比例提高后各省获得的中央调剂金拨付金额发生了变化。随着上解比例的不断提高，全国人均拨付额不断增加，但是相比于其余省份，全国人均拨付额与上述除天津以外的18个省市的工资水平差异较小，再加上各省负担的离退休人数较多，所以上述除天津以外的18个省市获得的中央调剂金拨付金额较高。较低的上解金额和较高的拨付金额共同导致这18个省市获得的中央调剂拨付净额为正，从而也导致了上述省市首次产生累计赤字的年份延迟或首次出现累计赤字的规模减少。而天津虽然属于东部地区，市场化程度较高，在岗职工平均工资较高，但是由于其在预测期内的平均退职比达到了1.14，远超2050年之前的全国平均退职比0.74，较多的离退休人数及较少的在岗职工人数导致其获得的中央调剂拨付净额同样为正，从而也导致天津首次出现累计赤字的规模减少。

上解比例提高后，为什么山西、吉林、黑龙江及辽宁4省2050年的养老金产生了累计结余？从养老金支出来看，与每年递增0.5%相比，上解比例提高后各省上解中央的调剂金额发生了变化。山西属于中部地区，吉林、黑龙江及辽宁属于东北地区，与其余各省份相比，上述4省市场化程度较低，在岗职工平均工资在全国范围内处于较低水平，其上解中央的调剂金基数较低，随着上解比例的不断提高，其上解中央的调剂金额相比于其余省份增长较慢。同理，从养老金收入来看，与每年递增0.5%相比，上解比例提高后各省获得的拨付金额发生了变化。随着上解比例的不断提高，全国人均拨付额不断增加，但是相比于其余省份，全国人均拨付额与上述4省的工资水平差异较小；同时由于山西、吉林、黑龙江及辽宁的平均退职比分别为0.83、1.39、1.57、1.20，均高于预测期内的全国平均退职比0.74，相比于其余省份，上述4省的离退休人数较多，其获得的拨付金额也更多。较低的上解金额和较高的拨付金额使得上述4省获得的中央调剂拨付净额在2050年超过了养老金赤字规模，从而导致上述4省于2050年产生了养老金累计结余。

三、拨付方案调整后基础养老金收支状况预测

根据上文的拨付方案设计，拨付方案调整后，中央调剂金弥补的是全国养老金总缺口，因此养老金出现赤字的年份便是当期收取的中央调剂金与上一期结余的中央调剂金之和不能完全覆盖全国养老金总缺口的年份，未来不同平均上解比例下中央调剂金不能弥补养老金赤字缺口的年份如图5-4所示。

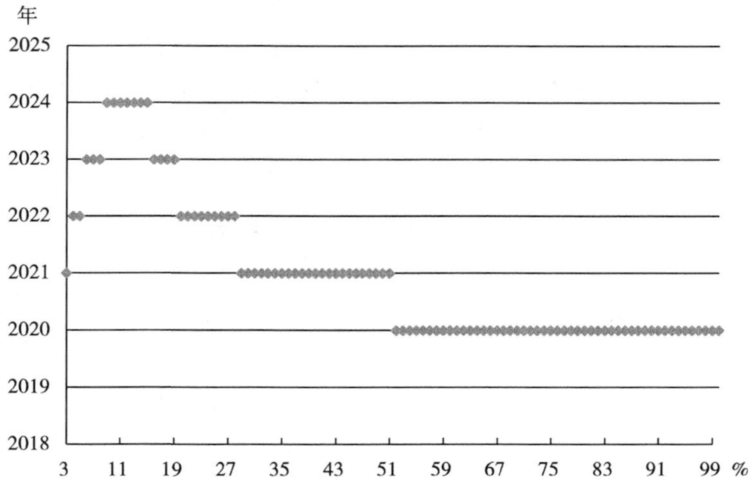

图 5-4　未来不同平均上解比例下中央调剂金不能弥补基金缺口年份

从图 5-4 可以看出，第一，拨付方案调整后，随着预测期内平均上解比例的不断提高，中央调剂金不能弥补养老金赤字缺口的年份呈现出先阶梯式上升后阶梯式下降的趋势。第二，拨付方案调整后，当未来平均上解比例在 4%～5%之间以及 20%～28%之间时，中央调剂金不能弥补当期养老金赤字缺口的年份为 2022 年；当未来平均上解比例在 9%～15%之间时，中央调剂金不能弥补当期养老金赤字缺口的年份最晚，为 2024 年；当未来平均上解比例在 29%～51%之间时，中央调剂金不能弥补当期养老金赤字缺口的年份为 2021 年；当未来平均上解比例大于等于 52%时，中央调剂金不能弥补当期养老金赤字缺口的年份最早，为 2020 年。第三，拨付方案调整后，未来平均上解比例 3. 5%下中央调剂金不能弥补当期养老金赤字缺口的年份为 2021 年；当未来平均上解比例达到 100%时，中央调剂金不能弥补当期养老金赤字缺口的年份为 2020 年。无论未来平均上解比例达到多少，中央调剂金在 2050 年以前都不能完全弥补各省养老金所产生的赤字缺口，这也意味着中央调剂制度只能缓解某些养老金亏空省份的短期支付问题，并不是解决养老金长期赤字缺口的根本方法。

四、全国统筹下基础养老金收支状况预测

当养老保险基金实现全国统筹后，考察的不再是省级层面上的养老金收支状况，而是全国层面上的养老金收支状况。根据全国统筹后养老金出现的新变化，本书继续模拟了在实现“两个一百年”奋斗目标期间全国统

筹下养老保险基金的当期结余和累计结余变化情况，相比于以前学者对全国层面养老保险基金财务状况的模拟没有考虑中国当前省级统筹的特点，即没有在省级层面上测算收支，进而汇总到全国层面的养老金收支状况，此处以各省为单位，测算出的全国层面养老金收支状况更为科学，具体结果如表 5-1 所示。

表 5-1　全国统筹下城镇职工基础养老金收支状况　　单位：亿元

年份	收入	支出	当期结余	累计结余	年份	收入	支出	当期结余	累计结余
2018	43671.04	35491.59	8179.46	85491.06	2035	87882.45	149051.36	-61168.91	-378101.85
2019	37155.09	39621.86	-2466.77	83024.29	2036	92101.64	158105.72	-66004.09	-444105.94
2020	39830.70	44132.90	-4302.20	78722.09	2037	95484.78	168527.51	-73042.73	-517148.66
2021	42713.22	48513.93	-5800.71	72921.38	2038	99256.84	178556.90	-79300.06	-596448.72
2022	45453.50	52933.11	-7479.60	65441.78	2039	103395.94	188988.25	-85592.31	-682041.04
2023	47958.18	58504.72	-10546.54	54895.24	2040	107607.85	199984.73	-92376.88	-774417.92
2024	50770.21	64329.70	-13559.49	41335.75	2041	111404.99	210607.39	-99202.39	-873620.31
2025	53550.97	71006.24	-17455.27	23880.48	2042	113669.17	222669.04	-108999.87	-982620.18
2026	56605.74	77429.67	-20823.93	3056.55	2043	116025.64	234881.72	-118856.08	-1101476.26
2027	59455.53	84272.61	-24817.08	-21760.53	2044	117821.85	248578.38	-130756.53	-1232232.79
2028	62460.66	91531.27	-29070.61	-50831.14	2045	119277.18	263319.48	-144042.30	-1376275.09
2029	65697.45	99100.87	-33403.42	-84234.56	2046	121941.99	274000.34	-152058.35	-1528333.45
2030	69020.40	106944.79	-37924.40	-122158.96	2047	123794.29	284634.40	-160840.11	-1689173.56
2031	72625.66	114661.30	-42035.64	-164194.60	2048	125593.05	295706.85	-170113.80	-1859287.35
2032	76311.91	122344.31	-46032.40	-210226.99	2049	127934.89	305946.66	-178011.77	-2037299.13
2033	79973.51	130741.21	-50767.71	-260994.70	2050	130804.16	315263.31	-184459.15	-2221758.27
2034	83841.89	139780.13	-55938.24	-316932.94					

根据表 5-1 可以看出，第一，如果城镇职工养老保险基金实现了真正意义上的全国统筹，养老金的当期结余规模和累计结余规模会随着时间的推移呈现出一直下降的趋势。第二，在全国统筹下，城镇职工养老保险基金首次出现当期赤字的时间为 2019 年，首次出现累计赤字的时间为 2027 年。第三，在全国统筹下，城镇职工养老保险基金的当期结余从 2018 年的 8179.46 亿元下降为 2050 年的-184459.15 亿元，基金的累计结余从 2018 年的 85491.06 亿元下降为 2050 年的-2221758.27 亿元。

为什么全国统筹下的城镇职工养老保险基金依旧呈现出恶化的趋势呢？

从养老金收入来看，养老金收入主要由缴费人口和缴费基数两部分决定，受计划生育政策的影响，养老金缴费人口不断减少；而缴费基数受到经济增速下行和工资增长率下降的影响，其增长率也处于不断下降的状态，缴费人口的减少和缴费基数增长率的下降共同导致养老金收入增长率较低。从养老金支出来看，养老金支出由领取人口、计发基数和养老金待遇增长率三部分决定，领取人口受到过去的人口结构影响，随着“50后”和“60后”婴儿潮不断退出劳动力市场，退休人员越来越多；而养老金的计发基数和待遇增长率受到过去工资水平的影响，呈现出刚性增长的状态，从而导致养老金支出的增长率会越来越高，最终超过养老金收入的增长率。综合来看，未来城镇职工养老保险基金的收入低于支出，最终使得养老保险基金在2019年出现当期赤字，2027年出现累计赤字。这也意味着，养老保险统筹层次的提高只能缓解部分省份的养老金支付危机，而不会影响全国养老保险基金的可持续性。

第二节　相关政策变化下的中央调剂制度

根据上述分析可知，上解方案的调整会产生新的不公平不均衡问题，而拨付方案的调整又不是解决养老金长期赤字缺口的根本办法。那么是否可以通过生育政策或延迟退休政策的组合实施扩大中央调剂制度的正向影响，消除中央调剂制度的负向影响呢？本节将进一步模拟生育政策和延迟退休政策实施后的中央调剂制度效果。本节首先介绍了生育政策和延迟退休的方案设计，其次考察了生育政策变化下的中央调剂制度实施效果，最后考察了延迟退休政策变化下的中央调剂制度实施效果。

一、相关政策设计

（一）生育政策设计

我国于2016年全面放开两孩政策，调整生育政策的根本目的是改变人口年龄结构，缓建人口老龄化所带来的各种负面影响。那么生育政策的调整是否可以增强中央调剂制度的实施效果，改善全国各省市的养老金收支状况呢？参考郭志刚（2013）、尹文耀等（2013）、翟振武等（2015）、陈卫（2019）及王金营等（2019）的研究，设定基准生育情景下农村总和生育率为1.8，城镇总和生育率为1.2，整体上的平均生育水平为1.6左右；同时参考陆旸和蔡昉（2016）的研究，设定对比情景高生育情景下生育率为2.0。

（二）延迟退休设计

为了缓解人口老龄化所带来的负面影响，延迟退休作为应对的主要手段一再被人提起，那么延迟退休与中央调剂制度的组合实施又会对全国各省市的养老金收支平衡产生什么样的影响呢？参照《中华人民共和国劳动法》相关规定和郑功成在《中国社会保障制度变迁与评估》中关于平均退休年龄的评估，以及杨华磊等（2016）关于退休情景的设定，在此给出三种退休情景：其一，基准情景为不延迟退休，退休年龄设定为55周岁；其二，对比情景1为即时退休，从2020年开始实施，还没有退休的统一延迟到65周岁；其三，对比情景2为逐步退休，从2020年开始实施，每年延迟6个月，逐步延迟到65周岁。

二、生育政策变化下的中央调剂制度

基于上述建立的人口预测模型和养老金收支模型，当前生育情景和高生育情景下的中央调剂制度效果如表5-2和图5-5所示。

表 5-2　不同生育情景下中央调剂制度效果

省份	2018 年养老金累计结余	当前生育情景			高生育情景			2050 年累计结余变化	首次出现累计赤字年份变化	首次出现累计赤字规模变化
		产生累计赤字年份	首次出现累计赤字规模	2050 年养老金累计结余	产生累计赤字年份	首次出现累计赤字规模	2050 年养老金累计结余			
北京	6251.64	2033—2050	181.33	-89111.39	2034—2050	1920.97	-83999.16	5112.23	延迟	增加
天津	418.84	2020—2050	254.05	-83175.13	2020—2050	250.82	-78352.33	4822.80	不变	减少
河北	888.70	2023—2050	160.77	-48556.83	2023—2050	138.84	-43428.72	5128.11	不变	减少
山西	1478.80	2026—2050	103.96	-24739.77	2026—2050	73.48	-21710.08	3029.69	不变	减少
内蒙古	428.70	2020—2050	194.29	-51949.11	2020—2050	192.18	-47826.95	4122.17	不变	减少
辽宁	-43.39	2018—2050	43.39	-44559.10	2018—2050	43.39	-39142.08	5417.02	不变	不变
吉林	32.58	2019—2050	341.69	-40213.16	2019—2050	340.81	-36592.24	3620.92	不变	减少
黑龙江	-1057.62	2018—2050	1057.62	-49522.38	2018—2050	1057.62	-44557.98	4964.40	不变	不变
上海	1977.06	2021—2050	376.20	-102511.12	2021—2050	362.81	-98420.19	4090.93	不变	减少
江苏	4839.02	2027—2050	636.67	-160438.22	2027—2050	409.42	-148663.15	11775.07	不变	减少
浙江	4174.79	2024—2050	1121.10	-179636.25	2024—2050	1033.00	-166768.92	12867.33	不变	减少
安徽	1401.38	2023—2050	361.37	-86559.51	2023—2050	330.86	-80119.23	6440.28	不变	减少
福建	1407.52	2033—2050	616.82	-47056.83	2033—2050	371.07	-43175.08	3881.76	不变	减少
江西	633.75	2022—2050	234.35	-71921.33	2022—2050	219.60	-66015.90	5905.43	不变	减少
山东	3124.52	2028—2050	399.47	-94813.23	2028—2050	215.89	-83609.09	11204.14	不变	减少
河南	1535.44	2030—2050	424.98	-55334.18	2030—2050	248.01	-48614.20	6719.98	不变	减少

续表

省份	2018年养老金累计结余	当前生育情景			高生育情景			2050年累计结余变化	首次出现累计赤字年份变化	首次出现累计赤字规模变化
		产生累计赤字年份	首次出现累计赤字规模	2050年养老金累计结余	产生累计赤字年份	首次出现累计赤字规模	2050年养老金累计结余			
湖北	553.29	2020—2050	318.51	-102646.87	2020—2050	314.26	-94832.49	7814.38	不变	减少
湖南	952.87	2021—2050	366.65	-96503.59	2021—2050	355.04	-89029.95	7473.63	不变	减少
广东	14736.92	2043—2050	3060.30	-86848.15	2043—2050	119.17	-76096.28	10751.88	不变	减少
广西	487.27	2021—2050	242.94	-57501.49	2021—2050	236.46	-53464.38	4037.11	不变	减少
海南	196.57	2023—2050	83.53	-15900.19	2023—2050	78.44	-14558.97	1341.22	不变	减少
重庆	604.25	2020—2050	518.29	-136825.14	2020—2050	513.37	-127857.96	8967.18	不变	减少
四川	2675.84	2021—2050	720.97	-207925.29	2021—2050	694.87	-193673.57	14251.71	不变	减少
贵州	791.96	2026—2050	236.44	-66242.85	2026—2050	182.22	-61958.21	4284.64	不变	减少
云南	988.56	2024—2050	162.20	-60750.47	2024—2050	135.81	-56508.78	4241.69	不变	减少
西藏	154.20	2027—2050	61.24	-11751.61	2027—2050	51.45	-11161.69	589.92	不变	减少
陕西	757.03	2025—2050	290.95	-61663.59	2025—2050	247.48	-57050.35	4613.24	不变	减少
甘肃	326.36	2020—2050	0.84	-30156.13	2021—2050	194.44	-27448.77	2707.35	延迟	增加
青海	50.95	2020—2050	48.36	-16543.42	2020—2050	47.86	-15449.29	1094.13	不变	减少
宁夏	231.33	2023—2050	63.75	-16600.80	2023—2050	58.76	-15346.79	1254.00	不变	减少
新疆	1029.04	2023—2050	384.51	-57264.03	2023—2050	353.07	-51116.73	6147.30	不变	减少

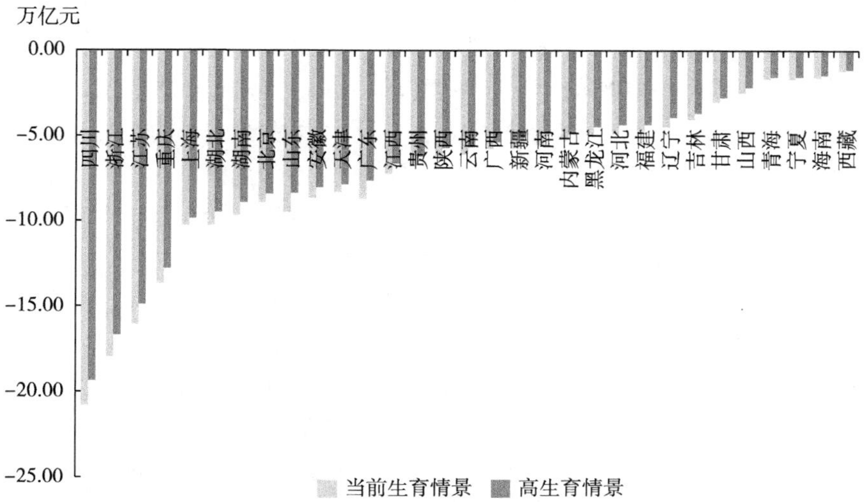

图 5-5　2050 年生育政策调整前后各省养老金累计结余规模

从养老金累计赤字首次产生的年份来看，无论是在当前生育情景下还是在高生育情景下，中央调剂制度实施后 2020 年以前产生养老金累计赤字的有辽宁、黑龙江和吉林 3 个省份，2020—2035 年产生养老金累计赤字的有北京、天津、内蒙古、湖北、重庆等 27 个省市，2035 年以后产生养老金累计赤字的省份只有广东省。其中，相比于当前生育情景下的中央调剂效果，高生育情景下北京和甘肃首次产生累计赤字的年份均延迟了 1 年，其余 29 个省市首次产生累计赤字的年份不变。从养老金累计赤字首次产生的规模来看，在当前生育情景下，甘肃首次产生累计赤字的规模最小，为 0. 84 亿元，广东首次产生累计赤字的规模最大，为 3060. 30 亿元；在高生育情景下，辽宁首次产生累计赤字的规模最小，为 43. 39 亿元，北京首次产生累计赤字的规模最大，为 1920. 97 亿元。其中，相比于当前生育情景下的中央调剂效果，高生育情景下北京和甘肃首次产生累计赤字的规模增加，辽宁和黑龙江首次产生累计赤字的规模不变，其余 27 个省市首次产生累计赤字的规模减少。这也意味着生育政策的调整使得全国大部分省市养老金首次产生累计赤字的年份延迟或首次产生累计赤字的规模减少，生育政策的调整增强了中央调剂制度的调剂效果。

从 2050 年养老金累计结余来看，第一，随着生育政策的调整，全国各省市在中央调剂制度实施之后于 2050 年产生养老金累计赤字的趋势并没有改变。第二，随着生育政策的调整，全国各省市 2050 年的养老金累计赤字规模均有不同程度的减少，其中，四川的累计赤字规模减少得最多，为14251.71亿元，西藏的累计赤字规模减少得最少，为589.92亿元。第三，在当前生育情景下，四川的累计赤字规模最大，为207925.29亿元，西藏的累计赤字规模最小，为11751.61亿元；在高生育情景下，四川的累计赤字规模依旧最大，为193673.57亿元，西藏的累计赤字规模最小，为11161.69亿元。这也意味着生育政策的调整减少了全国各省市2050年的养老金累计赤字规模，改善了全国各省市的养老金收支状况。

为什么生育政策的调整可以增强中央调剂制度的调剂效果，甚至改善全国各省市调剂之后的养老金收支状况呢？从养老金收入来看，与当前生育水平相比，高生育水平在长期内增加了养老金的缴费人口，高生育水平下的养老金收入金额也高于当前生育水平下的养老金收入金额。从养老金支出来看，与当前生育水平相比，生育水平的提高不会改变过去的人口结构和工资水平，从而也不会改变养老金的支出金额。因此，与当前生育水平相比，长期内高生育水平提高了养老金收入，不改变养老金支出，各省市的养老金当期赤字规模减小或当期结余规模增加，从而中央调剂制度调剂效果增强，全国各省市的养老金收支状况得到改善。

三、退休政策变化下的中央调剂制度

（一）即时退休

基于上述理论模型以及相关参数设定，本书继续模拟了2050年以前即时退休情景下的中央调剂制度效果，即时退休实施前后的中央调剂制度效果如表5-3和图5-6所示。

表 5-3　即时退休下中央调剂制度效果

省份	2018 年养老金累计结余	不延迟退休			即时退休			2050 年累计结余变化	首次出现累计赤字年份变化	首次出现累计赤字规模变化
		产生累计赤字年份	首次出现累计赤字规模	2050 年养老金累计结余	产生累计赤字年份	首次出现累计赤字规模	2050 年养老金累计结余			
北京	6251. 64	2033—2050	181. 33	-89111. 39	2048—2050	3244. 73	-11086. 68	78024. 71	延迟	增加
天津	418. 84	2020—2050	254. 05	-83175. 13	2020—2050	254. 05	-31335. 86	51839. 27	不变	不变
河北	888. 70	2023—2050	160. 77	-48556. 83	—	—	23239. 79	71796. 62	延迟	—
山西	1478. 80	2026—2050	103. 96	-24739. 77	—	—	17962. 11	42701. 89	延迟	—
内蒙古	428. 70	2020—2050	194. 29	-51949. 11	2020—2029	194. 29	144. 03	52093. 14	不变	不变
辽宁	-43. 39	2018—2050	43. 39	-44559. 10	2018—2029	43. 39	47117. 97	91677. 07	不变	不变
吉林	32. 58	2019—2050	341. 69	-40213. 16	2019—2030	341. 69	9780. 28	49993. 43	不变	不变
黑龙江	-1057. 62	2018—2050	1057. 62	-49522. 38	2018—2031	1057. 62	24230. 30	73752. 68	不变	不变
上海	1977. 06	2021—2050	376. 20	-102511. 12	2021—2050	241. 69	-34162. 47	68348. 64	不变	减少
江苏	4839. 02	2027—2050	636. 67	-160438. 22	2050	2582. 63	-2582. 63	157855. 59	延迟	增加
浙江	4174. 79	2024—2050	1121. 10	-179636. 25	2048—2050	1195. 47	-8013. 25	171623. 01	延迟	增加
安徽	1401. 38	2023—2050	361. 37	-86559. 51	2045—2050	1297. 36	-12942. 46	73617. 05	延迟	增加
福建	1407. 52	2033—2050	616. 82	-47056. 83	—	—	1385. 65	48442. 48	延迟	—
江西	633. 75	2022—2050	234. 35	-71921. 33	2049—2050	1299. 47	-3409. 08	68512. 25	延迟	增加
山东	3124. 52	2028—2050	399. 47	-94813. 23	—	—	24485. 27	119298. 51	延迟	—
河南	1535. 44	2030—2050	424. 98	-55334. 18	—	—	32936. 38	88270. 57	延迟	—
湖北	553. 29	2020—2050	318. 51	-102646. 87	2020—2028 2044—2050	318. 51	-13555. 92	89090. 95	不变	不变

续表

省份	2018年养老金累计结余	不延迟退休			即时退休			2050年累计结余变化	首次出现累计赤字年份变化	首次出现累计赤字规模变化
		产生累计赤字年份	首次出现累计赤字规模	2050年养老金累计结余	产生累计赤字年份	首次出现累计赤字规模	2050年养老金累计结余			
湖南	952.87	2021—2050	366.65	-96503.59	2021—2027 2047—2050	226.84	-8385.36	88118.23	不变	减少
广东	14736.92	2043—2050	3060.30	-86848.15	—	—	79299.03	166147.18	延迟	—
广西	487.27	2021—2050	242.94	-57501.49	2021—2026	158.69	86.07	57587.57	不变	减少
海南	196.57	2023—2050	83.53	-15900.19	—	—	570.80	16470.99	延迟	—
重庆	604.25	2020—2050	518.29	-136825.14	2020—2050	518.29	-52951.17	83873.97	不变	不变
四川	2675.84	2021—2050	720.97	-207925.29	2021—2028 2041—2050	437.83	-41511.29	166414.00	不变	减少
贵州	791.96	2026—2050	236.44	-66242.85	2043—2050	807.26	-19648.91	46593.94	延迟	增加
云南	988.56	2024—2050	162.20	-60750.47	2044—2050	61.56	-11472.97	49277.50	延迟	减少
西藏	154.20	2027—2050	61.24	-11751.61	2040—2050	21.21	-4327.50	7424.11	延迟	减少
陕西	757.03	2025—2050	290.95	-61663.59	2048—2050	1574.36	-5654.22	56009.37	延迟	增加
甘肃	326.36	2020—2050	0.84	-30156.13	2020—2027	0.84	1935.09	32091.21	不变	不变
青海	50.95	2020—2050	48.36	-16543.42	2020—2029 2039—2050	48.36	-4252.27	12291.15	不变	不变
宁夏	231.33	2023—2050	63.75	-16600.80	2047—2050	58.16	-1273.34	15327.46	延迟	减少
新疆	1029.04	2023—2050	384.51	-57264.03	2046—2050	61.23	-4037.80	53226.23	延迟	减少

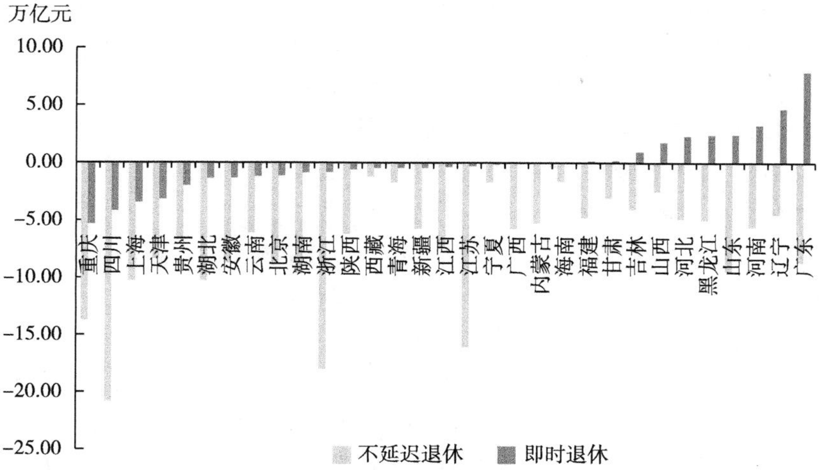

图 5-6　2050 年即时退休实施前后各省养老金累计结余规模

从养老金累计赤字首次产生的年份来看，在不延迟退休情景下，中央调剂制度实施后 2020 年以前产生养老金累计赤字的有辽宁、黑龙江和吉林 3 个省份，2020—2035 年产生养老金累计赤字的有北京、天津、内蒙古、湖北、重庆等 27 个省市，2035 年以后产生养老金累计赤字的省份只有广东。在即时退休情景下，中央调剂制度实施后 2020 年以前产生养老金累计赤字的有辽宁、黑龙江和吉林 3 个省份，2020—2035 年产生养老金累计赤字的有天津、内蒙古、湖北、重庆、甘肃、青海、上海、湖南、广西、四川 10 个省市，2035 年以后产生养老金累计赤字的有西藏、贵州、云南、安徽、新疆、宁夏、北京、浙江、陕西、江西、江苏 11 个省市，2050 年以前不产生养老金累计赤字的有河北、山西、福建、山东、河南、广东、海南 7 个省份。其中，相比于不延迟退休情景下的中央调剂效果，即时退休情景下辽宁、黑龙江、吉林、天津、内蒙古、湖北、重庆、甘肃、青海、上海、湖南、广西、四川 13 个省市首次产生累计赤字的年份不变，其余 18 个省市均延迟了首次产生累计赤字的年份。从养老金累计赤字首次产生的规模来看，在不延迟退休情景下，甘肃首次产生累计赤字的规模最小，为 0. 84 亿元，广东首次产生累计赤字的规模最大，为 3060. 30 亿元；在即时退休情景下，甘肃首次产生累计赤字的规模依旧最小，为 0. 84 亿元，北京首次产生累计赤字的规模最大，为 3244. 73 亿元。其中，西藏、宁夏、新疆、云南、广西、湖南、上海、四川 8 个省份首次产生累计赤字的规模减少；甘肃、辽宁、青海、内蒙古、天津、湖北、吉林、重庆、黑龙江 9 个省市首次产生累计赤字的规模不变；贵州、浙江、安徽、江西、陕西、江苏、北京 7 个省市首次产生累计赤字的规模增加。这也意味着即时退休的实施使得全国大部分省市养老金首次产生累计赤字的年份延迟或首次产生累计赤字的规模减少，即时退休的实施增强了中央调剂制度的调剂效果。

从 2050 年养老金累计结余来看，第一，随着即时退休的实施，广西、内蒙古、海南、福建、甘肃、吉林、山西、河北、黑龙江、山东、河南、辽宁、广东 13 个省份改变了调剂之后于 2050 年产生养老金累计赤字的趋势，但是其余 18 个省市并没有改变 2050 年产生养老金累计赤字的趋势。第二，随着即时退休的实施，广西、内蒙古、海南、福建、甘肃、吉林、山西、河北、黑龙江、山东、河南、辽宁、广东 13 个省份于 2050 年消除了养老金累计赤字并产生了养老金累计结余，其余 18 个省市的养老金累计赤字规模均有不同程度的减少，其中，浙江的累计赤字规模减少得最多，为 171623.01 亿元，西藏的累计赤字规模减少得最少，为 7424.11 亿元。第三，在不延迟退休情景下，四川的累计赤字规模最大，为 207925.29 亿元，西藏的累计赤字规模最小，为 11751.61 亿元；在即时退休情景下，重庆的累计赤字规模最大，为 52951.17 亿元，宁夏的累计赤字规模最小，为 1273.34 亿元，广东的累计结余规模最大，为 79299.03 亿元，广西的累计结余规模最小，为 86.07 亿元。这也意味着即时退休的实施减少了全国各省市 2050 年的养老金累计赤字规模，甚至让部分省份在 2050 年产生了养老金累计结余，改善了全国各省市的养老金收支状况。

为什么实施即时退休同样可以增强中央调剂制度的调剂效果，甚至改善全国各省市调剂之后的养老金收支状况呢？从养老金支出来看，即时退休使得 55~64 岁年龄段的人不再领取城镇职工养老金，这一部分退休人员的减少使得养老金支出大大减少；从养老金收入来看，55~64 岁年龄段的人由养老金领取人口转变为缴费人口，缴费人员的增加会使得养老金收入增加。总体来看，随着即时退休的实施，养老金的收入在增加，而养老金的支出在减少，故在 2050 年以前即时退休的实施既增强了中央调剂制度的调剂效果，又改善了全国各省市调剂之后的养老金收支状况。

（二）逐步退休

基于上述理论模型以及相关参数设定，本书继续模拟了 2050 年以前逐步退休情景下的中央调剂制度效果，逐步退休实施前后的中央调剂效果如表 5-4 和图 5-7 所示。

表 5-4　逐步退休下中央调剂制度效果

省份	2018 年养老金累计结余	不延迟退休			逐步退休			2050 年累计结余变化	首次出现累计赤字年份变化	首次出现累计赤字规模变化
		产生累计赤字年份	首次出现累计赤字规模	2050 年养老金累计结余	产生累计赤字年份	首次出现累计赤字规模	2050 年养老金累计结余			
北京	6251. 64	2033—2050	181. 33	-89111. 39	2044—2050	1622. 88	-19476. 41	69634. 98	延迟	增加
天津	418. 84	2020—2050	254. 05	-83175. 13	2020—2050	254. 05	-36226. 18	46948. 95	不变	不变
河北	888. 70	2023—2050	160. 77	-48556. 83	—	—	14973. 92	63530. 75	延迟	—
山西	1478. 80	2026—2050	103. 96	-24739. 77	—	—	13258. 36	37998. 13	延迟	—
内蒙古	428. 70	2020—2050	194. 29	-51949. 11	2020—2050	194. 29	-5387. 51	46561. 60	不变	不变
辽宁	-43. 39	2018—2050	43. 39	-44559. 10	2018—2038	43. 39	33828. 01	78387. 11	不变	不变
吉林	32. 58	2019—2050	341. 69	-40213. 16	2019—2044	341. 69	3565. 38	43778. 54	不变	不变
黑龙江	-1057. 62	2018—2050	1057. 62	-49522. 38	2018—2042	1057. 62	14647. 20	64169. 57	不变	不变
上海	1977. 06	2021—2050	376. 20	-102511. 12	2021—2050	376. 20	-43025. 50	59485. 62	不变	不变
江苏	4839. 02	2027—2050	636. 67	-160438. 22	2039—2050	36. 49	-20033. 98	140404. 24	延迟	减少
浙江	4174. 79	2024—2050	1121. 10	-179636. 25	2025—2050	525. 75	-26165. 57	153470. 69	延迟	减少
安徽	1401. 38	2023—2050	361. 37	-86559. 51	2023—2050	82. 65	-19868. 77	66690. 74	不变	减少
福建	1407. 52	2033—2050	616. 82	-47056. 83	2049—2050	931. 13	-2681. 72	44375. 11	延迟	减少
江西	633. 75	2022—2050	234. 35	-71921. 33	2022—2050	137. 08	-9672. 90	62248. 42	不变	减少
山东	3124. 52	2028—2050	399. 47	-94813. 23	—	—	11539. 84	106353. 07	延迟	—
河南	1535. 44	2030—2050	424. 98	-55334. 18	—	—	24429. 34	79763. 52	延迟	—

续表

省份	2018年养老金累计结余	不延迟退休			逐步退休			2050年累计结余变化	首次出现累计赤字年份变化	首次出现累计赤字规模变化
		产生累计赤字年份	首次出现累计赤字规模	2050年养老金累计结余	产生累计赤字年份	首次出现累计赤字规模	2050年养老金累计结余			
湖北	553.29	2020—2050	318.51	-102646.87	2020—2050	318.51	-22621.52	80025.35	不变	不变
湖南	952.87	2021—2050	366.65	-96503.59	2021—2050	366.65	-17130.46	79373.13	不变	不变
广东	14736.92	2043—2050	3060.30	-86848.15	—	—	64790.51	151638.67	延迟	—
广西	487.27	2021—2050	242.94	-57501.49	2021—2050	242.94	-5185.86	52315.63	不变	不变
海南	196.57	2023—2050	83.53	-15900.19	2023—2050	28.78	-935.47	14964.73	不变	减少
重庆	604.25	2020—2050	518.29	-136825.14	2020—2050	518.29	-60533.10	76292.04	不变	不变
四川	2675.84	2021—2050	720.97	-207925.29	2021—2050	720.97	-58778.45	149146.84	不变	不变
贵州	791.96	2026—2050	236.44	-66242.85	2032—2050	67.25	-23105.76	43137.09	延迟	减少
云南	988.56	2024—2050	162.20	-60750.47	2026—2050	79.80	-15643.00	45107.47	延迟	减少
西藏	154.20	2027—2050	61.24	-11751.61	2031—2050	19.20	-4835.49	6916.12	延迟	减少
陕西	757.03	2025—2050	290.95	-61663.59	2031—2050	90.24	-10773.16	50890.43	延迟	减少
甘肃	326.36	2020—2050	0.84	-30156.13	2020—2050	0.84	-1123.25	29032.88	不变	不变
青海	50.95	2020—2050	48.36	-16543.42	2020—2050	48.36	-5361.80	11181.62	不变	不变
宁夏	231.33	2023—2050	63.75	-16600.80	2023—2050	5.83	-2709.70	13891.10	不变	减少
新疆	1029.04	2023—2050	384.51	-57264.03	2023—2050	188.74	-8798.64	48465.40	不变	减少

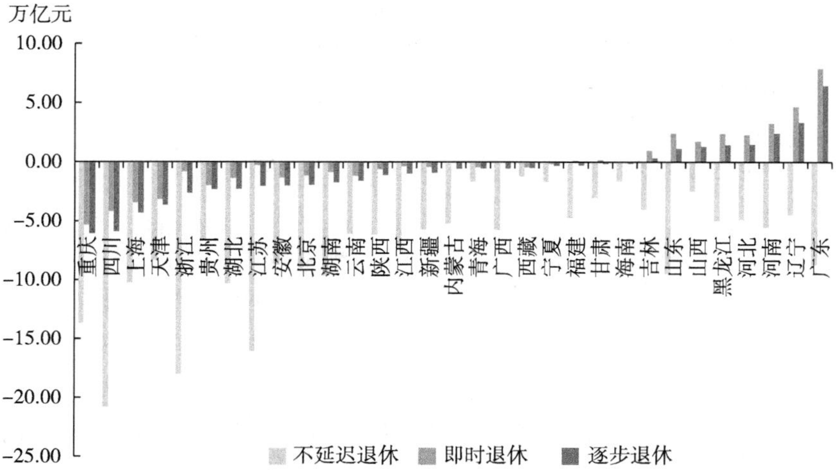

图 5-7 2050 年逐步退休实施前后各省养老金累计结余规模

从养老金累计赤字首次产生的年份来看，在不延迟退休情景下，中央调剂制度实施后 2020 年以前产生养老金累计赤字的有辽宁、黑龙江和吉林 3 个省份，2020—2035 年产生养老金累计赤字的有北京、天津、内蒙古、湖北、重庆等 27 个省市，2035 年以后产生养老金累计赤字的省份只有广东。在逐步退休情景下，中央调剂制度实施后 2020 年以前产生养老金累计赤字的有辽宁、黑龙江和吉林 3 个省份，2020—2035 年产生养老金累计赤字的有天津、内蒙古、湖北、重庆、甘肃、青海、上海、湖南、广西、四川、江西、安徽、海南、宁夏、新疆、浙江、云南、西藏、陕西、贵州 20 个省市，2035 年以后产生养老金累计赤字的有江苏、北京、福建 3 个省市，2050 年以前不产生养老金累计赤字的有河北、山西、山东、河南、广东 5 个省份。其中，相比于不延迟退休情景下的中央调剂效果，逐步退休情景下北京、天津、河北、山西、浙江、福建、湖北、湖南、广东、广西、四川、陕西、青海 13 个省市延迟了首次产生累计赤字的年份，其余 18 个省市首次产生累计赤字的年份不变。从养老金累计赤字首次产生的规模来看，在不延迟退休情景下，甘肃首次产生累计赤字的规模最小，为 0. 84 亿元，广东首次产生累计赤字的规模最大，为 3060. 30 亿元；在逐步退休情景下，甘肃首次产生累计赤字的规模依旧最小，为 0. 84 亿元，北京首次产生累计赤字的规模最大，为 1622. 88 亿元。其中，在首次产生累计赤字年份不变的省份中，江苏、安徽、江西、海南、贵州、云南、西藏、宁夏、新疆 9 个省份首次产生累计赤字的规模减少。这也意味着逐步退休的实施使得全国大部分省市养老金首次产生累计赤字的年份延迟或首次产生累计赤字的规模减少，实施逐步退休同样会增强中央调剂制度的调剂效果。

从2050年养老金累计结余来看，第一，随着逐步退休的实施，吉林、山东、山西、黑龙江、河北、河南、辽宁、广东8个省份改变了调剂之后于2050年产生养老金累计赤字的趋势，但是其余23个省市并没有改变2050年产生养老金累计赤字的趋势。第二，随着逐步退休的实施，吉林、山东、山西、黑龙江、河北、河南、辽宁、广东8个省份于2050年消除了养老金累计赤字并产生了养老金累计结余，其余23个省市的养老金累计赤字规模均有不同程度的减少，其中，浙江的累计赤字规模减少得最多，为153470.69亿元，西藏的累计赤字规模减少得最少，为6916.12亿元。但是，2050年全国各省市即时退休情景下的养老金累计结余均高于逐步退休情景下的养老金累计结余。第三，在不延迟退休情景下，四川的累计赤字规模最大，为207925.29亿元，西藏的累计赤字规模最小，为11751.61亿元；在逐步退休情景下，重庆的累计赤字规模最大，为60533.10亿元，海南的累计赤字规模最小，为935.47亿元，广东的累计结余规模最大，为64790.51亿元，吉林的累计结余规模最小，为3565.38亿元。这也意味着逐步退休的实施减少了全国各省市2050年养老金累计赤字规模，甚至让部分省份在2050年产生了养老金累计结余，改善了全国各省市的养老金收支状况。

为什么实施逐步退休同样可以增强中央调剂制度的调剂效果，甚至改善全国各省市调剂之后的养老金收支状况呢？从养老金支出来看，逐步退休同样会使55~64岁年龄段的人不再领取城镇职工养老金，给付人群的减少导致养老金支出减少；从养老金收入来看，55~64岁年龄段的人由养老金领取人口转变为缴费人口，缴费人员的增加导致养老金收入增加。总体来看，随着逐步退休的实施，养老金的收入在增加，而养老金的支出在减少，故在2050年以前逐步退休的实施既增强了中央调剂制度的调剂效果，又改善了全国各省市调剂之后的养老金收支状况。

为什么2050年全国各省市即时退休情景下的养老金累计结余均高于逐步退休情景下的养老金累计结余呢？这是不同的延迟退休政策造成的，即时退休情景下，延迟退休政策从2021年开始，2030年结束；逐步退休情景下，延迟退休政策从2021年开始，2040年结束。从养老金收入来看，2040年以前，即时退休方案下的缴费人口始终多于逐步退休方案下的缴费人口，即时退休方案下的养老金收入较高；2040年以后，即时退休与逐步退休中的缴费人口和缴费基数一样，两种方案下的养老金收入一样。从养老金支出来看，2040 年以前，即时退休方案下的养老金领取人口始终少于逐步退休方案下的养老金领取人口，即时退休方案下的养老金支出较低；2040 年以后，即时退休与逐步退休中领取养老金的人口数量一样，由于退休时间的差异，两种方案的计发基数不一样，导致即时退休方案下的养老金支出高于逐步退休方案下的养老金支出。综合来看，2040 年以前，即时退休情景下养老金收入高、支出低，逐步退休方案下的养老金当期结余低于即时退休方案下的养老金当期结余。2040 年以后，即时退休与逐步退休方案下的养老金收入一样，即时退休方案下的养老金支出高，逐步退休方案下的养老金支出低，导致 2040 年之后逐步退休方案下的养老金当期结余高于即时退休方案下的养老金当期结余，但是这并不能消除历史前期即时退休方案下退休年龄延迟到 65 岁对养老金收支状况的影响，所以逐步退休情景下 2050 年的养老金累计结余低于即时退休情景下的养老金累计结余。

本章小结

中央调剂制度作为实现养老金全国统筹的过渡性措施，旨在解决各省市间养老金发展不均衡的问题，从而实现养老保险制度的可持续发展。但是第四章的研究结果表明中央调剂制度可以延迟河北、安徽等省份首次出现累计赤字的年份，减少天津、内蒙古等省市首次出现累计赤字的规模，但是中央调剂制度在产生积极影响的同时，也提前了广东、北京、福建等省市首次产生累计赤字的年份，而且中央调剂制度不能从根本上改变全国各省市于 2050 年产生养老金累计赤字的趋势。那么进一步优化中央调剂制度是否能保证养老金收支状况的可持续性呢？如果答案是否定的，那么又该配套哪些政策实现养老保险制度的良性发展呢？这些问题的答案，都有助于中央调剂制度的顺利实施，从而实现城镇企业职工养老保险基金真正意义上的全国统筹。因此，本章首先基于中央调剂制度本身，从上解方案、拨付方案以及统筹层次三个方向对其进行优化，考察了中央调剂制度实施后的各省市养老金收支状况；其次从生育政策调整和延迟退休实施两个配套性政策入手，进一步考察了中央调剂制度实施后的各省市养老金财务运行状况。本章的主要研究结果如下。

（1）随着上解方案的调整，广东、福建、北京、西藏、山东、陕西、贵州 7 个省市首次出现累计赤字的年份提前，山西、河北、甘肃 3 个省份首次出现累计赤字的年份延迟，在首次产生累计赤字年份不变的 21 个省市中，江苏和上海随着上解比例提高首次出现累计赤字的规模增加，黑龙江、吉林、辽宁三省随着上解比例提高首次出现累计赤字的规模不变，其余省市随着上解比例提高首次出现累计赤字的规模减少。

（2）随着拨付方案的调整，当未来平均上解比例介于 9%与 15%之间时，养老金产生赤字缺口的年份出现得最晚，但是无论未来平均上解比例达到多少，2050 年以前获得的中央调剂金都不能完全覆盖预测期内产生的养老金赤字总缺口。

（3）如果养老保险基金实现了真正意义上的全国统筹，其只能缓解部分省份的养老金支付危机，而不会影响全国养老保险基金的可持续性，全国统筹下的城镇职工养老保险基金依旧呈现出恶化的趋势。

（4）生育政策的调整可以增强中央调剂制度的调剂效果，减少全国各省市 2050 年产生的养老金累计赤字规模。调整生育政策使得北京和甘肃首次产生养老金累计赤字的年份延迟，在其余首次产生累计赤字年份不变的 29 个省市中，生育政策的调整也减少了除辽宁和黑龙江以外其余 27 个省市首次产生累计赤字的规模。

（5）实施延迟退休同样可以增强中央调剂制度的调剂效果，甚至能从根本上改变部分省市于 2050 年产生养老金累计赤字的趋势。在即时退休情景下，北京等 18 个省市首次出现养老金累计赤字的年份延迟，在其余首次产生累计赤字年份不变的 13 个省份中，上海等 4 个省市首次出现养老金累计赤字的规模减少；广西、内蒙古、海南、福建、甘肃、吉林、山西、河北、黑龙江、山东、河南、辽宁、广东 13 个省份于 2050 年产生了养老金累计结余，其余 18 个省市 2050 年的养老金累计赤字规模均有不同程度的减少。在逐步退休情景下，北京等 13 个省市首次出现累计赤字的年份延迟，在其余首次产生累计赤字年份不变的 18 个省份中，江苏等 4 个省份首次出现累计赤字的规模减少；吉林、山东、山西、黑龙江、河北、河南、辽宁、广东 8 个省份于 2050 年消除了养老金累计赤字并产生了养老金累计结余，其余 23 个省市的养老金累计赤字规模均有不同程度的减少。

第六章　研究结论与政策建议

一、研究结论

为了解决城镇企业职工统筹账户的养老金在区域间发展不均衡的问题，基于各省份当前养老金收支差异的现状，我国开启了养老金全国统筹的步伐，而中央调剂制度作为全国统筹的第一步，其会对各省养老金收支平衡产生何种影响？如何进一步优化中央调剂制度才能保证养老金收支平衡的可持续性？对于这些问题的回答，直接影响养老金全国统筹政策以及其他应对养老金支付危机政策的制定。因此，本书在最新降费的背景下，以城镇企业职工统筹账户的养老金为研究对象，通过建立评估中央调剂制度现期实施效果的调剂指标模型和评估未来各省养老金收支状况的测算模型，基于全国各省市分年度的统计年鉴数据，依据现实可行参数，经过理论分析与实证分析，得出以下结论。

（1）从理论上看，中央调剂金在增强一部分省份基础养老金可持续性的同时，也加重了另一部分省份养老保险制度的负担。在实施中央调剂制度的情形下，从基础养老金筹资模式的数理模型中可以看出，各省基础养老金的收支平衡不仅受到人口年龄结构变化和在岗职工平均工资的影响，还受到中央调剂金上解额度与拨付额度差值的影响。根据中央调剂金的运行机制可知，上解额度与拨付额度的差值主要取决于该省制度抚养比与全国制度抚养比的比值以及该省职工平均工资与全国职工平均工资的比值两个因素。中央调剂金流入地一般为制度抚养比高、工资水平低的省份，而流出地一般为制度抚养比低、工资水平高的省份。实施中央调剂制度有利于增强制度抚养比高、工资水平低省份的基础养老金可持续性，但是会加重制度抚养比低、工资水平高省份的基础养老金负担，以此起到均衡各省基础养老金结余分布的作用。

（2）当前城镇企业职工基础养老金在各省之间呈现出两极分化的趋势，中央调剂制度的实施有效均衡了各省基础养老金的累计结余分布。

其一，中央调剂金净流出省份一般为制度抚养比指标值较低、平均工资指标值较高的省份，净流入省份一般为制度抚养比指标值较高、平均工资指标值较低的省份，即中央调剂金的流向为从制度抚养比低、工资水平高的省份流入制度抚养比高、工资水平低的省份。2009—2017 年各省中央调剂金净拨付额均值规模为正的省份有 21 个，均值规模为负的省份有 10 个。其中，黑龙江、吉林、辽宁、四川、湖北、内蒙古、湖南、河北、重庆、甘肃、广西、江西、新疆、海南、宁夏、山西、青海、安徽、陕西、河南、天津的调剂指标值均值大于 1，即此 21 个省市为中央调剂金净流入省份，中央调剂金净流入省份大多属于制度抚养比指标值较高、平均工资指标值较低的地区；云南、上海、贵州、山东、江苏、浙江、福建、广东、北京、西藏的调剂指标值均值小于 1，即此 10 个省市为中央调剂金净流出省份，中央调剂金净流出省份大多属于制度抚养比指标值较低、平均工资指标值较高的地区。

其二，当前城镇企业职工基础养老金累计结余主要集中在北京、上海、江苏、浙江、福建、山东、广东、贵州、云南、西藏 10 个省市，且呈现出愈演愈烈的趋势。截至 2017 年底，北京、上海、江苏、浙江等 10 个省市的基础养老金累计结余总额占比为 63. 81%，在职总人数占比为 51. 50%，工资总额占比为 59. 09%，而退休总人数占比仅为 36. 55%，这意味着北京、上海、江苏、浙江等 10 个省市占据着全国大部分基础养老金结余，而只需负担少部分退休职工的养老，全国基础养老金累计结余分布呈现出两极分化的趋势。同时，2009—2017 年调剂指标值的均值、标准差、波动范围和变异系数不断扩大，从侧面说明各省之间基础养老金发展不平衡的程度在加重，这也正是中央调剂制度建立的意义所在。

其三，造成当前城镇企业职工基础养老金在各省之间不均衡发展的主要因素为制度抚养比指标值的变化。从指标值的波动范围和波动程度来看，调剂指标值和制度抚养指标值的均值、标准差、波动范围和变异系数不断扩大，表明各省之间的调剂指标值差距和制度抚养指标值差距呈现出逐年扩大的趋势；而平均工资指标值均值保持不变，标准差、波动范围和变异系数逐年缩小，表明各省之间的平均工资指标值差距呈现出逐年缩小的趋势。由此可知，制度抚养比指标值的变化是影响调剂指标值变化的主要因素，同时，制度抚养比指标值和平均工资指标值的变化也说明各省之间的养老金分布已经呈现出两极分化的趋势。

其四，中央调剂制度实施后，可能只有 22%的中央调剂金起到了调剂的作用。为了衡量每年有多少中央调剂金被用于各省市之间的调剂，本书构建了全国调剂指标模型，从全国中央调剂金总额来看，其呈现出逐年上升的趋势，但是从全国调剂指标来看，其比值最终稳定在22%左右，这也意味着实行中央调剂制度后，可能只有22%的中央调剂金在各省之间起到了调剂的作用。2009—2017年全国调剂指标还呈现出一定的上升趋势，这也从侧面说明养老金面临着两极分化的风险，实施中央调剂制度意义重大，是养老保险制度可持续发展的根本保证。

其五，中央调剂制度的实施有效均衡了各省基础养老金的累计结余分布。在不实施中央调剂制度的情形下，黑龙江于2016—2017年产生基础养老金累计赤字。但是如果中央调剂制度在2009—2017年实施，全国31个省市均于2017年产生基础养老金累计结余。与不实施中央调剂制度的情形相比，中央调剂制度实施后，广东、北京、浙江、江苏、福建、山东、上海、贵州、西藏、云南10个省市2017年的养老金累计结余规模减少，同时，其余21个省市2017年的养老金累计结余规模增加，全国各省的基础养老金累计结余分布进一步均衡。

（3）在中国实现“两个一百年”奋斗目标的关键期，中央调剂制度在发挥积极作用的同时，也恶化了上海、江苏、福建等省份的养老金收支状况，同时还出现了西藏、贵州等西部欠发达省份救济其余省份的局面。

其一，在中国实现“两个一百年”奋斗目标的关键期，中央调剂制度的实施改善了部分省份的养老金收支状况。从基础养老金首次产生累计赤字的年份和规模来看，中央调剂制度的实施使得河北、安徽、江西、河南、湖南、广西、海南、重庆、宁夏和新疆10个省份首次产生累计赤字的年份推迟了1年，山西首次产生累计赤字的年份推迟了2年，在首次产生养老金累计赤字年份不变的12个省份中，中央调剂制度的实施使得天津、内蒙古、辽宁、吉林、浙江、湖北、四川、云南、甘肃、青海10个省市首次产生累计赤字的规模减少。从2050年的基础养老金累计结余来看，中央调剂制度实施后，青海、宁夏、海南、天津、河北、上海、四川、广西、湖南、甘肃、新疆、山西、湖北、内蒙古、浙江、吉林、黑龙江、辽宁18个省市2050年的养老金累计赤字规模减少。

其二，在中国实现“两个一百年”奋斗目标的关键期，中央调剂制度的实施也恶化了部分省份的养老金收支状况。从基础养老金首次产生累计赤字的年份来看，中央调剂制度的实施使得广东于2043年首次产生累计赤字，北京首次产生累计赤字的年份提前了9年，福建首次产生累计赤字的年份提前了6年，西藏首次产生累计赤字的年份提前了3年，贵州首次产生累计赤字的年份提前了2年，上海、江苏和山东首次产生累计赤字的年份均提前了1年。从2050年的基础养老金累计结余来看，中央调剂制度的实施改变了广东省于2050年产生养老金累计结余的趋势，同时也使得广东、北京、贵州、山东、福建、河南、云南、江苏、陕西、西藏、安徽、江西、重庆13个省市2050年的养老金累计赤字规模增加。

其三，在中国实现“两个一百年”奋斗目标的关键期，中央调剂制度实施后出现了西藏、贵州等欠发达省份的基础养老金流向天津等发达省份的局面。从2050年基础养老金当期结余的规模来看，中央调剂制度实施后，贵州和西藏的基础养老金当期赤字规模分别增加了3280.49亿元和411.34亿元，天津的基础养老金当期赤字规模减少了496.26亿元；从基础养老金首次产生累计赤字的年份来看，中央调剂制度实施后，贵州和西藏首次出现累计赤字的年份分别提前了2年和3年，天津首次出现累计赤字的年份虽然不变，但是其首次出现累计赤字的规模减少了8.78亿元；从2050年基础养老金累计结余的规模来看，中央调剂制度实施后，贵州和西藏的基础养老金累计赤字规模分别增加了33507.35亿元和4340.22亿元，天津的基础养老金累计赤字规模减少了2335.47亿元。造成西藏、贵州等欠发达省份补贴天津等发达省份的主要原因在于退休人员的养老负担，西藏和贵州在2050年以前的年平均城镇职工退职比分别为0.66和0.55，即西藏相当于1.52位缴费人员抚养1位退休领取待遇人员，贵州相当于1.82位缴费人员抚养1位退休领取待遇人员；天津市在2050年以前的年平均城镇职工退职比为1.14，相当于0.88位缴费人员抚养1位退休领取待遇人员，这也从侧面说明中央调剂金的流向受到了制度内养老负担的影响。

（4）在中国实现“两个一百年”奋斗目标的关键期，优化中央调剂制度中的上解方案和拨付方案、提高统筹层次到全国层面并不是解决基础养老金长期赤字缺口的根本方法，而生育政策的调整和延迟退休的实施既可以增强中央调剂制度的调剂效果，又可以保证城镇企业职工养老保险制度的可持续性。

其一，如果将中央调剂制度中上解方案的调整定位于上解比例的调整，提高上解比例进一步均衡了各省之间基础养老金的累计结余分布，但是产生了新的不公平问题。随着上解比例从每年递增0.5%提高到每年递增1.5%，广东、福建、北京、西藏、山东、陕西、贵州7个省市首次出现累计赤字的年份提前，山西、河北、甘肃3个省份首次出现累计赤字的年份延迟，在首次产生累计赤字年份不变的21个省市中，江苏和上海随着上解比例提高首次出现累计赤字的规模增加，黑龙江、吉林、辽宁三省随着上解比例提高首次出现累计赤字的规模不变，其余省市随着上解比例提高首次出现累计赤字的规模减少。然而随着上解比例的不断提高，广东等中央调剂金净流出地区于2050年产生了基础养老金累计赤字，而山西、吉林、黑龙江和辽宁等中央调剂金净流入地区却在2050年产生了基础养老金累计结余，上解比例的无限制提高产生了新的不公平问题。

其二，如果将中央调剂制度中拨付方案的调整定位于中央调剂金弥补的是全国养老金总缺口，那么随着拨付方案的调整，当未来平均上解比例介于9%与15%之间时，基础养老金产生累计赤字缺口的年份出现得最晚，但是无论未来平均上解比例达到多少，2050年以前获得的中央调剂金均不能完全覆盖预测期内产生的基础养老金累计赤字总缺口。这也意味着中央调剂制度只能缓解某些养老金亏空省份的短期支付问题，并不是解决基础养老金长期累计赤字缺口的根本方法。

其三，如果城镇职工基础养老金实现了真正意义上的全国统筹，即基础养老金统筹层次提高到全国层面，其依然只能缓解部分省份的养老金支付危机，而不会影响全国养老保险基金的可持续性，全国统筹下的城镇职工养老保险基金依旧呈现出恶化的趋势。在全国统筹下，城镇职工养老保险基金首次出现当期赤字的时间为2019年，首次出现累计赤字的时间为2027年，统筹层次的提高也不是解决基础养老金长期累计赤字缺口的根本方法。

其四，生育政策的调整可以增强中央调剂制度的调剂效果，同时改善了全国各省市在实现“两个一百年”奋斗目标关键期的基础养老金收支状况。相比于当前生育情景下的中央调剂效果，调整生育政策使得北京和甘肃首次产生养老金累计赤字的年份延迟了1年，在其余首次产生累计赤字年份不变的29个省份中，生育政策的调整也减少了除辽宁、黑龙江以外其余27个省市首次产生的养老金累计赤字规模。从2050年养老金累计结余来看，随着生育政策的调整，全国各省市2050年的累计赤字规模均有不同程度的减少，其中，四川的累计赤字规模减少得最多，西藏的累计赤字规模减少得最少。这也意味着生育政策的调整使得全国大部分省市基础养老金首次产生累计赤字的年份延迟或首次产生累计赤字的规模减少，同时也减少了全国各省市在实现“两个一百年”奋斗目标关键期内的基础养老金累计赤字规模，生育政策的调整增强了中央调剂制度的调剂效果。

其五，实施延迟退休同样可以增强中央调剂制度的调剂效果，甚至能从根本上改变部分省市于2050年产生养老金累计赤字的趋势。相比于不延迟退休情景下的中央调剂效果，在即时退休情景下，北京等18个省市首次出现养老金累计赤字的年份延迟，在其余首次产生累计赤字年份不变的13个省份中，上海等4个省市首次出现养老金累计赤字的规模减少；广西、内蒙古、海南、福建、甘肃、吉林、山西、河北、黑龙江、山东、河南、辽宁、广东13个省份于2050年产生了养老金累计结余，其余18个省市的2050年养老金累计赤字规模均有不同程度的减少。在逐步退休情景下，北京等13个省市首次出现养老金累计赤字的年份延迟，在其余首次产生累计赤字年份不变的18个省份中，江苏等4个省份首次出现养老金累计赤字的规模减少；吉林、山东、山西、黑龙江、河北、河南、辽宁、广东8个省份于2050年消除了养老金累计赤字并产生了养老金累计结余，其余23个省市的养老金累计赤字规模均有不同程度的减少。

二、政策建议

中央调剂制度作为实现城镇企业职工基础养老金全国统筹的过渡性措施，旨在解决各省市间基础养老金发展不均衡的问题，从而实现养老保险制度的可持续发展。因此，本书基于上述研究结果，提出以下政策建议。

（1）中央调剂制度的实施可有效推迟部分养老金亏空省份首次出现累计赤字的年份，减少其在2050年产生的累计赤字规模，对于均衡各省份的基础养老金结余分布，有着非常积极的意义。因此应建立有利于中央调剂制度实施的经济政策和监管环境，改善养老保险基金的征收管理（汪润泉等，2019），改革涉及养老金运行的部门机构，降低其管理成本（Holzmann和Stiglitz，2001），提高养老金管理部门的运行效率，以保证中央调剂制度的贯彻执行，除此之外，还应该尽快完善中央调剂制度的不足之处，协调好中央与地方的职责关系，更好地发挥出中央调剂制度的优势，为下一步将基础养老金的统筹机制提升到全国层次做好准备。

（2）中央调剂制度在发挥积极作用的同时，也恶化了广东、福建、北京等发达省份的养老金收支状况，同时还出现了西藏、贵州等西部欠发达省份救济其余省份的局面。中央调剂制度的实施重点在于经济发达的省份补贴经济欠发达省份，然而在中央调剂制度实施的过程中，出现了“穷省”的养老金流向“富省”的现象，这也意味着，中央调剂制度在解决各省份间养老金收入差距的同时，还产生了新的不公平问题。因此，在完善中央调剂制度的过程中，还应该综合考虑劳动力流动与经济状况等各省份间的差异性因素，采取调整养老金上解办法和拨付办法的措施，设定“穷省”上解中央调剂金的最高比例，同时在采纳各方意见的基础上，建立与劳动力流动和经济状况相关的中央调剂制度动态调节机制，避免出现西藏、贵州等欠发达省份的养老金补贴其余省份的局面。

（3）在贯彻实施中央调剂制度的过程中，为更好地发挥出中央调剂金的制度优势，还应注重中央调剂制度的优化以及相关政策的配套实施。

其一，随着上解方案的调整，上解比例不断提高，养老金调剂规模增加，中央调剂金净流出地区财政负担加重，这对于政策的执行可能会产生消极影响。《国务院关于建立企业职工基本养老保险基金中央调剂制度的通知》指出，上解比例将从3%起步，逐步提高。然而上述研究结论表明，在拨付方案不变的情况下，上解比例的提高意味着中央调剂金净流出地区会贡献出更多的财政资金去弥补中央调剂金净流入地区的养老金赤字规模，这很可能会导致中央调剂金净流出地区政府产生抵触情绪，从而导致政策执行力度的减弱。同时也从侧面说明，调剂金的上解比例应适度设置，不宜过高或过低，这样才能最大限度地发挥中央调剂制度的积极效应，减少消极效应所带来的影响。

其二，在优化中央调剂制度的措施中，将拨付方案调整为当期收取的中央调剂金全部用于弥补当期养老金赤字缺口也可以作为其中一个调整方向，需要注意的是，拨付方案调整可以保证短期内中央调剂金有效弥补各省养老金赤字缺口，但是长期来看，其并不是解决基础养老金未来赤字缺口的根本方法。

其三，基础养老金全国统筹只能缓解部分省份的养老金支付危机，不会影响全国养老保险基金的可持续性。这也意味着，统筹层次的提高只能解决各省份之间养老金发展不均衡的局面，而对于解决全国养老保险基金支付危机却无能为力，改善全国的养老金收支状况还需出台国家层面的配套性政策。

其四，生育政策的调整可以增强中央调剂制度的调剂效果，减少全国各省市的养老金赤字规模。长期来看，2016 年全面两孩政策的出台，无疑能改善未来的人口结构，减少老年人口抚养比，提升城镇职工养老金的可持续性。根据实证分析结果可知，生育政策与中央调剂制度的组合实施不仅均衡了全国各省市养老金的分布，而且减少了全国各省市产生的养老金累计赤字规模，因此生育政策的调整可作为中央调剂制度的一项配套性政策化解全国各省市的养老金支付危机。

其五，延迟退休的实施同样可以增强中央调剂制度的调剂效果，甚至可以让调剂之后的部分省市产生养老金累计结余。短期来看，延迟退休可增加养老金缴费人口，减少养老金领取人口，使得一部分退休人员转变为劳动者，短期内导致老年人口抚养比下降，从而改善各省市的养老金收支状况。根据分析结果可知，相比于生育政策，延迟退休与中央调剂制度的组合实施效果更为明显，所以为增强中央调剂制度的实施效果，可考虑与延迟退休的配套。

参考文献

[1] 白维军．完善省级统筹，促进全国调剂［D］．南京：南京大学，2011.

[2] 白彦锋，王秀园．全国养老保险中央调剂制度中激励相容问题研究［J］．山东财经大学学报，2018（4）：65-74.

[3] 蔡向东．统账结合的中国城镇职工基本养老保险制度可持续性研究［D］．长春：吉林大学，2009.

[4] 蔡向东．统账结合的中国城镇职工基本养老保险制度可持续性研究［M］．北京：经济科学出版社，2011.

[5] 曹阳，徐升，黄冠．人口老龄化、延迟退休与养老金财政负担［J］．西安交通大学学报（社会科学版），2019，39（6）：64-75.

[6] 陈工，赖伟文．我国社会养老保险融资问题研究［M］．北京：中国财政经济出版社，2010.

[7] 陈凯，段誉．不同养老保障机制与家庭储蓄率——基于世代交叠模型的实证研究［J］．技术经济与管理研究，2014（6）：71-76.

[8] 陈卫．中国的两孩政策与生育率［J］．北京大学学报（哲学社会科学版），2019（5）：57-68.

[9] 陈昱阳．养老金中央调剂金制度的效应分析［J］．劳动保障世界，2017（12）：8-9.

[10] 陈元刚，李雪，李万斌．基本养老保险实现全国统筹的理论支撑与实践操作［J］．重庆社会科学，2012（7）：19-25.

[11] 邓大松，薛惠元．城镇职工基础养老金全国统筹的阻碍因素与对策建议［J］．河北大学学报（哲学社会科学版），2018（4）：103-112.

[12] 樊长科，林国彬．延迟退休有利于提高养老金支出和经济增长水平吗？——一个基于世代交叠模型的思考［J］．经济体制改革，2015（1）：195-200.

[13] 范维强，刘俊霞，杨华磊．中央调剂金制度的效果评估与制度优

化研究［J］. 上海经济研究，2020（5）：98-111.

［14］范维强，刘俊霞，杨华磊．生育、养老保险基金可持续与养老金待遇机制调整［J］. 统计与信息论坛，2020，35（9）：17-25.

［15］房连泉，魏茂淼．基本养老保险中央调剂制度未来十年的再分配效果分析［J］. 财政研究，2019（8）：86-98.

［16］符宁，向梦航，程显通．人均预期寿命影响因素研究——基于193个国家相关数据的分析［J］. 人口学刊，2020，42（5）：47-56.

［17］高书生．社会保障改革何去何从［M］. 北京：中国人民大学出版社，2006.

［18］郭秀云，于丽平．从中央调剂到全国统筹的实现路径研究——来自养老金省级统筹的启示［J］. 兰州学刊，2020（5）：175-186.

［19］郭秀云，邵明波．养老保险基金中央调剂制度的省际再分配效应研究［J］. 江西财经大学学报，2019（3）：73-84.

［20］郭志刚．中国人口生育水平低在何处：基于六普数据的分析［J］. 中国人口科学，2013（2）：2-10.

［21］何文炯，洪蕾，陈新彦．职工基本养老保险待遇调整效应分析［J］. 中国人口科学，2012（3）：19-30.

［22］何文炯，杨一心．基本养老保险全国统筹学理基础辨析［J］. 中国社会保障，2015（7）：30-32.

［23］胡秋明．可持续养老金制度改革的理论与政策研究［D］. 成都：西南财经大学，2009.

［24］胡秋明．养老金制度运行机理的经济学分析——基于内部收益率的比较分析［J］. 财经科学，2008（6）：48-55.

［25］胡晓义．关于逐步提高养老保险统筹层次——十六届三中全会《决定》学习札记之二［J］. 中国社会保障，2004（1）：18-21.

［26］黄荣清，曾宪新．人口死亡统计的间接模型研究［J］. 人口与经济，2020（4）：15-29.

［27］黄少滨，杨艳歌，吕天阳．基于核密度估计的参保人员缴费基数核定方法研究［J］. 管理评论，2013（4）：95-102.

［28］金刚，柳清瑞，宋丽敏．延迟退休的方案设计及对城镇企业职工基本养老保险统筹基金收支影响研究［J］. 人口与发展，2016（6）：25-36.

［29］金刚，张秋秋．制度赡养率基尼系数与养老保险基金中央调剂改革［J］. 财政研究，2019（9）：108-120.

［30］金刚．企业职工养老保险基金收支平衡研究［M］．北京：社会科学文献出版社，2017.

［31］焦凯平．养老保险［M］．北京：中国劳动社会保障出版社，2004.

［32］靳文惠．预期寿命、生育率变动与基本养老保险统筹账户调整［J］．南方经济，2018（6）：25-45.

［33］康传坤，楚天舒．人口老龄化与最优养老金缴费率［J］．世界经济，2014，37（4）：139-160.

［34］李春根，张乔娜．我国“统账结合”养老保险模式下的代际转移：模型与解析［J］．江西社会科学，2011，31（2）：191-194.

［35］李时宇，冯俊新．城乡居民社会养老保险制度的经济效应——基于多阶段世代交叠模型的模拟分析［J］．经济评论，2014（3）：3-15.

［36］李时宇．从现收现付制转轨为基金积累制的收益研究——隐性债务下世代交叠一般均衡模型的理论分析及模拟［J］．财经研究，2010，36（8）：111-121.

［37］李晓芬，罗守贵．全面二孩政策下上海城镇职工养老金财政压力测算及对策研究［J］．财政研究，2018（8）：105-120.

［38］李珍．社会保障理论［M］．北京：中国劳动社会保障出版社，2001.

［39］林熙，林义．人口老龄化与新兴经济体养老保障体系改革［J］．老龄科学研究，2013（4）：24-34.

［40］刘儒婷．国家经济发展水平与养老金支付能力相关性研究［J］．长春理工大学学报（社会科学版），2012（2）：33-35.

［41］刘欣英．人口预期寿命的经济损益分析［J］．统计与信息论坛，2019，34（10）：50-56.

［42］刘学良．中国养老保险的收支缺口和可持续性研究［J］．中国工业经济，2014（9）：25-37.

［43］陆旸，蔡昉．从人口红利到改革红利：基于中国潜在增长率的模拟［J］．世界经济，2016（1）：3-23.

［44］路锦非，王桂新．我国未来城镇人口规模及人口结构变动预测［J］．西北人口，2010，31（4）：1-6+11.

［45］路锦非．合理降低我国城镇职工基本养老保险缴费率的研究——基于制度赡养率的测算［J］．公共管理学报，2016，13（1）：128-140，159.

［46］骆正清，陈周燕，陆安．人口因素对我国基本养老保险基金收支平衡的影响研究［J］．预测，2010（2）：42-46.

［47］马骏．中国国家资产负债表研究［M］．北京：社会科学文献出版社，2012.

［48］毛婷．中央调剂制度的综合效应分析［J］．经济体制改革，2020（4）：33-41.

［49］梅琼，迟文铁．我国养老金缺口成因及对策分析［J］．经济论坛，2010（9）：54-56.

［50］穆怀中，杜芳雨．劳动力技术替代与基础养老保险产出缴费模式选择［J］．理论月刊，2019（7）：118-122.

［51］穆怀中．养老保险统筹层次收入再分配系数研究［M］．北京：中国劳动社会保障出版社，2013.

［52］穆怀中．养老金调整指数研究［M］．北京：中国劳动社会保障出版社，2008.

［53］宁磊，郑春荣．延迟退休会提高社会福利水平吗？［J］．财经研究，2016，42（8）：27-39.

［54］彭碧荣．中国城镇企业职工基本养老保险制度的可持续性研究［D］．深圳：深圳大学，2015.

［55］彭浩然，王琳琳．中央调剂金比例对养老保险基金地区差距的影响［J］．保险研究，2019（7）：106-115.

［56］彭希哲，胡湛．公共政策视角下的中国人口老龄化［J］．中国社会科学，2011（3）：121-138.

［57］彭秀健．中国人口老龄化的宏观经济后果——应用一般均衡分析［J］．人口研究，2006（4）：12-22.

［58］邱玉慧，吕天阳，杨蕴毅．基于大数据的企业基本养老保险待遇调整绩效审计分析——以X省为例［J］．审计研究，2014（3）：106-112.

［59］社会保障课题组，闰海琪．我国养老保险覆盖面扩大及可持续性分析［J］．统计研究，2008（12）：11-14.

［60］石晨曦，曾益．破解养老金支付困境：中央调剂制度的效应分析［J］．财贸经济，2019（2）：52-65.

［61］史寒冰．省级统筹：旷日持久的攻坚战［J］．中国社会保障，2009（5）：14-19.

［62］石人炳，陈宁．不同人口变动路径对职工基本养老保险基金收支

的影响研究——基于“全面二孩”政策调整后的人口模拟分析［J］. 华中师范大学学报（人文社会科学版），2017（5）：35-44.

［63］宋琪，马树才. 地方人口结构变动对养老保险基金平衡的影响研究——以辽宁省为例［J］. 辽宁大学学报（哲学社会科学版），2018，46（4）：46-52.

［64］岁磊. 寿命延长、二胎政策与人口老龄化的经济效应［J］. 调研世界，2017（11）：12-18.

［65］孙博，董克用，唐远志. 生育政策调整对基本养老金缺口的影响研究［J］. 人口与经济，2011（2）：101-107.

［66］孙祁祥. “空账”与转轨成本——中国养老保险体制改革的效应分析［J］. 经济研究，2001（5）：20-27.

［67］唐运舒，吴爽爽. “全面二孩”政策实施能有效破解城镇职工养老保险基金支付危机吗——基于不同人口政策效果情景的分析［J］. 经济理论与经济管理，2016（12）：46-57.

［68］万春. 我国混合制养老金制度的基金动态平衡研究［M］. 北京：中国财政经济出版社，2009.

［69］汪润泉，鲁於，杨翠迎. 养老保险降费何以可能？——基金平衡视角下的精算分析［J］. 人口与发展，2019，25（4）：23-33.

［70］汪伟，艾春荣. 人口老龄化与中国储蓄率的动态演化［J］. 管理世界，2015（6）：47-62.

［71］王广州. 中国人口预测方法及未来人口政策［J］. 财经智库，2018（3）：112-138，144.

［72］王金营，马志越，李嘉瑞. 中国生育水平、生育意愿的再认识：现实和未来——基于2017年全国生育状况调查北方七省市的数据［J］. 人口研究，2019（2）：32-44.

［73］王晓军，赵彤. 中国社会养老保险的省区差距分析［J］. 人口研究，2006（2）：44-50.

［74］王晓军. 社会保险精算原理与实务［M］. 北京：中国人民大学出版社，2009.

［75］王晓军. 中国养老金制度及其精算评价［M］. 北京：经济科学出版社，2000.

［76］韦樟清，王晓翎. “全面二孩”政策对城镇职工基本养老保险基金的影响分析［J］. 福建论坛（人文社会科学版），2019（8）：154-163.

[77] 魏升民，向景，马光荣．基本养老保险中央调剂金的测算及其潜在影响 [J]．税收经济研究，2018 (6)：1-5.

[78] 肖严华．企业职工基本养老保险基金中央调剂制度的政策效应 [J]．上海经济研究，2019 (9)：80-90.

[79] 熊婧，粟芳．延迟退休对我国养老保险收支平衡的影响 [J]．上海金融，2017 (12)：18-25.

[80] 薛惠元，储怡安．养老金中央调剂运行机制及最优调剂比例测算——基于二次调剂算法 [J]．统计与信息论坛，2020，35 (10)：100-110.

[81] 薛惠元，王翠琴．现收现付制与基金制的养老保险制度成本比较——基于养老保险收支平衡数理模型 [J]．保险研究，2009 (11)：59-64.

[82] 薛惠元，张寅凯．基于基金收支平衡的城镇职工基本养老金调剂比例测算 [J]．保险研究，2018 (10)：114-127.

[83] 薛惠元．建立养老金中央调剂制度是在“反哺” [J]．小康·财智，2018 (7)：82.

[84] 阳义南，才国伟．推迟退休年龄和延迟领取基本养老金年龄可行吗——来自广东省在职职工预期退休年龄的经验证据 [J]．财贸经济，2012 (10)：111-122.

[85] 杨华磊，黄少安，温兴春．60 后婴儿潮退休背景下的养老和退休政策选择 [J]．经济评论，2016 (1)：53-64.

[86] 杨燕绥，黄成凤．从中央调剂到全国统筹的质变与路径 [J]．中国人力资源社会保障，2018 (3)：13-15.

[87] 杨再贵．企业职工基本养老保险、养老金替代率和人口增长率 [J]．统计研究，2008 (5)：38-42.

[88] 姚海祥，魏嘉辉，马庆华．人口预期寿命与退休年龄 [J]．财经研究，2018，44 (4)：62-75.

[89] 姚海祥，洪雅芳，邓超，张琰．全面二孩政策对我国公共养老金的影响研究——基于内生增长的 OLG 模型 [J]．财经研究，2020，46 (12)：94-108.

[90] 殷俊，黄蓉．人口老龄化视角下的基础养老金长期精算平衡研究 [J]．统计与决策，2013 (13)：164-167.

[91] 尹文耀，姚引妹，李芬．生育水平评估与生育政策调整：基于中国大陆分省生育水平现状的分析 [J]．中国社会科学，2013 (6)：109-128.

[92] 于洪，曾益．退休年龄、生育政策与中国基本养老保险基金的可

持续性［J］．财经研究，2015（6）：46-57.

［93］袁磊，尹秀，王君．“全面二孩”、生育率假设与城镇职工养老保险资金缺口［J］．山东财经大学学报，2016（2）：10-20.

［94］袁磊．延迟退休能解决养老保险资金缺口问题吗？——72种假设下三种延迟方案的模拟［J］．人口与经济，2014（4）：82-93.

［95］袁志刚．养老保险经济学［M］．上海：上海人民出版社，2005.

［96］翟振武，陈佳鞠，李龙．现阶段中国的总和生育率究竟是多少：来自户籍登记数据的新证据［J］．人口研究，2015（6）：22-34.

［97］张晓娣，石磊．OLG框架下的中国养老保险与公共债务可持续性研究［J］．南开经济研究，2014（2）：136-152.

［98］张熠．延迟退休年龄与养老保险收支余额：作用机制及政策效应［J］．财经研究，2011（7）：4-16.

［99］张勇．基本养老保险基金的调剂效果研究［J］．统计研究，2019（6）：81-93.

［100］赵耀辉，徐建国．我国城镇养老保险体制改革中的激励机制问题［J］．经济学（季刊），2001（1）：193-206.

［101］郑秉文，孙永勇．对中国城镇职工基本养老保险现状的反思——半数省份收不抵支的本质、成因与对策［J］．上海大学学报（社会科学版），2012（3）：1-16.

［102］郑功成．中国社会保障30年［M］．北京：人民出版社，2008.

［103］郑功成．从地区分割到全国统筹——中国职工基本养老保险制度深化改革的必由之路［J］．中国人民大学学报，2015（3）：2-11.

［104］周芬．城镇企业职工基本养老保险基金收支平衡研究［D］．成都：西南财经大学，2019.

［105］周渭兵．社会养老保险精算理论、方法及其应用［M］．北京：经济管理出版社，2004.

［106］周晓剑．分数年龄假设的新方法：Kriging模型［J］．统计研究，2014，31（9）：102-106.

［107］周祝平，刘海斌．人口老龄化对劳动力参与率的影响［J］．人口研究，2016（3）：58-70.

［108］朱浩．养老金制度改革和代际公平：一个文献综述［J］．经济体制改革，2015（2）：31-36.

［109］曾益，任超然，刘倩．破解养老金支付危机：“单独二孩”政策有

效吗？——以城镇职工基本养老保险为例［J］. 财经研究，2015（1）：21-34.

［110］曾益，张心洁，刘凌晨. 从“单独二孩”走向“全面二孩”：中国养老金支付危机能破解吗［J］. 财贸经济，2016（7）：133-146.

［111］Aaron，H. The Social Insurance Paradox［J］. *Canadian Journal of Economics and Political Science*，1966，32（3）：371-374.

［112］Anderson G F，Hussey P S. Population Aging：A Comparison among Industrialized Countries［J］. *Health Affairs*，2000，19（3）：191-203.

［113］Baruch Y，Sayce S，Gregoriou A. Retirement in a Global Labour Market：A Call for Abolishing the Fixed Retirement Age［J］. *Personnel Review*，2014，43（3）：464-482.

［114］Blake D，Mayhew L. On the Sustainability of the UK State Pension System in the Light of Population Ageing and Declining Fertility［J］. *The Economic Journal*，2006，116（512）：286-305.

［115］Bongaarts J. Population Aging and the Rising Cost of Public Pensions［J］. *Population and Development Review*，2004，30（1）：1-23.

［116］Breyer F，Hupfeld S. On the Fairness of Early-Retirement Provisions［J］. *German Economic Review*，2010，11（1）：60-77.

［117］Cao W. Sensitivity of Personal Account Accumulated Value of New Rural Social Pension Insurance to Variation of Uncertainties［J］. *Asian Agricultural Research*，2012，4（2）：39-41.

［118］Chesnais J. Fertility，Family，and Social Policy in Contemporary Western Europe［J］. *Population and Development Review*，1996，22（4）：729-739.

［119］Coman E E. Notionally Defined Contributions or Private Accounts in Eastern Europe：A Reconsideration of a Consecrated Argument on Pension Reform［J］. *Comparative Political Studies*，2011，44（7）：884-909.

［120］Conder J I，Gimenez E L，Perez N M. Endogenous Fertility，Pension Programs and Intergenerational Welfare［J］. *IFAC Proceedings Volumes*，2001，34（20）：157-161.

［121］Cossette H，Delwarde A，Denuit M，et al. Pension Plan Valuation and Mortality Projection［J］. *North American Actuarial Journal*，2007，11（2）：1-34.

［122］Cremer H，Pestieau P. The Double Dividend of Postponing Retirement［J］. *International Tax and Public Finance*，2003，10（4）：419-434.

[123] Cristian M M. Demographic Dynamics and Sustainability of Public Pension Expenditures within European Union-15 Member States [J]. *Annals-Economy Series*, 2012 (4): 171-174.

[124] Cristian M. Public Pensions Polices in The Context of Budgetary Deficts [J]. *Annals-Economy Series*, 2012, 4 (2): 171-175.

[125] Croitoru E L, Alexandru F, Toader S A. Sustainability of the Public Pensions System in Terms of Demographic Factors. Case Study: Romania [J]. *International Journal of Economics and Statistics*, 2014 (2): 179-185.

[126] Cutler S J, Ederer F. Maximum Utilization of the Life Table Method in Analyzing Survival [J]. *Journal of Chronic Diseases*, 1958, 8 (6): 699-712.

[127] Diamond P A. National Debt in a Neoclassical Growth Model [J]. *The American Economic Review*, 1965, 55 (5): 1126-1150.

[128] Égert B. The Impact of Changes in Second Pension Pillars on Public Finances in Central and Eastern Europe: The Case of Poland [J]. *Economic Systems*, 2013, 37 (3): 473-491.

[129] Gahvari F. Pensions and Fertility: In Search of a Link [J]. *International Tax and Public Finance*, 2009, 16 (4): 418-442.

[130] Galasso V. Postponing Retirement: The Political Effect of Aging [J]. *Journal of Public Economics*, 2008, 92 (10): 2157-2169.

[131] Graunt J. Natural and Political Observations Mentioned in a Following Index, and Made Upon the Bills of Mortality [M]. Springer Berlin Heidelberg, 1977.

[132] Herd R, Hu H, Koen V. Providing Greater Old-Age Security in China [R]. OECD Publishing, 2010.

[133] Holzmann, R., Stiglitz, J. E. New Ideas about Old-Age Security: Toward Sustainable Pension Systems in the 21st Century [M]. The World Bank, 2001.

[134] Horioka C Y, Suzuki W, Hatta T. Aging, Savings, and Public Pensions in Japan [J]. *Asian Economic Policy Review*, 2007, 2 (2): 303-319.

[135] Jimeno J F, Rojas J A, Puente S. Modelling the Impact of Aging on Social Security Expenditures [J]. *Economic Modelling*, 2008, 25 (2): 201-224.

[136] Karlstrom A, Palme M, Svensson I, et al. A Dynamic Programming Approach to Model the Retirement Behaviour of Blue-Collar Workers in Sweden

[J]. *Journal of Applied Econometrics*, 2004, 19 (6): 795-807.

[137] Lacomba J A, Lagos F. Postponing the Legal Retirement Age [J]. *SERIEs*, 2010, 1 (3): 357-369.

[138] Leviatan U, Cohen J. Gender Differences in Life Expectancy among Kibbutz Members [J]. *Social Science & Medicine*, 1985, 21 (5): 545-551.

[139] Meara E R, Richards S, Cutler D M. The Gap Gets Bigger: Changes in Mortality and Life Expectancy, by Education, 1981-2000 [J]. *Health Affairs*, 2008, 27 (2): 350-360.

[140] Militaru D N. The Cost of Population Aging on the Public Pension System in Romania [J]. *Annals of the University of Petrosani, Economics*, 2012, 12 (2): 163-170.

[141] Oksanen H. Pension Reform for Sustainability and Fairness [J]. *CESifo Forum*, 2001 (4): 12-18.

[142] Okumura T, Usui E. The Effect of Pension Reform on Pension-Benefit Expectations and Savings Decisions in Japan [J]. *Applied Economics*, 2014, 46 (14): 1677-1691.

[143] Ono T. Growth and Unemployment in an OLG Economy with Public Pensions [J]. *Journal of Population Economics*, 2010, 23 (2): 737-767.

[144] Perenboom R J M, van Herten L M, Boshuizen H C, et al. Life Expectancy without Chronic Morbidity: Trends in Gender and Socioeconomic Disparities [J]. *Public Health Reports*, 2005, 120 (1): 46-54.

[145] Samuelson P A. An Exact Consumption-Loan Model of Interest with or without the Social Contrivance of Money [J]. *Journal of Political Economy*, 1958, 66 (6): 467-482.

[146] Seigel J S, Swanson D A. The Methods and Materials of Demography [M]. London: Elsevier Academic Press, 2004.

[147] Serrano F, Eguía B, Ferreiro J. Public Pensions' Sustainability and Population Ageing: Is Immigration the Solution? [J]. *International Labour Review*, 2011, 150 (1-2): 63-79.

[148] Williamson J B, Price M, Shen C. Pension Policy in China, Singapore, and South Korea: An Assessment of the Potential Value of the Notional Defined Contribution Model [J]. *Journal of Aging Studies*, 2012, 26 (1): 79-89.

[149] Zaidi A. Population Aging and Financial and Social Sustainability

Challenges of Pension Systems inEurope：A Cross－national Perspec－tive ［M］. London：Cambridge University Press，2012.

［150］ Zeng Y，Zhang X，Liu L. From "Selective Two－Child Policy" to Universal Two－Child Policy：Will the Payment Crisis of China's Pension System Be solved?［J］. *China Finance and Economic Review*，2017，5（1）：1.

［151］ Zeng Y. Options for Fertility Policy Transition in China［J］. *Population & Development Review*，2007，33（2）：215－246.

附　录

附录 A　全国各省市城乡分年龄生育率

附录 A1　全国各省市城乡分年龄生育率

单位：‰

年龄	北京		天津		河北		山西		内蒙古		辽宁		吉林		黑龙江		上海		江苏		浙江	
	城镇	乡村	城镇	乡村	城镇	乡村	城镇	乡村	城镇	乡村	城镇	乡村	城镇	乡村	城镇	乡村	城镇	乡村	城镇	乡村	城镇	乡村
15	0.00	0.00	0.00	0.00	0.05	0.07	0.00	0.00	0.00	0.00	0.09	0.00	0.00	0.00	0.00	0.41	0.22	0.00	0.12	0.00	0.00	0.30
16	0.00	0.00	0.00	0.63	0.15	0.42	0.23	0.46	0.00	0.43	0.08	1.20	0.38	2.02	0.09	0.92	0.68	6.56	0.20	1.32	0.80	0.96
17	0.72	1.68	0.94	6.08	0.80	2.88	0.85	2.55	0.68	2.45	0.33	6.38	1.40	5.20	0.90	6.05	1.08	5.81	2.02	4.59	4.43	5.62
18	0.73	1.98	2.00	16.09	3.08	9.10	3.28	10.49	3.13	10.92	1.84	20.61	7.61	13.13	2.40	16.47	5.08	15.96	5.13	13.30	11.42	15.34
19	2.44	3.94	2.77	32.75	7.71	17.78	7.26	20.97	8.70	20.35	4.56	34.96	12.16	29.91	4.14	27.65	8.73	14.48	10.02	24.70	19.08	27.42
20	4.96	9.83	7.39	59.85	20.67	43.53	20.05	51.44	22.51	58.37	9.10	72.08	27.31	61.12	10.66	63.98	20.20	45.66	23.41	56.99	37.65	66.31
21	11.02	26.87	15.91	96.00	39.65	76.52	36.40	89.12	44.83	95.65	18.69	98.61	60.65	96.95	21.61	92.25	28.34	59.25	39.64	91.56	53.64	110.41
22	15.13	41.53	25.70	108.01	58.85	104.23	49.29	101.68	53.54	108.04	27.18	95.34	84.01	97.12	26.64	82.25	32.88	69.01	55.25	107.15	72.64	119.52

续表

年龄	北京		天津		河北		山西		内蒙古		辽宁		吉林		黑龙江		上海		江苏		浙江	
	城镇	乡村	城镇	乡村	城镇	乡村	城镇	乡村	城镇	乡村	城镇	乡村	城镇	乡村	城镇	乡村	城镇	乡村	城镇	乡村	城镇	乡村
23	25.63	64.35	39.54	114.20	86.31	136.08	70.45	121.10	74.53	121.55	44.22	108.78	133.89	100.13	40.91	77.42	45.39	92.61	83.33	133.91	102.67	163.14
24	31.54	99.03	45.76	107.46	94.36	138.61	83.48	119.23	79.22	107.89	60.89	100.87	174.95	86.69	52.83	67.42	59.15	95.12	97.37	131.93	111.59	166.37
25	36.38	88.62	48.65	71.25	91.40	127.37	90.26	101.88	81.79	81.44	52.61	83.10	166.34	71.74	50.32	49.89	54.58	72.88	87.75	113.22	112.44	153.81
26	40.79	69.48	60.27	81.60	94.77	115.21	93.95	108.46	88.06	84.78	56.32	67.27	158.23	61.20	54.81	40.29	63.90	81.44	89.19	94.46	119.27	139.16
27	53.67	76.89	70.81	50.68	94.25	101.35	81.47	82.86	83.71	70.13	65.06	54.84	169.60	46.18	52.53	36.72	72.89	57.78	78.02	81.60	120.32	118.02
28	77.26	72.71	84.97	81.93	101.64	106.01	86.88	95.58	92.11	68.76	92.39	65.95	183.20	52.93	62.23	39.18	86.83	58.41	83.73	75.63	138.36	125.35
29	81.33	57.66	72.91	76.00	82.53	93.17	68.25	76.53	76.49	68.18	73.27	56.95	142.27	40.61	44.30	36.43	79.75	57.67	70.15	63.50	111.00	106.20
30	77.13	41.28	59.56	49.15	69.58	82.33	61.42	67.86	65.95	59.01	55.48	50.83	107.81	37.50	38.14	31.28	63.83	40.11	46.92	48.76	76.66	84.73
31	72.66	51.17	46.22	35.63	59.97	69.40	45.66	53.64	51.08	59.92	47.05	46.80	93.85	40.06	32.82	27.64	59.08	35.90	39.40	46.07	70.88	77.84
32	67.09	44.82	39.69	38.46	56.12	65.49	37.86	47.77	45.52	42.42	41.15	44.92	82.12	41.31	27.94	27.81	46.96	34.46	35.93	44.92	60.55	70.20
33	51.82	20.86	33.03	39.60	43.96	51.93	26.74	30.79	33.10	37.37	32.12	39.73	58.99	27.57	22.38	23.71	37.58	23.41	27.55	37.24	49.64	58.37
34	44.27	24.41	26.39	27.28	36.15	46.30	26.57	28.60	32.69	35.40	23.02	31.10	51.77	28.63	19.52	20.40	29.30	20.61	25.15	34.33	40.43	49.84
35	34.67	18.38	26.35	35.75	31.89	37.93	20.18	22.42	29.31	29.25	17.64	27.70	49.70	26.26	15.05	16.89	22.93	17.64	20.15	30.45	36.52	38.88
36	25.96	16.09	25.16	38.81	31.68	33.06	19.57	19.64	25.02	25.31	15.38	26.69	34.49	23.92	14.24	14.66	16.66	23.34	18.34	26.00	26.92	28.38
37	20.26	14.18	20.21	24.20	26.06	27.24	13.76	15.39	21.33	20.03	11.86	23.28	31.84	17.75	13.48	13.66	16.15	15.91	15.22	21.59	22.61	25.64
38	16.83	5.65	16.06	17.08	22.23	23.76	11.96	10.28	18.85	17.61	8.30	14.80	25.25	19.21	11.54	10.11	10.31	13.06	12.88	18.02	16.85	19.84
39	11.43	6.73	13.74	12.38	18.55	18.18	8.23	7.98	11.76	10.28	7.38	12.51	27.39	14.19	9.06	8.33	7.44	8.34	9.49	14.91	12.67	12.50
40	9.70	3.61	11.45	8.75	16.15	15.96	6.68	8.40	12.84	10.57	5.20	13.08	20.63	12.81	11.03	7.72	5.28	9.58	9.19	13.76	10.13	8.97

续表

年龄	北京		天津		河北		山西		内蒙古		辽宁		吉林		黑龙江		上海		江苏		浙江	
	城镇	乡村	城镇	乡村	城镇	乡村	城镇	乡村	城镇	乡村	城镇	乡村	城镇	乡村	城镇	乡村	城镇	乡村	城镇	乡村	城镇	乡村
41	5.86	7.20	9.64	5.68	10.87	11.95	5.26	5.59	8.87	7.59	4.20	6.61	11.71	9.45	8.00	6.37	5.40	2.30	6.17	8.89	7.14	5.12
42	6.70	0.00	8.27	3.11	12.02	10.25	4.04	5.38	7.40	8.59	5.22	7.38	15.17	8.32	10.18	4.71	3.49	5.78	6.10	8.31	6.56	3.91
43	3.40	2.23	9.69	4.82	8.96	8.31	5.37	4.13	7.14	5.49	2.54	4.84	10.51	6.07	5.99	5.79	2.09	5.27	4.92	6.20	3.93	2.50
44	1.74	0.48	5.84	5.17	7.97	7.27	1.87	4.73	4.64	5.37	2.61	3.81	9.27	6.62	7.35	4.39	1.24	1.78	4.53	4.96	3.00	1.76
45	2.96	2.61	5.94	3.58	6.25	6.00	2.74	2.77	5.81	3.63	2.21	4.12	11.07	5.42	6.42	3.85	1.64	1.19	3.46	5.49	2.40	1.44
46	1.35	0.00	4.88	3.65	7.39	5.24	2.26	2.98	4.34	3.79	1.46	2.42	8.29	4.03	7.49	3.79	1.33	3.25	3.04	4.25	2.13	1.05
47	1.09	0.85	7.64	5.09	7.25	6.63	2.57	3.70	5.69	3.79	2.34	3.93	9.08	5.42	8.05	4.24	1.63	2.88	3.45	4.39	1.46	1.03
48	1.93	1.80	8.34	4.26	8.76	8.38	3.75	2.56	4.83	5.32	2.16	2.97	11.63	4.79	8.48	4.11	0.76	6.07	4.18	5.28	2.48	0.86
49	1.75	0.63	5.54	3.48	6.37	5.39	1.91	1.81	4.58	3.98	1.40	2.73	7.43	3.89	6.47	3.46	1.15	2.83	3.38	4.12	1.24	0.52

附录 A2　全国各省市城乡分年龄生育率

单位:‰

年龄	安徽		福建		江西		山东		河南		湖北		湖南		广东		广西		海南	
	城镇	乡村	城镇	乡村	城镇	乡村	城镇	乡村	城镇	乡村	城镇	乡村	城镇	乡村	城镇	乡村	城镇	乡村	城镇	乡村
15	0.00	0.10	0.00	0.00	0.00	0.10	0.00	0.00	0.05	0.07	0.07	0.14	0.00	0.08	0.00	0.00	0.00	0.19	1.03	0.59
16	0.68	1.24	0.40	1.38	0.72	1.33	0.00	0.29	0.17	0.47	0.00	0.75	0.08	1.28	0.30	0.62	0.58	3.71	2.70	4.33
17	1.94	4.85	2.61	5.48	2.07	5.18	0.56	0.78	0.90	3.23	1.10	5.22	1.19	4.80	1.02	3.72	1.91	13.57	5.42	13.73
18	5.47	16.48	5.60	14.37	5.84	17.60	0.73	2.05	3.47	10.23	3.63	12.98	4.38	12.07	2.85	7.37	7.20	30.57	9.14	43.00
19	14.91	38.78	10.53	20.98	15.93	41.42	2.35	4.16	8.67	19.98	7.17	25.63	7.86	20.24	5.25	13.97	13.80	44.09	18.61	58.31
20	38.83	96.51	24.27	53.12	41.48	103.10	9.24	23.17	23.23	48.93	20.49	60.39	30.33	59.24	14.44	38.68	32.46	98.72	32.32	97.66
21	68.73	151.44	53.52	124.37	73.42	161.78	31.83	68.09	44.57	86.02	44.23	95.53	58.37	102.06	28.07	75.19	51.39	135.44	55.14	113.37
22	91.24	177.71	78.94	148.94	97.47	189.83	64.84	114.56	66.16	117.17	61.48	122.03	81.89	121.70	38.36	93.60	68.13	149.27	62.67	137.96
23	119.98	196.63	106.01	189.47	128.16	210.04	130.91	198.40	97.03	152.96	89.48	158.13	108.16	157.68	55.29	120.11	87.75	168.04	75.27	159.30
24	130.74	194.04	115.31	178.03	139.67	207.28	181.21	244.25	106.07	155.81	102.03	157.68	116.88	157.60	69.40	144.48	101.85	177.81	90.97	151.92
25	123.05	169.60	112.69	167.07	131.45	181.18	157.05	197.60	102.74	143.18	94.67	131.22	116.91	145.90	77.10	151.39	112.96	184.22	96.96	152.31
26	117.02	156.46	123.32	160.61	125.00	167.14	148.59	161.09	106.54	129.51	96.95	124.96	109.76	143.61	89.88	159.28	125.22	191.68	92.80	137.51
27	106.92	130.19	112.24	138.08	114.22	139.07	135.74	122.24	105.94	113.93	91.35	107.88	98.12	120.80	88.09	148.59	109.99	161.49	96.41	132.73
28	104.06	127.41	134.94	143.63	111.16	136.10	141.24	99.10	114.26	119.16	94.64	105.46	116.12	136.27	98.53	148.90	122.24	162.62	108.98	137.07
29	74.79	106.56	109.95	126.26	79.89	113.83	108.30	77.78	92.77	104.73	79.48	93.99	90.88	110.72	88.23	132.93	113.10	144.47	81.23	108.03
30	64.45	93.93	76.43	95.04	68.84	100.34	72.39	66.26	78.21	92.54	60.55	77.89	71.47	96.04	70.51	116.51	99.94	143.35	76.45	92.10
31	50.47	73.83	66.31	85.64	53.92	78.87	101.57	162.76	67.41	78.02	52.63	79.60	62.22	82.92	67.56	97.70	85.09	118.20	68.09	77.81
32	45.79	69.81	62.68	74.13	48.92	74.57	99.14	183.92	63.08	73.62	47.09	65.34	54.52	72.36	58.81	80.83	77.66	104.06	68.99	79.22

续表

年龄	安徽		福建		江西		山东		河南		湖北		湖南		广东		广西		海南	
	城镇	乡村	城镇	乡村	城镇	乡村	城镇	乡村	城镇	乡村	城镇	乡村	城镇	乡村	城镇	乡村	城镇	乡村	城镇	乡村
33	34.71	50.41	50.03	58.61	37.08	53.85	65.99	114.40	49.41	58.38	31.97	53.74	43.11	58.39	42.23	56.86	59.96	72.59	49.03	44.55
34	30.15	42.66	40.45	47.99	32.21	45.57	52.11	87.29	40.64	52.05	34.36	49.61	40.33	49.97	38.71	52.34	50.87	71.61	40.22	45.60
35	21.62	30.69	33.70	35.30	23.10	32.78	45.42	67.17	35.85	42.63	31.18	37.45	34.67	42.19	31.79	38.27	44.78	54.69	33.53	39.05
36	19.52	26.89	25.92	31.96	20.86	28.72	32.80	48.41	35.61	37.16	25.58	30.99	36.22	40.49	28.00	32.94	37.68	46.51	31.25	33.88
37	13.62	20.97	21.27	25.86	14.55	22.41	25.69	40.40	29.29	30.62	20.25	26.80	28.25	32.70	23.84	28.27	32.71	36.55	25.32	21.97
38	12.11	17.32	17.09	16.09	12.93	18.51	23.23	29.37	24.99	26.71	18.35	23.45	23.91	30.02	20.60	23.71	27.49	28.80	27.27	26.66
39	8.23	10.43	12.80	14.25	8.79	11.14	16.72	23.13	20.85	20.43	14.90	18.49	20.78	21.05	16.62	18.01	22.66	24.24	20.24	11.05
40	7.69	10.22	11.75	11.44	8.22	10.92	15.47	21.70	18.15	17.94	12.69	16.48	20.25	19.43	15.46	18.90	20.37	21.21	16.16	12.48
41	4.46	5.22	6.17	10.53	4.77	5.57	11.46	14.37	12.22	13.43	10.28	12.61	15.67	16.23	10.78	12.90	10.72	14.12	11.95	6.08
42	5.26	4.87	7.37	8.17	5.61	5.20	10.88	14.70	13.52	11.52	12.78	12.36	20.34	14.68	11.62	14.78	14.63	13.31	10.80	7.27
43	3.05	3.64	5.98	5.04	3.26	3.89	7.04	9.72	10.07	9.34	9.75	10.64	14.12	12.15	8.12	11.87	10.36	10.28	8.46	5.81
44	2.90	2.17	4.73	4.76	3.10	2.32	5.39	8.45	8.96	8.17	10.26	10.18	12.68	11.79	8.11	11.67	7.55	9.08	5.13	6.24
45	2.86	2.00	4.10	5.22	3.06	2.14	4.46	6.65	7.02	6.75	10.25	11.48	12.55	11.72	8.62	10.16	8.47	8.52	5.35	5.04
46	2.01	1.28	4.08	2.67	2.14	1.37	3.74	6.25	8.31	5.90	8.24	10.28	11.00	10.56	7.04	9.98	9.88	9.42	10.18	5.29
47	3.31	1.47	5.16	5.48	3.54	1.58	5.19	5.44	8.15	7.46	10.97	10.43	15.33	11.57	7.63	10.42	8.87	8.61	2.96	2.98
48	3.03	1.99	4.63	5.61	3.24	2.12	4.95	6.61	9.85	9.42	12.39	11.97	19.78	15.57	9.86	11.53	9.79	9.72	8.91	4.99
49	2.03	1.57	2.44	3.99	2.17	1.68	3.49	4.11	7.16	6.06	10.38	9.43	10.12	8.96	5.99	8.13	7.95	5.71	8.23	7.34

附录 A3　全国各省市城乡分年龄生育率

单位:‰

年龄	重庆		四川		贵州		云南		西藏		陕西		甘肃		青海		宁夏		新疆	
	城镇	乡村	城镇	乡村	城镇	乡村	城镇	乡村	城镇	乡村	城镇	乡村	城镇	乡村	城镇	乡村	城镇	乡村	城镇	乡村
15	0.00	0.30	0.00	0.26	0.22	0.58	0.21	0.57	0.00	0.93	0.00	0.08	0.00	0.06	0.66	0.91	0.00	0.00	0.00	0.00
16	0.24	0.86	0.11	1.29	1.57	6.52	1.53	6.36	0.00	1.91	0.00	0.36	0.00	0.53	0.00	4.15	0.00	2.99	0.58	1.01
17	1.29	8.81	1.26	6.35	5.32	20.64	5.19	20.13	0.00	8.31	0.65	1.55	0.60	3.43	5.42	13.08	2.67	10.45	2.61	6.85
18	6.36	28.55	5.11	18.88	17.63	51.95	17.19	50.65	11.13	21.62	1.56	6.52	2.56	10.69	15.31	40.86	11.39	44.14	9.47	24.95
19	15.11	48.16	10.84	29.70	23.57	67.56	22.98	65.87	9.62	40.03	3.38	12.32	6.21	22.92	30.85	74.14	26.08	68.80	13.55	58.35
20	42.43	133.79	34.05	86.74	55.35	136.05	53.97	132.65	45.07	54.87	12.81	35.96	15.28	60.89	50.61	116.98	51.57	141.76	32.21	118.25
21	62.27	172.55	56.58	131.66	78.73	184.98	76.76	180.36	35.06	81.25	24.79	74.66	29.30	109.48	59.06	130.01	67.08	170.14	42.42	131.85
22	72.20	168.22	69.63	128.06	86.04	182.63	83.89	178.07	59.29	103.87	43.04	96.43	39.83	125.50	62.92	129.69	78.18	163.81	52.24	139.44
23	103.65	189.63	90.65	149.02	102.13	186.62	99.58	181.96	91.02	122.87	69.49	123.60	56.43	137.86	86.99	157.84	93.80	171.08	68.40	135.82
24	119.67	209.34	103.47	156.09	111.45	169.95	108.67	165.71	78.59	123.37	83.68	130.65	80.40	141.39	97.67	140.94	99.58	176.77	81.63	138.75
25	118.81	193.17	96.69	142.75	105.41	152.76	102.78	148.94	99.42	137.46	76.76	111.07	80.54	122.12	97.41	140.86	121.65	184.78	84.56	153.22
26	93.46	138.07	87.82	122.88	110.41	146.13	107.65	142.48	84.28	126.13	88.57	113.85	94.65	123.59	101.62	113.87	116.04	167.98	102.77	160.12
27	82.58	132.62	78.32	91.11	100.35	120.38	97.85	117.37	96.69	124.32	85.97	91.40	74.53	101.87	93.70	108.10	107.79	117.47	106.05	138.93
28	111.59	129.21	96.52	105.67	102.06	113.37	99.51	110.54	112.51	98.51	93.96	98.04	80.84	102.32	97.57	101.06	127.12	121.85	121.35	140.97
29	104.98	130.11	88.27	92.78	83.33	98.93	81.25	96.46	84.68	104.06	80.45	87.18	69.41	76.49	77.21	81.22	84.70	79.65	103.65	104.93
30	65.52	84.05	60.38	80.73	65.91	83.85	64.26	81.75	82.76	94.42	59.66	68.75	51.95	77.40	80.72	85.70	79.78	75.71	97.99	140.15
31	63.83	92.12	54.31	67.63	52.86	64.07	51.54	62.47	41.07	79.94	50.38	65.99	43.73	51.79	61.29	70.10	51.51	55.41	73.80	91.81
32	46.73	55.68	43.14	57.69	44.17	56.49	43.06	55.08	50.99	59.39	44.22	57.84	36.88	47.23	52.42	76.38	48.84	78.65	68.87	90.36

续表

年龄	重庆		四川		贵州		云南		西藏		陕西		甘肃		青海		宁夏		新疆	
	城镇	乡村	城镇	乡村	城镇	乡村	城镇	乡村	城镇	乡村	城镇	乡村	城镇	乡村	城镇	乡村	城镇	乡村	城镇	乡村
33	32. 50	47. 92	34. 10	44. 61	34. 69	39. 35	33. 82	38. 37	37. 33	59. 80	36. 60	41. 86	26. 29	30. 86	50. 58	48. 73	43. 49	37. 08	47. 51	69. 98
34	31. 21	48. 26	29. 99	45. 31	31. 51	34. 49	30. 73	33. 63	28. 95	51. 50	32. 80	44. 01	23. 65	31. 36	33. 72	41. 72	24. 90	30. 47	47. 55	61. 62
35	31. 85	50. 74	30. 00	37. 98	26. 77	27. 78	26. 10	27. 08	30. 22	43. 62	24. 73	31. 91	20. 84	20. 14	32. 45	37. 25	26. 67	26. 61	40. 19	57. 06
36	32. 05	46. 53	27. 90	34. 44	23. 04	23. 49	22. 47	22. 90	28. 13	40. 03	22. 09	25. 72	18. 94	17. 83	34. 23	22. 42	17. 52	15. 68	30. 53	42. 78
37	26. 54	38. 18	23. 45	29. 12	17. 76	19. 51	17. 31	19. 03	16. 46	33. 69	21. 04	23. 66	14. 06	14. 18	28. 40	25. 16	14. 31	15. 11	25. 57	29. 85
38	20. 68	30. 26	18. 38	25. 23	12. 76	15. 18	12. 45	14. 80	28. 74	36. 37	16. 31	19. 81	13. 48	12. 64	19. 47	25. 69	11. 98	11. 25	22. 53	31. 93
39	14. 89	29. 42	15. 32	21. 73	11. 07	9. 44	10. 80	9. 21	28. 17	29. 17	14. 02	14. 67	11. 53	7. 17	11. 67	17. 71	10. 49	8. 07	16. 06	14. 78
40	13. 34	20. 26	14. 60	19. 52	8. 76	10. 64	8. 54	10. 37	9. 64	33. 54	11. 26	10. 31	8. 43	8. 31	10. 65	16. 84	4. 90	7. 82	15. 77	23. 42
41	9. 17	15. 68	9. 00	15. 19	7. 03	6. 02	6. 86	5. 87	12. 58	25. 96	10. 62	8. 84	6. 56	5. 31	12. 18	13. 73	4. 98	3. 04	8. 48	13. 49
42	8. 38	12. 50	10. 07	15. 28	8. 83	7. 80	8. 61	7. 61	25. 35	30. 89	12. 40	7. 86	5. 48	6. 42	10. 22	15. 74	4. 13	3. 19	8. 78	12. 56
43	5. 36	8. 85	7. 74	11. 28	4. 60	4. 84	4. 49	4. 72	6. 63	33. 66	8. 79	6. 64	6. 16	4. 83	6. 55	14. 20	4. 23	3. 32	6. 31	9. 63
44	6. 33	8. 72	8. 67	9. 51	4. 69	4. 02	4. 58	3. 92	3. 16	15. 63	7. 20	6. 06	4. 97	4. 27	6. 13	4. 52	2. 09	3. 28	5. 97	9. 92
45	5. 12	5. 57	7. 76	10. 46	4. 60	3. 34	4. 49	3. 25	9. 62	8. 92	9. 60	6. 36	6. 98	3. 66	10. 34	10. 10	2. 10	5. 82	5. 92	7. 66
46	4. 21	5. 17	5. 40	9. 36	3. 42	3. 91	3. 34	3. 82	6. 74	14. 31	8. 23	5. 34	6. 50	3. 08	7. 90	6. 69	0. 50	3. 76	4. 88	7. 39
47	5. 64	5. 39	10. 26	11. 54	4. 30	3. 52	4. 19	3. 43	11. 11	15. 55	8. 99	5. 90	6. 29	3. 75	6. 51	4. 70	4. 34	2. 96	5. 51	8. 14
48	6. 89	3. 24	10. 16	11. 43	7. 30	3. 59	7. 12	3. 50	14. 08	11. 57	12. 98	7. 21	5. 34	4. 99	2. 82	6. 24	0. 87	2. 13	8. 54	7. 14
49	7. 24	5. 17	6. 50	8. 60	2. 93	1. 69	2. 86	1. 64	10. 84	4. 64	4. 96	4. 26	6. 03	4. 08	2. 60	4. 04	0. 00	0. 99	2. 27	5. 09

附录B　全国各省市城乡分年龄死亡率

附录B1　全国各省市分城乡分性别分年龄死亡率

单位:‰

年龄	北京				天津				河北				山西				内蒙古			
	城镇男性	城镇女性	乡村男性	乡村女性	城镇男性	城镇女性	乡村男性	乡村女性	城镇男性	城镇女性	乡村男性	乡村女性	城镇男性	城镇女性	乡村男性	乡村女性	城镇男性	城镇女性	乡村男性	乡村女性
0	0.87	0.89	2.13	1.62	1.45	0.85	1.77	1.32	1.98	1.91	2.74	2.53	2.65	3.13	4.70	4.92	3.42	2.28	5.19	4.36
1	0.40	0.37	1.43	0.32	0.26	0.03	0.31	0.29	0.58	0.49	0.85	0.61	0.57	0.44	1.05	0.98	0.64	0.50	1.08	0.91
2	0.23	0.17	0.18	0.10	0.14	0.13	0.24	0.07	0.19	0.19	0.43	0.36	0.33	0.24	0.48	0.41	0.27	0.19	0.65	0.53
3	0.15	0.04	0.21	0.35	0.16	0.03	0.44	0.51	0.19	0.18	0.31	0.30	0.12	0.19	0.31	0.31	0.14	0.10	0.46	0.30
4	0.16	0.07	0.11	0.37	0.03	0.07	0.19	0.22	0.20	0.17	0.35	0.23	0.23	0.11	0.40	0.31	0.16	0.12	0.48	0.32
5	0.13	0.08	0.00	0.24	0.06	0.11	0.13	0.52	0.12	0.13	0.37	0.21	0.11	0.07	0.39	0.30	0.17	0.20	0.23	0.28
6	0.25	0.09	0.16	0.18	0.00	0.10	0.17	0.41	0.15	0.13	0.38	0.20	0.17	0.16	0.39	0.15	0.09	0.12	0.50	0.27
7	0.04	0.07	0.27	0.00	0.07	0.04	0.37	0.00	0.14	0.09	0.34	0.16	0.14	0.11	0.48	0.25	0.17	0.07	0.29	0.18
8	0.07	0.11	0.14	0.15	0.11	0.04	0.22	0.00	0.21	0.11	0.39	0.12	0.12	0.04	0.42	0.20	0.13	0.16	0.15	0.23
9	0.04	0.05	0.13	0.00	0.03	0.19	0.60	0.00	0.19	0.09	0.39	0.17	0.10	0.13	0.34	0.18	0.08	0.07	0.33	0.16
10	0.24	0.02	0.25	0.13	0.21	0.08	0.52	0.27	0.22	0.14	0.40	0.24	0.13	0.10	0.35	0.21	0.10	0.06	0.33	0.15
11	0.20	0.11	0.51	0.14	0.14	0.08	0.45	0.18	0.20	0.12	0.39	0.21	0.21	0.07	0.30	0.19	0.13	0.13	0.31	0.20
12	0.14	0.08	0.79	0.25	0.14	0.04	0.44	0.35	0.25	0.11	0.41	0.29	0.20	0.12	0.33	0.28	0.19	0.07	0.47	0.16
13	0.02	0.15	0.21	0.22	0.20	0.18	0.27	0.16	0.25	0.13	0.31	0.26	0.15	0.08	0.38	0.26	0.21	0.11	0.31	0.27
14	0.11	0.07	0.46	0.20	0.06	0.07	0.64	0.14	0.23	0.10	0.43	0.28	0.18	0.10	0.37	0.18	0.17	0.07	0.35	0.29

续表

年龄	北京				天津				河北				山西				内蒙古			
	城镇男性	城镇女性	乡村男性	乡村女性	城镇男性	城镇女性	乡村男性	乡村女性	城镇男性	城镇女性	乡村男性	乡村女性	城镇男性	城镇女性	乡村男性	乡村女性	城镇男性	城镇女性	乡村男性	乡村女性
15	0.19	0.02	0.50	0.37	0.31	0.09	0.50	0.26	0.18	0.16	0.82	0.30	0.17	0.04	0.53	0.23	0.20	0.10	0.58	0.21
16	0.17	0.05	0.51	0.08	0.22	0.15	0.59	0.18	0.25	0.10	0.80	0.35	0.22	0.11	0.75	0.30	0.14	0.08	0.87	0.29
17	0.24	0.05	0.23	0.35	0.10	0.08	0.35	0.41	0.34	0.14	0.91	0.30	0.24	0.13	0.81	0.25	0.16	0.14	0.69	0.40
18	0.14	0.10	0.42	0.21	0.16	0.02	1.46	0.29	0.28	0.15	0.97	0.41	0.24	0.09	0.80	0.38	0.27	0.17	0.82	0.44
19	0.10	0.05	0.39	0.30	0.15	0.07	0.71	0.52	0.44	0.14	1.12	0.36	0.32	0.10	1.04	0.38	0.22	0.10	1.17	0.40
20	0.15	0.04	0.42	0.09	0.09	0.08	0.55	0.08	0.43	0.12	1.22	0.34	0.36	0.12	1.12	0.38	0.34	0.13	0.99	0.36
21	0.15	0.07	0.55	0.19	0.18	0.11	1.01	0.30	0.48	0.17	1.01	0.37	0.28	0.15	1.17	0.39	0.35	0.13	0.94	0.53
22	0.18	0.05	0.74	0.24	0.12	0.06	0.74	0.37	0.53	0.18	1.09	0.32	0.38	0.12	0.99	0.30	0.42	0.16	0.99	0.45
23	0.22	0.07	0.62	0.33	0.16	0.06	1.06	0.35	0.52	0.18	1.12	0.39	0.45	0.13	1.15	0.31	0.47	0.13	1.20	0.43
24	0.13	0.04	0.46	0.30	0.16	0.13	1.08	0.25	0.64	0.19	1.12	0.37	0.43	0.19	1.07	0.34	0.47	0.22	1.24	0.40
25	0.18	0.09	0.50	0.40	0.10	0.11	1.31	0.30	0.62	0.21	1.18	0.37	0.52	0.15	1.22	0.34	0.36	0.21	1.29	0.55
26	0.15	0.09	0.50	0.40	0.21	0.12	1.01	0.26	0.58	0.22	1.14	0.37	0.45	0.15	1.02	0.34	0.43	0.21	1.54	0.49
27	0.18	0.10	0.53	0.58	0.24	0.13	0.86	0.34	0.54	0.22	1.18	0.47	0.45	0.16	1.10	0.36	0.46	0.19	1.36	0.60
28	0.19	0.07	0.47	0.13	0.16	0.15	0.84	0.31	0.54	0.22	1.22	0.43	0.52	0.18	1.12	0.45	0.55	0.23	1.44	0.54
29	0.21	0.08	0.75	0.32	0.13	0.12	1.47	0.27	0.68	0.28	1.49	0.52	0.40	0.30	1.33	0.52	0.52	0.18	1.57	0.50
30	0.20	0.08	0.78	0.21	0.23	0.14	1.08	0.42	0.67	0.26	1.47	0.58	0.47	0.14	1.47	0.55	0.57	0.24	1.22	0.67
31	0.28	0.14	0.75	0.12	0.28	0.07	0.68	0.61	0.61	0.26	1.40	0.68	0.71	0.18	1.56	0.67	0.53	0.24	1.70	0.72
32	0.24	0.13	0.84	0.59	0.22	0.17	0.89	0.36	0.69	0.28	1.51	0.50	0.66	0.33	1.65	0.52	0.61	0.26	1.65	0.56

续表

年龄	北京				天津				河北				山西				内蒙古			
	城镇男性	城镇女性	乡村男性	乡村女性	城镇男性	城镇女性	乡村男性	乡村女性	城镇男性	城镇女性	乡村男性	乡村女性	城镇男性	城镇女性	乡村男性	乡村女性	城镇男性	城镇女性	乡村男性	乡村女性
33	0. 21	0. 12	0. 60	0. 56	0. 28	0. 24	0. 49	0. 56	0. 70	0. 31	1. 42	0. 60	0. 70	0. 22	1. 47	0. 71	0. 65	0. 23	1. 75	0. 57
34	0. 29	0. 11	1. 13	0. 67	0. 28	0. 24	0. 94	0. 67	0. 78	0. 44	1. 65	0. 72	0. 80	0. 30	1. 58	0. 69	0. 79	0. 31	1. 97	0. 57
35	0. 36	0. 21	0. 96	0. 37	0. 34	0. 20	1. 36	0. 42	0. 85	0. 32	1. 86	0. 79	0. 80	0. 27	1. 93	0. 61	0. 72	0. 36	2. 05	0. 80
36	0. 37	0. 23	1. 54	0. 57	0. 65	0. 64	0. 97	0. 37	0. 94	0. 34	1. 84	0. 82	0. 85	0. 35	1. 75	1. 00	0. 88	0. 38	2. 47	0. 70
37	0. 43	0. 21	1. 58	0. 66	0. 70	0. 58	1. 24	0. 65	0. 99	0. 45	2. 03	0. 96	0. 84	0. 35	2. 05	0. 80	0. 99	0. 32	2. 06	0. 81
38	0. 48	0. 37	1. 14	0. 36	0. 82	0. 84	1. 61	0. 62	1. 07	0. 52	2. 05	0. 91	1. 14	0. 42	2. 13	0. 92	1. 05	0. 39	2. 56	0. 86
39	0. 61	0. 38	1. 85	0. 97	0. 91	0. 69	1. 67	0. 69	1. 30	0. 52	2. 23	1. 03	1. 12	0. 41	2. 18	1. 05	1. 38	0. 49	2. 45	1. 07
40	0. 78	0. 33	1. 86	0. 87	0. 81	0. 74	1. 30	1. 09	1. 48	0. 64	2. 59	1. 25	1. 29	0. 50	2. 43	1. 23	1. 37	0. 51	2. 60	1. 02
41	0. 88	0. 47	1. 60	0. 64	1. 16	0. 71	1. 49	0. 83	1. 35	0. 69	2. 63	1. 15	1. 28	0. 67	2. 56	1. 31	1. 50	0. 50	3. 09	1. 31
42	0. 94	0. 40	2. 31	1. 05	1. 28	0. 80	1. 92	1. 21	1. 82	0. 77	2. 84	1. 42	1. 65	0. 75	2. 76	1. 47	1. 77	0. 70	3. 16	1. 34
43	1. 11	0. 46	1. 95	1. 15	1. 61	0. 78	2. 50	1. 40	1. 91	0. 92	2. 91	1. 34	2. 02	0. 82	2. 84	1. 39	2. 01	0. 78	3. 77	1. 40
44	1. 18	0. 53	2. 32	1. 70	1. 28	0. 58	2. 58	1. 07	2. 08	0. 95	3. 55	1. 64	1. 91	0. 87	3. 10	1. 58	1. 80	0. 75	3. 85	1. 37
45	1. 55	0. 58	2. 99	1. 90	1. 40	1. 06	2. 41	1. 46	2. 29	1. 18	3. 68	1. 79	2. 01	1. 04	3. 32	1. 77	2. 23	0. 86	4. 10	1. 74
46	1. 52	0. 79	3. 09	1. 57	1. 72	0. 79	2. 66	1. 47	2. 58	1. 18	3. 82	1. 75	2. 11	1. 07	3. 57	2. 00	2. 49	1. 05	4. 36	1. 83
47	1. 79	0. 73	2. 63	1. 92	1. 92	0. 93	3. 39	1. 57	2. 74	1. 27	4. 10	2. 07	2. 48	1. 25	3. 52	2. 02	2. 51	1. 08	4. 53	1. 89
48	2. 23	0. 93	3. 66	1. 28	2. 06	1. 01	3. 20	2. 57	3. 66	1. 62	5. 24	2. 37	3. 22	1. 39	4. 64	2. 19	3. 48	1. 23	5. 17	2. 70
49	2. 52	0. 94	3. 61	2. 09	2. 14	1. 31	3. 56	1. 72	3. 19	1. 71	5. 53	2. 66	3. 33	1. 59	4. 57	2. 64	3. 09	1. 03	5. 26	2. 56
50	2. 87	1. 32	4. 42	2. 74	2. 98	1. 55	3. 67	2. 34	3. 63	1. 83	5. 48	2. 88	3. 84	1. 90	5. 29	2. 76	3. 69	1. 47	5. 85	2. 77

续表

年龄	北京				天津				河北				山西				内蒙古			
	城镇男性	城镇女性	乡村男性	乡村女性	城镇男性	城镇女性	乡村男性	乡村女性	城镇男性	城镇女性	乡村男性	乡村女性	城镇男性	城镇女性	乡村男性	乡村女性	城镇男性	城镇女性	乡村男性	乡村女性
51	3.17	1.27	3.71	1.70	3.05	1.69	3.83	2.90	4.15	2.09	5.72	3.01	3.38	2.18	5.65	2.96	3.51	1.47	6.23	3.45
52	3.04	1.29	5.58	2.01	2.73	1.34	4.67	2.20	4.38	2.22	6.34	3.43	3.88	2.33	5.64	3.45	4.01	1.80	7.14	3.23
53	3.27	1.25	6.03	3.14	2.86	1.61	4.82	3.14	4.85	2.48	6.72	3.66	4.51	2.29	6.38	3.62	4.64	1.78	7.14	3.63
54	3.85	1.57	5.74	3.22	3.06	1.52	5.46	3.41	5.58	2.68	8.06	4.37	4.96	2.83	7.24	4.23	4.95	2.56	8.20	4.17
55	4.02	1.82	6.82	3.73	3.23	1.78	6.20	3.28	5.86	3.07	8.39	4.67	5.27	3.18	7.81	4.64	5.34	2.53	7.93	4.59
56	4.24	2.02	6.66	3.63	3.71	1.89	6.77	3.52	6.50	3.23	9.24	5.00	6.00	2.91	8.03	5.01	5.99	2.39	9.00	4.61
57	4.33	2.27	7.86	4.70	4.42	2.05	6.39	3.69	7.28	3.57	10.03	5.32	6.86	3.98	9.45	5.96	5.69	3.11	10.06	5.77
58	5.21	2.49	9.01	4.93	5.25	2.70	7.79	5.05	8.11	4.36	10.98	5.99	7.89	4.07	9.85	6.43	6.89	3.30	11.31	6.41
59	5.38	2.74	9.31	5.92	5.06	3.07	8.24	6.34	9.32	5.01	12.93	7.24	9.48	5.33	12.10	7.63	7.81	4.24	12.69	7.28
60	6.00	2.95	10.75	6.54	5.86	3.53	9.51	6.28	9.59	5.62	14.11	8.25	10.42	6.11	140.85	8.10	7.63	4.16	13.03	7.55
61	7.04	3.55	12.32	7.53	5.81	3.86	11.69	7.99	10.91	6.32	15.14	8.97	11.64	6.18	14.48	9.66	9.41	4.91	17.01	10.50
62	7.54	3.57	11.87	8.47	8.43	5.10	11.35	7.77	12.47	7.16	16.89	10.10	11.75	8.20	16.91	11.06	10.70	5.48	16.31	10.71
63	9.00	4.27	12.48	10.54	8.04	4.73	12.65	8.10	13.35	7.57	17.15	10.73	12.41	7.77	16.55	11.38	11.11	5.99	17.99	10.50
64	8.63	5.04	18.52	9.70	9.49	6.62	12.70	10.08	14.71	9.12	21.64	12.97	15.41	9.55	19.11	12.53	12.47	7.52	20.88	13.21
65	10.80	5.47	15.25	12.41	10.82	8.22	16.80	13.05	17.74	10.24	22.61	14.68	18.37	11.63	21.57	14.10	13.32	7.00	20.41	12.91
66	10.95	6.26	18.51	11.60	11.71	8.13	20.74	15.28	18.04	10.67	25.57	16.43	18.82	11.67	22.23	14.38	14.29	8.41	22.51	16.60
67	12.68	7.28	23.55	14.87	13.44	9.04	20.66	17.64	21.02	11.99	29.09	18.64	20.58	12.90	26.12	18.13	16.34	10.79	28.51	17.36
68	12.96	7.86	27.03	16.88	14.30	9.55	22.67	18.57	22.14	13.20	30.39	19.80	22.38	13.56	26.97	19.89	17.74	10.35	28.55	19.28

续表

年龄	北京				天津				河北				山西				内蒙古			
	城镇男性	城镇女性	乡村男性	乡村女性	城镇男性	城镇女性	乡村男性	乡村女性	城镇男性	城镇女性	乡村男性	乡村女性	城镇男性	城镇女性	乡村男性	乡村女性	城镇男性	城镇女性	乡村男性	乡村女性
69	16.51	8.69	33.00	20.89	16.67	11.30	26.10	27.96	26.81	16.71	39.69	25.94	29.97	16.64	36.02	24.60	20.53	12.84	34.93	24.29
70	16.69	11.40	31.49	23.95	17.23	13.18	29.29	24.65	30.34	20.24	43.14	30.23	32.92	19.60	40.99	28.74	24.89	14.94	38.92	27.85
71	19.47	11.32	35.50	28.71	20.17	16.00	32.75	28.53	31.14	20.84	46.24	30.99	33.26	21.25	42.45	29.42	23.94	15.88	41.06	30.54
72	21.57	14.71	44.40	25.96	23.67	16.35	40.13	32.36	35.88	23.97	53.29	36.58	36.39	25.05	48.92	34.78	30.01	18.50	46.80	34.95
73	26.47	16.48	47.98	31.28	27.51	20.28	44.27	35.56	39.87	27.42	56.88	39.81	38.50	25.95	51.89	37.47	31.74	19.65	50.78	37.25
74	27.81	20.16	50.24	41.65	27.80	24.59	43.90	40.39	44.69	31.61	65.67	44.54	47.79	29.27	58.40	40.44	34.28	23.22	54.72	44.06
75	34.01	20.43	66.88	47.72	32.44	26.15	60.82	49.96	50.42	37.32	71.33	50.17	50.99	33.00	65.29	46.27	38.86	24.08	61.00	46.67
76	36.72	25.12	66.14	52.96	33.92	29.19	59.60	45.13	51.01	37.79	72.00	50.57	49.83	34.21	64.60	48.04	38.18	25.38	63.67	51.02
77	41.90	28.84	77.43	53.32	43.09	32.42	73.74	55.96	63.27	46.26	85.58	60.32	60.81	42.78	77.43	55.91	44.81	30.46	75.64	57.45
78	45.96	33.41	79.41	59.62	45.47	38.97	86.84	60.74	67.83	51.84	93.59	65.09	69.34	47.03	84.92	61.38	48.02	32.01	76.94	62.26
79	51.24	35.84	86.57	74.40	49.21	35.55	90.10	75.47	76.54	59.09	111.17	80.83	78.95	54.80	98.09	68.96	49.09	38.50	90.67	75.13
80	59.17	44.88	109.95	77.28	58.53	45.38	110.81	89.01	90.30	71.00	128.73	92.55	93.90	64.97	113.69	84.87	59.67	45.19	109.81	88.34
81	67.76	50.05	109.55	83.12	67.59	52.22	113.23	96.79	96.02	79.61	135.51	96.07	103.51	75.72	123.84	91.10	63.66	46.37	110.97	93.85
82	73.98	57.08	118.54	103.93	67.23	52.98	130.48	84.57	100.51	82.21	141.70	106.09	93.63	85.61	128.18	99.66	67.87	51.90	126.42	101.28
83	85.22	65.12	131.47	121.29	73.83	64.48	137.62	122.10	116.62	88.84	150.63	114.16	111.01	83.79	147.71	109.62	73.49	56.54	124.10	109.87
84	93.90	72.81	138.26	117.43	82.54	65.97	137.70	137.77	123.54	105.64	175.37	122.39	129.42	92.25	157.66	117.08	79.80	63.89	135.05	118.51
85	102.01	82.23	189.15	125.46	91.77	75.37	186.64	146.67	135.51	107.95	184.33	132.49	123.76	101.04	167.51	132.25	89.55	69.30	148.62	134.38
86	111.74	87.11	186.94	159.63	98.58	90.14	184.19	145.87	137.46	123.24	194.71	139.46	134.67	102.61	166.19	136.23	88.35	62.82	173.83	144.76

续表

年龄	北京				天津				河北				山西				内蒙古			
	城镇男性	城镇女性	乡村男性	乡村女性	城镇男性	城镇女性	乡村男性	乡村女性	城镇男性	城镇女性	乡村男性	乡村女性	城镇男性	城镇女性	乡村男性	乡村女性	城镇男性	城镇女性	乡村男性	乡村女性
87	121. 99	92. 45	203. 50	197. 69	95. 12	90. 86	206. 26	141. 16	152. 34	133. 46	194. 68	149. 99	143. 60	107. 27	185. 46	148. 07	83. 16	70. 13	161. 74	151. 19
88	135. 78	112. 02	276. 28	201. 93	125. 79	93. 57	212. 43	201. 00	169. 89	141. 60	232. 69	171. 99	159. 71	140. 10	206. 05	149. 66	87. 97	91. 43	208. 18	151. 32
89	153. 08	111. 55	250. 00	227. 33	111. 92	113. 86	280. 82	208. 22	188. 38	157. 62	257. 88	186. 71	180. 86	143. 10	233. 70	182. 92	113. 71	106. 65	215. 63	177. 38
90	178. 41	141. 26	298. 59	255. 12	120. 90	121. 39	272. 48	259. 12	216. 31	179. 30	282. 00	211. 61	200. 16	161. 62	235. 43	196. 50	124. 87	98. 75	250. 54	195. 73
91	197. 39	140. 37	311. 63	309. 68	150. 33	139. 03	233. 33	290. 41	210. 19	198. 01	282. 22	223. 56	171. 46	162. 71	273. 41	212. 78	119. 94	115. 09	255. 08	238. 38
92	242. 62	167. 72	333. 33	263. 31	148. 00	147. 56	303. 57	273. 58	239. 33	214. 40	317. 37	250. 17	202. 87	165. 49	271. 14	239. 61	132. 29	147. 01	272. 09	254. 86
93	241. 27	204. 49	430. 77	314. 05	151. 52	150. 32	281. 25	238. 10	215. 38	206. 48	305. 29	262. 95	176. 34	182. 23	300. 74	233. 92	113. 70	102. 45	293. 48	243. 52
94	211. 54	205. 00	431. 58	367. 47	122. 97	152. 94	279. 57	285. 71	257. 40	219. 83	388. 17	271. 80	221. 54	194. 75	255. 58	249. 35	102. 39	129. 68	232. 32	222. 66
95	260. 78	211. 25	471. 70	207. 55	161. 90	176. 60	416. 67	280. 00	247. 67	260. 95	369. 23	309. 21	259. 62	275. 57	351. 56	267. 89	50. 21	75. 16	214. 29	286. 49
96	293. 63	268. 21	326. 53	277. 23	107. 69	123. 04	431. 82	382. 02	269. 92	251. 68	358. 02	306. 99	240. 96	253. 85	229. 59	262. 60	81. 63	104. 80	273. 58	209. 09
97	236. 73	265. 00	411. 76	482. 76	119. 27	137. 81	166. 67	240. 74	267. 30	260. 94	323. 12	299. 15	265. 31	211. 82	114. 94	190. 94	81. 25	128. 65	265. 63	195. 65
98	256. 41	259. 26	529. 41	229. 17	64. 33	152. 17	347. 83	268. 29	178. 42	231. 95	287. 72	307. 47	230. 77	148. 15	175. 93	209. 18	53. 10	113. 64	340. 00	166. 67
99	383. 84	346. 94	1000. 00	583. 33	123. 29	196. 26	538. 46	200. 00	291. 67	352. 94	464. 91	423. 88	370. 37	287. 13	285. 71	301. 08	157. 14	148. 65	363. 64	358. 97
100	604. 17	384. 62	461. 54	476. 19	344. 83	455. 45	500. 00	437. 50	833. 33	511. 71	1000. 00	607. 07	1000. 00	648. 94	633. 33	626. 26	326. 92	273. 68	1000. 00	862. 07

附录 B2　全国各省市分城乡分性别分年龄死亡率

单位：‰

年龄	辽宁				吉林				黑龙江				上海				江苏			
	城镇男性	城镇女性	乡村男性	乡村女性	城镇男性	城镇女性	乡村男性	乡村女性	城镇男性	城镇女性	乡村男性	乡村女性	城镇男性	城镇女性	乡村男性	乡村女性	城镇男性	城镇女性	乡村男性	乡村女性
0	2.54	1.89	2.59	2.04	1.15	0.76	1.67	1.58	1.30	0.93	1.69	1.29	2.89	2.15	1.84	1.02	1.89	1.70	2.09	1.86
1	0.62	0.41	0.96	0.69	0.41	0.28	0.89	0.54	0.42	0.39	0.84	0.52	0.69	0.59	0.38	0.22	0.55	0.52	1.01	0.71
2	0.17	0.16	0.50	0.43	0.13	0.17	0.35	0.32	0.14	0.18	0.20	0.27	0.39	0.44	0.93	0.12	0.37	0.30	0.82	0.53
3	0.17	0.20	0.40	0.36	0.22	0.20	0.19	0.23	0.08	0.07	0.31	0.27	0.43	0.24	0.43	0.25	0.23	0.22	0.49	0.28
4	0.15	0.11	0.41	0.19	0.10	0.15	0.18	0.28	0.19	0.06	0.26	0.24	0.24	0.14	0.12	0.00	0.16	0.11	0.41	0.27
5	0.14	0.07	0.39	0.34	0.07	0.08	0.18	0.22	0.21	0.14	0.20	0.17	0.18	0.14	0.12	0.00	0.19	0.15	0.37	0.31
6	0.19	0.14	0.47	0.27	0.13	0.07	0.16	0.25	0.12	0.12	0.24	0.21	0.26	0.12	0.39	0.16	0.16	0.10	0.34	0.23
7	0.12	0.08	0.32	0.18	0.07	0.06	0.27	0.11	0.07	0.11	0.14	0.18	0.24	0.18	0.14	0.17	0.17	0.10	0.42	0.20
8	0.15	0.13	0.40	0.14	0.04	0.06	0.25	0.16	0.14	0.12	0.24	0.16	0.16	0.12	0.00	0.17	0.16	0.11	0.40	0.17
9	0.06	0.06	0.34	0.25	0.13	0.11	0.29	0.10	0.06	0.09	0.18	0.13	0.16	0.06	0.00	0.18	0.16	0.04	0.32	0.13
10	0.18	0.07	0.44	0.20	0.10	0.16	0.25	0.11	0.11	0.11	0.34	0.12	0.24	0.06	0.47	0.00	0.16	0.14	0.44	0.19
11	0.20	0.14	0.31	0.14	0.12	0.06	0.38	0.10	0.18	0.10	0.24	0.20	0.10	0.17	0.34	0.00	0.19	0.24	0.45	0.22
12	0.18	0.17	0.43	0.17	0.10	0.07	0.20	0.16	0.16	0.12	0.28	0.12	0.10	0.13	0.00	0.20	0.22	0.13	0.29	0.18
13	0.12	0.12	0.31	0.26	0.25	0.07	0.35	0.18	0.16	0.11	0.37	0.21	0.18	0.19	0.35	0.19	0.15	0.10	0.40	0.27
14	0.18	0.15	0.69	0.20	0.18	0.07	0.23	0.25	0.19	0.10	0.31	0.15	0.24	0.23	0.31	0.51	0.21	0.13	0.49	0.22
15	0.21	0.10	0.49	0.25	0.20	0.06	0.40	0.27	0.23	0.16	0.54	0.23	0.16	0.16	0.00	0.14	0.24	0.14	0.48	0.25

续表

年龄	辽宁				吉林				黑龙江				上海				江苏			
	城镇男性	城镇女性	乡村男性	乡村女性	城镇男性	城镇女性	乡村男性	乡村女性	城镇男性	城镇女性	乡村男性	乡村女性	城镇男性	城镇女性	乡村男性	乡村女性	城镇男性	城镇女性	乡村男性	乡村女性
16	0.27	0.07	0.92	0.51	0.17	0.18	0.60	0.30	0.17	0.10	0.52	0.28	0.19	0.08	0.29	0.10	0.18	0.09	0.52	0.26
17	0.30	0.12	0.78	0.37	0.27	0.08	0.74	0.34	0.26	0.11	0.60	0.26	0.23	0.10	0.28	0.07	0.20	0.14	0.60	0.32
18	0.30	0.23	1.18	0.34	0.18	0.16	0.63	0.40	0.21	0.15	0.71	0.23	0.16	0.18	0.32	0.11	0.20	0.12	0.59	0.28
19	0.26	0.14	1.10	0.38	0.20	0.09	0.72	0.32	0.20	0.09	0.85	0.27	0.20	0.07	0.21	0.09	0.21	0.08	0.61	0.33
20	0.33	0.14	0.99	0.37	0.22	0.11	0.79	0.36	0.25	0.08	0.88	0.34	0.21	0.10	0.10	0.15	0.24	0.12	0.84	0.33
21	0.33	0.15	1.07	0.37	0.24	0.12	0.77	0.28	0.30	0.16	0.76	0.28	0.23	0.08	0.11	0.00	0.25	0.11	0.81	0.29
22	0.40	0.17	1.07	0.31	0.41	0.13	0.78	0.39	0.34	0.19	0.93	0.33	0.21	0.08	0.24	0.12	0.23	0.14	0.79	0.31
23	0.41	0.20	1.11	0.38	0.34	0.21	0.91	0.41	0.43	0.19	0.75	0.39	0.22	0.13	0.28	0.16	0.32	0.14	0.90	0.38
24	0.57	0.17	1.18	0.41	0.36	0.20	0.85	0.45	0.49	0.23	0.86	0.39	0.24	0.11	0.20	0.00	0.28	0.15	0.89	0.37
25	0.47	0.20	1.14	0.66	0.29	0.14	0.96	0.39	0.38	0.19	0.89	0.38	0.16	0.09	0.18	0.00	0.31	0.14	0.93	0.39
26	0.52	0.19	1.22	0.48	0.48	0.20	0.82	0.50	0.37	0.28	0.85	0.39	0.22	0.12	0.18	0.05	0.37	0.15	0.96	0.46
27	0.45	0.18	1.01	0.48	0.52	0.15	1.09	0.42	0.49	0.13	1.00	0.39	0.22	0.09	0.31	0.14	0.32	0.21	1.07	0.43
28	0.46	0.28	1.34	0.52	0.29	0.30	1.07	0.49	0.52	0.22	0.90	0.38	0.22	0.17	0.40	0.22	0.36	0.19	0.98	0.42
29	0.56	0.26	1.24	0.56	0.48	0.20	1.13	0.44	0.51	0.31	0.95	0.41	0.39	0.17	0.23	0.22	0.39	0.14	1.12	0.56
30	0.56	0.19	1.25	0.56	0.46	0.21	1.04	0.47	0.43	0.22	0.95	0.46	0.22	0.12	0.38	0.26	0.33	0.24	1.15	0.52
31	0.60	0.34	1.60	0.61	0.50	0.22	1.17	0.49	0.53	0.26	1.12	0.49	0.29	0.15	0.36	0.51	0.47	0.25	1.24	0.54
32	0.78	0.30	1.66	0.58	0.56	0.18	1.15	0.49	0.65	0.26	1.31	0.43	0.29	0.15	0.34	0.42	0.49	0.25	1.47	0.40

续表

年龄	辽宁				吉林				黑龙江				上海				江苏			
	城镇男性	城镇女性	乡村男性	乡村女性	城镇男性	城镇女性	乡村男性	乡村女性	城镇男性	城镇女性	乡村男性	乡村女性	城镇男性	城镇女性	乡村男性	乡村女性	城镇男性	城镇女性	乡村男性	乡村女性
33	0.59	0.26	1.48	0.68	0.55	0.28	1.35	0.47	0.73	0.36	1.26	0.38	0.33	0.19	0.42	0.23	0.45	0.25	1.35	0.57
34	0.81	0.37	1.70	0.79	0.71	0.31	1.40	0.65	0.75	0.25	1.47	0.74	0.33	0.21	0.28	0.30	0.54	0.36	1.56	0.67
35	0.95	0.30	2.17	0.80	0.75	0.33	1.81	0.64	0.94	0.32	1.51	0.66	0.33	0.21	0.56	0.23	0.66	0.34	1.80	0.72
36	0.94	0.42	2.07	0.72	0.88	0.31	1.49	0.67	1.08	0.33	1.58	0.64	0.45	0.29	0.40	0.65	0.66	0.32	1.60	0.73
37	1.04	0.46	2.42	0.79	0.91	0.29	1.59	0.91	1.22	0.44	1.61	0.69	0.44	0.15	0.67	0.36	0.75	0.37	1.60	0.79
38	1.18	0.56	2.41	1.03	1.01	0.44	1.87	0.90	1.34	0.48	1.81	0.67	0.46	0.33	0.37	0.36	0.78	0.45	2.03	0.95
39	1.36	0.47	2.47	1.07	1.21	0.50	2.03	0.95	1.28	0.49	2.20	0.91	0.51	0.36	0.87	0.53	0.99	0.51	2.10	0.94
40	1.76	0.69	2.88	1.21	1.34	0.63	2.62	1.31	1.61	0.57	2.71	1.18	0.64	0.37	0.76	0.45	1.07	0.55	2.43	1.08
41	1.93	0.65	2.98	1.24	1.45	0.57	2.59	1.20	1.77	0.69	2.21	1.05	0.61	0.40	0.77	0.56	1.13	0.64	2.49	1.18
42	2.15	0.75	3.46	1.37	1.72	0.87	2.66	1.14	1.84	1.00	2.82	1.20	0.89	0.43	0.74	0.46	1.40	0.77	2.86	1.34
43	2.40	0.82	3.52	1.43	1.78	0.86	2.83	1.41	2.35	0.98	3.46	1.32	0.83	0.44	1.42	0.72	1.50	0.78	2.96	1.43
44	2.67	1.02	3.89	1.58	2.03	0.83	3.07	1.53	2.39	1.03	3.18	1.62	0.83	0.44	1.36	1.14	1.54	0.84	3.07	1.43
45	2.89	1.17	4.15	1.74	2.36	1.01	3.66	1.66	2.70	1.13	3.57	1.58	1.18	0.70	1.86	1.17	1.81	0.99	3.45	1.65
46	3.36	1.26	4.56	1.99	2.56	1.03	4.02	1.66	2.82	1.28	3.99	1.53	1.22	0.68	1.65	0.96	1.87	0.98	3.74	1.86
47	3.47	1.28	4.77	1.97	2.73	1.23	3.87	2.02	3.14	1.38	4.04	1.71	1.53	0.92	2.51	1.24	1.97	1.09	3.70	1.89
48	4.41	1.84	6.63	3.04	3.74	1.55	5.04	2.53	4.18	1.58	5.20	2.09	1.95	1.10	2.61	1.19	2.58	1.36	4.61	2.25
49	3.92	1.70	5.46	2.68	3.30	1.52	4.85	2.34	3.82	1.81	5.28	2.33	2.53	1.36	3.33	1.58	2.77	1.49	4.89	2.45

续表

年龄	辽宁				吉林				黑龙江				上海				江苏			
	城镇男性	城镇女性	乡村男性	乡村女性	城镇男性	城镇女性	乡村男性	乡村女性	城镇男性	城镇女性	乡村男性	乡村女性	城镇男性	城镇女性	乡村男性	乡村女性	城镇男性	城镇女性	乡村男性	乡村女性
50	4.57	1.89	6.27	2.89	3.87	2.00	5.76	3.04	4.64	2.01	6.22	3.09	2.65	1.30	2.99	2.08	3.32	1.61	5.43	2.94
51	4.86	2.08	6.67	3.08	4.08	1.79	6.08	2.89	4.51	2.30	5.79	3.40	3.00	1.62	2.72	1.66	3.45	1.65	5.55	2.54
52	5.27	2.24	6.73	3.46	4.24	2.23	6.20	3.37	4.98	2.35	6.09	3.40	2.99	1.51	3.21	2.39	3.66	1.90	5.86	2.99
53	5.57	2.32	7.60	3.84	5.19	2.32	6.86	3.86	5.71	2.43	6.89	3.50	3.59	1.59	3.47	2.95	4.02	2.00	6.16	3.22
54	5.96	2.61	8.08	4.21	5.00	2.77	7.46	4.56	5.86	2.86	8.24	4.29	3.86	1.81	5.24	2.78	4.55	2.39	7.28	3.57
55	6.28	2.75	8.54	4.66	5.65	2.58	8.15	4.85	5.87	3.10	8.54	4.96	3.54	1.96	4.56	2.82	4.76	2.40	7.10	3.74
56	6.69	3.09	9.00	4.81	6.23	3.15	8.99	5.40	6.72	3.42	8.49	4.93	4.43	2.10	5.49	3.52	5.23	2.81	8.30	4.11
57	7.50	3.32	9.44	5.43	6.57	3.21	8.73	5.67	6.96	3.95	8.95	5.53	4.95	2.01	5.83	2.66	5.85	2.89	8.26	4.47
58	8.21	3.57	10.70	5.83	7.51	4.15	10.36	6.61	7.90	3.80	10.40	6.29	4.99	2.45	5.99	3.62	6.39	3.21	9.18	4.74
59	8.43	4.04	11.30	6.60	8.20	4.05	11.93	7.43	9.33	4.96	12.72	7.36	5.38	2.66	6.25	2.98	7.37	3.75	10.66	5.45
60	8.97	4.83	12.34	7.46	8.70	4.36	13.00	8.48	10.11	5.69	14.35	9.04	5.51	3.04	7.49	3.02	7.31	4.15	11.14	5.80
61	10.97	5.76	14.51	8.83	10.11	6.23	14.82	10.54	10.93	6.09	15.33	9.79	7.07	3.62	6.46	3.57	8.58	4.60	11.44	6.68
62	11.17	5.78	14.30	9.72	9.97	5.93	16.92	11.89	12.81	7.30	16.12	10.70	7.22	3.43	9.36	5.94	9.82	5.13	13.20	7.18
63	11.55	6.49	15.77	10.24	11.41	6.66	17.09	12.72	12.10	7.67	18.75	12.16	8.54	4.06	8.74	5.21	10.43	5.48	14.60	8.13
64	13.72	7.32	18.12	11.86	13.03	8.10	20.43	14.83	16.90	9.33	20.18	14.18	9.30	3.97	11.55	5.44	11.79	6.41	15.95	9.23
65	15.11	9.02	20.07	13.57	14.33	8.88	22.09	15.72	17.03	10.19	22.36	16.18	10.08	5.16	12.35	5.57	13.74	7.57	17.98	10.68
66	15.38	8.89	20.27	15.37	14.44	9.03	19.48	16.74	17.24	10.83	22.48	16.10	10.71	5.29	14.54	6.56	14.19	7.93	18.47	11.06

续表

年龄	辽宁				吉林				黑龙江				上海				江苏			
	城镇男性	城镇女性	乡村男性	乡村女性	城镇男性	城镇女性	乡村男性	乡村女性	城镇男性	城镇女性	乡村男性	乡村女性	城镇男性	城镇女性	乡村男性	乡村女性	城镇男性	城镇女性	乡村男性	乡村女性
67	17.84	10.00	23.92	17.62	16.41	10.66	25.23	19.80	20.33	12.25	26.19	19.76	11.94	6.61	16.13	7.25	16.68	9.38	21.14	12.06
68	19.06	11.66	25.23	19.24	17.54	11.67	27.47	21.75	21.50	13.76	29.36	21.10	14.00	7.96	14.75	11.66	17.82	9.72	22.94	13.76
69	21.45	13.17	29.53	21.84	19.94	14.25	31.89	25.82	26.26	16.08	34.76	25.00	14.65	8.64	21.64	11.46	19.82	12.37	26.31	15.68
70	23.84	15.69	35.84	27.14	24.64	15.29	36.93	26.89	30.87	18.71	40.29	29.41	18.39	9.81	20.91	9.12	23.56	14.62	29.98	18.08
71	25.45	17.00	37.34	28.05	23.78	17.84	37.48	29.65	31.35	19.44	40.13	29.97	19.41	10.75	25.67	13.51	24.51	16.04	30.98	20.83
72	30.30	21.57	41.19	33.80	29.14	20.79	42.99	37.93	36.59	22.95	46.54	35.10	20.99	12.13	26.44	14.46	28.32	18.18	37.12	24.52
73	33.95	23.31	47.02	37.95	30.58	22.83	45.90	37.07	35.63	25.77	51.43	38.65	25.86	15.06	32.67	17.81	32.47	20.02	42.25	26.19
74	36.73	25.02	50.57	41.20	33.58	26.23	50.33	43.64	41.66	27.31	52.14	40.25	27.49	16.18	36.54	19.67	35.62	22.53	45.53	29.35
75	42.18	28.72	56.54	45.24	38.02	28.73	55.30	43.70	43.13	29.96	56.69	44.67	32.25	20.30	38.38	19.78	41.49	25.51	52.77	31.35
76	45.40	32.15	59.55	50.70	36.29	30.18	54.86	44.35	43.90	30.89	57.09	43.92	37.41	23.32	43.76	26.22	43.12	29.23	51.79	34.64
77	50.80	37.83	69.67	57.71	46.08	32.30	63.18	54.74	51.84	36.76	67.83	48.18	42.73	27.80	53.77	29.95	53.24	35.28	64.87	42.60
78	55.25	43.31	77.73	61.13	49.99	38.22	72.33	55.68	57.51	42.75	74.38	56.43	47.09	31.07	50.15	33.45	58.09	37.97	70.60	47.00
79	59.68	47.45	84.89	68.85	50.05	40.96	74.30	58.91	62.22	44.98	78.21	59.23	54.40	36.66	64.14	40.96	63.90	45.77	79.02	54.54
80	67.47	54.26	97.50	81.02	61.19	47.98	93.75	74.42	71.24	53.66	100.09	74.10	64.31	41.40	75.89	41.75	75.78	54.41	94.36	63.02
81	72.88	59.95	105.52	85.63	60.17	51.68	92.18	76.60	71.25	56.02	92.27	68.92	70.97	47.50	94.54	57.75	81.72	58.81	101.19	68.59
82	80.41	67.78	119.73	97.04	67.72	54.49	97.69	81.10	77.12	60.06	96.83	77.01	79.07	54.38	98.96	66.24	91.21	67.24	111.70	78.94
83	88.66	73.15	122.32	108.05	71.23	66.85	105.01	81.72	75.43	57.65	102.70	82.63	93.71	61.41	108.07	74.13	101.96	77.40	127.77	89.14

续表

年龄	辽宁				吉林				黑龙江				上海				江苏			
	城镇男性	城镇女性	乡村男性	乡村女性	城镇男性	城镇女性	乡村男性	乡村女性	城镇男性	城镇女性	乡村男性	乡村女性	城镇男性	城镇女性	乡村男性	乡村女性	城镇男性	城镇女性	乡村男性	乡村女性
84	99.45	88.61	135.83	119.37	73.29	65.09	104.63	94.79	81.44	68.10	113.64	87.88	104.69	72.66	112.89	77.95	114.91	85.23	140.13	102.43
85	110.79	91.61	136.50	125.76	77.15	68.60	120.72	100.42	88.79	69.30	125.56	91.00	115.47	86.12	142.08	95.42	126.17	95.72	149.70	107.98
86	115.29	96.82	150.44	131.64	81.90	75.19	121.88	102.79	93.72	71.65	117.54	92.65	120.78	93.08	154.92	103.68	137.00	103.90	164.11	122.37
87	131.95	114.84	169.37	147.57	85.71	82.13	134.48	110.95	95.69	78.40	136.11	97.06	136.08	110.03	169.50	131.68	159.18	124.16	182.18	136.88
88	147.24	125.24	177.17	175.85	94.77	89.63	144.09	117.63	106.38	85.90	136.80	108.86	154.52	124.28	189.27	144.43	170.92	129.63	201.61	156.45
89	167.53	130.29	209.97	184.26	92.29	96.98	152.91	131.20	111.32	86.68	160.37	119.71	163.39	141.59	212.48	175.01	183.88	154.30	223.74	174.05
90	179.05	152.61	255.11	205.25	122.26	102.07	165.64	142.48	126.96	118.95	174.76	120.24	192.93	160.18	215.41	163.10	205.64	177.91	249.19	191.97
91	185.20	166.28	260.57	227.17	103.90	101.76	185.19	161.60	104.40	110.88	163.80	112.39	197.99	181.83	295.24	206.08	224.36	188.70	258.05	219.29
92	208.35	191.24	266.67	235.77	130.39	127.51	198.61	170.02	123.97	95.33	170.52	140.60	246.93	195.58	265.99	236.78	241.23	218.10	318.96	245.65
93	210.96	198.68	275.60	270.38	111.26	104.03	161.50	169.27	94.72	110.75	150.86	160.00	268.33	231.78	391.30	263.84	241.07	217.94	315.92	255.52
94	245.49	206.58	305.74	245.89	117.33	123.85	183.96	171.68	131.75	100.62	147.20	125.94	278.03	239.76	301.72	272.52	251.77	224.47	268.16	263.86
95	262.45	219.42	359.81	302.70	115.94	117.15	214.52	168.95	114.50	113.48	157.76	134.54	318.09	283.98	405.06	354.94	240.78	256.63	335.03	275.89
96	217.52	226.06	361.66	312.68	122.86	132.12	163.64	183.43	106.15	86.64	138.98	129.94	284.31	301.37	352.27	336.21	264.44	245.13	313.45	289.63
97	224.81	213.75	271.34	296.07	79.51	83.97	126.21	200.00	90.35	115.02	117.37	141.82	264.64	299.33	224.14	363.06	177.08	246.10	275.86	312.91
98	198.45	231.02	350.88	307.90	111.11	81.16	170.07	115.00	73.79	77.26	75.58	113.04	252.23	309.97	354.84	353.98	178.79	236.64	276.60	326.07
99	182.93	265.00	310.34	441.03	113.21	113.21	235.96	175.93	160.80	124.06	103.09	117.65	365.59	308.67	375.00	419.35	210.03	264.46	299.49	409.62
100	393.50	420.04	580.00	564.52	296.05	364.16	479.59	346.94	375.89	455.32	438.60	438.20	543.96	521.46	875.00	485.15	662.65	486.78	600.00	575.90

附录 B3　全国各省市分城乡分性别分年龄死亡率

单位:‰

年龄	浙江				安徽				福建				江西				山东			
	城镇男性	城镇女性	乡村男性	乡村女性	城镇男性	城镇女性	乡村男性	乡村女性	城镇男性	城镇女性	乡村男性	乡村女性	城镇男性	城镇女性	乡村男性	乡村女性	城镇男性	城镇女性	乡村男性	乡村女性
0	3.48	3.15	4.32	4.04	3.89	4.01	5.05	5.14	2.10	2.08	4.12	4.88	3.24	4.75	3.14	3.75	1.42	1.52	2.21	2.32
1	1.62	1.13	1.50	1.23	0.59	0.45	0.95	0.70	0.42	0.41	0.96	0.77	0.94	1.19	1.56	1.47	0.57	0.34	0.58	0.56
2	0.54	0.51	0.77	0.69	0.30	0.26	0.74	0.49	0.24	0.25	0.68	0.53	0.61	0.53	1.06	1.01	0.21	0.20	0.32	0.34
3	0.33	0.24	0.63	0.48	0.21	0.18	0.51	0.36	0.16	0.14	0.50	0.44	0.29	0.33	0.69	0.53	0.21	0.14	0.23	0.22
4	0.31	0.23	0.46	0.37	0.23	0.15	0.51	0.25	0.22	0.15	0.43	0.36	0.22	0.21	0.58	0.47	0.16	0.13	0.30	0.16
5	0.28	0.26	0.46	0.34	0.20	0.15	0.39	0.32	0.14	0.08	0.36	0.27	0.29	0.21	0.57	0.33	0.13	0.14	0.26	0.24
6	0.24	0.16	0.39	0.30	0.12	0.13	0.36	0.22	0.18	0.12	0.35	0.30	0.24	0.19	0.58	0.39	0.17	0.13	0.27	0.15
7	0.26	0.17	0.43	0.33	0.20	0.12	0.37	0.16	0.16	0.12	0.32	0.22	0.22	0.15	0.42	0.30	0.10	0.07	0.29	0.17
8	0.22	0.17	0.34	0.34	0.20	0.10	0.37	0.19	0.19	0.09	0.24	0.31	0.28	0.17	0.61	0.26	0.17	0.10	0.24	0.15
9	0.26	0.11	0.36	0.24	0.20	0.08	0.34	0.24	0.07	0.11	0.39	0.32	0.33	0.11	0.64	0.31	0.14	0.12	0.27	0.14
10	0.22	0.11	0.37	0.28	0.19	0.12	0.48	0.22	0.11	0.11	0.39	0.25	0.29	0.11	0.63	0.28	0.19	0.16	0.31	0.17
11	0.24	0.11	0.41	0.22	0.18	0.12	0.39	0.23	0.15	0.06	0.34	0.30	0.23	0.13	0.50	0.31	0.20	0.10	0.34	0.20
12	0.29	0.15	0.37	0.21	0.21	0.12	0.39	0.24	0.15	0.16	0.44	0.27	0.22	0.14	0.54	0.29	0.23	0.11	0.38	0.14
13	0.15	0.11	0.36	0.22	0.19	0.12	0.40	0.15	0.20	0.14	0.48	0.25	0.25	0.14	0.47	0.31	0.25	0.12	0.37	0.21
14	0.17	0.08	0.33	0.19	0.26	0.08	0.40	0.26	0.24	0.15	0.60	0.25	0.30	0.12	0.53	0.25	0.30	0.09	0.46	0.22
15	0.19	0.15	0.66	0.24	0.26	0.10	0.53	0.27	0.18	0.10	0.72	0.32	0.19	0.08	0.60	0.39	0.23	0.11	0.48	0.22
16	0.18	0.10	0.71	0.38	0.25	0.09	0.62	0.27	0.27	0.11	0.75	0.39	0.22	0.15	0.63	0.32	0.19	0.06	0.57	0.26

续表

年龄	浙江				安徽				福建				江西				山东			
	城镇男性	城镇女性	乡村男性	乡村女性	城镇男性	城镇女性	乡村男性	乡村女性	城镇男性	城镇女性	乡村男性	乡村女性	城镇男性	城镇女性	乡村男性	乡村女性	城镇男性	城镇女性	乡村男性	乡村女性
17	0.28	0.11	0.76	0.38	0.18	0.14	0.78	0.43	0.18	0.11	1.01	0.39	0.40	0.22	0.66	0.40	0.18	0.09	0.61	0.39
18	0.32	0.15	0.79	0.38	0.30	0.13	0.85	0.37	0.29	0.09	0.87	0.52	0.30	0.17	0.59	0.29	0.25	0.12	0.70	0.37
19	0.33	0.09	0.84	0.30	0.24	0.17	1.01	0.40	0.36	0.11	1.18	0.38	0.24	0.11	0.77	0.36	0.28	0.12	0.76	0.34
20	0.41	0.11	0.74	0.38	0.34	0.16	1.25	0.44	0.22	0.12	1.18	0.52	0.29	0.21	0.83	0.43	0.30	0.15	0.92	0.37
21	0.36	0.10	0.75	0.32	0.29	0.12	1.13	0.43	0.25	0.14	1.23	0.37	0.38	0.16	0.85	0.41	0.37	0.15	0.98	0.31
22	0.35	0.15	0.74	0.40	0.35	0.15	1.22	0.44	0.30	0.10	1.26	0.47	0.34	0.21	0.79	0.38	0.40	0.19	0.98	0.42
23	0.38	0.19	0.71	0.42	0.30	0.17	1.15	0.52	0.30	0.16	1.29	0.60	0.36	0.19	0.89	0.42	0.47	0.21	1.01	0.37
24	0.43	0.19	0.74	0.29	0.35	0.22	1.31	0.48	0.27	0.09	1.28	0.56	0.59	0.23	0.93	0.35	0.52	0.24	1.06	0.42
25	0.39	0.13	0.81	0.42	0.40	0.19	1.24	0.40	0.39	0.17	1.28	0.60	0.62	0.20	1.04	0.34	0.47	0.15	1.08	0.44
26	0.42	0.17	0.89	0.62	0.45	0.13	1.08	0.52	0.45	0.19	1.28	0.53	0.54	0.21	1.04	0.49	0.44	0.17	1.11	0.40
27	0.32	0.20	0.77	0.49	0.53	0.28	1.33	0.55	0.41	0.25	1.52	0.73	0.53	0.28	1.13	0.52	0.43	0.20	1.14	0.46
28	0.37	0.14	0.92	0.43	0.42	0.26	1.47	0.48	0.32	0.19	1.59	0.64	0.62	0.22	1.22	0.59	0.48	0.21	1.16	0.47
29	0.49	0.19	1.00	0.34	0.51	0.18	1.38	0.59	0.39	0.17	1.53	0.64	0.50	0.34	1.36	0.50	0.47	0.28	1.30	0.55
30	0.43	0.17	1.04	0.66	0.52	0.25	1.45	0.66	0.24	0.20	1.49	0.63	0.60	0.33	1.51	0.63	0.44	0.21	1.25	0.59
31	0.42	0.20	1.25	0.64	0.64	0.23	1.66	0.69	0.51	0.27	1.59	0.84	0.74	0.24	1.46	0.70	0.57	0.24	1.35	0.64
32	0.57	0.19	1.10	0.61	0.67	0.30	1.63	0.79	0.52	0.29	1.65	0.73	0.85	0.31	1.36	0.66	0.68	0.27	1.40	0.60
33	0.58	0.30	1.35	0.54	0.72	0.36	1.64	0.81	0.51	0.30	1.78	0.70	0.80	0.31	1.57	0.65	0.70	0.31	1.38	0.69

续表

年龄	浙江				安徽				福建				江西				山东			
	城镇男性	城镇女性	乡村男性	乡村女性	城镇男性	城镇女性	乡村男性	乡村女性	城镇男性	城镇女性	乡村男性	乡村女性	城镇男性	城镇女性	乡村男性	乡村女性	城镇男性	城镇女性	乡村男性	乡村女性
34	0.59	0.47	1.30	0.71	0.77	0.39	1.93	0.91	0.56	0.32	1.77	0.88	0.91	0.39	1.74	0.85	0.71	0.34	1.46	0.81
35	0.53	0.25	1.59	0.78	0.85	0.37	1.88	0.87	0.61	0.26	1.96	1.08	0.93	0.42	1.87	0.90	0.76	0.36	1.54	0.77
36	0.61	0.26	1.52	0.78	0.87	0.37	2.02	0.89	0.68	0.34	1.98	1.03	0.98	0.43	2.03	0.97	0.81	0.38	1.74	0.86
37	0.76	0.27	1.69	0.71	0.93	0.45	1.95	0.90	0.80	0.41	2.29	1.04	1.20	0.44	2.24	1.02	0.95	0.45	1.85	0.81
38	0.71	0.30	1.79	0.83	0.94	0.49	2.15	0.94	0.75	0.33	2.59	1.10	1.16	0.49	2.41	0.98	1.04	0.43	1.93	0.89
39	0.80	0.37	1.97	0.95	1.09	0.60	2.35	1.12	0.94	0.51	2.57	1.08	1.36	0.58	2.43	1.23	1.18	0.55	2.20	0.97
40	0.86	0.42	2.19	1.08	1.19	0.54	2.60	1.33	1.00	0.45	2.72	1.41	1.38	0.80	3.19	1.41	1.27	0.63	2.31	1.08
41	0.92	0.45	2.39	1.14	1.32	0.63	2.84	1.34	1.08	0.49	2.88	1.22	1.40	0.70	2.87	1.38	1.43	0.71	2.34	1.10
42	1.06	0.53	2.51	1.16	1.57	0.75	3.05	1.33	1.33	0.54	3.36	1.25	1.83	0.81	3.66	1.53	1.70	0.82	2.70	1.24
43	1.27	0.56	2.66	1.38	1.47	0.82	3.18	1.54	1.40	0.74	3.77	1.47	2.02	0.89	3.42	1.41	1.67	0.81	2.60	1.31
44	1.33	0.65	3.00	1.44	1.59	0.89	3.31	1.64	1.47	0.80	3.63	1.70	1.99	1.05	3.64	1.69	1.86	0.86	3.16	1.43
45	1.36	0.71	3.46	1.52	1.94	0.97	3.43	1.74	1.92	0.83	3.94	1.68	2.34	1.20	4.25	1.85	2.17	1.18	3.53	1.73
46	1.61	0.82	3.47	1.73	2.33	1.09	3.74	1.86	2.01	0.94	4.07	2.07	2.17	1.13	4.38	1.94	2.34	1.08	3.52	1.67
47	1.70	0.85	3.70	1.90	2.16	1.15	3.86	2.06	2.26	1.02	4.41	1.84	2.44	1.32	4.59	2.01	2.63	1.13	3.88	1.75
48	2.28	1.09	4.62	2.20	3.03	1.63	4.91	2.33	2.69	1.33	5.82	2.38	3.26	1.53	5.20	2.21	3.29	1.56	4.47	2.04
49	2.42	1.12	4.52	2.14	3.12	1.67	5.55	2.80	3.09	1.35	5.47	2.52	3.23	1.50	5.31	2.42	3.75	1.48	5.04	2.29
50	2.75	1.36	5.45	2.55	2.74	1.67	6.63	3.42	3.48	1.54	6.50	2.88	3.74	1.91	6.18	2.77	3.70	1.69	5.69	2.83

续表

年龄	浙江				安徽				福建				江西				山东			
	城镇男性	城镇女性	乡村男性	乡村女性	城镇男性	城镇女性	乡村男性	乡村女性	城镇男性	城镇女性	乡村男性	乡村女性	城镇男性	城镇女性	乡村男性	乡村女性	城镇男性	城镇女性	乡村男性	乡村女性
51	3.20	1.58	5.55	2.76	2.89	1.52	5.29	2.83	3.97	1.58	6.30	2.75	3.74	1.79	5.98	2.97	3.84	1.78	5.87	2.86
52	3.32	1.36	5.92	2.90	3.30	1.67	5.41	3.08	4.33	1.65	6.69	2.96	4.29	1.70	6.73	2.73	4.20	1.97	5.91	2.92
53	3.74	1.70	6.70	3.02	3.73	2.10	5.98	3.34	4.75	2.01	7.59	3.27	4.99	2.56	7.41	3.45	4.77	2.35	6.56	3.22
54	4.21	1.83	7.38	3.41	4.04	2.43	7.23	3.68	4.74	1.96	8.32	4.03	5.00	2.69	7.55	3.99	5.41	2.59	7.44	3.94
55	4.17	2.04	7.29	3.48	4.25	2.18	7.06	3.82	5.41	2.46	8.43	3.87	5.30	2.77	7.82	3.83	5.89	3.00	7.55	3.83
56	4.69	2.01	7.92	3.61	4.88	2.89	7.64	4.40	5.93	2.37	9.03	4.34	5.86	2.94	8.61	4.36	6.05	3.24	8.10	4.24
57	5.36	2.74	8.39	4.23	5.29	2.80	7.91	4.32	6.31	2.75	9.37	4.06	6.32	3.20	9.00	4.60	6.87	3.21	8.96	4.49
58	5.70	2.66	8.94	4.34	6.17	3.29	9.35	5.07	7.27	3.11	10.83	5.30	7.44	3.62	10.49	5.51	7.58	3.68	9.81	4.87
59	6.37	3.00	9.72	4.80	7.03	3.84	10.18	5.95	7.70	3.08	11.58	5.26	8.31	4.60	11.74	6.07	8.48	4.26	10.61	5.71
60	6.68	3.39	10.78	5.52	7.32	3.98	11.29	6.41	8.64	3.46	12.68	6.34	9.41	4.87	12.97	6.98	9.07	4.44	12.16	6.84
61	7.00	3.67	11.55	5.76	8.36	4.39	12.19	6.36	8.87	3.88	14.31	6.73	10.50	5.32	14.85	7.49	10.06	4.94	13.33	7.06
62	8.10	4.04	12.78	6.36	9.62	5.17	13.91	7.61	10.54	4.72	15.19	8.01	11.57	6.45	15.79	8.74	10.88	5.62	14.41	7.91
63	9.09	4.56	12.84	7.70	10.58	4.75	14.96	7.97	11.36	5.17	15.86	8.77	13.10	6.05	17.31	8.98	11.26	6.62	15.97	8.80
64	9.82	5.43	15.53	7.99	11.59	6.08	16.58	9.56	12.06	6.08	18.23	9.03	14.96	8.05	21.44	10.94	13.22	7.18	17.89	10.21
65	11.42	5.81	18.00	9.07	12.47	6.59	18.33	9.74	13.84	7.47	21.05	11.27	15.77	9.69	20.91	12.32	15.44	8.70	19.64	11.29
66	11.70	6.77	18.49	9.56	13.50	6.75	19.72	11.42	14.21	7.33	20.89	11.24	16.85	9.06	22.52	11.50	16.38	8.97	20.89	12.33
67	13.72	7.47	20.96	11.65	15.36	8.93	22.80	13.85	15.49	9.13	22.83	12.78	19.35	11.84	26.18	14.96	17.93	9.81	24.51	14.71

续表

年龄	浙江				安徽				福建				江西				山东			
	城镇男性	城镇女性	乡村男性	乡村女性	城镇男性	城镇女性	乡村男性	乡村女性	城镇男性	城镇女性	乡村男性	乡村女性	城镇男性	城镇女性	乡村男性	乡村女性	城镇男性	城镇女性	乡村男性	乡村女性
68	14.83	8.68	21.86	11.92	16.94	8.78	24.18	14.57	17.15	9.26	24.96	14.46	23.57	12.77	27.70	16.26	19.34	12.04	26.80	15.82
69	16.91	9.31	25.56	14.75	19.67	11.34	28.52	17.10	21.52	10.66	29.99	17.76	27.53	16.33	32.66	20.12	22.57	13.16	30.50	19.37
70	19.43	9.52	26.89	15.32	25.68	12.95	35.21	20.76	22.83	12.48	31.21	19.22	31.60	19.38	37.84	22.53	26.54	16.49	36.11	22.90
71	20.57	11.71	29.36	19.16	26.87	15.54	36.25	23.03	25.20	14.76	33.83	20.43	32.26	19.99	41.20	25.59	26.66	17.10	36.50	24.26
72	23.49	14.18	32.94	20.81	28.86	18.01	41.77	26.80	28.10	15.88	38.33	24.44	37.85	23.29	47.19	27.57	31.57	19.98	43.34	28.77
73	26.95	17.20	38.19	23.95	33.46	20.43	45.78	29.87	33.75	18.17	45.18	26.84	42.26	23.90	49.51	31.16	34.28	22.19	47.34	31.12
74	29.80	18.30	40.89	26.10	37.88	22.73	53.13	33.48	35.80	22.17	48.24	28.46	46.64	28.44	58.78	34.54	38.95	24.81	52.00	34.12
75	33.92	21.06	46.73	29.91	40.20	24.97	55.27	35.15	39.48	23.49	53.00	33.42	52.32	29.89	62.19	40.62	45.54	28.18	57.29	37.89
76	38.42	24.27	51.14	33.44	42.86	27.41	56.15	36.58	43.12	27.57	56.82	36.77	50.14	30.94	61.48	40.33	45.41	29.65	57.18	37.02
77	44.40	29.33	57.11	39.81	51.06	33.62	68.95	44.83	50.74	32.43	67.75	44.92	68.35	42.96	75.90	51.22	53.56	37.10	69.47	45.95
78	48.58	33.79	63.22	45.38	55.40	37.65	77.35	51.12	57.45	35.46	72.75	48.39	69.32	45.82	81.30	53.68	59.59	41.46	76.52	50.75
79	55.27	39.50	75.18	55.38	62.40	41.94	87.10	58.98	57.68	37.95	81.55	53.91	75.65	52.05	91.06	59.50	64.87	47.18	86.31	59.18
80	64.17	48.76	85.10	60.28	72.09	53.06	100.45	70.67	67.16	48.66	88.53	59.73	88.31	63.19	107.42	75.17	76.81	56.25	101.40	68.89
81	71.96	51.80	91.03	68.91	76.74	57.22	102.34	72.80	75.89	57.96	101.21	70.09	93.03	62.64	114.24	79.81	79.54	58.97	106.89	72.02
82	83.23	62.22	104.00	78.41	83.59	64.27	118.98	85.23	79.11	61.65	113.12	83.09	98.58	71.89	121.15	81.06	92.33	68.85	118.14	83.90
83	92.73	69.59	115.74	92.29	94.67	76.68	127.88	92.18	92.31	73.19	112.89	86.45	113.13	75.69	133.41	89.70	100.98	79.07	130.03	91.74
84	102.79	84.14	137.44	105.64	102.70	73.60	135.35	100.76	110.29	78.40	140.55	102.07	113.24	84.42	144.93	101.27	111.84	87.89	141.58	100.92

续表

年龄	浙江				安徽				福建				江西				山东			
	城镇男性	城镇女性	乡村男性	乡村女性	城镇男性	城镇女性	乡村男性	乡村女性	城镇男性	城镇女性	乡村男性	乡村女性	城镇男性	城镇女性	乡村男性	乡村女性	城镇男性	城镇女性	乡村男性	乡村女性
85	116. 46	96. 42	150. 61	115. 03	108. 39	83. 33	144. 27	102. 64	115. 78	91. 82	144. 56	114. 59	130. 46	89. 90	151. 14	111. 44	122. 55	91. 90	156. 21	109. 13
86	130. 91	106. 20	165. 16	128. 89	117. 08	90. 88	155. 09	111. 63	124. 73	100. 95	149. 32	124. 11	129. 52	98. 01	161. 44	119. 46	134. 92	102. 76	165. 75	118. 19
87	143. 12	116. 43	186. 86	152. 79	131. 40	104. 27	169. 84	124. 63	128. 70	110. 81	161. 59	130. 62	150. 76	101. 33	171. 09	128. 73	149. 80	111. 14	183. 46	128. 31
88	167. 95	144. 07	217. 16	171. 00	143. 22	116. 11	168. 30	136. 73	143. 25	121. 13	181. 82	158. 92	178. 88	122. 18	191. 18	148. 33	151. 80	130. 47	197. 04	143. 80
89	172. 17	152. 14	218. 04	186. 87	137. 38	130. 92	192. 82	150. 69	153. 18	137. 99	202. 50	169. 98	184. 51	120. 13	204. 43	158. 77	180. 86	141. 93	229. 24	165. 96
90	208. 68	176. 87	245. 76	211. 82	158. 57	129. 10	222. 25	164. 07	181. 82	153. 55	224. 98	184. 57	191. 90	142. 90	235. 23	184. 20	198. 95	163. 32	247. 99	185. 03
91	223. 10	197. 86	271. 43	244. 78	175. 20	144. 36	233. 98	182. 47	179. 35	177. 54	249. 87	224. 12	197. 86	153. 75	267. 54	191. 89	196. 33	168. 36	270. 36	196. 51
92	230. 67	221. 04	309. 26	279. 95	179. 38	158. 29	271. 24	192. 35	222. 33	193. 03	270. 67	219. 64	213. 22	172. 59	261. 13	202. 22	198. 88	193. 53	299. 46	224. 97
93	256. 68	234. 11	355. 28	292. 12	170. 08	172. 19	265. 34	197. 86	229. 93	218. 49	295. 76	234. 46	183. 36	159. 16	261. 59	213. 33	196. 12	196. 45	293. 20	230. 97
94	275. 68	229. 91	348. 20	334. 61	169. 71	155. 02	258. 76	213. 57	230. 09	231. 20	291. 25	274. 40	175. 75	174. 48	247. 65	222. 37	237. 24	206. 59	302. 09	246. 69
95	276. 92	275. 77	388. 02	350. 45	191. 18	156. 47	234. 42	209. 14	204. 79	223. 17	300. 43	281. 20	186. 05	170. 47	281. 12	214. 91	231. 09	218. 48	316. 69	266. 63
96	318. 84	289. 03	314. 45	368. 28	168. 22	174. 55	237. 41	211. 35	222. 95	280. 09	323. 70	311. 31	182. 08	197. 47	245. 90	213. 71	233. 29	222. 94	358. 82	282. 15
97	268. 70	275. 91	417. 22	412. 54	140. 24	147. 10	231. 11	240. 12	198. 31	212. 98	352. 94	290. 84	130. 58	151. 23	221. 80	285. 98	182. 31	222. 58	352. 19	289. 96
98	259. 26	305. 70	358. 74	364. 71	120. 48	166. 98	251. 61	187. 44	118. 42	204. 63	382. 35	283. 76	140. 50	175. 07	217. 82	199. 56	134. 78	201. 15	320. 22	302. 61
99	370. 63	314. 37	484. 13	436. 36	213. 68	139. 93	285. 71	215. 25	280. 00	239. 06	356. 32	342. 56	240. 88	223. 63	310. 00	279. 79	203. 70	280. 12	516. 95	324. 12
100	491. 62	416. 14	735. 29	606. 21	469. 39	304. 65	409. 48	289. 96	347. 46	431. 65	609. 09	592. 04	761. 19	598. 96	542. 86	527. 08	445. 18	510. 20	540. 98	483. 77

附录 B4 全国各省市分城乡分性别分年龄死亡率

单位：‰

年龄	河南				湖北				湖南				广东				广西			
	城镇男性	城镇女性	乡村男性	乡村女性	城镇男性	城镇女性	乡村男性	乡村女性	城镇男性	城镇女性	乡村男性	乡村女性	城镇男性	城镇女性	乡村男性	乡村女性	城镇男性	城镇女性	乡村男性	乡村女性
0	1.03	1.13	0.74	0.72	1.87	1.93	4.21	4.35	1.59	1.56	2.68	2.75	2.58	2.81	2.49	2.76	2.23	2.22	4.38	4.62
1	0.47	0.45	0.56	0.46	0.50	0.61	1.29	1.08	0.79	0.75	1.50	1.45	0.70	0.71	0.86	0.91	0.46	0.52	1.14	0.99
2	0.28	0.25	0.40	0.33	0.39	0.41	0.90	0.67	0.53	0.52	1.08	0.79	0.38	0.35	0.55	0.49	0.40	0.29	0.90	0.77
3	0.21	0.20	0.33	0.24	0.23	0.14	0.54	0.41	0.44	0.31	0.80	0.60	0.32	0.26	0.45	0.39	0.26	0.23	0.66	0.48
4	0.16	0.18	0.32	0.19	0.16	0.15	0.49	0.35	0.30	0.26	0.58	0.35	0.22	0.17	0.35	0.22	0.33	0.24	0.56	0.48
5	0.16	0.11	0.30	0.21	0.17	0.16	0.47	0.26	0.30	0.12	0.49	0.44	0.18	0.19	0.35	0.28	0.23	0.19	0.48	0.40
6	0.14	0.11	0.24	0.17	0.19	0.11	0.45	0.33	0.19	0.14	0.52	0.32	0.17	0.12	0.30	0.18	0.26	0.10	0.49	0.27
7	0.16	0.12	0.31	0.15	0.14	0.16	0.30	0.27	0.25	0.05	0.43	0.27	0.18	0.12	0.35	0.15	0.18	0.09	0.58	0.33
8	0.12	0.13	0.34	0.13	0.15	0.09	0.33	0.23	0.31	0.14	0.49	0.23	0.17	0.12	0.32	0.17	0.25	0.13	0.45	0.25
9	0.17	0.10	0.31	0.13	0.18	0.08	0.45	0.20	0.29	0.17	0.53	0.25	0.17	0.08	0.37	0.20	0.26	0.14	0.47	0.26
10	0.18	0.11	0.32	0.14	0.17	0.07	0.53	0.24	0.26	0.10	0.46	0.32	0.16	0.13	0.41	0.19	0.19	0.14	0.42	0.33
11	0.14	0.09	0.38	0.16	0.20	0.11	0.43	0.31	0.26	0.11	0.47	0.29	0.18	0.13	0.40	0.18	0.15	0.09	0.36	0.32
12	0.20	0.10	0.34	0.13	0.21	0.11	0.46	0.22	0.21	0.11	0.51	0.29	0.18	0.10	0.35	0.15	0.18	0.11	0.41	0.28
13	0.16	0.10	0.40	0.16	0.20	0.06	0.43	0.26	0.17	0.14	0.52	0.27	0.21	0.11	0.37	0.22	0.23	0.12	0.43	0.24
14	0.24	0.12	0.41	0.13	0.18	0.14	0.58	0.25	0.21	0.12	0.49	0.22	0.20	0.13	0.39	0.18	0.21	0.10	0.46	0.20
15	0.18	0.06	0.46	0.17	0.17	0.04	0.49	0.26	0.23	0.11	0.68	0.34	0.26	0.17	0.50	0.24	0.31	0.11	0.68	0.30
16	0.14	0.07	0.48	0.24	0.17	0.11	0.66	0.31	0.21	0.14	0.57	0.38	0.24	0.13	0.56	0.29	0.30	0.10	0.93	0.34

续表

年龄	河南				湖北				湖南				广东				广西			
	城镇男性	城镇女性	乡村男性	乡村女性	城镇男性	城镇女性	乡村男性	乡村女性	城镇男性	城镇女性	乡村男性	乡村女性	城镇男性	城镇女性	乡村男性	乡村女性	城镇男性	城镇女性	乡村男性	乡村女性
17	0.23	0.08	0.59	0.23	0.17	0.15	0.71	0.37	0.23	0.09	0.82	0.30	0.25	0.14	0.66	0.28	0.21	0.06	0.93	0.44
18	0.24	0.11	0.58	0.21	0.23	0.07	0.78	0.28	0.26	0.09	0.63	0.27	0.30	0.15	0.71	0.28	0.22	0.11	0.85	0.36
19	0.26	0.12	0.77	0.24	0.21	0.07	0.70	0.37	0.26	0.11	0.72	0.37	0.26	0.14	0.69	0.28	0.28	0.16	1.13	0.30
20	0.35	0.13	0.78	0.30	0.27	0.12	0.99	0.43	0.34	0.17	0.87	0.38	0.30	0.13	0.73	0.34	0.35	0.12	1.19	0.44
21	0.37	0.14	0.86	0.30	0.24	0.12	0.95	0.36	0.35	0.19	0.73	0.40	0.28	0.13	0.89	0.34	0.30	0.17	1.22	0.41
22	0.34	0.13	0.81	0.31	0.26	0.16	0.99	0.45	0.54	0.30	0.89	0.38	0.29	0.17	0.76	0.35	0.30	0.14	1.18	0.42
23	0.43	0.21	0.97	0.32	0.33	0.16	1.03	0.46	0.55	0.32	0.98	0.45	0.30	0.16	0.89	0.39	0.45	0.14	1.36	0.41
24	0.47	0.23	1.05	0.37	0.33	0.22	1.08	0.46	0.55	0.20	0.89	0.38	0.31	0.15	0.96	0.40	0.57	0.11	1.49	0.47
25	0.47	0.19	1.10	0.38	0.40	0.18	1.13	0.52	0.63	0.25	1.12	0.52	0.33	0.17	0.99	0.46	0.44	0.15	1.47	0.54
26	0.52	0.22	1.06	0.40	0.44	0.16	1.17	0.47	0.55	0.22	0.92	0.43	0.29	0.14	0.92	0.43	0.43	0.21	1.54	0.41
27	0.43	0.26	1.10	0.36	0.47	0.20	1.20	0.63	0.56	0.27	1.02	0.49	0.33	0.20	1.02	0.40	0.58	0.21	1.36	0.66
28	0.43	0.17	1.23	0.37	0.38	0.20	1.18	0.48	0.59	0.22	1.07	0.48	0.33	0.17	1.17	0.48	0.46	0.17	1.68	0.46
29	0.60	0.21	1.37	0.42	0.47	0.17	1.13	0.62	0.64	0.26	1.12	0.55	0.40	0.19	1.32	0.50	0.64	0.24	1.75	0.54
30	0.62	0.23	1.53	0.51	0.42	0.16	1.28	0.57	0.61	0.26	1.13	0.75	0.39	0.19	1.23	0.60	0.72	0.25	2.10	0.62
31	0.68	0.24	1.58	0.58	0.48	0.23	1.51	0.78	0.63	0.31	1.39	0.69	0.41	0.23	1.48	0.65	0.79	0.24	2.28	0.70
32	0.57	0.30	1.54	0.57	0.52	0.26	1.40	0.81	0.70	0.36	1.46	0.88	0.47	0.21	1.47	0.67	0.73	0.24	2.35	0.71
33	0.58	0.22	1.60	0.61	0.54	0.25	1.46	0.85	0.77	0.24	1.49	0.72	0.50	0.21	1.62	0.69	0.74	0.27	2.32	0.73

续表

年龄	河南				湖北				湖南				广东				广西			
	城镇男性	城镇女性	乡村男性	乡村女性	城镇男性	城镇女性	乡村男性	乡村女性	城镇男性	城镇女性	乡村男性	乡村女性	城镇男性	城镇女性	乡村男性	乡村女性	城镇男性	城镇女性	乡村男性	乡村女性
34	0.70	0.32	1.89	0.81	0.67	0.25	1.77	0.92	0.83	0.32	1.54	0.81	0.53	0.27	1.63	0.81	0.91	0.32	2.63	0.88
35	0.91	0.33	1.95	0.84	0.71	0.27	2.09	0.92	1.56	0.46	1.84	0.99	0.63	0.30	1.96	0.81	1.03	0.35	2.93	0.81
36	0.88	0.36	1.95	0.83	0.66	0.31	2.05	1.06	0.78	0.45	1.81	0.96	0.64	0.32	1.85	0.90	1.18	0.36	2.86	1.05
37	0.99	0.43	2.11	0.89	0.63	0.42	2.10	1.04	0.79	0.44	2.00	1.05	0.73	0.37	2.11	0.82	0.96	0.38	3.11	1.15
38	1.18	0.43	2.10	0.91	0.83	0.46	2.18	1.11	1.06	0.47	2.16	1.19	0.81	0.41	2.21	1.07	1.18	0.45	3.38	1.17
39	1.27	0.50	2.50	1.01	0.96	0.41	2.57	1.30	1.06	0.49	2.56	1.23	0.88	0.46	2.57	1.11	1.27	0.50	3.86	1.22
40	1.46	0.63	2.81	1.20	1.01	0.59	2.61	1.25	1.31	0.59	2.60	1.25	1.01	0.54	2.72	1.24	1.62	0.63	4.07	1.45
41	1.58	0.60	2.63	1.31	1.11	0.60	2.68	1.36	1.19	0.60	2.64	1.43	1.11	0.52	2.79	1.21	1.54	0.60	3.70	1.41
42	1.80	0.76	3.25	1.30	1.33	0.65	2.91	1.57	1.57	0.87	3.14	1.70	1.25	0.67	3.38	1.45	1.87	0.82	4.49	1.69
43	1.99	0.86	3.07	1.27	1.43	0.76	2.94	1.67	1.73	0.89	3.08	1.58	1.37	0.68	3.35	1.32	2.07	0.76	4.52	1.59
44	2.17	0.77	3.50	1.58	1.61	0.80	3.20	1.67	1.70	1.08	3.61	1.92	1.50	0.77	3.66	1.48	2.04	0.98	4.71	1.86
45	2.36	1.14	4.18	1.87	1.85	0.99	3.48	1.90	2.06	1.01	3.89	2.05	1.84	0.94	4.00	1.80	2.41	0.96	5.49	2.07
46	2.34	1.09	3.80	1.83	1.96	0.97	3.77	2.02	2.13	1.12	4.07	2.07	1.93	1.01	4.12	1.79	2.48	0.93	5.41	2.00
47	2.83	1.26	4.16	2.00	1.98	1.00	3.86	2.26	2.23	1.16	4.06	2.18	2.22	1.23	4.43	2.04	2.98	1.03	5.77	2.05
48	3.56	1.59	5.08	2.59	2.49	1.26	4.62	2.36	3.10	1.59	5.26	2.83	2.80	1.34	5.20	2.44	3.61	1.46	6.90	2.70
49	4.44	1.79	6.78	2.86	3.05	1.52	5.86	3.16	3.18	1.59	6.01	3.23	3.20	1.50	5.90	2.81	3.76	1.51	7.30	2.76
50	4.02	1.97	5.84	3.27	2.95	1.46	5.40	2.96	3.65	1.71	5.94	3.26	3.54	1.74	6.38	2.95	4.05	1.69	8.03	3.19

续表

年龄	河南				湖北				湖南				广东				广西			
	城镇男性	城镇女性	乡村男性	乡村女性	城镇男性	城镇女性	乡村男性	乡村女性	城镇男性	城镇女性	乡村男性	乡村女性	城镇男性	城镇女性	乡村男性	乡村女性	城镇男性	城镇女性	乡村男性	乡村女性
51	3.98	2.12	5.72	3.16	3.22	1.88	5.41	3.12	3.67	1.87	5.99	3.70	3.54	1.96	6.35	2.76	3.56	1.61	7.25	2.90
52	4.10	2.22	5.85	3.21	3.51	1.73	5.70	3.39	3.92	2.20	6.10	3.51	4.05	1.88	6.64	2.97	4.41	1.93	7.65	2.82
53	4.65	2.53	6.37	3.74	4.12	1.94	6.58	3.72	4.45	2.42	6.62	3.61	4.53	2.16	7.37	3.40	4.59	1.96	8.31	3.42
54	5.72	3.01	7.99	4.29	4.48	2.25	7.17	4.17	5.12	3.03	7.95	4.76	5.15	2.38	8.18	4.01	4.89	2.27	9.16	3.59
55	5.91	2.87	7.56	4.45	4.30	2.35	7.24	4.17	5.08	2.76	7.76	4.37	5.29	2.39	8.59	3.90	5.54	2.04	9.58	3.98
56	6.41	3.41	8.12	4.80	4.71	2.47	8.25	4.99	5.78	3.00	8.02	4.81	5.79	2.73	9.30	4.19	5.99	2.97	10.07	4.51
57	6.90	3.97	9.20	5.06	5.46	2.73	8.56	4.91	6.06	3.30	8.42	5.17	6.49	3.07	9.49	4.76	6.93	2.93	10.11	4.55
58	7.82	4.22	10.02	5.63	6.04	2.80	9.85	5.97	6.60	3.49	9.65	5.70	7.23	3.52	11.09	5.14	7.94	3.36	11.56	5.13
59	9.11	4.59	12.05	7.12	6.37	3.38	10.55	6.54	7.49	4.22	10.86	6.23	7.80	3.62	12.56	5.86	8.07	3.15	12.51	5.51
60	10.04	5.80	13.71	8.22	7.10	3.66	12.25	7.30	8.23	4.34	12.12	6.87	8.60	4.09	13.88	6.58	9.30	3.76	13.62	6.40
61	10.92	5.85	13.78	8.40	8.63	4.30	13.53	8.03	8.75	5.01	12.44	7.66	9.67	4.83	14.79	7.41	10.06	3.92	15.44	7.25
62	11.96	7.26	15.46	9.31	9.33	4.86	14.39	8.74	9.87	5.59	12.89	8.15	10.26	5.57	15.80	8.50	12.10	4.61	17.04	8.28
63	12.49	7.44	16.49	9.76	10.05	5.38	15.98	9.65	10.94	6.73	15.04	9.29	11.15	6.07	17.11	8.75	12.26	5.25	16.95	8.37
64	15.31	8.10	18.95	11.68	11.26	5.92	18.58	11.38	13.91	8.93	18.00	11.99	13.34	6.72	19.98	10.26	13.00	6.55	20.16	9.65
65	16.06	9.27	20.36	13.22	12.74	7.25	20.37	12.83	14.34	9.10	18.83	12.55	14.10	7.25	21.45	10.65	14.33	6.41	20.84	10.33
66	17.71	10.43	23.32	13.66	12.78	7.01	20.90	12.84	13.71	8.42	18.37	11.78	14.84	7.60	22.00	11.22	15.45	7.03	21.22	10.95
67	19.41	10.88	25.59	14.98	15.65	8.87	24.61	15.75	16.40	10.21	21.81	14.55	17.50	9.35	26.00	14.13	18.22	8.24	24.91	13.09

续表

年龄	河南				湖北				湖南				广东				广西			
	城镇男性	城镇女性	乡村男性	乡村女性	城镇男性	城镇女性	乡村男性	乡村女性	城镇男性	城镇女性	乡村男性	乡村女性	城镇男性	城镇女性	乡村男性	乡村女性	城镇男性	城镇女性	乡村男性	乡村女性
68	21.02	12.73	28.24	16.92	16.63	9.25	25.77	16.25	18.62	11.80	23.87	15.65	19.75	10.09	27.56	14.85	19.27	8.90	26.16	13.21
69	25.82	14.59	35.07	21.01	19.59	11.33	29.75	19.70	20.13	12.78	27.62	19.01	22.15	11.44	33.18	17.19	21.67	9.71	30.61	16.30
70	30.16	18.80	41.75	27.56	25.42	14.82	37.06	24.11	23.29	15.17	33.20	22.36	24.21	14.03	37.97	19.77	24.03	12.46	35.90	19.95
71	29.82	18.38	41.25	27.11	25.04	15.20	39.97	25.95	23.80	15.70	32.67	21.84	26.91	14.17	37.27	21.49	25.29	12.35	35.51	20.26
72	36.37	22.18	47.87	30.97	27.18	16.83	43.62	29.82	29.71	18.98	37.52	26.21	30.60	16.96	44.15	24.91	29.15	15.97	40.34	22.83
73	35.84	24.52	49.38	32.83	31.75	19.88	47.69	30.71	30.79	20.27	40.39	27.41	32.87	18.98	48.42	27.41	29.17	16.90	41.96	26.72
74	41.95	25.83	57.04	35.81	34.39	22.28	52.51	35.78	39.13	25.20	49.01	33.07	37.86	22.63	52.22	30.34	34.57	19.09	49.47	27.60
75	47.59	27.92	61.26	37.83	40.13	25.49	61.09	39.21	42.10	28.16	53.25	38.34	42.06	25.17	59.94	33.67	39.68	21.53	54.88	31.03
76	43.93	27.99	56.31	35.06	40.00	27.22	60.43	39.16	38.89	28.41	51.02	36.41	44.82	26.45	58.19	34.59	37.87	22.65	53.10	30.50
77	55.95	37.52	76.26	46.98	50.62	34.23	75.81	51.15	48.29	32.99	62.93	43.81	54.25	32.76	68.22	40.50	45.11	27.31	61.32	37.42
78	63.28	43.67	83.60	51.99	55.22	40.66	79.51	57.36	52.29	36.01	69.74	47.03	59.60	38.81	76.11	45.50	52.61	32.33	69.47	41.62
79	68.70	48.04	90.50	57.48	56.27	42.08	85.42	60.86	57.49	40.90	75.38	53.57	62.24	42.52	85.13	53.00	56.00	34.22	71.20	45.36
80	84.50	59.12	113.57	73.89	67.21	51.52	100.06	76.64	71.22	51.50	92.74	66.17	77.30	50.77	98.47	61.30	67.30	40.79	89.25	57.30
81	78.57	59.25	105.48	69.08	71.63	55.82	107.50	80.09	70.15	54.59	93.35	68.39	80.57	55.81	101.25	66.57	69.16	43.73	85.99	60.00
82	90.44	65.27	117.55	77.98	78.16	59.96	117.74	91.92	76.59	58.59	98.99	72.97	85.48	60.58	109.75	73.98	70.05	51.03	100.21	64.28
83	98.24	72.79	122.10	80.07	85.33	66.10	129.90	97.66	81.34	65.67	109.99	83.91	95.61	69.35	115.72	80.78	74.53	52.19	108.24	70.87
84	110.16	76.24	132.44	85.68	91.39	80.76	143.94	108.65	93.41	73.01	129.19	98.74	111.93	78.13	127.50	88.16	86.78	61.56	114.42	75.96

续表

年龄	河南				湖北				湖南				广东				广西			
	城镇男性	城镇女性	乡村男性	乡村女性	城镇男性	城镇女性	乡村男性	乡村女性	城镇男性	城镇女性	乡村男性	乡村女性	城镇男性	城镇女性	乡村男性	乡村女性	城镇男性	城镇女性	乡村男性	乡村女性
85	120. 46	78. 57	139. 41	90. 17	101. 83	79. 71	146. 06	111. 81	105. 35	75. 13	132. 81	99. 56	111. 72	90. 23	143. 89	97. 79	100. 73	65. 20	118. 54	81. 75
86	123. 27	86. 93	147. 91	93. 60	106. 16	87. 49	162. 39	121. 64	109. 38	81. 97	140. 65	103. 49	124. 78	92. 70	149. 54	106. 22	105. 97	77. 57	138. 46	85. 73
87	134. 95	92. 65	158. 18	102. 77	114. 55	93. 06	155. 40	129. 58	115. 72	93. 05	151. 21	115. 45	130. 17	106. 61	159. 36	120. 80	101. 97	77. 04	140. 94	98. 66
88	142. 15	110. 21	169. 82	112. 10	128. 87	105. 13	192. 05	155. 70	122. 08	100. 73	171. 22	130. 43	146. 67	119. 16	173. 30	134. 06	113. 84	82. 99	152. 22	104. 29
89	158. 39	117. 66	196. 16	125. 35	127. 06	113. 45	198. 79	160. 90	147. 96	102. 16	192. 24	147. 38	163. 47	128. 75	195. 59	147. 59	130. 70	83. 73	165. 56	115. 50
90	184. 79	134. 95	221. 36	141. 24	142. 42	125. 63	230. 13	183. 49	157. 46	135. 58	223. 58	164. 70	168. 82	145. 47	220. 42	162. 27	145. 35	100. 43	179. 66	131. 22
91	180. 10	127. 98	206. 92	131. 81	135. 09	134. 05	228. 54	198. 23	152. 96	132. 69	201. 62	169. 63	162. 07	153. 31	225. 35	181. 57	146. 67	113. 57	188. 19	131. 36
92	179. 99	140. 16	219. 95	160. 51	138. 15	149. 18	223. 55	211. 78	175. 71	138. 32	244. 96	192. 36	192. 34	167. 52	228. 56	191. 67	147. 11	118. 57	187. 35	147. 17
93	164. 08	157. 45	212. 43	163. 20	143. 43	149. 95	227. 41	209. 28	138. 60	143. 59	249. 03	204. 82	172. 86	191. 08	239. 48	216. 36	133. 46	116. 58	213. 89	143. 80
94	174. 01	141. 29	223. 88	162. 74	124. 25	144. 14	225. 30	220. 61	148. 79	138. 48	245. 60	212. 96	166. 80	184. 95	239. 92	207. 11	174. 94	119. 17	193. 31	153. 70
95	197. 64	160. 38	223. 83	165. 84	117. 92	141. 32	209. 96	228. 79	146. 05	149. 33	246. 03	216. 92	165. 19	202. 04	250. 16	240. 13	161. 53	134. 26	212. 60	175. 37
96	156. 42	173. 28	201. 75	152. 07	89. 61	121. 32	169. 05	239. 15	146. 60	179. 92	247. 51	237. 39	166. 88	197. 50	268. 08	232. 13	147. 77	143. 35	227. 10	179. 55
97	147. 93	133. 89	201. 02	156. 78	59. 48	134. 03	149. 21	221. 35	92. 17	116. 56	222. 75	225. 27	113. 06	202. 85	241. 38	249. 79	123. 77	143. 29	209. 58	164. 69
98	128. 21	156. 70	222. 95	153. 45	63. 68	117. 30	151. 82	208. 68	101. 48	135. 02	225. 95	196. 97	108. 18	194. 08	216. 10	244. 10	97. 37	131. 38	195. 56	173. 18
99	234. 64	189. 98	227. 14	221. 02	83. 92	176. 27	276. 42	293. 52	135. 27	159. 64	350. 00	247. 76	160. 47	247. 99	351. 68	299. 53	253. 52	195. 56	254. 85	207. 32
100	341. 99	407. 91	377. 87	358. 00	473. 12	400. 00	661. 42	509. 28	547. 06	405. 94	676. 47	410. 74	452. 03	494. 58	685. 85	492. 77	467. 03	326. 82	520. 09	392. 07

附录 B5　全国各省市分城乡分性别分年龄死亡率

单位:‰

年龄	海南				重庆				四川				贵州				云南			
	城镇男性	城镇女性	乡村男性	乡村女性	城镇男性	城镇女性	乡村男性	乡村女性	城镇男性	城镇女性	乡村男性	乡村女性	城镇男性	城镇女性	乡村男性	乡村女性	城镇男性	城镇女性	乡村男性	乡村女性
0	3. 52	4. 06	6. 48	9. 11	2. 38	1. 76	4. 55	4. 32	3. 43	3. 24	4. 55	4. 32	5. 34	5. 90	16. 29	20. 48	7. 79	8. 69	14. 84	16. 49
1	1. 08	1. 15	1. 30	1. 19	0. 56	0. 40	1. 39	1. 12	1. 68	1. 56	1. 39	1. 12	0. 88	0. 68	2. 90	2. 51	2. 84	2. 96	5. 46	5. 29
2	0. 33	0. 17	1. 09	0. 48	0. 39	0. 36	1. 26	0. 77	1. 31	1. 09	1. 26	0. 77	0. 61	0. 35	1. 73	1. 47	0. 82	0. 71	1. 86	1. 59
3	0. 24	0. 40	0. 74	0. 46	0. 49	0. 28	1. 03	0. 84	0. 95	0. 65	1. 03	0. 84	0. 59	0. 52	1. 47	0. 90	0. 55	0. 43	1. 21	1. 09
4	0. 46	0. 09	0. 66	0. 46	0. 20	0. 34	0. 87	0. 62	0. 69	0. 47	0. 87	0. 62	0. 38	0. 29	1. 04	0. 93	0. 56	0. 38	1. 05	0. 83
5	0. 18	0. 09	0. 46	0. 24	0. 32	0. 35	0. 55	0. 39	0. 62	0. 52	0. 55	0. 39	0. 50	0. 32	0. 97	0. 71	0. 47	0. 19	0. 97	0. 68
6	0. 19	0. 26	0. 69	0. 19	0. 29	0. 28	0. 70	0. 51	0. 66	0. 50	0. 70	0. 51	0. 27	0. 24	0. 90	0. 56	0. 48	0. 26	0. 83	0. 53
7	0. 30	0. 15	0. 42	0. 25	0. 35	0. 24	0. 70	0. 44	0. 60	0. 34	0. 70	0. 44	0. 37	0. 19	0. 84	0. 66	0. 51	0. 22	0. 77	0. 41
8	0. 07	0. 05	0. 41	0. 24	0. 22	0. 12	0. 87	0. 48	0. 57	0. 39	0. 87	0. 48	0. 28	0. 13	0. 75	0. 57	0. 38	0. 19	0. 73	0. 49
9	0. 17	0. 15	0. 35	0. 24	0. 31	0. 19	0. 46	0. 54	0. 58	0. 33	0. 46	0. 54	0. 22	0. 24	0. 80	0. 40	0. 39	0. 17	0. 75	0. 50
10	0. 14	0. 20	0. 64	0. 35	0. 19	0. 10	0. 68	0. 30	0. 59	0. 36	0. 68	0. 30	0. 33	0. 12	0. 65	0. 48	0. 54	0. 44	0. 92	0. 61
11	0. 17	0. 20	0. 23	0. 30	0. 29	0. 09	0. 54	0. 37	0. 49	0. 40	0. 54	0. 37	0. 31	0. 08	0. 63	0. 44	0. 40	0. 24	0. 76	0. 38
12	0. 20	0. 09	0. 46	0. 25	0. 20	0. 14	0. 56	0. 26	0. 59	0. 35	0. 56	0. 26	0. 35	0. 19	0. 71	0. 53	0. 50	0. 20	0. 67	0. 43
13	0. 19	0. 13	0. 46	0. 21	0. 22	0. 10	0. 52	0. 20	0. 54	0. 34	0. 52	0. 20	0. 25	0. 09	0. 80	0. 47	0. 51	0. 15	0. 72	0. 48
14	0. 28	0. 07	0. 52	0. 32	0. 30	0. 12	0. 64	0. 23	0. 57	0. 29	0. 64	0. 23	0. 32	0. 19	0. 75	0. 49	0. 41	0. 26	0. 81	0. 47
15	0. 32	0. 06	0. 70	0. 28	0. 19	0. 12	0. 75	0. 56	0. 65	0. 41	0. 75	0. 56	0. 47	0. 18	1. 08	0. 56	0. 45	0. 27	1. 06	0. 56
16	0. 26	0. 05	1. 09	0. 29	0. 17	0. 12	0. 86	0. 48	0. 71	0. 33	0. 86	0. 48	0. 51	0. 29	1. 33	0. 77	0. 39	0. 22	1. 25	0. 60

续表

年龄	海南				重庆				四川				贵州				云南			
	城镇男性	城镇女性	乡村男性	乡村女性	城镇男性	城镇女性	乡村男性	乡村女性	城镇男性	城镇女性	乡村男性	乡村女性	城镇男性	城镇女性	乡村男性	乡村女性	城镇男性	城镇女性	乡村男性	乡村女性
17	0.42	0.12	0.99	0.36	0.21	0.11	1.20	0.52	0.79	0.41	1.20	0.52	0.38	0.21	1.48	0.84	0.70	0.17	1.54	0.73
18	0.50	0.17	0.98	0.24	0.22	0.09	1.17	0.72	0.85	0.44	1.17	0.72	0.48	0.17	2.18	1.04	0.69	0.27	1.57	0.85
19	0.29	0.09	0.94	0.48	0.22	0.12	1.52	0.72	1.01	0.52	1.52	0.72	0.66	0.29	2.43	1.04	0.64	0.27	1.62	0.73
20	0.28	0.21	0.87	0.34	0.27	0.08	1.81	0.78	1.15	0.60	1.81	0.78	0.70	0.22	2.50	1.13	0.69	0.27	1.84	0.81
21	0.22	0.16	1.03	0.12	0.24	0.09	1.92	0.70	1.20	0.59	1.92	0.70	0.55	0.19	2.68	1.23	0.82	0.39	1.80	0.84
22	0.41	0.15	1.33	0.68	0.25	0.16	1.78	0.56	1.23	0.61	1.78	0.56	0.63	0.31	2.67	0.88	0.73	0.37	1.82	0.95
23	0.31	0.13	1.00	0.21	0.31	0.13	1.69	0.83	1.41	0.60	1.69	0.83	0.89	0.23	2.72	1.19	0.95	0.25	1.84	0.84
24	0.67	0.05	1.19	0.49	0.24	0.15	1.93	0.78	1.34	0.69	1.93	0.78	0.81	0.38	2.79	1.20	0.97	0.42	1.91	0.94
25	0.37	0.15	1.00	0.49	0.43	0.15	2.42	0.89	1.45	0.71	2.42	0.89	0.84	0.25	2.94	1.23	0.98	0.37	2.05	1.03
26	0.46	0.17	1.17	0.54	0.31	0.24	1.83	0.86	1.56	0.71	1.83	0.86	0.81	0.26	2.85	1.26	1.14	0.43	2.01	0.94
27	0.58	0.26	1.31	0.57	0.34	0.24	1.98	1.29	1.66	0.79	1.98	1.29	0.73	0.27	2.96	1.13	1.10	0.35	2.19	1.12
28	0.52	0.19	1.42	0.74	0.43	0.16	2.18	1.08	1.61	0.68	2.18	1.08	0.78	0.33	3.17	1.19	1.20	0.49	2.15	1.01
29	0.70	0.23	1.51	0.63	0.55	0.34	2.42	1.35	1.78	0.93	2.42	1.35	0.86	0.27	3.11	1.33	1.20	0.44	2.31	1.17
30	0.50	0.30	1.62	0.66	0.53	0.26	2.58	1.20	1.82	0.94	2.58	1.20	0.89	0.36	3.23	1.39	1.18	0.60	2.32	1.20
31	0.59	0.27	1.22	0.54	0.44	0.21	2.93	1.14	2.00	0.99	2.93	1.14	0.91	0.35	3.52	1.45	1.48	0.54	2.53	1.20
32	0.53	0.13	1.47	0.45	0.53	0.25	2.88	1.25	2.01	0.92	2.88	1.25	1.16	0.54	3.63	1.44	1.51	0.58	2.65	1.25
33	0.54	0.33	1.78	0.35	0.69	0.37	2.95	1.21	2.01	0.89	2.95	1.21	1.16	0.53	3.52	1.44	1.73	0.60	2.73	1.24

续表

年龄	海南				重庆				四川				贵州				云南			
	城镇男性	城镇女性	乡村男性	乡村女性	城镇男性	城镇女性	乡村男性	乡村女性	城镇男性	城镇女性	乡村男性	乡村女性	城镇男性	城镇女性	乡村男性	乡村女性	城镇男性	城镇女性	乡村男性	乡村女性
34	0.61	0.30	1.87	0.64	0.83	0.22	2.74	1.29	2.19	1.04	2.74	1.29	1.12	0.49	3.71	1.61	1.54	0.63	3.04	1.42
35	0.60	0.34	1.63	0.55	0.84	0.32	3.20	1.40	2.31	1.15	3.20	1.40	1.36	0.53	3.94	1.51	1.93	0.73	3.10	1.38
36	0.48	0.29	2.08	0.83	0.85	0.49	3.33	1.53	2.42	1.08	3.33	1.53	1.17	0.63	4.39	1.68	1.91	0.76	3.32	1.33
37	0.90	0.35	2.21	0.94	0.93	0.44	3.75	1.72	2.50	1.22	3.75	1.72	1.36	0.59	4.43	1.73	2.19	0.84	3.20	1.46
38	1.06	0.33	2.08	0.88	1.03	0.47	3.35	1.77	2.60	1.25	3.35	1.77	1.44	0.61	4.47	1.80	2.10	0.68	3.27	1.49
39	1.19	0.28	2.61	0.85	1.11	0.40	4.08	1.60	2.86	1.34	4.08	1.60	1.63	0.51	4.69	1.78	2.29	1.00	3.64	1.60
40	1.12	0.71	2.79	1.58	1.24	0.71	4.58	2.07	3.15	1.52	4.58	2.07	1.80	0.81	4.93	2.07	2.46	1.15	4.11	1.63
41	0.92	0.48	3.09	1.20	1.50	0.75	4.98	1.92	3.34	1.55	4.98	1.92	1.93	0.83	4.64	2.12	2.36	0.95	4.14	1.83
42	1.49	0.52	3.33	0.81	1.59	0.70	5.03	2.66	3.69	1.81	5.03	2.66	2.40	1.03	5.51	2.37	2.89	1.33	4.71	1.93
43	1.36	0.58	2.98	1.37	1.98	0.79	5.56	2.34	3.79	1.67	5.56	2.34	2.24	0.81	5.22	2.30	2.91	1.16	4.59	2.13
44	1.49	0.54	3.32	1.39	1.78	0.82	5.55	2.49	4.04	1.97	5.55	2.49	2.56	1.02	5.86	2.65	3.14	1.59	4.97	2.18
45	1.73	0.67	3.80	1.42	2.00	0.99	6.51	2.87	4.66	2.20	6.51	2.87	2.69	1.25	6.09	2.60	3.53	1.75	5.46	2.53
46	1.97	0.49	3.64	1.41	2.18	0.93	6.37	2.61	4.51	2.25	6.37	2.61	2.68	1.17	6.66	2.72	3.52	1.70	5.62	2.58
47	1.55	0.78	3.86	1.63	2.35	1.25	7.16	3.22	5.10	2.40	7.16	3.22	2.84	1.60	6.26	2.60	3.40	2.04	5.74	2.75
48	2.77	0.80	4.41	1.67	2.52	1.47	7.92	3.66	6.57	2.94	7.92	3.66	3.86	1.44	7.93	3.40	4.61	2.43	7.14	3.24
49	2.76	0.91	4.32	1.63	3.18	1.25	8.88	3.26	6.67	3.08	8.88	3.26	3.67	1.32	7.62	3.50	5.03	2.33	7.55	3.83
50	2.26	1.27	5.34	1.85	3.61	1.26	8.32	3.95	6.97	3.39	8.32	3.95	3.82	1.48	7.53	3.61	5.47	2.55	7.48	3.99

续表

年龄	海南				重庆				四川				贵州				云南			
	城镇男性	城镇女性	乡村男性	乡村女性	城镇男性	城镇女性	乡村男性	乡村女性	城镇男性	城镇女性	乡村男性	乡村女性	城镇男性	城镇女性	乡村男性	乡村女性	城镇男性	城镇女性	乡村男性	乡村女性
51	2.90	0.97	4.83	2.59	4.15	1.47	8.78	3.71	6.83	3.53	8.78	3.71	3.77	1.71	7.64	3.81	5.31	2.65	7.98	4.66
52	2.86	1.29	5.12	2.43	4.00	1.61	8.85	3.68	7.21	3.57	8.85	3.68	4.11	1.79	8.38	3.98	5.57	2.71	7.93	4.30
53	3.33	1.21	5.99	2.75	4.30	1.74	8.88	4.42	7.79	4.08	8.88	4.42	4.31	2.35	8.96	4.23	6.15	3.23	8.79	4.82
54	3.44	1.79	6.61	2.81	4.08	2.06	9.42	4.95	8.14	4.36	9.42	4.95	5.25	2.91	9.27	4.48	6.56	3.29	9.03	4.90
55	1.94	1.61	6.24	3.64	4.82	2.29	9.75	4.95	8.83	4.35	9.75	4.95	5.89	2.81	9.75	4.94	6.85	3.84	9.91	5.44
56	4.68	1.98	8.84	2.74	5.47	2.15	10.35	5.05	9.31	4.89	10.35	5.05	6.05	2.36	10.09	5.41	8.02	3.93	10.96	5.82
57	4.92	2.46	8.45	3.97	5.57	2.48	10.32	5.88	9.67	5.14	10.32	5.88	6.64	3.07	10.39	5.72	7.23	5.07	11.53	6.68
58	5.43	2.44	8.91	4.50	6.18	2.78	11.33	5.87	10.96	5.87	11.33	5.87	7.00	3.85	11.76	6.42	9.62	5.85	13.10	7.61
59	6.04	2.36	8.65	3.70	6.52	2.72	12.03	6.39	11.67	6.49	12.03	6.39	7.84	3.88	12.04	6.84	10.92	5.62	14.40	7.88
60	7.14	3.26	9.74	5.35	7.07	3.59	12.94	7.32	12.28	7.26	12.94	7.32	8.74	4.02	13.12	7.61	11.42	6.50	15.17	9.26
61	7.15	2.71	12.82	5.98	8.07	3.52	13.93	8.23	13.75	8.17	13.93	8.23	8.81	4.96	15.17	8.40	12.97	7.14	16.97	10.16
62	9.20	5.37	12.81	6.53	9.45	3.77	15.23	8.35	14.81	9.08	15.23	8.35	10.12	5.28	16.72	9.52	14.32	7.87	18.50	12.02
63	10.75	5.25	14.87	7.61	9.00	5.25	14.75	9.53	15.76	9.45	14.75	9.53	10.70	5.87	16.76	10.36	15.43	8.61	19.96	12.17
64	11.73	6.97	16.60	8.42	10.92	6.22	17.05	11.53	18.40	11.07	17.05	11.53	12.67	6.27	20.11	11.54	18.33	10.47	22.85	15.40
65	13.11	5.10	15.42	6.94	11.70	6.31	18.67	12.65	18.81	12.27	18.67	12.65	13.33	8.26	21.61	12.80	19.09	11.80	24.02	15.12
66	11.99	7.74	21.45	8.65	11.54	6.16	18.34	13.11	19.07	12.26	18.34	13.11	13.34	6.96	21.40	13.94	19.67	12.01	25.02	15.52
67	14.33	6.04	19.93	10.85	13.88	7.85	21.63	14.79	22.60	14.78	21.63	14.79	15.12	8.84	24.68	17.30	22.53	14.40	27.42	18.26

续表

年龄	海南				重庆				四川				贵州				云南			
	城镇男性	城镇女性	乡村男性	乡村女性	城镇男性	城镇女性	乡村男性	乡村女性	城镇男性	城镇女性	乡村男性	乡村女性	城镇男性	城镇女性	乡村男性	乡村女性	城镇男性	城镇女性	乡村男性	乡村女性
68	17. 76	6. 65	24. 00	9. 43	15. 35	7. 89	24. 15	16. 72	24. 98	16. 45	24. 15	16. 72	18. 04	9. 12	26. 86	17. 83	23. 49	14. 12	31. 02	19. 78
69	16. 90	8. 86	24. 47	12. 79	18. 03	9. 32	27. 28	18. 52	27. 03	18. 32	27. 28	18. 52	20. 00	11. 71	30. 16	19. 48	29. 06	17. 31	35. 02	22. 93
70	20. 48	13. 14	27. 89	15. 09	18. 77	10. 04	31. 76	22. 74	31. 60	20. 86	31. 76	22. 74	22. 64	12. 58	36. 79	24. 67	31. 75	20. 68	42. 73	27. 13
71	22. 07	12. 30	31. 84	15. 45	19. 17	12. 27	34. 59	23. 73	34. 51	23. 60	34. 59	23. 73	24. 75	12. 46	37. 23	27. 25	32. 08	23. 32	42. 01	29. 71
72	21. 53	11. 89	33. 44	19. 53	21. 77	15. 25	39. 07	27. 35	40. 09	27. 01	39. 07	27. 35	29. 47	18. 10	43. 36	30. 45	38. 46	23. 87	49. 26	32. 60
73	24. 64	11. 14	36. 20	19. 01	26. 20	16. 00	43. 07	30. 66	41. 19	29. 86	43. 07	30. 66	30. 68	19. 57	48. 86	33. 72	42. 71	28. 80	53. 32	35. 73
74	27. 63	15. 51	36. 77	23. 91	29. 53	17. 74	46. 63	34. 97	47. 87	33. 63	46. 63	34. 97	32. 06	21. 83	52. 27	36. 34	44. 48	31. 28	56. 40	39. 97
75	30. 66	16. 66	45. 53	22. 32	31. 66	21. 48	54. 95	39. 24	52. 67	36. 96	54. 95	39. 24	35. 85	23. 23	57. 24	41. 38	50. 97	37. 18	62. 86	43. 89
76	30. 63	17. 24	41. 41	21. 86	33. 10	22. 13	50. 96	39. 50	52. 98	38. 03	50. 96	39. 50	38. 41	26. 96	61. 73	42. 99	54. 58	35. 69	65. 71	47. 45
77	39. 78	20. 52	53. 29	28. 75	39. 10	24. 45	62. 93	46. 61	62. 14	45. 15	62. 93	46. 61	45. 59	30. 35	69. 73	52. 32	61. 53	43. 07	74. 52	54. 32
78	43. 29	24. 19	54. 51	33. 34	43. 41	28. 74	73. 27	51. 34	68. 22	48. 49	73. 27	51. 34	47. 31	32. 55	78. 01	58. 99	70. 83	49. 13	79. 21	60. 36
79	40. 72	25. 64	51. 86	31. 36	46. 53	32. 51	73. 18	55. 20	70. 67	52. 38	73. 18	55. 20	48. 53	37. 11	82. 36	59. 83	74. 99	54. 00	89. 69	61. 67
80	54. 02	37. 18	68. 75	45. 24	52. 21	36. 06	89. 70	70. 39	86. 52	64. 98	89. 70	70. 39	61. 14	45. 46	101. 43	74. 85	92. 72	67. 87	110. 02	83. 88
81	60. 30	38. 63	76. 34	46. 03	61. 99	42. 39	97. 21	77. 20	91. 15	71. 29	97. 21	77. 20	60. 75	49. 89	108. 21	84. 05	96. 27	74. 84	115. 55	88. 11
82	67. 24	37. 04	85. 04	53. 93	65. 81	47. 55	110. 18	84. 21	98. 95	76. 71	110. 18	84. 21	70. 13	55. 25	113. 95	89. 46	111. 97	78. 62	119. 78	95. 63
83	65. 45	40. 67	84. 51	56. 70	68. 94	54. 36	113. 78	88. 18	105. 50	83. 12	113. 78	88. 18	78. 43	63. 15	125. 78	99. 78	118. 88	93. 99	129. 38	99. 79
84	65. 01	42. 44	88. 15	64. 78	74. 42	60. 56	122. 02	104. 23	119. 43	95. 39	122. 02	104. 23	88. 30	65. 77	142. 34	113. 41	135. 81	103. 86	142. 48	108. 27

续表

年龄	海南				重庆				四川				贵州				云南			
	城镇男性	城镇女性	乡村男性	乡村女性	城镇男性	城镇女性	乡村男性	乡村女性	城镇男性	城镇女性	乡村男性	乡村女性	城镇男性	城镇女性	乡村男性	乡村女性	城镇男性	城镇女性	乡村男性	乡村女性
85	78.43	47.66	109.11	77.03	83.01	65.70	133.76	108.06	124.31	98.90	133.76	108.06	90.50	72.74	142.80	115.75	145.75	116.17	154.82	119.51
86	81.41	65.66	103.90	75.29	90.51	67.51	146.56	116.71	138.40	106.52	146.56	116.71	95.22	83.91	159.92	119.10	158.71	114.41	161.38	128.95
87	99.89	54.02	121.32	89.61	90.49	80.54	148.43	138.25	149.16	117.84	148.43	138.25	117.15	95.59	171.84	134.55	174.05	128.47	169.41	141.84
88	98.27	74.87	111.19	102.03	107.88	92.47	168.77	150.20	159.79	134.00	168.77	150.20	110.07	100.51	187.18	145.90	184.13	159.09	186.69	157.54
89	92.35	80.65	141.22	84.34	112.71	95.71	201.66	161.83	172.49	140.88	201.66	161.83	133.00	111.31	185.31	150.13	210.45	149.87	211.73	159.78
90	104.60	82.12	164.75	104.38	126.51	111.51	213.46	175.75	198.87	161.87	213.46	175.75	125.00	121.80	226.10	189.73	222.45	185.84	231.73	180.94
91	125.00	82.35	136.51	131.44	143.56	128.10	223.31	204.77	205.46	168.28	223.31	204.77	157.26	133.94	239.40	188.41	221.49	200.34	237.89	201.28
92	154.14	103.64	180.83	141.73	153.13	146.68	231.76	221.56	220.19	186.35	231.76	221.56	167.61	144.37	250.70	194.63	210.26	206.28	230.42	218.05
93	107.69	105.04	149.87	134.77	168.71	168.64	255.97	223.32	224.71	191.52	255.97	223.32	126.91	147.48	260.07	238.18	246.77	222.93	229.46	216.70
94	102.04	102.88	183.39	128.07	156.74	151.24	221.68	225.22	214.81	199.56	221.68	225.22	156.16	137.06	220.99	224.35	181.45	243.18	206.53	227.73
95	100.67	117.82	176.99	163.08	133.99	147.61	235.17	259.36	203.74	226.65	235.17	259.36	102.80	158.33	245.16	222.90	274.01	195.12	206.17	229.80
96	186.92	106.46	157.30	152.22	169.04	185.14	273.03	226.10	203.86	222.58	273.03	226.10	128.10	135.06	233.43	234.19	211.68	258.25	262.47	258.80
97	103.45	138.89	209.79	161.80	176.14	128.25	262.95	301.20	179.78	208.36	262.95	301.20	152.28	104.73	200.72	200.37	217.19	219.34	209.64	246.42
98	102.56	176.83	134.83	171.82	120.88	111.38	335.71	313.85	217.26	215.71	335.71	313.85	61.54	156.95	206.70	228.81	154.93	167.72	169.12	206.19
99	166.67	224.81	169.23	207.05	299.27	194.09	320.00	333.33	227.44	259.65	320.00	333.33	206.35	141.67	261.68	238.94	260.87	267.97	352.11	298.85
100	134.15	199.32	198.63	198.50	403.23	406.14	793.10	482.09	453.28	431.59	793.10	482.09	240.00	251.34	546.05	399.04	1000.00	650.00	519.48	444.18

附录 B6 全国各省市分城乡分性别分年龄死亡率

单位:‰

年龄	西藏				陕西				甘肃				青海				宁夏			
	城镇男性	城镇女性	乡村男性	乡村女性	城镇男性	城镇女性	乡村男性	乡村女性	城镇男性	城镇女性	乡村男性	乡村女性	城镇男性	城镇女性	乡村男性	乡村女性	城镇男性	城镇女性	乡村男性	乡村女性
0	11.14	8.71	12.07	12.40	0.98	1.10	2.32	2.15	3.22	4.30	8.30	10.26	6.88	5.12	14.25	13.19	7.17	5.84	12.73	11.83
1	3.76	3.24	5.15	5.06	0.37	0.49	1.64	1.25	0.41	0.85	2.31	2.39	2.45	2.11	5.37	5.36	1.39	1.32	1.92	2.33
2	1.10	1.51	3.22	2.52	0.30	0.21	0.80	0.83	0.45	0.39	1.04	1.09	1.33	1.43	3.46	3.10	1.01	1.18	1.66	1.46
3	0.85	0.94	1.85	1.75	0.18	0.07	0.50	0.41	0.38	0.34	0.74	0.76	1.34	1.62	3.01	2.21	0.88	0.25	1.26	1.23
4	0.85	0.30	1.03	1.93	0.11	0.09	0.49	0.42	0.18	0.26	0.58	0.62	1.86	1.78	2.49	2.23	0.61	0.37	1.03	0.99
5	0.84	0.91	0.98	1.35	0.19	0.11	0.43	0.32	0.27	0.31	0.52	0.47	1.82	1.07	2.34	2.26	0.57	0.35	0.58	0.68
6	0.56	0.58	0.95	0.94	0.18	0.09	0.40	0.43	0.39	0.29	0.45	0.49	1.46	1.23	2.18	1.98	0.51	0.26	0.75	0.49
7	1.13	1.18	0.61	1.03	0.10	0.13	0.40	0.25	0.23	0.34	0.47	0.19	1.59	1.06	1.63	0.93	0.26	0.06	0.55	0.16
8	0.56	0.00	0.91	0.91	0.05	0.09	0.28	0.28	0.41	0.34	0.31	0.33	1.09	0.62	1.03	1.36	0.30	0.34	0.93	0.40
9	0.80	0.56	0.98	1.13	0.14	0.16	0.41	0.23	0.34	0.20	0.36	0.34	1.72	1.32	1.30	0.95	0.65	0.22	0.74	0.33
10	1.07	0.54	0.91	0.91	0.05	0.07	0.38	0.37	0.32	0.38	0.43	0.40	0.92	0.72	1.64	1.29	0.39	0.16	0.83	0.48
11	0.26	1.05	1.17	1.02	0.21	0.15	0.37	0.47	0.37	0.22	0.53	0.20	1.03	1.36	1.32	1.14	0.43	0.10	0.72	0.35
12	0.25	0.50	1.15	0.76	0.12	0.04	0.47	0.27	0.40	0.42	0.56	0.33	1.52	0.90	1.29	1.17	0.62	0.41	1.01	0.33
13	0.49	0.00	0.76	0.73	0.21	0.12	0.41	0.29	0.36	0.30	0.35	0.29	0.89	0.69	1.15	0.97	0.43	0.31	0.90	0.31
14	0.49	0.49	0.89	0.86	0.18	0.11	0.38	0.23	0.29	0.23	0.45	0.39	0.75	0.85	1.26	0.84	0.36	0.35	0.80	0.50
15	0.48	1.46	1.06	1.54	0.24	0.11	0.72	0.30	0.33	0.21	0.63	0.40	0.89	0.79	1.31	0.70	0.60	0.22	0.87	0.30
16	0.67	0.00	1.11	0.59	0.17	0.10	0.74	0.32	0.24	0.20	0.64	0.37	0.85	1.24	1.35	1.03	0.27	0.16	1.20	0.50

续表

年龄	西藏				陕西				甘肃				青海				宁夏			
	城镇男性	城镇女性	乡村男性	乡村女性	城镇男性	城镇女性	乡村男性	乡村女性	城镇男性	城镇女性	乡村男性	乡村女性	城镇男性	城镇女性	乡村男性	乡村女性	城镇男性	城镇女性	乡村男性	乡村女性
17	0. 76	0. 83	0. 98	1. 06	0. 19	0. 12	0. 73	0. 31	0. 23	0. 16	0. 91	0. 48	1. 33	1. 18	2. 01	0. 99	0. 32	0. 30	1. 35	0. 59
18	0. 15	0. 55	1. 19	0. 75	0. 25	0. 09	0. 84	0. 38	0. 26	0. 14	0. 89	0. 50	1. 47	1. 65	1. 98	1. 49	0. 94	0. 20	1. 53	0. 59
19	0. 73	0. 61	1. 18	0. 80	0. 21	0. 06	0. 98	0. 38	0. 20	0. 18	1. 05	0. 56	1. 18	0. 66	2. 38	1. 19	0. 78	0. 33	1. 89	0. 69
20	1. 31	0. 40	1. 89	1. 24	0. 22	0. 11	1. 03	0. 44	0. 32	0. 08	1. 20	0. 61	1. 32	0. 81	2. 19	1. 77	0. 89	0. 50	2. 48	0. 71
21	0. 12	0. 52	1. 25	1. 66	0. 30	0. 15	1. 21	0. 44	0. 24	0. 21	1. 27	0. 73	1. 49	1. 25	2. 73	1. 65	0. 73	0. 32	2. 37	0. 61
22	0. 35	0. 62	1. 71	1. 49	0. 26	0. 14	1. 17	0. 48	0. 36	0. 18	1. 46	0. 68	1. 25	1. 30	2. 78	1. 74	0. 63	0. 28	1. 86	1. 06
23	0. 34	1. 10	1. 19	1. 43	0. 38	0. 17	1. 19	0. 48	0. 38	0. 28	1. 53	0. 77	1. 23	0. 88	2. 65	1. 65	1. 16	0. 50	1. 78	0. 68
24	1. 05	0. 13	1. 63	1. 95	0. 44	0. 16	1. 36	0. 54	0. 44	0. 26	1. 70	0. 75	1. 33	1. 30	2. 68	1. 93	0. 74	0. 61	1. 91	0. 73
25	1. 09	0. 53	2. 01	2. 01	0. 42	0. 14	1. 39	0. 52	0. 32	0. 41	1. 63	0. 66	1. 25	1. 32	2. 42	2. 14	0. 56	0. 31	2. 52	0. 69
26	0. 49	0. 50	1. 94	1. 63	0. 42	0. 22	1. 50	0. 60	0. 48	0. 24	1. 48	0. 74	1. 15	1. 23	2. 64	2. 40	0. 83	0. 32	2. 58	0. 91
27	0. 80	0. 84	1. 52	1. 69	0. 41	0. 17	1. 40	0. 60	0. 40	0. 26	1. 73	0. 60	2. 01	1. 39	2. 56	1. 93	0. 97	0. 18	1. 99	0. 94
28	1. 04	0. 25	1. 83	1. 45	0. 50	0. 19	1. 89	0. 58	0. 48	0. 33	1. 64	0. 75	1. 36	1. 32	2. 76	1. 74	0. 81	0. 28	2. 08	1. 45
29	0. 97	0. 52	1. 93	1. 47	0. 41	0. 17	1. 57	0. 74	0. 41	0. 23	1. 62	1. 00	1. 13	1. 44	2. 46	1. 86	1. 03	0. 30	2. 62	0. 88
30	1. 48	0. 79	2. 70	2. 79	0. 40	0. 21	1. 79	0. 74	0. 40	0. 35	1. 66	0. 98	1. 91	1. 29	2. 82	2. 25	0. 79	0. 53	2. 21	1. 19
31	0. 26	1. 01	2. 75	2. 21	0. 49	0. 21	1. 93	0. 77	0. 53	0. 44	2. 08	1. 12	1. 33	1. 53	2. 75	1. 88	0. 93	0. 28	2. 56	1. 23
32	1. 32	0. 77	1. 90	1. 71	0. 57	0. 22	1. 93	0. 85	0. 62	0. 38	2. 17	1. 11	1. 95	1. 27	2. 32	1. 69	1. 04	0. 55	2. 38	1. 57
33	1. 11	0. 59	2. 23	1. 79	0. 62	0. 19	1. 76	0. 74	0. 84	0. 31	1. 95	1. 03	1. 19	0. 96	2. 60	1. 47	1. 02	0. 46	2. 35	0. 84

续表

年龄	西藏				陕西				甘肃				青海				宁夏			
	城镇男性	城镇女性	乡村男性	乡村女性	城镇男性	城镇女性	乡村男性	乡村女性	城镇男性	城镇女性	乡村男性	乡村女性	城镇男性	城镇女性	乡村男性	乡村女性	城镇男性	城镇女性	乡村男性	乡村女性
34	0.92	1.34	2.30	1.92	0.53	0.25	2.22	1.04	0.61	0.37	2.20	1.27	0.99	1.54	3.17	2.12	1.24	0.52	3.28	1.10
35	1.45	1.07	3.24	2.36	0.69	0.35	2.18	0.86	0.77	0.43	2.01	0.80	2.13	0.90	3.16	2.04	1.25	0.49	3.39	1.15
36	0.92	0.39	2.59	3.39	0.73	0.31	2.39	1.01	0.80	0.41	2.12	0.97	1.65	1.54	3.47	2.17	1.16	0.41	1.98	0.75
37	1.00	1.68	3.27	2.43	0.91	0.40	2.31	1.17	1.03	0.61	2.46	0.91	1.50	1.30	3.79	2.13	1.36	0.66	2.89	1.46
38	1.11	1.12	3.09	2.92	0.85	0.33	2.33	0.95	1.07	0.55	2.08	1.02	1.68	0.95	3.24	1.88	1.27	0.60	2.34	1.59
39	1.93	1.33	3.43	2.69	1.00	0.40	2.67	1.11	1.16	0.54	2.47	1.29	1.55	1.07	3.58	2.54	1.91	0.87	3.33	1.51
40	1.35	1.50	3.51	3.25	1.07	0.58	2.68	1.52	1.03	0.70	2.86	1.42	1.63	1.38	4.27	2.68	1.62	0.86	2.62	1.33
41	1.28	1.12	3.82	3.41	1.17	0.61	2.79	1.52	1.40	0.53	2.80	1.27	2.12	0.99	4.17	2.44	1.94	0.67	3.07	1.04
42	1.92	1.42	4.96	3.80	1.44	0.68	3.41	1.76	1.56	0.72	3.10	1.83	2.38	1.13	4.99	2.67	2.20	0.91	4.30	1.46
43	0.97	0.72	4.35	2.88	1.32	0.69	3.25	1.81	1.48	0.95	3.07	1.69	2.62	1.31	4.73	2.97	2.74	1.16	3.76	1.34
44	1.99	1.23	5.87	4.22	1.81	0.88	3.61	2.31	1.91	0.89	3.38	1.90	2.32	0.92	5.74	3.39	2.92	0.97	3.88	1.70
45	3.68	2.18	6.34	5.14	1.97	0.98	4.06	2.14	1.89	0.95	3.72	2.09	2.70	1.75	5.40	2.38	2.22	1.14	3.99	1.83
46	3.93	3.81	5.71	3.86	1.74	0.92	4.17	1.93	1.77	1.10	3.65	2.04	2.78	0.99	6.14	3.51	2.63	0.81	4.45	2.23
47	3.72	2.49	7.09	3.60	2.19	1.15	3.91	2.09	2.37	1.25	4.15	2.33	2.89	1.01	5.75	3.30	3.34	1.35	4.40	1.97
48	4.35	1.79	7.65	6.38	2.40	1.50	4.38	2.66	2.79	1.59	4.55	2.44	2.96	1.72	6.57	4.79	4.31	2.99	6.59	2.90
49	4.69	3.13	7.97	5.63	2.75	1.49	4.61	2.95	2.89	1.61	5.08	2.95	4.64	1.81	6.25	4.48	5.48	2.14	5.89	2.51
50	6.60	3.92	10.41	7.34	3.12	1.93	5.09	3.22	2.71	1.97	5.64	3.59	3.76	2.13	8.66	6.67	4.23	1.88	6.34	3.49

续表

年龄	西藏				陕西				甘肃				青海				宁夏			
	城镇男性	城镇女性	乡村男性	乡村女性	城镇男性	城镇女性	乡村男性	乡村女性	城镇男性	城镇女性	乡村男性	乡村女性	城镇男性	城镇女性	乡村男性	乡村女性	城镇男性	城镇女性	乡村男性	乡村女性
51	4.22	2.47	8.62	6.80	2.85	1.82	5.57	3.44	3.75	1.82	6.02	3.66	4.18	2.08	8.56	4.30	5.35	2.26	6.33	3.07
52	2.31	3.73	10.08	6.30	3.40	2.18	5.71	3.98	3.41	1.67	6.02	3.84	4.08	2.12	8.82	5.62	4.30	1.91	7.05	3.70
53	5.26	4.65	12.77	8.04	3.84	2.54	6.24	4.13	3.51	1.93	6.37	4.33	4.25	2.79	9.49	6.45	4.61	2.31	7.20	3.91
54	4.68	2.86	10.07	6.06	4.20	2.44	7.66	5.05	3.95	2.89	7.21	4.44	4.59	2.91	12.00	6.83	6.01	3.58	6.69	5.44
55	4.79	3.32	12.39	8.48	4.65	3.03	7.61	5.08	4.79	2.50	7.85	5.49	5.23	3.19	10.85	7.58	5.93	3.16	7.24	4.78
56	7.66	7.62	15.06	8.01	4.57	3.03	8.59	5.72	4.41	2.51	8.67	5.89	6.87	3.06	12.00	9.46	7.14	3.88	7.80	6.15
57	9.53	6.67	16.82	10.76	5.22	3.78	9.08	6.07	5.11	3.34	9.73	6.20	5.11	3.68	14.99	9.55	7.11	3.21	10.28	5.35
58	11.62	6.86	14.78	13.53	5.92	3.84	10.14	6.54	5.90	3.81	10.20	7.27	6.48	5.20	13.85	9.88	8.89	5.11	10.57	7.32
59	13.08	11.18	18.04	12.30	7.14	4.36	11.37	7.77	6.98	3.67	11.36	8.23	7.02	3.53	15.36	11.79	7.30	6.13	11.23	7.42
60	16.22	11.33	24.12	15.01	8.87	5.32	13.23	8.28	7.02	5.01	13.39	8.84	8.75	4.26	18.21	15.03	9.92	5.33	14.07	8.84
61	15.33	10.84	22.91	15.62	7.99	5.07	14.59	9.78	8.50	5.78	15.60	9.53	9.71	7.42	21.25	14.18	11.37	6.02	15.09	9.54
62	17.34	12.72	23.47	15.05	9.40	6.22	15.80	10.75	9.81	6.27	16.21	12.33	10.97	5.42	21.85	14.63	14.07	7.54	16.22	11.65
63	21.24	18.98	25.78	18.29	10.22	6.98	15.92	11.45	10.94	6.15	18.49	12.35	9.57	7.73	28.81	14.48	13.65	9.40	17.15	12.88
64	21.42	20.30	26.68	23.60	13.04	9.02	20.42	14.08	12.05	8.04	20.27	14.03	12.00	6.99	27.28	17.32	14.03	9.56	20.87	14.66
65	19.44	10.40	29.22	22.62	13.67	9.19	20.31	15.41	12.64	8.40	21.82	15.88	12.69	7.04	23.46	21.68	12.80	9.41	19.89	17.49
66	16.68	14.36	29.29	21.20	13.28	9.43	21.06	15.52	13.94	8.53	22.32	17.25	16.41	6.88	29.38	24.86	18.13	12.47	21.33	14.80
67	24.34	15.99	41.06	26.58	15.52	10.58	25.69	19.01	15.29	9.93	28.79	20.49	14.49	10.12	36.02	23.60	18.45	13.75	27.84	22.28

续表

年龄	西藏				陕西				甘肃				青海				宁夏			
	城镇男性	城镇女性	乡村男性	乡村女性	城镇男性	城镇女性	乡村男性	乡村女性	城镇男性	城镇女性	乡村男性	乡村女性	城镇男性	城镇女性	乡村男性	乡村女性	城镇男性	城镇女性	乡村男性	乡村女性
68	32.69	15.29	39.10	23.97	17.12	12.94	28.02	20.97	16.33	11.45	31.31	22.07	16.61	11.10	38.67	28.07	22.97	16.88	33.75	20.56
69	33.68	27.60	39.63	34.01	20.87	14.66	35.16	25.55	20.13	13.56	36.36	26.46	21.59	10.59	41.91	32.62	22.49	15.84	35.08	26.24
70	34.15	23.58	53.05	37.58	25.17	17.05	42.55	30.25	21.42	14.87	41.59	29.57	22.54	11.32	53.60	37.63	29.71	21.76	42.38	33.85
71	49.03	30.34	42.77	34.86	24.64	17.48	41.49	31.74	23.82	17.47	46.56	32.63	22.07	14.32	56.56	42.41	29.10	22.08	42.47	36.57
72	47.31	32.67	59.35	40.72	26.97	19.62	47.06	35.88	27.87	20.26	52.64	38.73	26.00	16.30	59.30	52.85	36.47	24.67	55.04	42.55
73	62.03	37.16	56.51	41.79	31.16	20.57	51.26	38.82	30.44	22.24	56.53	42.54	24.23	24.64	68.59	57.30	44.45	23.42	61.50	43.62
74	35.79	30.98	59.01	43.54	35.16	26.16	58.42	44.08	31.04	23.22	61.47	44.20	31.61	18.51	77.07	47.65	40.10	35.24	63.01	45.88
75	46.83	45.29	58.49	49.25	40.00	28.15	64.50	46.00	39.40	28.93	67.27	48.69	34.58	24.56	82.76	57.34	53.27	34.61	67.21	59.55
76	56.43	27.15	59.82	47.13	35.46	27.07	61.70	47.51	38.45	30.23	67.90	52.65	30.65	26.27	77.94	63.09	57.86	42.92	72.28	57.78
77	62.94	42.71	57.74	48.88	46.11	38.55	75.77	59.47	50.74	36.23	81.31	59.52	39.54	31.40	97.71	74.04	59.74	51.34	94.23	70.22
78	84.94	29.81	86.20	63.03	51.33	42.80	85.71	63.72	49.44	40.48	89.64	67.32	50.20	29.84	91.70	77.61	66.18	50.48	100.55	86.58
79	103.29	61.76	69.57	52.97	54.14	46.09	96.19	69.46	57.16	43.20	88.98	69.85	44.89	31.35	109.86	80.11	83.36	59.55	98.34	78.37
80	95.51	45.59	101.72	70.56	67.20	53.07	117.44	90.84	67.54	57.59	123.69	99.03	53.07	40.38	130.95	103.06	81.97	77.01	145.86	131.12
81	86.33	47.01	97.24	69.01	69.78	58.51	120.13	90.61	74.94	54.27	134.16	103.57	63.64	45.95	130.24	98.05	92.07	80.89	145.31	102.25
82	77.52	90.91	84.22	72.86	75.17	64.15	127.82	99.15	78.58	64.59	132.56	105.88	67.51	50.78	142.74	110.02	95.27	93.98	185.71	138.13
83	57.69	37.43	106.24	74.75	80.02	71.52	136.92	104.39	75.70	67.40	140.76	106.08	52.22	61.94	130.34	115.26	116.24	105.41	153.53	143.70
84	100.00	70.42	112.93	77.53	83.58	73.33	152.10	113.13	86.10	75.89	147.67	124.32	79.69	64.90	166.90	119.07	110.69	112.77	166.24	145.16

续表

年龄	西藏				陕西				甘肃				青海				宁夏			
	城镇男性	城镇女性	乡村男性	乡村女性	城镇男性	城镇女性	乡村男性	乡村女性	城镇男性	城镇女性	乡村男性	乡村女性	城镇男性	城镇女性	乡村男性	乡村女性	城镇男性	城镇女性	乡村男性	乡村女性
85	113.92	96.15	120.09	74.61	96.33	86.42	148.28	123.96	82.30	78.19	164.50	124.51	100.93	76.52	164.86	143.52	146.71	143.25	171.63	181.55
86	76.92	39.60	119.90	80.06	97.90	82.17	161.29	133.02	97.16	77.25	168.38	135.96	72.34	78.48	191.94	129.17	154.86	107.96	180.77	189.84
87	103.45	104.65	122.09	110.92	100.34	98.72	174.62	134.79	105.87	90.33	180.06	146.29	108.91	104.76	154.29	143.11	165.53	135.90	226.15	203.97
88	90.91	49.18	117.24	93.93	121.66	106.37	206.22	151.37	128.92	112.94	197.71	163.55	127.34	135.25	164.00	145.45	158.73	140.88	232.32	195.99
89	103.45	59.70	194.09	98.48	144.23	113.34	224.72	169.52	120.27	118.51	205.00	164.10	137.93	74.42	272.25	148.94	216.61	151.16	208.88	194.94
90	133.33	60.61	152.87	83.94	174.03	128.11	237.23	188.70	132.93	131.65	216.60	173.68	105.26	134.75	174.24	221.20	251.18	190.48	256.70	215.33
91	117.65	86.96	197.92	152.94	158.76	137.76	236.66	196.61	129.72	123.48	231.47	204.28	150.68	123.60	178.95	161.68	173.91	181.25	256.25	194.03
92	0.00	52.63	83.33	118.52	133.25	131.84	251.27	207.01	154.89	126.32	219.60	217.92	114.75	123.46	322.03	152.54	210.00	283.46	307.14	321.43
93	0.00	90.91	112.90	106.38	127.96	138.63	247.91	227.24	133.05	130.72	234.26	206.79	200.00	39.22	92.59	192.77	207.32	259.74	348.84	333.33
94	0.00	166.67	81.63	134.33	128.90	132.55	213.64	184.60	122.91	145.75	228.13	202.04	90.91	113.64	300.00	209.68	226.42	228.57	278.48	156.63
95	0.00	0.00	115.38	111.11	97.44	145.49	214.65	205.41	149.70	91.40	212.00	169.40	157.89	114.29	58.82	208.33	170.21	123.29	186.67	338.98
96	0.00	111.11	105.26	51.72	104.48	120.57	224.42	201.58	115.94	80.54	168.18	180.72	285.71	32.26	450.00	216.22	333.33	200.00	390.24	270.83
97	0.00	0.00	26.32	58.82	113.48	129.34	175.93	180.45	25.21	94.20	90.91	134.78	0.00	153.85	150.00	230.77	97.56	104.17	111.11	189.19
98	0.00	0.00	116.28	102.56	95.02	90.55	238.99	207.03	47.17	140.00	120.97	129.03	0.00	66.67	62.50	272.73	43.48	142.86	225.81	142.86
99	0.00	0.00	133.33	230.77	150.00	133.33	259.26	167.74	121.95	83.33	372.55	215.91	142.86	181.82	111.11	333.33	0.00	105.26	153.85	416.67
100	0.00	1000.00	437.50	142.86	365.08	467.89	780.49	467.74	500.00	404.26	440.00	362.64	142.86	71.43	266.67	300.00	636.36	789.47	823.53	333.33

附录 B7　全国各省市分城乡分性别分年龄死亡率

单位：‰

年龄	新疆				年龄	新疆				年龄	新疆			
	城镇男性	城镇女性	乡村男性	乡村女性		城镇男性	城镇女性	乡村男性	乡村女性		城镇男性	城镇女性	乡村男性	乡村女性
0	3.68	2.93	10.88	9.13	34	0.85	0.35	2.44	1.26	68	12.89	9.85	28.74	27.09
1	0.81	0.65	3.28	2.97	35	0.94	0.30	2.56	1.38	69	15.07	11.42	35.90	31.28
2	0.49	0.54	2.24	1.81	36	0.93	0.45	2.15	1.11	70	16.96	11.75	43.16	37.40
3	0.43	0.35	1.80	1.19	37	0.98	0.33	2.23	1.23	71	17.70	14.93	40.38	36.64
4	0.31	0.18	1.22	0.82	38	1.12	0.51	2.29	1.31	72	19.95	14.62	49.85	43.11
5	0.28	0.11	0.93	0.69	39	1.18	0.37	2.58	1.31	73	22.89	15.98	45.52	41.49
6	0.23	0.13	0.97	0.49	40	1.18	0.59	3.09	1.67	74	25.15	17.37	57.17	49.96
7	0.18	0.13	0.67	0.41	41	1.12	0.51	2.65	1.28	75	27.77	17.59	58.03	50.32
8	0.21	0.17	0.67	0.36	42	1.66	0.57	3.14	1.86	76	29.05	21.97	52.25	47.71
9	0.24	0.14	0.72	0.33	43	1.55	0.66	3.25	1.56	77	33.16	23.81	65.05	59.79
10	0.11	0.13	0.61	0.45	44	1.95	0.71	3.63	2.16	78	37.98	28.21	67.59	60.77
11	0.27	0.15	0.54	0.50	45	1.91	0.80	4.61	2.62	79	38.28	31.17	79.49	66.21
12	0.20	0.09	0.69	0.52	46	2.13	0.87	3.98	2.53	80	50.75	34.78	84.91	76.35
13	0.32	0.13	0.62	0.45	47	2.07	1.01	4.51	2.95	81	55.56	38.48	87.07	69.96
14	0.23	0.15	0.56	0.56	48	2.42	1.12	4.83	3.36	82	59.31	41.99	95.86	85.98
15	0.33	0.24	0.78	0.57	49	3.04	1.40	6.91	4.28	83	58.67	43.85	103.06	79.57
16	0.16	0.13	0.82	0.59	50	3.38	1.62	7.38	5.58	84	71.23	43.08	104.94	94.44
17	0.17	0.22	0.98	0.66	51	2.91	1.91	5.96	5.36	85	68.04	47.98	103.86	93.90

续表

年龄	新疆				年龄	新疆				年龄	新疆			
	城镇男性	城镇女性	乡村男性	乡村女性		城镇男性	城镇女性	乡村男性	乡村女性		城镇男性	城镇女性	乡村男性	乡村女性
18	0.39	0.21	1.19	0.70	52	3.30	1.33	6.84	5.47	86	71.99	52.44	108.60	79.81
19	0.24	0.19	1.46	0.72	53	3.78	1.88	7.18	5.83	87	84.29	60.97	117.10	89.10
20	0.32	0.20	1.43	0.67	54	3.82	2.35	10.04	8.41	88	80.86	65.23	126.98	93.87
21	0.32	0.18	1.40	1.06	55	4.80	2.75	10.47	7.99	89	85.69	72.31	132.36	113.19
22	0.38	0.25	1.66	0.77	56	3.72	2.84	10.08	6.76	90	114.74	77.27	147.64	114.35
23	0.57	0.28	1.41	0.68	57	5.48	2.58	11.99	8.31	91	111.11	68.33	124.87	112.48
24	0.59	0.25	1.68	0.88	58	5.29	3.28	12.56	9.65	92	140.69	78.30	130.76	128.38
25	0.52	0.37	1.85	1.04	59	6.65	4.16	15.48	13.64	93	127.33	80.73	129.31	112.61
26	0.62	0.27	1.70	0.93	60	6.86	4.43	16.93	14.01	94	80.19	64.19	153.17	108.49
27	0.66	0.17	1.43	0.95	61	8.35	4.57	16.28	14.37	95	58.56	105.69	149.88	112.95
28	0.52	0.24	1.64	0.86	62	9.68	5.79	20.97	16.82	96	103.03	87.80	138.97	128.10
29	0.62	0.33	1.71	1.05	63	9.70	5.90	22.31	15.72	97	75.58	109.76	122.22	121.34
30	0.63	0.33	1.85	1.01	64	11.10	6.22	27.12	20.63	98	116.07	67.57	130.43	122.34
31	0.65	0.35	1.97	1.01	65	11.46	7.13	28.25	21.47	99	113.21	168.67	197.28	116.88
32	0.75	0.36	1.98	1.22	66	11.95	7.76	25.17	19.59	100	207.92	176.99	454.20	308.55
33	0.73	0.25	1.83	1.07	67	12.59	8.54	29.51	24.41					